BIBEL
für heute
2024

Hintergründe
Auslegungen | Impulse

Verlag GmbH · Giessen

Impressum

Herausgeber:
Hansjörg Kopp, Generalsekretär CVJM Deutschland e.V.

Redaktion:
Klaus Jürgen Diehl (NT-Texte), Uwe Bertelmann (AT-Texte)

Erstellung des Bibelleseplans:
Ökumenische Arbeitsgemeinschaft für Bibellesen
Ev. Werk für Diakonie und Entwicklung
Caroline-Michaelis-Str. 1
10115 Berlin

Bibelzitate folgen, wenn nicht anders vermerkt, der Lutherbibel, revidiert 2017, © 2016 Deutsche Bibelgesellschaft, Stuttgart.

Weitere verwendete Übersetzung:
NGÜ: Neue Genfer Übersetzung – Neues Testament und Psalmen Copyright © 2011 Genfer Bibelgesellschaft.

Quellennachweis:
16.6.: © Dicastero per la Comunicazione-Libreria Editrice Vaticana

© 2023 Brunnen Verlag GmbH und CVJM Gesamtverband in Deutschland e.V.
Umschlagfoto: Adobe Stock
Umschlaggestaltung: Jonathan Maul
Satz: Uhl und Massopust, Aalen
Druck: GGP Media GmbH, Pößneck
ISBN Buch 978-3-7655-0644-4
ISBN E-Book 978-3-7655-7689-8
www.brunnen-verlag.de

Inhalt

Vorwort (Klaus Jürgen Diehl) 4

Bibl. Einführungen

Das Evangelium nach Markus 6

Erster und zweiter Timotheusbrief und Titusbrief 22

Das zweite Buch Mose 55

Der erste Brief des Petrus 102

Der erste Brief des Paulus an die Korinther 121

Der Prophet Jeremia 259

Die Klagelieder Jeremias 307

Der zweite Brief des Paulus an die Korinther 313

Der zweite Brief des Petrus 342

Der Prophet Jesaja (Kap. 56–66) 350

Mitarbeiterinnen und Mitarbeiter 2024 389

Bibelstellen-Verzeichnis 2016–2024 393

Vorwort

Liebe Leserinnen und Leser von *Bibel für heute*,

im Blick auf unser Tun und Lassen stellt sich immer wieder die Frage: Was bewegt und motiviert uns, so und nicht anders zu handeln? Am Schluss seines ersten Briefes an die Gemeinde in Korinth fügt der Apostel Paulus neben manchen anderen guten Ratschlägen an die Christen in Korinth die Mahnung hinzu: **„Alles, was ihr tut, geschehe in der Liebe!"** (1. Korinther 16,14). Dieses Wort soll uns als biblische Jahreslosung durch das Jahr 2024 begleiten. Für Paulus war diese Mahnung keine Selbstverständlichkeit. Denn in der Gemeinde von Korinth gab es Konflikte, Spannungen und Streit. Da wäre es weder hilfreich gewesen, die vorhandenen Streitigkeiten unter den Teppich zu kehren, noch die Streithähne mit einem freundlichen „Seid nett zueinander!" zu besänftigen. Die Liebe, von der Paulus schreibt, ist mehr als Nettigkeit oder Sympathie. Es ist jene Agape (so das hier von Paulus verwendete Wort für „Liebe"), mit der Gott uns zuerst geliebt hat und die er sich das Leben seines Sohnes kosten ließ (Johannes 3,16). Erst wenn wir uns von dieser Liebe haben zurechtbringen und erfüllen lassen, werden wir sie auch andern zugutekommen lassen können – selbst denen, die uns nicht unbedingt liebenswert erscheinen oder mit denen wir gerade über Kreuz liegen. Denn diese Agape schafft heilsame Veränderungen und bewirkt Gutes im Leben derer, die damit beschenkt werden. Auch für die neue Ausgabe von *Bibel für heute* haben wieder 50 Autorinnen und Autoren mitgearbeitet. Wir wünschen Ihnen, dass Sie dadurch zu einem noch tieferen Verständnis des biblischen Textes angeregt werden. Von den meisten unserer Autorinnen und Autoren finden Sie im Anhang auch ihre E-Mail-Adresse. Sie können gerne auf diesem Weg mit ihnen Kontakt aufnehmen: für Fragen, Anregungen, Kritik – oder auch für ein freundliches Lob.

Uwe Bertelmann (Redaktion der Auslegungen des AT)
Klaus Jürgen Diehl (Redaktion der Auslegungen des NT)

Neujahr, 1. Januar Psalm 89,1–19

- Das Jahr beginnt mit einem der aufwühlendsten Psalmen. Dieser Königspsalm steht am Ende des dritten Teilbuchs des Psalters und markiert eine Wende: das **Ende des David-Königtums** und der **Untergang Israels**.
- Die notvollen Aussagen sind für den kommenden Sonntag aufgespart. Im heutigen Teil werden wir hineingenommen in das große Lob der Himmelswelt. Sie wird aufgerufen, den unvergleichlichen HERRN als **Schöpfer, Herrscher und in der Geschichte Waltenden** zu preisen (V 6–19).
- „HERR, Gott Zebaoth (= Gott der Heerscharen), wer ist wie du?" (V 9). Die Antwort kann nur lauten: Niemand! Bereits in der Himmelswelt ist er absolut unvergleichlich, und wenn im Himmel, dann erst recht auf der Erde (V 12ff). Ist oben im Himmel Ehrfurcht angesichts seiner Herrschaft, so jubeln unten auf Erden die Berge angesichts von Gottes Gerechtigkeit und Wahrheit. Vor allem aber **jauchzt das glücklich gepriesene Gottesvolk** (V 16ff). Gott, der HERR, ist ihm Schutz und Schild, und von ihm selbst ist auch ihr König eingesetzt.
- Vorab zum Hymnus äußert sich ein weiser Sänger (V 1–5; zu **Etan** vgl. 1Kön 5,11; 1Chr 15,19). Von der vielfältigen Gnade will er singen und Gottes Treue bekannt machen. Danach kommt der HERR selbst zu Wort (V 4f) und tut kund: **David** habe ich erwählt, mit ihm einen Bund geschlossen und ihm eine immerwährende Königsherrschaft zugesagt (vgl. 2Sam 7,12–16).
- Der Zusammenhang zum **gesalbten Davidssohn** ist deutlich: Als **Gottessohn** kam **Jesus** in **Menschengestalt**, verkündete die Königsherrschaft, brachte Erlösung durch seinen Tod. Diese Erlösung beglaubigte Gott mit seiner Auferweckung. Irgendwann wird er wiederkommen, dann in königlicher Hoheit, um seine Herrschaft unter den Seinen im neuen Himmel und der neuen Erde anzutreten. Das ist die großartige Botschaft für seine oft bedrängte Gemeinde, gerade in diesem neu begonnenen Jahr. „**Gelobt sei der HERR ewiglich! Amen! Amen!**" (V 53).

Das Evangelium nach Markus

Markus beginnt sein Evangelium mit Johannes dem Täufer. Jesu Geburt und Jugend werden nicht erwähnt. Jesus tritt gleich zu Anfang auf mit der entscheidenden Ansage: „Die Zeit ist erfüllt. Das Reich (die Herrschaft) Gottes ist nahe herbeigekommen" (1,15). Worin Gottes Reich besteht, wird besonders an den **Taten** Jesu sichtbar. Markus überliefert nur einige für sich alleinstehende Jesus-Worte bzw. Jesus-Reden und nur wenige Gleichnisse, dafür aber umso mehr Wundergeschichten. Jesus erweist sich als **Sieger über alle Leben zerstörenden Mächte**. Mit seinen Taten beginnt Gottes neue Schöpfung. Nur Markus sagt es so deutlich: „Er hat alles wohl gemacht" (7,37). Das klingt wie das Schöpfungsprädikat: „Siehe, es war sehr gut" (1Mose 1,31). Die Sündenvergebung (2,5) sowie die vielen Heilungen und Befreiungstaten zeigen, über welche Vollmacht Jesus verfügt, aber sie führen **nicht dazu, dass Menschen verstehen, wer er ist.** Die Blindheit der Pharisäer (3,6; 8,11–13), der Mitbürger Jesu in Nazareth (6,1–6), seiner Familie (3,20f) und selbst seiner Jünger (8,14–21) kann nur ein Wunder, eine „Blindenheilung" überwinden. Die Gefahr ist groß, dass Menschen damals wie heute bei Jesus, dem Wundertäter, stehen bleiben, und nicht zu Jesus, dem **gekreuzigten Gottessohn,** vordringen. Denn erst am Kreuz wird wirklich erkannt, wer Jesus ist; in der Kreuzesnachfolge werden die Augen aufgetan. Überraschend kommt es nach den drei Leidensankündigungen (8,31; 9,31; 10,33) jeweils zur Ablehnung bzw. zum Missverstehen der Jünger (8,32f; 9,33–39; 10,35–45). In der Passion versagen die Jünger völlig (14,18–21.37–50.66–72). Es fällt auf, dass der Zentralabschnitt von der Ankündigung seines Kreuzesweges (8,27–10,52) eingerahmt ist von **je einer Blindenheilung** (8,22–26 und 10,46–52). Von uns aus verstehen wir Jesus nicht. Da muss uns Gott selbst zu Hilfe kommen durch seinen Heiligen Geist (1Kor 12,3c).

Markus betont, dass der römische Hauptmann unter dem Kreuz (!) als erster Mensch bekennt: „Dieser ist **Gottes Sohn**!" (15,39); vorher bezeichnen nur die Dämonen (3,11; 5,7) und Gott selber (1,11; 9,7) Jesus als den Gottessohn.

Bei Markus ist das **Leiden Jesu** die zentrale Mitte. Schon in 3,6 beschließen die Pharisäer seinen Tod; ein Drittel des gesamten Evangeliums (Kap. 11–15) nimmt der Bericht von Jesu Passion ein. Zu Recht nennt man das Markusevangelium eine **„Passionsgeschichte mit ausführlicher Einleitung"**.

Ein anderes Kennzeichen des Markusevangeliums sind die **vielen Streitgespräche,** die Jesus mit den Frommen und Verantwortlichen seiner Zeit führt, besonders in 2,1–26 und 11,15–12,44. Markus zeichnet keinen harmlosen, friedfertigen Jesus, sondern einen streitbaren Kämpfer für den Heilswillen Gottes und das damit geschenkte Leben der Menschen, z. B. bei der Tempelreinigung und in der Diskussion um die Sabbatheiligung: „Der Sabbat ist für den Menschen gemacht und nicht der Mensch für den Sabbat" (2,27f). Von Anfang an sehen wir **Jesus im Streit um die Wahrheit.** Durch treffende Worte weiß er die Gespräche zu führen und zu überzeugen. Er erweist sich als Herr über alle Gesetze, Ordnungen und Institutionen (2,28 u.ö.).

Dienstag, 2. Januar — Markus 1,1–8

● **Das Markusevangelium ist das kürzeste der vier Evangelien.** Die erste Hälfte (Kap. 1–8) erzählt, was Jesus in Galiläa tat und sagte. Die zweite Hälfte (Kap. 9–16) berichtet vom Weg Jesu nach Jerusalem, dann von der Kreuzigung und der Auferstehung.

> ✏ *Wie beginnt das Evangelium? Sehen Sie die ersten beiden Kapitel des Matthäus- und des Lukasevangeliums an. Was fehlt bei Markus? Lesen Sie den ersten Satz (Mk 1,1) nochmal und fügen Sie nach „Jesus" ein: „Jesus, ich behaupte: dem Christus ... "*

● Mit einer **starken Behauptung** beginnt das Evangelium: „Hier beginnt die frohe Botschaft des Jesus" – und dieser ist der „Christus" und „der Sohn Gottes". **Von Anfang an soll feststehen, wer Jesus ist:**
→ **Christus**, hebräisch: **„Messias"**, deutsch: **„der Gesalbte":** Er ist der von Gott berufene und eingesetzte (gesalbte) König, der sein Volk retten und regieren wird. Gott selbst hatte sein Kommen angekündigt (2Sam 7,12; Jes 9,5f; Jer 23,5 u. a.).
→ **Sohn Gottes**: Schon gesalbte Könige Israels wurden als Sohn Gottes bezeichnet (vgl. Ps 2,7; 89,27f), indem sie bei ihrer Thronbesteigung als Sohn Gottes adoptiert wurden. Schon lange vor Jesus erwartete man einen Messias als Sohn Gottes, der ewig regieren wird. Jetzt verkündigt das Evangelium: Jesus ist der Sohn Gottes! Das bedeutet: **Jesus kommt in der Autorität Gottes, in einer ganz engen Verbindung mit ihm. Alles, was jetzt geschieht, ist von Gott so gewollt und gewirkt – mehr noch: In Jesus kommt Gott, der Vater, zu uns.**
→ **Anfang:** So beginnt die Bibel (vgl. 1Mose 1,1; Joh 1,1). Jetzt beginnt in Jesus etwas Neues, eine neue Zeit bricht mit ihm an.
● **Johannes der Täufer** ist eine einzigartige Gestalt im NT. Man kann ihn auch als letzten Propheten des AT bezeichnen. Seine Aufgabe: jetzt die Menschen auf das Kommen des Messias vorzubereiten.

Mittwoch, 3. Januar — Markus 1,9–13

- Viele Menschen strömen zu Johannes dem Täufer (V 5: „alle Leute von Jerusalem"). Dazu müssen sie raus aus ihrem Alltag, weg vom Getriebe, hinunter ins Jordantal. Zwischen Jerusalem (ca. 800 m ü. NN) und der Wüstengegend am Jordan (– 400 m) liegen etwa 1200 Höhenmeter.

> ✎ Manchmal muss man innerlich „runterkommen". Wie gelingt es Ihnen? Warum sind „Wüsten-"Orte und Zeiten wichtig?

- **Wer ist Jesus?**

Die Leitfrage des Mk bekommt schon hier im ersten Bericht über Jesus einige interessante Antworten:

→ **Jesus ist ganz Mensch**: Er stellt sich in die Reihe der Sünder, die Vergebung suchen und sich zum Zeichen der Umkehr (Buße) taufen lassen.

→ **Jesus ist Gottes Sohn**: Die Aussage aus V 1 bekommt eine erste Bestätigung von oben, „vom Himmel", das heißt: von Gott. Mitten im Evangelium wird Gott diese Bestätigung wiederholen – und zwar am Beginn des Weges Richtung Kreuz und Auferstehung (Mk 9,7).

→ **Auf Jesus „landet" der Heilige Geist** – wie eine Taube.

> ✎ Warum wie eine Taube? Warum nicht wie ein Raubvogel oder wie eine Schleiereule im Dunkeln? Was denken Sie?

→ **Der Geist treibt nun Jesus – wohin? In die Wüste!** Die Wüstenzeit ist also von Gott geführt, kein ungewolltes Widerfahrnis, sondern eine wertvolle Zeit der Bewährung. Die 40 Tage erinnern an die 40-jährige Wüstenwanderung Israels.

→ **Jesus ist stärker als der Satan!** Mt 4,1–11 und Lk 4,1–13 berichten das intensive Ringen Jesu mit dem Satan genauer.

→ **Jesus ist „bei den Tieren"**. Kein Löwe greift ihn an, keine

Schlange vergiftet ihn. Mit Jesus beginnt die neue Zeit des Friedens in der gesamten Schöpfung (vgl. Jes 11,6–8).
→ **Jesus – ganz Mensch und auch ganz geisterfüllter Sohn Gottes.** Kein Wunder, dass „die Engel ihm dienen".

Donnerstag, 4. Januar — Markus 1,14–20

● Jesus ist getauft, vom Hl. Geist erfüllt, durch die Wüstenzeit gestärkt. **Jetzt beginnt sein öffentliches Wirken.** Mk überliefert eine kurze Zusammenfassung seiner Predigt in drei Teilen:

→ **„Die Zeit ist erfüllt":** Gemeint ist nicht eine bestimmte Uhr- oder Jahreszeit, sondern Gottes Zeit (griech. „kairos"): Jetzt ist der Moment, in dem Gott wahr macht, was er angekündigt hat.

→ **„Das Reich Gottes ist nahe herbeigekommen":** Gottes Liebe ist zum Greifen nah. Gottes Wille setzt sich durch. Gottes Maßstäbe werden bekannt durch Jesus, in seiner Person, in seinem Leben, Sterben und Auferstehen. Vollendet wird das Reich Gottes am Ende der Zeiten, wenn Jesus wiederkommt. **Aber schon jetzt ist Gottes Reich dort, wo Jesus regiert – auch im Stillen und Verborgenen.**

> ✎ *Wo ist das Reich Gottes? Lesen Sie die Antwort von Jesus in Lk 17,21. – Welche Erwartung verbinden Sie mit der Bitte im Vaterunser „dein Reich komme"?*

→ Nun soll auf die Ansage des Gottesreichs die Antwort des Menschen folgen: **„Tut Buße und glaubt an das Evangelium!"** Wir denken bei Buße immer gleich an Reue und das Eingeständnis eigener Schuld. Das griechische „metanoeite" im Urtext meint aber ein Umdenken, eine völlige Neuorientierung im Leben. Die geschieht, wenn wir an das Evangelium glauben: Verlasst euch auf die gute Nachricht, dass Gott es gut mit euch meint, dass er rettet, Schuld vergibt und Freiheit schenkt. Dieses Evangelium ist mit Jesus gekommen. Er ist es in Person.

● Mk erzählt **kurz und knapp die Berufung** der ersten Jüngerpaare Simon/Andreas und Jakobus/Johannes. Ihre Berufung geschieht auffallend schnell (V 18 und 20: „sogleich"). Es gibt Momente im Leben, in denen ohne großes Zögern **ein klares Ja zur Nachfolge** dran ist. Und auch **der Mut, Altes und Gewohntes zu verlassen** (V 18: die Netze; V 20: den Vater).

Freitag, 5. Januar — Markus 1,21–31

„Ein Wochenende, an dem viel nicht nach Plan verläuft!" – so könnte die Überschrift über dem Abschnitt lauten. Treffender wäre: **„Jesus zeigt, wie Gott uns dient"**. In allen Szenen geht es um Gottes Dienst an uns – und um unseren Gottesdienst.

● **Erste Szene V 21–28:** Es ist Sabbat; er beginnt im Judentum bereits an unserem Freitagabend. Jesus geht in die **Synagoge** von Kapernaum. Dort kann jeder erwachsene Israelit den verlesenen Bibelabschnitt auslegen. **Jesus ergreift das Wort. Er „lehrt mit Vollmacht"**. Die Leute sind tief beeindruckt. Aber der Gottesdienst wird gestört. Aus einem Menschen spricht ein „unreiner Geist", der – im Unterschied zu den Synagogenbesuchern: „Was ist das?" – genau weiß, wer Jesus ist – und dagegen kämpft. Die Bibel weiß von dämonischen Mächten, die vor allem dann auf dem Plan sind, wenn das Evangelium von Jesus Christus laut wird. Aber Jesus ist stärker. Er bedroht den unreinen Geist und treibt ihn aus.

> *Was sind Ihre Erfahrungen im Gottesdienst? Was stört und hindert Sie am Hören auf Jesus? Unlust? Innere Unruhe? Ungute Stimmung? Ärger? Was muss Jesus bei Ihnen „austreiben", damit immer wieder neue Freude am Gottesdienst einziehen kann?*

● **Zweite Szene V 29–31**: Nach dem Gottesdienst in der Synagoge soll die **Feier zuhause** beginnen. Dabei ist es üblich, dass die Hausmutter die Kerzen entzündet, das zubereitete Essen serviert und so die Feier beginnt. **Aber auch dieses feierliche Sabbatmahl verläuft nicht nach Plan:** Die Schwiegermutter des Petrus ist krank. Jesus heilt sie und macht dabei das, was in jedem Gottesdienst geschehen kann und soll: Jesus „ergreift" (die Hand bzw. den Menschen) und „richtet auf". **Indem Jesus die Frau heilt, macht er auch die häusliche Feier wieder möglich:** Die nun geheilte Schwiegermutter „diente ihnen" (V 33).

Samstag, 6. Januar — Markus 1,32–39

Die Verse 32–39 knüpfen an die V 21–31 an. Thema: Wie Gott uns dient – und unser Gottesdienst.

- **Dritte Szene V 32–34:** Am **Abend** nach Sonnenuntergang ist der Sabbat zu Ende. Man darf wieder Kranke transportieren. Dass Jesus predigen und heilen kann, hat sich erstaunlich rasch herumgesprochen. Die „ganze Stadt" ist versammelt, und sie bringen „alle" Kranken zu Jesus. Aber ausdrücklich berichtet Mk: **Jesus heilt nicht alle, nur „viele". Er will nicht zuerst als Wundertäter und Heiler verehrt werden.** Sondern er zeigt durch einzelne Zeichen: Als Messias/Christus hat er die Kraft und Macht, Menschen zu verändern, sie körperlich gesund und in ihrer Beziehung zu Gott wieder heil zu machen. **Solche Heilungen sind äußere Zeichen dafür, dass in Christus die Heilszeit des Reiches Gottes** (vgl. V 15) **begonnen hat.** – Die dritte Szene geschah nach Sabbatende, an unserem Samstagabend.
- **Nun die vierte Szene V 35ff:** Am **Morgen, noch vor Tage, „stand er auf".** Es ist also der Sonntagmorgen! Die Zeitangabe ist nicht zufällig, sondern hat ihr Gewicht. Denn am Ende des Evangeliums wird es einen anderen Sonntag geben, an dem dasselbe Wort wiederkehrt: „er stand auf / er auferstand" (vgl. Mk 16,6.9). **Der Ostersonntag!** Darauf weist dieser Abschnitt in Mk 1 schon hin. Die ersten Leser des Mk kennen es bereits: Seit Ostern treffen sich Christen an jedem Sonntagmorgen zum Gottesdienst. Wozu? Um genau das zu tun, was Jesus hier tat: „Er ging hinaus" in die Stille und „betete dort". Und er ging dann gestärkt wieder in seinen Alltag. **Am Anfang hatte Jesus den Gottesdienst in der Synagoge und zuhause „gerettet"; jetzt leuchtet hier bereits der Gottesdienst der Christen auf.**

> *Was bedeutet Ihnen der Sonntag? Wie kann jeder Sonntag für Sie zu einem kleinen Osterfest werden?*

Sonntag, 7. Januar Psalm 89,20–53

- Nach Eingang und Lob (V 1–19, s. Neujahr) hören wir auf die weiteren Teile von Ps 89.
- **Gottesrede** (V 20–38): Was Gott zu Beginn (V 4f) ansprach, wird entfaltet. Vorzeiten hat er in Bild und Wort seinen Getreuen dies kundgetan: die Erwählung und Salbung Davids (Messias = Gesalbter), sein Beistand gegen Feinde, die exklusive Beziehung zu Gott, verbunden mit Davids Heraushebung aus anderen Königen und der Thronzusage für seine Nachkommen. Den Gottesaussagen zugrunde liegt die Verheißung, die der Prophet Nathan David überbrachte (2Sam 7,8–16). Zudem wird ein Bogen gespannt zum Beginn des Psalters: Ps 2 und 89 sprechen von Anfang und Ende des Davidkönigtums, wobei Ps 89 sich nicht mit dem Ende abfindet, sondern Gott an seine Verheißung erinnert.

> *Lesen und bedenken Sie 2Sam 7,12–16 und Ps 2,6f im Zusammenhang mit Ps 89!*

- **Königsklage** (V 39–52): Der Kontrast könnte größer nicht sein: Nach Lobpreis und Verheißung wird in schroffer Entgegensetzung nun die Preisgabe des Bundes eingeklagt und Gott haftbar gemacht („Du hast ..."). Die Situation wird ungeschönt geschildert: Die Krone liegt am Boden (kein Davidkönigtum mehr), die Stadt liegt in Trümmern (Jerusalem), das Schwert hat zugeschlagen (Babylonier). HERR, das ist unvereinbar mit Deiner Bundeszusage an David! Seither ist eine gewisse Zeit vergangen, aber die Gottesfrage nagt weiterhin. Es bleiben Appelle und Fragen: Wie lange noch? Wo ist? Gedenke!
- **Schluss** (V 53): Die Klage behält nicht das letzte Wort; Lobpreis und Amen machen den Schluss – weniger von Ps 89 selbst, wohl aber beim dritten Teilbuch des Psalters (Ps 73–89), in das er eingebettet ist. Gott hat erhört: Ein Neuanfang im Land wurde gewährt und einen noch weit größeren hat er mit dem Davidssohn Jesus Christus als endzeitlich-ewigem König uns allen bereitet.

Montag 8. Januar — Markus 1,40–45

- V 40–42: Aussatz hieß im Orient „Der erstgeborene Sohn des Todes". **Aussätzige waren vom Gottesdienst als Unreine ausgeschlossen.** Der Mann hier rechnet jedoch damit, dass Jesus ihn heilen kann. „Willst du, so kannst du mich reinigen." Woher kommt dieses Vertrauen? Jesus jammert diese Elendsgestalt. Er berührt sie, hat keine Angst vor Ansteckung. „Ich will es tun. Sei rein", spricht er. Das ist **ein Zeichen der angebrochenen Gottesherrschaft.** Jesu Wort hat solche Dynamik, dass der Aussatz sofort verschwindet. Damit wird deutlich „**Gott allein ist Herr der Krankheit und der Heilung**" (H.W. Wolff).
- V 43.44: Warum droht Jesus ihm und treibt ihn weg von sich? **Wie öfter bei Mk will Jesus keine öffentliche Bekanntmachung seiner Taten.** Er ist kein sensationeller Wunderheiler, der den Zulauf und Applaus der Massen sucht. **Dass er der gekommene Messias ist, darf jetzt noch nicht bekannt werden** (vgl. 3,12; 5,43 u.ö.). Theologen reden vom „**Messiasgeheimnis bei Markus**". – Weil die Bestimmungen des Gesetzes erfüllt werden müssen, soll der Geheilte dem Priester seine jetzt reine Haut zeigen und Gott ein Dankopfer bringen. „So dient Jesu Wunder ihnen zum Zeugnis ... dass einer gekommen ist, dessen Vollmacht auch der hoffnungslosen Krankheit, auch dem Tod, gebietet" (J. Schniewind).
- V 45: Das „Aber" folgt, denn der Geheilte tut im Überschwang über die erfahrene Heilung genau das Gegenteil von dem, was Jesus ihm gebietet. Kann man es ihm verdenken? Für Jesus hat das allerdings zur Folge, dass er sich vor dem Andrang der Menschen kaum retten kann. Was sie wohl von ihm erwarten?

> *Jesus bricht das Gesetz, indem er den Aussätzigen berührt, und schickt ihn dann doch zum Priester, um dem Gesetz Genüge zu tun. In welcher Weise verändert das unser Bild von Jesus?*

Dienstag, 9. Januar — Markus 2,1–12

● V 1–4: In Kapernaum strömen die Menschen zu Jesus. Einige bringen einen Gelähmten und wollen zu Jesus, aber mangels Platzmangel drinnen und draußen steigen sie aufs Flachdach, graben die Lehmdecke auf und lassen den Kranken auf seiner Matte an Seilen hinunter direkt vor Jesu Füße. **Was für eine Fantasie entwickeln sie, um den Kranken zu Jesus zu bringen! Ein nachahmenswertes Beispiel für uns heute!**

● V 5: Nicht den Glauben des Gelähmten, sondern **den Glauben der Träger sieht Jesus**. Dieser Glaube rechnet mit dem machtvollen Eingreifen Gottes. Wird Jesus heilen? **Doch es geschieht etwas völlig Unerwartetes: Jesus heilt nicht, sondern spricht dem Kranken die Vergebung seiner Sünden zu.** Im Unterschied zur vorigen Heilungsgeschichte hören wir von Jesus kein Heilungswort, sondern ein Vergebungswort. Dabei hat der Kranke kein einziges Wort gesagt, hat weder um Heilung noch um Vergebung gebeten.

● V 6–9: **Jesu Vergebungswort löst bei einigen Schriftgelehrten Empörung aus,** denn sie wissen, nur Gott kann Sünden vergeben. Ist Jesus denn Gott? Unmöglich! Jesus durchschaut ihre Gedanken und spricht sie mit der entscheidenden Frage an: Was ist leichter: Sündenvergebung oder Heilung? Gott wirkt beides (Ps. 103,3).

● V 10–12: Zwar kann ein Zusammenhang zwischen Sünde und Krankheit bestehen, doch ist es **ein fataler Fehlschluss, jede Krankheit auf begangene Sünde zurückzuführen** (vgl. Joh 9,1.2). Jesus wartet die Antwort der Gegner nicht ab, sondern spricht dem Gelähmten jetzt Heilung zu, die unmittelbar eintritt.

Wie niederschmetternd es für den Betroffenen sein kann, Krankheit als Folge begangener Sünde hinzustellen, zeigt die Hiobsgeschichte. Die Freunde Hiobs sind überzeugt, dass er gesündigt hat, und bedrängen ihn, seine Schuld zu bekennen. Doch sie liegen total falsch (Hiob 42,7).

Mittwoch, 10. Januar Markus 2,13–17

● V 14: Nach Heilungen folgt eine **Berufungsgeschichte.** Auch sie ist mit Heilung und Vergebung verbunden. Weshalb? Levi aus dem Stamm der Leviten, die die Tempelschätze hüten sollten (1Chr 26,20), sitzt am Zoll und paktiert mit der römischen Besatzungsmacht. Sein Beruf verleitet dazu, kräftig in die eigene Tasche zu wirtschaften. **Ausgerechnet den ruft Jesus, ihm zu folgen!** Sofort folgt Levi (Mt 9,9 Matthäus genannt), verlässt seine Zollstation und gibt damit sein einträgliches Leben auf.

● V 15: Levi sieht nicht auf das, was er verlässt, sondern **freut sich über die Zukunft mit Jesus. Das muss gefeiert werden!** Er lädt Jesus, seine Jünger und viele seiner Kollegen zum gemeinsamen Essen ein.

● V 16: Wie bereits in Mk 2,6.7 empören sich die frommen Schriftgelehrten, dass Jesus mit solchen Gesetzesbrechern an einem Tisch sitzt. Sie fordern einen gesetzestreuen Lebenswandel, um Gott zu genügen. Daher keine Tischgemeinschaft mit Leuten, die die Gebote nicht befolgen, ja andere übers Ohr hauen.

● **Gemeinsam essen ist bis heute ein schönes Zeichen der Verbundenheit.** Wir denken an eigene Feste und Feiern. Hier sitzt Jesus mit vielen Sündern an einem Tisch! „Warum isst er mit solchen Leuten?", fragen die Frommen seine Jünger. Wer ist er, dass er sich so ungesetzlich verhält?

V 17: Jesus gibt ihnen eine **aufschlussreiche Antwort.** Ihm geht es um Schwache, Kranke und um Sünder. Zu denen ist er gesandt. Die will er zurück zu dem heiligen, gnädigen Gott rufen, ihr Leben zurechtbringen. So wie bei Levi. Wer sich aber stark, gesund und rechtgläubig fühlt, braucht Jesus nicht.

Müssten aber nicht auch Schriftgelehrte und Pharisäer als die vermeintlich Starken erkennen, dass sie Sünder sind und darum Vergebung brauchen (vgl. Lk 18,9–14)?

Donnerstag, 11. Januar Markus 2,18–22

- V 18: Nach dem gemeinsamen Essen mit Sündern und dem von Jesus berufenen Levi folgt die **kritische Nachfrage, wie es Jesus denn mit dem Fasten hält.** Die Johannesjünger und die Pharisäer fasteten viel. Zwei Tage in der Woche aßen sie nichts bis zum Sonnenuntergang. Fasten, also verzichten, um Gott zu gefallen, war und ist bis heute bei vielen religiösen Menschen, z. B. Muslimen im Ramadan, üblich. Wer soll fasten? **Warum wird gefastet und warum fasten die Jesus-Jünger nicht?** Wollen sie aus der gebotenen Praxis ausscheren? Jesus hat auch gefastet und spricht darüber (Mt 6,16ff). Doch jetzt ist erst einmal etwas anderes dran.
- V 19.20: **Jesus antwortet mit einem Bild und zwei Gleichnissen**, die sagen: **Neues passt nicht zum Alten**. Zuerst gebraucht er **das Bild der Hochzeit,** ein bekanntes **Bild für die messianische Zeit.** Wenn der Messias kommt, so ist das, wie wenn der Bräutigam kommt, um seine Braut (das Volk Gottes) heimzuholen zum Fest (vgl. Mt 25,10). Mit Jesus ist der Messias gekommen. Die Hochzeit kann also beginnen mit denen, die ihm folgen. Zu einer Hochzeit gehören Festfreude, gutes Essen und Wein, jedoch kein Fasten. **Jetzt ist Jesus da – und das ist Grund zur Freude und zum Feiern.** Dann aber, wenn Jesus nach seinem Tod von ihnen genommen wird, ist Trauern und Fasten dran.
- V 21.22: Das **erste Gleichnis** beschreibt etwas Alltägliches aus der Nähstube. Ein neuer Lappen passt nicht auf ein altes Kleid. Der Riss ist voraussehbar. Das **zweite Gleichnis** sagt dasselbe: Neuer Wein in alte Schläuche – ein Unding. Neu gehört zu neu.
- Was aber meint Jesus mit dem Alten und dem Neuen? **Er ist als der erwartete Messias gekommen und hat den neuen Weg zu Gott eröffnet.** Die ihm folgen, müssen nicht nahtlos die Praxis des Alten weiterführen. Es ist ja jetzt mit Jesus das Reich Gottes – und damit eine neue Zeit der Freude angebrochen.

Freitag, 12. Januar Markus 2,23–28

● V 23.24: **Wieder geht es ums Essen.** Die Auseinandersetzung mit den Pharisäern um das Sabbatgebot folgt, als hungrige Jünger Ähren in einem Feld ausreißen, um sich damit zu sättigen. Das war am Sabbat verboten. Ähren ausreißen galt als Erntearbeit und fiel daher unter das Gebot aus 2Mo 31,12ff. Was aber ist der Sinn des Sabbats, an dem geruht und nicht gearbeitet werden soll? „Durch die Sabbatruhe ist der Mensch hineingerufen in die ganze Fülle des Lebens" (Manfred Hausmann). **Die Pharisäer aber haben aus dem Sabbatgebot ein strenges Gesetz mit lauter Verbotsregeln gemacht.**

● V 26.27: Jesus verteidigt seine Jünger gegen die Anklage der Pharisäer. Als Erstes nennt er ein Beispiel aus König Davids Leben. Der hatte mit seinen Mitstreitern aus Hunger die heiligen Schaubrote im Haus Gottes gegessen, die nur die Priester essen durften, und damit offenbar das Gebot gebrochen: 1Sam 21,2ff. **Wie König David nimmt sich Jesus als der messianische König die Freiheit, das Sabbatgebot in seiner unerbittlichen Strenge außer Kraft zu setzen.** Mit der Aussage „Der Sabbat ist um des Menschen willen gemacht" gibt Jesus dem Sabbat seine ursprüngliche Bedeutung zurück.

● V 28: Ebenfalls zeigt Jesus sich mit dem Satz „Der Menschensohn ist Herr über den Sabbat" als Herr über das Sabbatgebot. Denn der „Menschensohn" (Dan 7,13.14) ist der endzeitliche Weltenrichter, dem Gott das Gericht über die Menschen – und damit die Rechtsprechung – anvertraut hat.

● Die Pharisäer sahen Gott als Gebieter, dessen Gebote man mit aller Strenge befolgen muss. „Gott selbst denkt anders: Erst der Mensch, dann der Sabbat, dem Menschen zur Hilfe, dass er Gott nicht vergisst und in seinem irdischen Werk versinkt" (Adolf Schlatter).

> ✎ *Wie denken Sie von diesem Text her über das Gebot „Du sollst den Feiertag heiligen"?*

Samstag, 13. Januar   Markus 3,1–6

● V 1–3: Als Jesus in die Synagoge geht, ist **dort erneut der „Sabbat" das Thema.** Die Synagogen-Besucher wollen wissen, wie es Jesus mit dem Sabbatgebot hält. Wieder lauern sie darauf, ob Jesus dieses wichtige Gebot übertritt. Ihr Ziel ist es, Jesus zu verklagen. Ja noch mehr: Am Ende dieser Szene in der Synagoge stehen Mordpläne. Es fällt auf, dass bereits von Beginn des Wirkens Jesu an seine Passion ins Blickfeld rückt. – Jesus bemerkt den Menschen mit der verdorrten Hand (eine Muskelerkrankung oder Lähmung?) und spricht ihn an.

● V 4: Wenn keine akute Lebensgefahr bestand, war Heilen am Sabbat verboten. Doch Jesus führt den Sinn des Sabbatgebotes auf die schlichte Frage zurück: „Soll man am Sabbat Gutes oder Böses tun? Leben erhalten oder töten?" **Es geht ihm nicht um strikte Befolgung von Gesetzesbuchstaben, sondern immer um den Menschen, der Hilfe nötig hat.** Auch am Sabbat. Das ist eine völlig andere Sicht als die der gesetzestreuen Frommen.

● V 5: **Jesus will den Menschen Gutes tun, will ihr Leben erhalten. Daher heilt er den Mann dann auch.** Die Frommen dagegen wollen vor Gott als gerecht dastehen, indem sie penibel die Gebote befolgen, wobei der konkrete Mensch in seiner Not außer Acht bleibt. Dass Jesus über eine solche Einstellung zornig und betrübt ist, macht deutlich, dass sie in seinen Augen völlig verkehrt ist.

> *Kennen Sie dieses Denken in Ihrer Gemeinde und auch persönlich, dass man als Christ bestimmte Vorschriften zu befolgen hat? In den Gemeinden in Galatien waren Christen in eine gesetzliche Haltung zurückgefallen. Paulus kritisiert das vehement und schreibt ihnen ins Stammbuch: „Ihr habt Christus verloren, die ihr durch das Gesetz gerecht werden wollt, und seid aus der Gnade gefallen" (Gal 5,4). Was bedeutet Ihnen, aus der Gnade zu leben?*

Sonntag, 14. Januar   Psalm 148

- Das Buch des Psalters mündet gegen Ende immer mehr in den großen Lobpreis. So ist auch unser heutiger Psalm ein wahrer Lobpreispsalm, gerahmt mit einem „Halleluja!" (= Lobet den HERRN!) und durchzogen von diesem Aufruf, den einzigen Gott zu ehren, der an den ganzen von ihm geschaffenen Kosmos und damit auch an uns heutige Leser gerichtet ist. Dreizehnmal im ganzen Psalm ergeht die Aufforderung: Lobe!
- Im **ersten Teil, V 1–6,** wird die Anbetung den Geschöpfen im gesamten Himmel befohlen: den Engeln, dem himmlischen Heer, den Sternen und Planeten, den Wassern über dem Himmel. Der Grund ist ganz einfach: Alles ist von Gott zu genau diesem Zweck erschaffen.
- Im **zweiten Teil, V 7–13**, geht es ganz hinab in die Tiefen des Meeres und wieder hinauf zu Wettergewalten und Bergen mit Pflanzen, Tieren und allen Menschen. So beeindruckend alle diese Geschöpfe auch zu sein scheinen, Gott ist größer, sein Name mächtiger und nichts und niemand reicht nur ansatzweise an ihn heran. Das ist das Fundament für den Lobaufruf an die ganze Erde.
- Zuletzt, in gewisser Weise an die Ehrenposition, ergeht in **V 14** der Aufruf an Gottes auserwähltes Volk. Die Israeliten sind die, die die Macht Gottes besonders erlebt haben und an denen Gott sich besonders zeigt und zeigen will. Diese seine Diener sind zuallererst verpflichtet und geadelt, dem HERRN alle Ehre zu geben.

> ✏️ Wie kann ich heute dem Schöpfer die Ehre geben? Wie kann ich das Lob Gottes in die oft so mächtigen Routinen des Alltags integrieren? Wie kann ich mich daran erinnern, dass ihm die Ehre gebührt, weil er größer und herrlicher ist als alles andere?
>
> ✏️ Auch ich wurde zum Lob Gottes geschaffen. Kann ich ja zu meiner Daseinsbestimmung sagen?

Erster und zweiter Timotheusbrief und Titusbrief

Die beiden Timotheusbriefe und der Titusbrief werden als **Pastoralbriefe (= Hirtenbriefe)** zusammengefasst, da sie in Sprache, wichtigen Gedankengängen und Zielsetzung stark übereinstimmen. Es geht um klare Anweisungen, Ermutigungen und Ermahnungen an die Leitungspersonen, vor allem an das Hirtenamt der Gemeinde. Nach vielen Gemeindeneugründungen im Missionsgebiet des Paulus schafft das verstärkte Auftreten von Irrlehrern erhebliche Unruhe. Viele sind offen für alles Neue, können aber nur begrenzt zwischen Irrtum und Wahrheit unterscheiden und lassen sich so für jeden Gemeindezwist und theologischen Zank missbrauchen.

Wie kann in Zukunft das Evangelium, hier **gesunde Lehre** genannt, in seiner ursprünglichen Zuspitzung und Kraft bewahrt bleiben? Wie können Gemeinden in veränderten Zeiten und angesichts von Verfolgungen wachsen? Wie können die Person und das Amt des Gemeindeleiters gestärkt und profiliert werden? Welche Kriterien müssen bei Amtsträgern erfüllt sein?

Nicht so sehr das missionarische Anliegen prägt diese Briefe, sondern vielmehr die **seelsorgerliche Verantwortung** für den Innenbereich der Gemeinde. Nicht die Kernbotschaft von der Rechtfertigung des Gottlosen durch die Versöhnung Gottes in Christus steht im Zentrum. Sie wird vorausgesetzt, sie gilt es zu bewahren, zu sichern; deshalb die vielen Bekenntnisformulierungen im Text. Es geht Paulus vielmehr um Fragen der christlichen Lebensführung („Frömmigkeit") und um die **Vorbildfunktion** der Leiter. Ihr Verhalten soll sich an Paulus orientieren – in seiner Hinwendung zur Gnade Christi (1Tim 1,12–17), in seinem persönlichen Einsatz für die Gemeinden (2Tim 3,10–13), in seiner Leidensbereitschaft bis hin zum Martyrium (2Tim 4,7f.16–18). Dieser Aufruf zu vorbildlichem Leben gilt allen Mitarbeitern in der Gemeinde (1Tim 3 u. 5). Die drei Briefe sind persönlich und zugleich dienstlich formuliert; Persönliches prägt den 2Tim, Amtliches überwiegt im Titusbrief.

Montag, 15. Januar — 1. Timotheus 1,1–11

- Das Spannende an den Timotheusbriefen: Sie sind **wohl die letzten erhaltenen Briefe von Paulus** an einen seiner wichtigsten Mitarbeiter. Timotheus ist sein „Kind im Glauben" (V 2); Paulus ist sein geistlicher „Ziehvater".

> *Wer war für Sie „geistlicher Adoptiv-Vater" oder „-Mutter"? Was verdanken Sie diesem Menschen?*

- **Der Stil ist anders als in anderen Paulusbriefen.** Kritische Ausleger folgern daraus, die Briefe stammten gar nicht von Paulus. Briefe wurden damals aber sowieso oft von Sekretären mit formuliert (was manche Eigenheiten erklärt), trotzdem war der Verfasser verantwortlich. Zudem passen die Besonderheiten zum Anlass: Timotheus muss ja nicht mehr das Evangelium erklärt, sondern er muss **vor allem persönlich ermutigt** werden.
- Abgefasst wurde der Brief wohl um 65 n.Chr.: Paulus war in Rom gefangen gesetzt und ist kurzzeitig freigelassen. Jetzt reist er nach Mazedonien, von dort schreibt er an Timotheus, der sich um die Gemeinde in Ephesus kümmern soll.
- Paulus betont seine Autorität (V 1) – vielleicht um zu versichern: **Mein Wort hat mehr Gewicht als die Lehren, die bei euch kursieren:**

→ Was für Lehren waren das? **„Fabeln und Geschlechtsregister"** (V 4) – klingt nach heidnischen Kulten, vielleicht mit jüdischen Versatzstücken, **„das Gesetz lehren"** (V 7) klingt nach Anleihen aus dem AT, allerdings wohl „falsch zusammengesetzt".

→ Wie erkennt man Irrlehren? Einmal am Ergebnis: sie verwirren und sind unproduktiv (V 5). *Gesunde* (V 10) **christliche Lehre wirkt anders: Liebe, gutes Gewissen und aufrichtiger Glaube** (V 5).

→ Zum andern verdrehen Irrlehren Bibeltexte. Paulus stellt daher den **Sinn des Gesetzes** klar: **Als Gottes Maßstab führt es Menschen ihre Übertretungen vor Augen;** Paulus nennt Beispiele (V 8–10): Nichts davon darf vom Evangelium ablenken (V 11).

Dienstag, 16. Januar 1. Timotheus 1,12–20

• Wer sich selbst **als Vorbild** nennt (V 16), muss sich seiner Sache ziemlich sicher sein. Paulus ist aber nicht überheblich, sondern seine Lebensgeschichte hat mehrere Funktionen:

→ In einer Pioniersituation gibt es nun mal wenig andere, die Christsein vorleben. Also muss der Mentor Paulus selbst ran: **Was er sagt, verkörpert er auch und macht es so für seine Zuhörer anschaulich.**

→ An seinem Leben wird **Gottes Gnade deutlich**, die er predigt: Er war früher ja selbst ein „Frevler" (V 13), gehörte also mit in die Liste von 1,8–10. Trotzdem hat ihn Gott erreicht (V 16).

• Paulus antwortet mit **einem der schönsten Verse des Briefes** (V 15). Das „teuer werte Wort" ist eine Spezialität der Pastoralbriefe (fünfmal) und markiert jeweils: Achtung, wichtig.

> ✏️ *Wie wäre es: Sie lernen V 15 auswendig? Damit füllen Sie gleich Ihre „Schatzkammer" an wertvollen Bibelstellen.*

• Paulus antwortet weiter mit einem kurzen **Lobpreis** (V 17): Wie in der Offenbarung (z. B. Offb 1,6) besteht er aus Gott als Empfänger, dessen genauerer Beschreibung und der Zuschreibung des Lobs.

• **Grundlage für alles Folgende** (hier zusammengefasst mit „Gebot") **ist also immer Gottes Gnade** (V 12–17) – die auch an Timotheus schon gewirkt hat, noch bevor er davon wusste („Weissagungen", V 18). So ist Timotheus fit für den „Kampf", **das Bild des sportlichen Wettkampfes**, der vor allem Ausdauer braucht.

• Ausdauer ist auch nötig, wie die **Gegenbeispiele** zeigen (V 20). Genaueres zu den beiden Genannten erfahren wir nicht (siehe nur 2Tim 2,17). Der Ausdruck „Schiffbruch erleiden" war in der Hafenstadt Ephesus sofort verständlich: Sie sind vom Glauben abgekommen. „Dem Satan übergeben" klingt harsch, meint aber wohl den zeitweiligen Ausschluss aus der Gemeinde als letzte Option – die Tür zur Rückkehr bleibt aber offen.

Mittwoch, 17. Januar   1. Timotheus 2,1–7

• Was will Paulus Timotheus mitgeben? Sein Leben geht zu Ende; er will sicherstellen, dass das Evangelium weiter verkündet wird – durch stabile Gemeinden.

• Es stimmt also nicht, was kritische Ausleger über die Pastoralbriefe sagen; dass sie ein späteres Stadium der Urgemeinde anzeigten. **Gesunde Gemeinden waren schon Paulus selbst wichtig.**

• Gesund sind sie, wenn sie – beten. Das steht am Anfang, „vor allen Dingen" meint wohl nicht nur sachlich vorgeordnet (V 1). **Beten, und zwar für „alle", angefangen mit der Regierung.** „König" war für Griechen der Sammelbegriff für Herrscher, auch wenn die Römer den Begriff vermieden.

• Warum zuerst dafür beten? Weil **staatliche Ordnung die beste Voraussetzung für Mission und Gemeinde ist** (V 2). Daher ist sie in Gottes Sinne (vgl. Röm 13,1–7), und was in seinem Sinne ist, dafür lohnt es sich besonders zu beten (V 3).

• Christen wünschen sich also nicht etwa einen „christlichen Staat", sondern einen, in dem Recht und Ordnung herrschen und in dem sie durch ihren Lebensstil überzeugen können (V 2).

• Der Hintergrund: Jetzt ist ja die Zeit der weltweiten Mission – Gott will *allen* helfen (wörtlich „retten", V 4). Im Griechischen schwingt mit: „allen möglichen Menschen", aus allen Nationen und Kulturen. Paulus argumentiert hier Schritt für Schritt:

→ **Gott ist *einer*** – so das jüdische Glaubensbekenntnis, das Sch'ma. **Also hat er auch nur *einen* Mittler, nämlich Jesus.**

→ Wenn nun *einige* Menschen auch außerhalb des Judentums zu Jesus gefunden haben, heißt das doch: Der eine Gott will grundsätzlich *alle* Menschen erreichen.

→ Das hat er seit Ewigkeit geplant, und jetzt ist der passende Zeitpunkt dafür erreicht (V 6).

• Um diese Botschaft geht es Paulus, er ist ihr Bote (V 7). **„Prediger" heißt hier im Urtext auch „Herold", offizieller Botschafter des Herrschers.** Davon ist Paulus selbst ergriffen („ich sage die Wahrheit"), und das will er weitergeben.

Donnerstag, 18. Januar   1. Timotheus 2,8–15

● Hand aufs Herz: Viele Menschen, Frauen wie Männer, würden diesen Text gern „verbessern". Sehr deutlich scheint Paulus ja zu sagen: Nein, Frauen haben in der Gemeinde nicht zu lehren. Lässt sich das irgendwie „retten"?

● **Paulus' Anliegen ist: Christen sollten sich vom Umfeld an der *richtigen Stelle* unterscheiden. Dreimal,** so der große englische Theologe John Stott, **nennt Paulus ein Prinzip und seine Anwendung. Das Prinzip gilt immer, die Anwendung ist spezifisch auf die jeweilige Kultur zu übertragen:**

→ **Prinzip 1**: „Beten an allen Orten", **Anwendung**: „die Hände aufheben" (V 8). So sieht Gebet laut dem AT aus, so betet auch Paulus. Das heißt nicht, dass man *nur* so richtig beten könnte.

→ **Prinzip 2**: „schickliche Kleidung". **Anwendung**: „nicht mit Haarflechten, Gold, Perlen ..." (V 9–10). In Ephesus hat man sich zu Ehren heidnischer Götter besonders gestylt, Frauen ahmten dabei die römische Oberklasse nach. Das sollte bei uns anders sein, so Paulus. Was in *anderen* Kulturen wie der unseren als „schicklich" gilt, ist damit aber noch nicht gesagt.

→ **Prinzip 3**: Frauen sind dem Mann nachgeordnet. Das ist herausfordernd genug. Aus Eph 5,25 ergibt sich allerdings: Also haben Männer sich für Frauen aufzuopfern, so wie Christus sich für die Gemeinde aufopfert. Auch das ist nicht so einfach. – **Anwendung:** Frauen dürfen in der Gemeinde nicht lehren oder leiten (V 10–12). Und nun?

● Paulus argumentiert hier zwar sogar mit der Schöpfung (V 13–15). **Doch geht er sonst *natürlich* davon aus, dass Frauen predigen und sogar wie Apostel wirken, also mehrere Gemeinden anleiten** (Röm 16,1.3.7; 1Kor 11,5). **Merkt er die Spannung in seinen Aussagen nicht?** Oder ist es hier nicht doch auch: die Anwendung eines Prinzips in *einer* Kultur? Heute kann das heißen: Natürlich dürfen Frauen predigen. Aber wir halten daran fest, dass Männer und Frauen unterschiedlich sind, von Gott verschieden geschaffen und einander ergänzend.

Freitag, 19. Januar   **1. Timotheus 3,1–13**

● Ganz schön anspruchsvoll, was Paulus sich hier wünscht? **Für gesunde Gemeinden braucht es eben gute, vorbildliche Leitung**. Zwar hat man aus Paulus' Liste früher teils einen überhöhten Maßstab gemacht. (Manche Teenie-Kinder von Pastoren können ein Lied davon singen.) Schauen wir aber genauer hin: **Eigentlich ist das alles ziemlich normal und grundlegend**. Trotzdem muss es eigens betont werden. Vielleicht war es in Ephesus doch nicht so selbstverständlich.

● Es geht zuerst um die „**Bischöfe**" (V 1–7) – kaum solche, die heute etwa eine Landeskirche leiten. **Das griechische *episkopos* bedeutet schlicht: „der die Übersicht behält".** Das gehört zu den Aufgaben der Ältesten (vgl. Apg 20,28). Was ist dafür wichtig?

→ **Der Charakter** sollte fest und verlässlich sein – „**untadelig" heißt nicht perfekt,** das ist niemand, aber doch ohne die Art von Fehlern, die für eine leitende Tätigkeit nicht tragbar sind – hier z. B. Jähzorn, Sucht oder gar Gewaltbereitschaft (V 2–3.6).

→ **Denken und Kommunikation sollten klar bzw. lebendig sein,** sodass man die Gemeinde lehren und auch nach außen hin vertreten kann (V 2.7).

→ **Ehe und Familie sollten gut geordnet sein** (V 2.4–5). Paulus spielt hier wohl auf die römische Gewohnheit an, neben Ehefrauen noch „Konkubinen" (ständige Geliebte) zu haben. Das kommt nicht infrage.

● Ähnliches wünscht sich Paulus für die Diakone und die zugehörigen Frauen (V 8–13). Gemeint sind wohl nicht ihre Ehefrauen, sondern weibliche Diakone, für die es im Griechischen noch kein Wort gab. Im Unterschied zum Bischofsamt ist hier nicht mehr vom Lehren die Rede, sonst sind die Anforderungen gleich.

Fallen Ihnen positive Beispiele ein – von Menschen in der Gemeindeleitung, auf die vieles hiervon zutrifft? Woran merkt man das bei diesen Menschen?

Samstag, 20. Januar — 1. Timotheus 3,14–16

● V 15: Die vielen praktischen Hinweise, die wir in den Timotheusbriefen finden, hat Paulus gegeben, damit die Gemeindeleiter wissen, wie sie christliche Gemeinden leiten sollen. Stellt man sich vor Augen, dass die christliche Gemeinde die Wohnung Gottes auf Erden ist, versteht man **die große Verantwortung, die auf der Gemeindeleitung ruht.** Nicht irgendeinen Verein oder eine Firma haben die Ältesten zu führen, sondern Gottes irdisches Haus haben sie zu verwalten. Wer hier leichtfertig und ohne Rücksicht auf die biblischen Maßstäbe ans Werk geht, der könnte eine Gemeinde schädigen und sie im schlimmsten Fall sogar zerstören und so dafür verantwortlich sein, dass Menschen aus Enttäuschung dem Glauben den Rücken kehren und die Gemeinde verlassen.

● V 16 klingt im griechischen Original poetisch und könnte **ein Teil aus einem alten Gemeindelied** sein, das in den urchristlichen Gemeinden im Umlauf war. Dieser Vers fasst äußerst prägnant das Evangelium zusammen, das bis zum Kommen Jesu ein Geheimnis war und nun offenbart ist. **Im Einzelnen enthält dieses nun gelüftete Geheimnis sechs Aspekte:** (1) Gott ist in Christus ins „Fleisch" gekommen (Joh 1,14), hat also menschliche Gestalt angenommen und unter uns gewohnt. (2) Jesus wurde vom Heiligen Geist aus den Toten erweckt (Röm 8,11) und damit gerechtfertigt. (3) Die Engelwelt anerkennt Christus als Herrn und Gott und betet ihn an (Hebr 1,6). (4) Das Evangelium Jesu Christi wird weltweit gepredigt (Kol 1,23), bringt (5) in allen Ländern Frucht (Kol 1,6), und (6) Christus selbst sitzt nach seiner Himmelfahrt zur Rechten Gottes und regiert unsichtbar diese Welt (1Petr 3,22).

> *Bitte lesen Sie Kol 1,6. Wie sieht ganz praktisch die Frucht des Evangeliums in der Welt und in Ihrem persönlichen Leben aus?*

Sonntag, 21. Januar — Psalm 86

• Im dritten Teilbuch des Psalters (Ps 73–89) ist dies der einzige **David-Psalm**, eingeschoben in die Psalmen der Korachiter (Ps 84f; 87f). Er beginnt als **Bittgebet** aus der Not **(V 1–7)**, geht über zum **Lobpreis** über die Wundertaten des HERRN **(V 8–10)** und wechselt wieder zum **Bittgebet (V 11–17)**. Dabei geht es nicht nur um Hilfe, sondern auch um Wegweisung (V 11); dazu kommen Bekenntnisse. Momente der ersten beiden Abschnitte werden im Schlussteil verbunden. In der letzten Zeile bezeugt der Betende, dass Gott Trost und Hilfe gab. Wahrscheinlich beziehen sich die Worte auf eine frühere Gebetserhörung. Daraus schöpft der Betende die Zuversicht, dass der HERR auch dieses Gebet erhören wird.

• Gott steht mit verschiedenen Bezeichnungen im Mittelpunkt der Gedanken: Er ist es, der angerufen wird; er ist es, dem alles anheimgestellt wird; er ist es, der handelt; er ist es, der gepriesen wird – **Gottesausrichtung, nicht Selbstbespiegelung!** Das sprechende Ich redet von sich als „dein Knecht" (V 2.4.16); entsprechend vertraut es sich und sein Ergehen seinem „Herrn" und Meister an (V 3–5.8f.12.15), der alles vermag.

• Die drei genannten Abschnitte lassen sich unter die Überschriften stellen:

→ **Gott hört!** Man beachte die vielen Begriffe des Rufens und Hörens!

→ **Gott wirkt!** Er tut Großes – mehr als Menschen und Hoheiten vermögen!

→ **Gott ist gnädig!** Er ist langsam zum Zorn, aber großzügig an Barmherzigkeit!

Das Psalmwort als Bibelwort bezieht sich auf andere Bibelworte; so im Zusammenhang von Bundesbruch und -erneuerung (2Mose 32–34) auf die Gottesoffenbarung, in der der HERR sich in seinem Wesen zu erkennen gibt. Lesen Sie dazu 2Mose 34,6–10 und vergleichen damit die Psalmverse 5.10.15f!

Montag, 22. Januar 1. Timotheus 4,1–11

● V 1–3: In der 2000-jährigen Kirchengeschichte hat es je und dann Phasen von Glaubensabfall gegeben. Kurz vor der Wiederkunft Christi wird es zu einem besonders starken Abfall kommen (vgl. Mt 24,10–12). Manchmal wurde der **Abfall verursacht** durch Christenverfolgung, manchmal durch großen Wohlstand und manchmal eben auch, wie unser Text sagt, **durch Irrlehrer. Das Gefährliche an Irrlehren ist, dass sie durchaus Aspekte von Wahrheit enthalten können.** Zeitweise auf Nahrungsmittel zu verzichten, also zu fasten und sich ganz dem Gebet zu widmen, ist zunächst durchaus positiv. Unverheiratet zu bleiben und seine Zeit und Kraft ganz für das Reich Gottes einzusetzen, ist ebenfalls gut. Doch wenn solches Verhalten von den Gläubigen gesetzlich verlangt wird, vielleicht sogar als Bedingung für das Heil, dann liegt eine Irrlehre vor. Niemand darf zum Fasten oder zur Ehelosigkeit gezwungen werden.

● V 4: Als Christen wissen wir, dass **Gott der Schöpfer aller Dinge ist. Daher können wir auch die Nahrungs- und Genussmittel bewusst aus seiner Hand empfangen.** Bevor wir essen, handeln wir wie Jesus: Wir danken Gott für die wunderbaren Gaben, die er uns täglich zur Verfügung stellt.

● V 6–11: Sich eng an die Lehren der Heiligen Schrift zu halten und in der Ehrfurcht vor Gott zu leben ist wichtiger als jede sportliche Betätigung (hier: „leibliche Übung"), die durchaus auch ihren Wert hat, vor allem für Menschen, die sich berufsbedingt kaum bewegen. Doch aller Sport nützt nur für die Zeit des irdischen Lebens; die Gottesfurcht (hier: „Frömmigkeit") aber hat positive Auswirkungen auf das irdische **und** ewige Leben. **Daher sollte unser Leben von einer tiefen Ehrfurcht vor dem dreieinen Gott bestimmt sein.**

> 🖉 *Bitte lesen Sie Sprüche 1,7. Inwiefern ist die Ehrfurcht vor Gott der Anfang der Weisheit?*

Dienstag, 23. Januar   **1. Timotheus 4,12–5,2**

● Die in der heutigen Bibellese gegebenen **Ermahnungen richten sich über Timotheus hinaus an alle Gemeindeleiter, ja, an alle Christen.** Denn jeder Christ ist an irgendeiner Stelle und für irgendjemanden Vorbild.

● V 12: Zunächst nennt Paulus **fünf Bereiche, in denen sich Christen als Vorbilder bewähren sollen.** Mit unserem **Reden** sollen wir Menschen erbauen (Eph 4,29); unser **Lebenswandel** soll andern ein Anstoß zum Glauben sein (1Petr 2,12); in aufopfernder **Liebe** sollen wir zum Äußersten bereit sein (Joh 15,13); Glaube bzw. **Treue** soll ein Kennzeichen unseres Lebensstils sein (1Kor 4,2); durch (sexuelle) **Reinheit** sollen wir uns unterscheiden von der Mehrheitsgesellschaft (1Thess 4,3–5).

● V 13: Dann mahnt Paulus zum beständigen Studium und der Weitergabe des Gelernten. **Lebenslanges Lernen** ist heute eine Selbstverständlichkeit und gilt natürlich auch für den Glauben. Als Nachfolger Jesu gehört die tägliche Bibellektüre genauso zum Leben eines Christen wie das Studium guter geistlicher Literatur oder das Hören von Predigten im Gottesdienst.

● 5,1.2: Die ersten beiden Verse von Kap 5. geben schließlich **kluge Anweisungen für den Umgang mit bestimmten Altersgruppen.** Mit Achtung und Ehrerbietung sollen wir älteren Menschen begegnen. Aber auch gleichaltrigen Gemeindegliedern soll der junge Timotheus brüderlich gegenübertreten. Die Anweisung aus Phil 2,3 („in Demut achte einer den anderen höher als sich selbst") hat sich im Gemeindeleben wie im Umgang mit Nichtchristen tausendfach bewährt und kann nur dringend empfohlen werden.

„Wenn wir uns nicht täglich mit der Heiligen Schrift stärken, dann bröckelt die Wahrheitserkenntnis, die wir einmal erlangt haben, immer weiter ab." Was will uns Johannes Calvin mit dieser Aussage deutlich machen?

Mittwoch, 24. Januar 1. Timotheus 5,3–16

• Schon im AT wird mehrfach berichtet, dass Gott sich um Witwen und Waisen kümmert (Ps 68,6). **Auch die neutestamentliche Gemeinde hat von Anfang an einen Blick für die Benachteiligten gehabt** (Apg 6,1–4), und Diakonie und Caritas bemühen sich heute im Auftrag der Kirchen um Menschen in Notlagen.

• V 3–8: In unserm heutigen Text gibt Paulus **konkrete Anweisungen, wie man sich gegenüber Witwen verhalten soll.** Zunächst sind Kinder und Enkel für ihre Versorgung zuständig. Wer für seine eigenen mittellosen Familienmitglieder nicht sorgt, der „hat den Glauben verleugnet" und ist schlimmer als ein Ungläubiger (V 8); denn die meisten Nichtchristen kümmern sich auch heute ganz selbstverständlich um ihre bedürftigen Familienmitglieder.

• V 9.10: Doch manchmal gibt es Witwen, die keine Angehörigen haben und außerdem über kein eigenes Vermögen verfügen, mit dem sie ihren Lebensunterhalt bestreiten könnten. **Damit diese nicht unversorgt bleiben, soll die Gemeinde die Versorgung übernehmen.** Zu dem infrage kommenden Personenkreis sollen Witwen gehören, die mindestens 60 Jahre sind und sich mit ihrem Lebenswandel als echte Christen ausgewiesen haben (V 10).

• V 11–16: **Jüngere Witwen dagegen schließt Paulus aus der Versorgung durch die Gemeinde aus.** Diesen Frauen empfiehlt er eine erneute Heirat, wodurch sie dann versorgt wären. – Auch wenn wir in Deutschland durch unser Sozialsystem im Alter recht gut abgesichert sind, so mehren sich die Fälle von Altersarmut. Daher sind die Anweisungen der heutigen Bibellese durchaus aktuell. Die Kirche insgesamt und ebenso die örtlichen Gemeinden müssen einen Blick für Menschen in Not haben und diese mit ihren Möglichkeiten unterstützen.

Finden in Ihrer Gemeinde Witwen die nötige Aufmerksamkeit und Unterstützung?

Donnerstag, 25. Januar   1. Timotheus 5,17–25

● V 17.18: Obwohl Paulus selbst aus bestimmten persönlichen Gründen keine Bezahlung für seinen Dienst als Missionar und Gemeindegründer annahm (1Kor 9,11–15), bestand er darauf, dass die **Leiter der Gemeinden (Älteste bzw. Pastoren) für ihren Dienst einen Lohn empfangen.** Er begründet seine Haltung mit Anweisungen aus dem AT und von Jesus selbst (5Mose 25,4; Lk 10,7). Älteste, die besonders intensiv in der Verkündigung und Lehre engagiert sind, sollen sogar überdurchschnittlich bezahlt werden. Deshalb ist die heutige Praxis der Bezahlung von Pastoren und Missionaren biblisch begründet. Sie schließt aber keineswegs aus, dass die meisten Mitarbeiter unentgeltlich für die Gemeinde arbeiten.

● V 19–22: Sollten in einer Gemeinde **schwerwiegende Vorwürfe gegen einen Ältesten** erhoben werden, so muss entsprechend der Anweisung Jesu aus Mt 18,15–17 vorgegangen werden. Bestätigen sich die Vorwürfe, soll – auch zur Abschreckung – die ganze Sache vor die gesamte Ältestenschaft und Gemeinde gebracht werden. **Bei allem ist gerecht und ohne Ansehen der Person vorzugehen.** Um die unangenehme Situation zu vermeiden, einen in Sünde gefallenen Ältesten ermahnen zu müssen, soll Timotheus nur wirklich geeigneten bzw. bewährten Männern (vgl. 1Tim 3,1ff) die Hände zur Ordination auflegen.

● V 23 ist ein Einschub. Paulus rät hier nicht zu regelmäßigem Alkoholgenuss. Vielmehr empfiehlt er Timotheus den Weingenuss aus medizinischen Gründen. Ihm liegt also auch das leibliche Wohlergehen seines Mitarbeiters am Herzen.

● V 24 und 25 nehmen dann wieder den Gedankengang von V 22 auf und betonen, dass alles, Gutes wie Schlechtes, über kurz oder lang offenbar werden wird.

Lesen Sie bitte 1Thess 5,12f und Hebr 13,17. Wie soll sich die Gemeinde gegenüber ihren Leitern verhalten?

Freitag, 26. Januar   1. Timotheus 6,1–10

• V 1.2: Das biblische Evangelium hat nie zu gesellschaftlichen Umstürzen aufgerufen. Vielmehr ruft es den Einzelnen zur Umkehr und kann so durch viele veränderte Individuen eine Gesellschaft nachhaltig prägen. **Daher bekämpft Paulus auch nicht die Sklaverei, sondern ermahnt die Sklaven, treu ihren Dienst zu tun und auf diese Weise Gott und sein Wort zu ehren. Allerdings begegnen sich in der urchristlichen Gemeinde schon damals Freie wie Sklaven als Brüder** (vgl. Gal 3,28; Phlm 16).

• V 3–5: Schon in der Anfangszeit war der christliche Glaube **von Irrlehren bedroht.** Bis zum heutigen Tag hat sich das nicht geändert. Oft ist die Verbreitung falscher Lehren mit materiellen Interessen verbunden (V 5). **Geldliebe ist in Wahrheit eine Form des Götzendienstes.** Die Definition Luthers „Woran du dein Herz hängst, das ist dein Gott", hält uns den Spiegel vor.

• V 9.10: Doch wenn Menschen dem Geld hinterherlaufen und all ihre Energie darauf verwenden, wohlhabend zu werden, befinden sie sich auf einem Holzweg und stehen sogar in der Gefahr, vom Glauben abzuirren. **Unser heutiger Text ermahnt uns als Nachfolger Jesu zur Bescheidenheit.** Wenn unsere Grundbedürfnisse (Nahrung, Kleidung und Wohnung) gedeckt sind, sollen wir damit zufrieden sein. Gerade angesichts der gegenwärtigen ökologischen Krise, die auch Folge eines ungezügelten kapitalistischen Wachstumsdenkens ist, gewinnt der **Aufruf zur Genügsamkeit** ganz neu an Bedeutung. Wenn die heutigen Gesellschaften es nicht lernen, nachhaltig und ressourcenschonend zu arbeiten und zu leben, werden unsere Kinder und Enkel eine Welt vorfinden, die nicht mehr lebenswert ist.

> *Bitte lesen Sie Mt 6,19f. Was heißt es konkret und wie sieht es praktisch aus, sich nicht Schätze auf Erden, sondern im Himmel zu sammeln?*

Samstag, 27. Januar — 1. Timotheus 6,11–21

● V 11–16: Timotheus und alle gottesfürchtigen Menschen sollen einen weiten Bogen um Geldliebe und die in den Versen 3 bis 5 genannten Verhaltensweisen machen. **Christen sollen sich vielmehr auszeichnen durch Eigenschaften wie Liebe, Ehrfurcht vor Gott, Geduld, Gerechtigkeit und den Glaubenskampf.** Wer Jesus folgt, steht sein ganzes Leben lang in einer Auseinandersetzung mit den Mächten des Bösen und der Sünde. Dieser Glaubenskampf endet erst mit dem Tod oder mit der Wiederkunft Christi.

● Ab V 17 kommt Paulus nochmals auf **das Thema Geld** zu sprechen. Auch damals gab es in den christlichen Gemeinden schon einzelne wohlhabende Menschen. Dagegen ist nichts einzuwenden. Sie werden auch nicht aufgefordert, ihren Besitz zu verkaufen. **Doch Paulus spricht deutlich die Gefahren des Reichtums an.** Wer Überfluss hat, steht in der Gefahr, stolz und überheblich zu werden. Auch kann es leicht geschehen, dass man dem vollen Bankkonto mehr vertraut als dem lebendigen Gott. **Reiche Christen dürfen ihren Besitz, wenn er denn rechtmäßig erworben wurde, dankbar aus Gottes Hand nehmen und genießen, sollen aber zugleich von ihrem Überfluss reichlich abgeben.** Denn dazu gibt uns der Schöpfer mehr, als wir brauchen, damit wir die Armen unterstützen und die Arbeit im Reich Gottes fördern.

● V 20.21: In den letzten beiden Versen wird Timotheus erneut (V 5) aufgefordert, sich von Menschen zu distanzieren, die falsche Lehren verbreiten und so die Gläubigen verunsichern. Das Evangelium, das ihm von Paulus vermittelt worden ist, soll er bewahren, damit er selbst und die ihm Anbefohlenen das Ziel des ewigen Lebens im Reich Gottes erlangen.

Vgl. Sie unsern Text mit dem scharfen Urteil über die Reichen in Jak 5,1–6. Schießt Jakobus mit seinem Urteil übers Ziel hinaus?

Sonntag, 28. Januar — Psalm 135

- In der Luther-Bibel steht über Ps 135: „**Anbetung des lebendigen Gottes**". „Lebendig" ist der HERR, weil er Leben wirkt. Dies zeigt sich im Gegenüber zu den Göttern der anderen Völker. Sie sind Machwerk und teilen die Vergänglichkeit der Menschen (V 15–18, ähnlich Ps 115,4–8). Sie vermögen nicht einmal das zu tun, was Menschen können: reden (Mund), sehen (Augen), hören (Ohren) – wie fern sind sie von Gott, der all dies nicht nur kann, sondern auch seinen Menschen verliehen hat! Empfängt der aus Erde gemachte Mensch den Lebensatem Gottes (1Mose 2,7), so mögen Silber und Gold (V 15) wertvoll sein, aber Metalle erzeugen kein Leben.
- Der Psalm führt **drei große Themen** für das Lob des HERRN an:
  → seine Unvergleichlichkeit gegenüber anderen Göttern bzw. Götzen;
  → sein Wirken in der Schöpfung;
  → sein Einstehen für sein Volk in der Heilsgeschichte.
- Das **Rettungswirken an Israel** steht im Zentrum (V 8–14). Aufgeführt sind Wegstationen von den Plagen in Ägypten bis zur Landgabe – Erinnerungen, die den HERRN groß machen und durch die Generationen hinweg nicht vergessen gehen sollen.
- Der Anfang führt uns zum **Jerusalemer Tempelgottesdienst**, und der Schluss ruft zum Lobpreis auf: von den Leitenden (Leute Aarons und Levis) bis zum Gottesvolk, den Gottesfürchtigen (V 19–21).

> *Die Spannung zwischen dem lebendigen Schöpferwerk Gottes und den toten Götzen als menschlichem Machwerk lädt ein, über die Beziehungen zwischen dem Glauben an einen schöpferischen Gott und dem kreativen Handeln von uns Menschen nachzudenken. Inwieweit hat die moderne „Ausschaltung" Gottes in vielen Lebensbereichen problematische Konsequenzen auf das menschliche Schaffen?*

Wo Gott spricht, da wird aus nichts eine Welt, doch ohne Schöpfer ist das Geschöpf bald erschöpft.

Montag, 29. Januar   2. Timotheus 1,1–12

- V 1.2: Auch wenn es sich um einen sehr persönlichen Brief handelt, folgt er dem damals üblichen Aufbau: **Absender, Adressat, Friedensgruß und Dank**. Weniger üblich ist der Hinweis auf die herzliche persönliche Beziehung wie die theologisch inhaltsschweren Begriffe im Friedenswunsch. Die Aufzählung reicht, der Apostel muss sie seinem langjährigen Schüler und Freund nicht erklären.
- V 3–5: Im **Dankgebet** erinnert sich Paulus an seine eigene jüdische Glaubenstradition und verleugnet diese keineswegs. Sie hat für seine Aufgabe als Missionar wesentliche Grundlagen gelegt. Es überrascht, dass Timotheus bereits in dritter Generation Christ ist, was zu dieser Zeit nur selten der Fall gewesen ist.

> *Welche generationenübergreifenden christlichen Traditionen gibt es in Ihrer Familie? Was war wertvoll und ist geblieben? Was hat sich verändert? Wofür sind Sie dankbar?*

- V 6: **Handauflegung als Symbol der Vergewisserung und Beauftragung zum Dienst in der Gemeinde** scheint sehr früh selbstverständlich gewesen zu sein.
- V 7.9f: Die Briefeinleitung erinnert an **zentrale Basisaussagen des Glaubens** – fast in Form eines Glaubensbekenntnisses:

→ Gottes Geist verbreitet keine Furcht, sondern befreit zu einem Leben in „Kraft, Liebe und Besonnenheit".

→ Gott hat durch Christus gerettet und berufen – alles ausschließlich als Geschenk.

→ Die schreckliche Macht des Todes ist gebrochen.

→ Neues Leben und unvergängliches Wesen sind Fakten, die durch das Evangelium bezeugt werden.

- **Das Vertrauen in Jesus Christus verbindet beide Männer**: Paulus, der annimmt, sein Auftrag werde bald enden, und der wohl mit seiner Verurteilung (und Hinrichtung?) rechnet, und der noch wenig erfahrene Timotheus, den einige für zu jung für ein Leitungsamt halten. Persönlich hat das für beide Konsequenzen.

Dienstag, 30. Januar   2. Timotheus 1,13–18

● V 13.14: Dass die eben beschriebene gute Glaubenstradition erhalten bleibt, ist alles andere als selbstverständlich. Sie braucht wiederholte **Erinnerung an „heilsame Worte"**, die mehr sind als beliebige Formulierungen. Dazu **persönliche Vorbilder gelebten Vertrauens in Jesus Christus.** Ohne das Wirken des Heiligen Geistes in der Verkündigung und an den einzelnen Glaubenden droht allerdings der Glaubens-Verlust.

> *Wer sind Ihre Vorbilder im Vertrauen auf Jesus? Was haben Sie von ihnen gelernt, was nicht übernommen? Wie erfahren Sie das Wirken des Heiligen Geistes?*

● V 15–18: An persönlichen Beispielen wird deutlich, wie unterschiedlich Christen auf die aktuelle Situation des Apostels „in Ketten" reagiert haben. Wie kann es sein, dass der Apostel so leidet? Er hat es sich wohl selbst zuzuschreiben – so die Kritiker. **Es geht hier um mehr als persönliche Beziehungen, es geht um Bekenntnis zum oder Verleugnung des Evangeliums:**
→ Bezieht sich V 15 auf Kap. 4,16? Geht es um Personen, die eine Zeit lang Paulus unterstützt haben und sich nach seinem ersten Verhör in Rom von ihm abwandten? Es wird nicht um alle Christen in der Provinz Asia (etwa das Gebiet der heutigen Türkei) gehen, sondern um jene, die ihn zunächst vermutlich unterstützt haben und zugleich Einfluss in den Gemeinden hatten.
→ Anders **Onesiphorus** (4,19), der wiederholt Paulus im Gefängnis besucht, ihn persönlich ermutigt und wohl auch versorgt hat. **Sein Bekenntnis zu dem beschuldigten Apostel ist auch Bekenntnis zu dessen Evangelium.** Paulus schließt mit dem Wunsch, Gott möge ihm am Tage des Gerichts diese Wohltaten vergelten. – Auch wenn wir heute unbedrängt und in Freiheit unseren Glauben leben können, sollte uns das Verhalten des Onesiphorus ein Ansporn sein, uns auch der Nöte verfolgter Christen anzunehmen.

Mittwoch, 31. Januar   2. Timotheus 2,1–13

Paulus kann nicht mehr reisen. Als Gefangener bleibt ihm nur die Möglichkeit, über Briefe mit Gemeinden und Einzelnen zu kommunizieren. **Die überaus herzliche Beziehung zwischen Autor und Empfänger** hat weder familiäre noch andere soziale Gründe. Die Gnade, die beiden durch Christus geschenkt ist, **bildet die Grundlage ihres Verhältnisses zueinander.**

> ✏ *Versuchen Sie bitte, den Begriff „Gnade" für einen Menschen zu beschreiben, der mit christlicher Tradition nicht vertraut ist.*

→ Der Apostel formuliert so etwas wie **letzte Worte an seinen ehemaligen Mitarbeiter**, der inzwischen Verantwortung in Ephesus übernommen hat. **Was bleibt wichtig?** Treue in der Überlieferung und Weitergabe des Evangeliums. Einbeziehung treuer und tüchtiger Menschen, die andere unterweisen können.

→ Leidenserfahrungen – auch durch Auseinandersetzungen – werden nicht ausbleiben; sie sind vielmehr Echtheitszeichen des Glaubens. Die Erfahrungen des Paulus sind Beleg dafür (V 9.10).

• V 4–6: **Die Beispiele** entstammen der damals für alle verständlichen Alltagserfahrung und **unterstreichen: Inhalt, Form bzw. Methode und Motivation des eigenen Handelns müssen zusammenpassen.** Das gilt auch für die Weitergabe des Evangeliums.

• V 8–10: Die Zusammenfassung dieses Gedankens erfolgt in für Paulus typischer Art seiner Verkündigung: Alles geschieht **mit Christus**. Das bedeutet, in den Lebensweg Jesu persönlich einbezogen zu sein, in seinen Tod und seine Auferstehung, in sein Leiden und Herrschen. Der ungewöhnliche Weg Jesu zum Ziel der Rettung ist auch Teil des Weges seiner Nachfolger.

• V 11–13: Wie tröstlich, dass **das Erreichen des Zieles** (ewiges Leben und mit Christus herrschen) nicht von unserer Treue im Glauben abhängt. Es **hängt an der Treue unseres Herrn und darauf ist Verlass.**

Donnerstag, 1. Februar   2. Timotheus 2,14–21

● V 14–17: Was ist wirklich wichtig und was führt in die Irre? Timotheus wird ermahnt, sich nicht an jeder Diskussion zu beteiligen. **Streitgespräche über Nebensächlichkeiten** mögen akademisch oder theologisch interessant sein, **können aber auch zu Verwirrung und Verunsicherung beitragen.** Das starke Bild vom um sich fressenden Krebs lässt keinen Zweifel zu: Nicht alles in der Gemeinde des Timotheus steht zum Besten. Irrglaube nimmt zu, nicht ab.

● **Kritisch wird es, wenn die Grundlagen des Evangeliums infrage gestellt werden:** Als ein Beispiel führt Paulus die Leugnung oder Fehlinterpretation der künftigen Auferstehung an. Da darf sich Timotheus nicht heraushalten, sondern er soll eintreten für das, was er von Paulus gelernt hat. Der auferstandene Herr kennt die, die sich zu ihm bekennen.

> *Gibt es unnütze und vom Evangelium wegführende Diskussionen in Ihrer Gemeinde oder Kirche? Welche Grundwahrheiten des Evangeliums werden dabei in den Hintergrund gedrängt oder gegen den Wortsinn uminterpretiert? Wie können Sie darauf reagieren?*

● V 18–21: Wieder folgt ein Beispiel aus dem Alltag. Offenbar hat das schnelle Wachstum der Gemeinden auch erhebliche Spannungen mit sich gebracht. In einem „großen Haus" finden sich viele unterschiedliche Gegenstände. Trotz vornehm zurückhaltender Formulierung ist klar: Nicht alles, was sich da in der Gemeinde zusammenfindet, dient der Ehre Christi. Der Hausherr (Christus) hat Erwartungen an „die Seinen" (V 19). Ihr Handeln soll sich unterscheiden von dem, was sonst üblich ist.

● Ein Detail soll nicht übersehen werden: **Paulus rät nicht zur Trennung von schuldig gewordenen Gemeindegliedern. Vielmehr rechnet er damit, dass sie umkehren und sich Christus neu zur Verfügung stellen.** Das Evangelium hat seine befreiende Wirkung nicht eingebüßt!

Freitag, 2. Februar   2. Timotheus 2,22–26

- Verantwortliche in der Gemeinde sollen auch auf sich selbst achten. **Die Last der Verantwortung für andere und die Entwicklung der Gemeinde könnten den Blick für die eigenen Gefährdungen trüben.** Paulus wird hier nicht konkret. Vermutlich kennt Timotheus seine Gefährdungen. Paulus ermahnt ihn, sie entschlossen zu meiden.

> ✎ *„Begierden der Jugend" werden vermutlich nicht Ihr Problem sein. Aber worin besteht Ihre Gefährdung – und wie begegnen Sie ihr?*

- V 22: **Auch alles, was einer Gemeinschaft von Christen förderlich ist, braucht aktives Handeln und dauerhaftes Engagement:** „jagen" kann auch mit „erstreben" übersetzt werden. Konkret:
→ **Gerechtigkeit**: die Rechtfertigung vor Gott durch Christus soll angenommen werden.
→ **Glauben**: das Vertrauen auf Gott soll gestärkt werden.
→ **Liebe**: die göttliche Agape, die in 1Kor 13 ausführlich beschrieben ist, soll praktiziert werden.
→ **Frieden mit allen**, die den Herrn anrufen, soll gesucht werden – eine fast unlösbare Aufgabe.
- V 23–25: Jedenfalls ist Timotheus damit ausgelastet. **Dabei kommt es auch auf die Art an, wie er seine Aufgaben erfüllt:**
→ Statt streitlustig aufzutreten soll er **allen freundlich begegnen**. Er soll **geschickt** in der lehrhaften Verkündigung sein und **geduldig Böses (z. B. Widerspruch) ertragen**.
→ Er soll **mit Güte zurechtweisen** (wörtlich: „erziehen").
- V 26: Wozu dieser Aufwand? Weil auch Gott seinen Geschöpfen so begegnet. **Es geht noch immer darum, Menschen zu gewinnen, nicht, sie auszuschließen.** Paulus weiß, es geht um mehr als eine argumentative Auseinandersetzung bei Fragen des Gottvertrauens. Der „Durcheinanderwerfer" sucht durch Verwirrung allen eine Schlinge umzulegen und Glauben zu zerstören.

Samstag, 3. Februar   2. Timotheus 3,1–9

● V 1–6: Paulus zeichnet **ein düsteres Zukunftsbild**. Bezieht er sich dabei auf das gesellschaftliche Umfeld der Gemeinden und sieht er eine böse Welt dem Untergang geweiht? Nein, er hat das Innenleben der Gemeinde im Blick. **Schlüssel ist V 5:** Es geht ihm um Personen, die die äußere Form der Frömmigkeit zwar beibehalten, aber gefangen in der Schlinge des Durcheinanderwerfers einem Lebensstil folgen, der Gottes Gebote verhöhnt. Die Liste der V 2–5 enthält 17 Beispiele und wird ab V 6 nochmals erweitert. Sie muss nicht im Detail erläutert werden, es fällt jedoch auf, dass sexualethische Themen hier nicht im Vordergrund stehen.

● V 7: Paulus ist durchaus realistisch. **Wo zwar die Religion formal beibehalten wird, jedoch die Kraft zum Vertrauen auf Gott verloren geht, wird nahezu alles möglich,** auch scheinbar neue Einsichten werden lautstark propagiert. Doch die von Gott geschenkte Erkenntnis der Wahrheit wird so nicht gewonnen. Auch wenn der Apostel eben noch zur Geduld aufgerufen hat (Kap. 2,25), will er keine unendliche Auseinandersetzung. Er rät, sich von solchen Menschen fernzuhalten. Timotheus soll sich auf seinen positiven Auftrag konzentrieren.

● V 8.9: Nach jüdischer Tradition hießen **die ägyptischen Zauberer** (2Mose 7,11.22) Jannes und Jambres, die Mose nachzuahmen versuchten (V 8). Einen biblischen Beleg für ihre Namen finden wir allerdings nicht. Offenbar war den Judenchristen damals diese Tradition bekannt. Der Vergleich lässt die Erwartung erkennen, von der Paulus bestimmt ist: **Wo die innere Kraftlosigkeit einer christlichen Gemeinde nicht behoben wird, wird die Wirkungslosigkeit der äußeren Formen auch bald offensichtlich werden.**

Genau das erleben wir ja aktuell in weiten Teilen Europas und nahezu allen Konfessionen bzw. Kirchen. Gibt es trotzdem Hoffnung?

Sonntag, 4. Februar Psalm 128

● Ps 128 gehört zu den kurz gehaltenen **Wallfahrtsliedern** (Ps 120–134). Es geht um das Hinaufziehen nach Jerusalem zum Tempel und die Rückkehr nach der Gottesbegegnung. In diesem Psalm geht es um die zweite Wegstrecke: das Heimkommen mit Glückwünschen und Gottes Segen für den Familien- und Berufsalltag. Gotteshaus und eigenes Haus sind bleibend verbunden, so wie sich aus der Ehrfurcht vor Gott bleibender Segen ergibt.

● Gehen wir die drei Teile dieses Psalms entlang:

→ V 1f: Der erste Abschnitt wird durch **Seligpreisungen** („Wohl dem/dir …") gerahmt: Glücklich zu preisen ist, wer in **Ehrfurcht vor dem HERRN** lebt und sich an Gottes Wort ausrichtet. Die zweite ergibt sich daraus und wird dem Hausvater persönlich zugesprochen: Die Arbeit wird dir gelingen, und du wirst die Deinen mit dem Notwendigen versorgen können.

→ V 3f: Im Zentrum steht der **Familiensegen**: Die Welt der Frau ist in der Antike das Haus, und die Familie schart sich um den Tisch. Zwei Gewächse dienen zur Veranschaulichung: Die Frau trägt Frucht wie ein Weinstock, schenkt dem Mann also Kinder, und die Kinder sprießen wie Schösslinge eines Ölbaums. So ist auch der Mann gesegnet; das Geschenkte ist Ausdruck anhaltender Gottesfurcht (so bereits V 1).

→ V 5f: Vom allgemeinen (V 4) geht es zum **persönlichen Segen** (V 5: „dich"). Er kommt vom HERRN aus Zion her und führt zu doppelter Freude: Er darf „sehen" das Glück der Gottesstadt und das gedeihende Leben bis zu seinen Enkelkindern. Gottesnähe und gelingendes (Familien-)Leben sind verbunden. Der Friedenswunsch zum Schluss gilt dem Gottesvolk (vgl. Ps 125,5).

Ps 128 als Haussegen ist verwandt mit dem Vorgängerpsalm. Lesen Sie Ps 127 und beachten Sie die ergänzenden Aussagen. Was nehmen Sie für sich und Ihren Lebensstand aus den beiden Psalmen mit?

Montag, 5. Februar — 2. Timotheus 3,10–17

● V 10.11: Timotheus hatte sich **als Mitarbeiter des Paulus** bereits bewährt. **Seinem Vorbild ist er ganzheitlich gefolgt:** in Lehre und Lebensführung, in Zielsetzung und Gottvertrauen, liebevoll und geduldig. Sein Ausbilder hatte überdurchschnittlich viel an Leid und Verfolgung zu ertragen, doch kommt er zu dem Schluss: „Aus allem hat mich der Herr erlöst"!

● V 12: Paulus geht davon aus, dass es nicht nur ihm so ergeht. Wer „fromm leben will", wird auf Widerstand stoßen. **„Fromm in Christus" meint keine abgehobene Lebensart, dafür gottesfürchtig im Sinn von: Gott respektvoll verehren, anerkennen, dass er der Herr ist.** Wer so auftritt, eckt in einer gottesfremden Welt an.

● V 14–16: Was hilft in solchen Situationen? „Du weißt, was du gelernt hast und von wem"! Paulus bringt sich mit seiner ganzen Person ein und bezeugt: **Die heiligen Schriften selbst können zur Rettung durch den Glauben an Christus führen.** Sie sind von Gott eingegeben (griech. „theopneustos", d. h. „von Gottes Geist bewegt"). Paulus erklärt das nicht näher und alle später entwickelten Inspirationslehren helfen wenig. Der Apostel würde die Diskussion darüber wohl kaum für nützlich halten (Kap. 2,23). **Ihm geht es um eine angemessene Haltung gegenüber der „Schrift":** Wenn sie – wie auch immer – von Gottes Geist eingegeben ist, dann ist der respektvolle (= fromme) Umgang mit ihr geboten. Die Frage lautet dann nicht: Kann stimmen, was da steht? Sondern: Was habe ich (noch) nicht verstanden? So bleibe ich zeitlebens Lernender der Bibel gegenüber.

● V 17: Es ist nicht unsere Aufgabe, die biblischen Texte zu korrigieren oder zu verteidigen. Sie sind uns gegeben, damit wir „zu allem guten Werk geschickt" das von Gott gesetzte Ziel unseres Lebens erreichen. **Wir überschreiten eine Grenze, wenn wir Texte gegen ihren erkennbaren Sinn umdeuten, damit sie besser in unsere Zeit passen, Paulus empfiehlt: Bleibe bei dem, was du gelernt hast!**

Dienstag, 6. Februar   2. Timotheus 4,1–8

● V 1: Der Apostel setzt seine Argumentation fort. Es ist keineswegs beliebig, wie mit der **von Gott eingegebenen Schrift** umgegangen wird. **Sie verdient es, ernst genommen und befolgt zu werden – auch auf dem Hintergrund, dass wir uns einmal mit unserm Leben vor Gott werden verantworten müssen.** Deshalb ist es auch so bedeutsam, dass wir Gottes Ziel für unser Leben nicht aus dem Blick verlieren. Genau dazu leitet uns die „Schrift" an. In vielen anderen nebensächlichen Fragen werden wir vermutlich keine ausreichenden Antworten finden. Das ist jedoch auch nicht ihr Anliegen.

● V 2.3: Schon deshalb hat es der Prediger des Evangeliums oftmals schwer – Paulus wiederholt hier dessen Aufgabenstellung –, weil auch **manche Christen** solche Orientierung auf das Ziel bei Gott stört und sie **lieber auf „Lehrer" hören, die ihnen nach dem Munde reden.**

> ✏ *Welches sind die aktuell diskutierten Themen in Ihrer Gemeinde, bei denen biblische Texte entweder unterschlagen oder gegen ihren Sinn umgedeutet werden? Welche einflussreichen Lehrer oder verbreiteten Meinungen werden zitiert, um die eigene Haltung bestätigt zu bekommen, auch wenn Aussagen der „Schrift" damit unvereinbar sind?*

● V 4.5: Paulus sorgt sich, dass Christen auf Abwege geraten und so ihr von Gott gesetztes Lebensziel nicht erreichen werden. Deshalb die wiederholten Aufforderungen und Hinweise an **Timotheus**. Er soll wie sein Lehrer einen „guten Kampf" führen, „nüchtern" bleiben und sein „Amt redlich ausrichten", selbst wenn die Auseinandersetzungen hitziger werden.

● V 6–8: **Der Apostel selbst rechnet wohl mit seiner baldigen Hinrichtung.** Er sieht seinen Lauf als vollendet an und geht davon aus, bald seinem auferstandenen Herrn zu begegnen und mit vielen anderen Gläubigen „die Krone der Gerechtigkeit" zu empfangen.

Mittwoch, 7. Februar   2. Timotheus 4,9–22

● V 9–12: Der Briefschluss wird wieder recht persönlich. Der Dienst des Paulus hat Gegnerschaft und Trennungen hervorgebracht, doch er ist dadurch nicht einsam geworden. **Der Brief zeigt ein weitverzweigtes Beziehungsgeflecht, das Paulus während seiner Haft, vor allem durch seine Briefe, lebendig hält.** Auch wenn er selbst im Gefängnis feststeckt, breitet sich das Evangelium weiter aus.

● V 13.21: **Praktische Bitten** geben Einblick in die damaligen Verhältnisse: Der Mantel war oft auch eine Decke für die Nacht – der Winter steht bevor. Die Pergamente sind vermutlich biblische Texte, die ihm schriftlich nur in geringem Umfang zur Verfügung standen. Jetzt in der Haft hätte er Zeit, sie zu studieren. Und: Reisen über das Mittelmeer sind im Winter zu gefährlich.

● V 16–18: Das erste Verhör hat offenbar noch nicht zu einer Entscheidung geführt und muss für ihn wegen des fehlenden Beistandes anderer Christen (aus Furcht?) besonders belastend gewesen sein. Trotzdem erfährt er dabei geistliche Stärkung durch seinen Herrn und die Vergewisserung im Blick auf das künftige Leben im „himmlischen Reich".

● V 19–22: Die gegenseitigen Grüße sind typisch für Paulus und zeigen seinen **weiten Horizont in persönlich eingeengten Lebensumständen.** Sie zeigen, dass er in Rom nicht auf sich allein gestellt ist. In der Liste nennt Paulus erstaunlicherweise die Frau zuerst. Die Formulierung in V 21 „alle Brüder und Schwestern" ist jedoch bereits eine Ergänzung, die in älteren Ausgaben fehlt. Ich meine, dass Paulus „Brüder" hier als generisches Substantiv verwendet und man deshalb „Geschwister" übersetzen darf.

Dass Paulus seine Einstellung zu einem Mitarbeiter ändern konnte, zeigt die Wertschätzung von Markus in V 11, wenn man damit seine Kritik in Apg 15,37–39 vergleicht.

Donnerstag, 8. Februar **Titus 1,1–9**

- Mit einem langen, inhaltsschweren Satz eröffnet Paulus den Titusbrief. Wie auch in anderen Briefen nennt er zuerst sich selbst als den Absender und schließlich den Adressaten des Briefes. Auch der Friedensgruß am Ende der Einleitung (V 4) ist typisch für paulinische Brieferöffnungen. Der Einstieg mit seinen Schachtelsätzen mag überladen wirken. Er zeigt aber auch, wie groß die gemeinsame Berufung von Paulus und Titus ist. **Es geht um die Erkenntnis der Wahrheit, das Leben mit Gott, die Hoffnung auf das ewige Leben, Gottes ewigen Plan und die Verkündigung des Evangeliums.** All das sind große, geistliche Schätze! Bewusst stellt Paulus sie seinem Brief voran. Staunen wir neu über die Schätze des Glaubens!
- Paulus bezeichnet **Titus** als **sein „rechtes Kind"** (V 4). Die beiden verbindet der gemeinsame Dienst und Glaubensweg. Titus begleitet Paulus nach Jerusalem (Gal 2,1). In mazedonischen Gemeinden wie auch in Korinth führt er im Auftrag des Paulus eine Geldsammlung für die Jerusalemer Urgemeinde durch (2Kor 8,6; vgl. die Auslegung am 6. November). Und doch zeigt sich in dieser Anrede noch mehr. **Paulus war für Titus eine Art Mentor, ein geistlicher Vater.**

> *Welche Menschen haben Sie im Glauben begleitet? Wer hat Sie auf den Weg des Glaubens mitgenommen und Ihnen Verantwortung übertragen? Wen nehmen Sie auf dem Weg mit und übertragen ihm Verantwortung?*

- Titus soll in Kreta **Gemeindeleiter** (Bischöfe) einsetzen. Paulus legt auf deren **Vorbildcharakter** wert. **Die Familienverhältnisse, die charakterlichen Merkmale und die Lebensführung spielen für ihn eine große Rolle.** Die genannten Merkmale zeigen die Hochschätzung des geistlichen Amtes. Sie zeigen aber auch den Anspruch an ein solches Amt. Wir sollten diese Ansprüche nicht vorschnell ermäßigen oder erleichtern.

Freitag, 9. Februar **Titus 1,10–16**

- Paulus ändert die Blickrichtung. Hat er soeben noch von den geistlichen und persönlichen Merkmalen christlicher Leiter gesprochen, **so nimmt er nun die Unruhestifter und Irrlehrer im Umfeld der christlichen Gemeinde ins Visier.** Auffallend ist dabei, dass sie sich vor allem durch ihr **haltloses und leeres Reden** hervortun. Sie sind Schwätzer, lehren aus egoistischen Motiven heraus, was dem Evangelium entgegensteht, schaffen durch Worte Verwirrung und erzählen Märchen. Der Gegensatz zu Paulus und seinen Lehren könnte kaum größer sein. Paulus verkündigt, was göttlich ist. Diese aber verkündigen und lehren, was den Menschen gefällt. Paulus unterscheidet an dieser Stelle klar. **Auch wir haben die Aufgabe, die Geister zu unterscheiden.**
- Doch nicht nur die Worte der kretischen Irrlehrer sind inhaltslos. **Auch ihr Leben widerspricht dem Evangelium.** Sie reden zwar von Gott. Ihr Leben aber spricht eine andere Sprache. Gute Werke sucht man bei ihnen vergeblich. Paulus sieht in Reden und Lebensstil dieser Irrlehrer bestätigt, was man auch sonst über die Kreter hörte. Sie stehen im Ruf, faul, falsch und böse zu sein.
- Paulus fordert Titus auf, dieser inhaltslosen Verkündigung und der damit verbundenen Lebensweise entgegenzutreten. **Er soll die Kreter scharf zurechtweisen.** Nur so können sie im Glauben gesund werden. **Geistliche Ermahnung hat niemals das Ziel, den anderen fertigzumachen. Vielmehr soll er für den Glauben gewonnen werden und selbst zu einer gesunden, heilvollen Christusbeziehung finden.**
- Wie wir mit theologischer Lehre und Lebensweise, die dem Evangelium widersprechen, umgehen sollen, ist auch heute nicht einfach. **Paulus gibt uns hilfreiche Kriterien zum Umgang mit falschen Lehräußerungen:**

→ Stimmt die Verkündigung mit dem Wort Gottes überein?
→ Wie steht es um die Lebensweise des Verkündigers?
→ Die falschen Lehrer sollen gewonnen werden.

Samstag, 10. Februar   **Titus 2,1–10**

● **Lehre und Leben sind die Schlüsselworte des Briefes**, um die sich auch unser heutiger Abschnitt dreht. Dabei ist die Lehre niemals abstrakt, sondern immer auf das konkrete Leben bezogen. Dies zeigt sich in den folgenden **Ermahnungen**. Diese sind sehr spezifisch **und richten sich an unterschiedliche Gemeindegruppen.**

→ Als älterer Mann galt man damals jenseits des 45. Lebensjahres. Diese sollen nüchtern sein und sich nicht so sehr von ihren Stimmungen leiten lassen. Sie sollen so leben, dass man sie respektieren kann. In ihrem ganzen Wesen sollen sie gesund, d. h. stabil, ausgeglichen, nicht von krankhaften Leidenschaften beherrscht sein.

→ Auch **die älteren Frauen** tragen Verantwortung. Zunächst für ihre eigene Lebensweise. Sie sollen keinen falschen Trost, etwa im Alkohol, suchen. Sie sollen darüber hinaus den jüngeren Frauen aufgrund ihrer Lebens- und Glaubenserfahrungen unterstützend zur Seite stehen.

→ Paulus weist **den jüngeren Frauen** ihre Aufgabe als liebende Mütter ihrer Kinder und als ihre Männer respektierende Ehefrauen zu. Was sich wie ein überholtes Rollenklischee anhört, ist im Grunde **eine Berufung der Frau zu familiärer Liebe.** Die Liebe der Mutter und Ehefrau verleiht jedem Haus etwas Besonderes. **Jesusnachfolge geschieht auch und gerade in der Familie. Dabei spielen Liebe und Güte eine wichtige Rolle.**

→ **Die jungen Männer** sollen sich nicht von ihren Temperamenten beherrschen lassen und werden daher in ihrem ganzen Verhalten zur Besonnenheit ermahnt.

● **Die Sklaven** werden zur Unterordnung und Treue gegenüber ihren Herren aufgefordert. Auch wenn in der damaligen Gesellschaft die Abschaffung der Sklaverei noch nicht im Blick der christlichen Gemeinde war, so wurden Sklaven in der Gemeinde doch als gleichwertige Brüder anerkannt (Phlm 16; vgl. die Auslegung am 15. Februar) und die gesellschaftlichen Unterschiede zwischen Sklaven und Freien relativiert (Gal 3,28).

Sonntag, 11. Februar — Psalm 31

• David lässt uns mit diesem Psalm tief in den Schmerz seines Herzens schauen. Sehr vertrauensvoll spricht David zu seinem Gott. Das ganze menschliche Gefühlsleben kommt hier zur Sprache und es macht Mut, wie David trotz widriger Umstände wieder eine feste Zuversicht gewinnt. **Klage und Trauer** gehört offensichtlich in die Gebete der Bibel und des israelitischen Gottesdienstes und dürfen auch in unserem Leben mit Gott Raum haben. Gott will nicht einfach nur Lob, zuerst ist er an **Wahrheit** interessiert. Sogar Jesus hat am Kreuz aus diesem Psalm zitiert (V 6; Lk 23,46).

• Davids Hilfegesuch und Vertrauen ist ganz auf Gott fokussiert. Hier flüchtet er sich auf seinen Fels und in seine Burg (V 3 + 4) mit seiner Angst und Furcht. Hilfe von Menschen erwartet David nicht mehr. Er hat Gott erlebt, wie er ihn vor Angriffen seiner Feinde bewahrt und ihm Freiheit von Druck und Bedrängnis schenkt: **„Du stellst meine Füße auf weiten Raum"** (V 9). Diesen Freiraum erleben Menschen in der Beziehung zu Gott oft trotz unveränderter schwieriger äußerer Umstände.

• Im weiteren Psalm gibt David ein wohl fast vollständiges Bild seiner oft wechselhaften Gemützustände, die aber auch in seinen schweren Herausforderungen begründet waren. Frieden, Sicherheit und Gelassenheit findet er immer wieder in seiner Hoffnung auf Gottes Hilfe (V 15). Der Glaube Davids siegt auch letztlich über seine Tiefen und mündet in die starke Ermutigung an alle Gläubigen: **Seid getrost und unverzagt.**

Davids Glaube ist durch Erfahrungen mit seinem Gott stark geworden. Habe ich auch schon das Geheimnis entdeckt, wie es viele Gotteskinder bezeugen, dass gerade in Schwierigkeiten die Beziehung zu Gott wächst? Kann ich daraus Mut schöpfen, nicht der Angst und Sorge vor den nächsten Herausforderungen zu verfallen?

Montag, 12. Februar — Titus 2,11–15

● **Erschienen ist die heilsame Gnade Gottes.** Es lohnt sich, bei diesem Spitzensatz innerhalb des Titusbriefes zu verweilen. Wir sehen Jesus vor uns. Er liegt in einer Krippe. Die Engel verkündigen ihn. Die Hirten bestaunen ihn. Die Könige beten ihn an. Jesus kommt nicht bloß auf eine kurze „Stippvisite" bei uns vorbei. Er „erscheint" vielmehr. **Gemeint ist, dass Gott aus seiner Verborgenheit heraustritt und sich uns Menschen zu erkennen gibt.** Wir sehen zunächst ein Kind, in dem die ganze Gnade Gottes wohnt. Gnade heilt Zerbrochenes. Gnade stärkt Schwaches. Gnade erlässt Schuld. Gnade leuchtet in der Finsternis. Gnade vermag Wunden zu heilen.

> *Versuchen Sie, dieses schöne Wort Gnade mit eigenen Worten zu umschreiben. Welche Erfahrungen fallen Ihnen dazu ein? Welche Erlebnisse haben Sie schon mit der Gnade Gottes gemacht? Welche biblischen Geschichten lassen die heilsame Gnade Gottes in besonderer Weise erkennen?*

● Die Gnade erzieht. Erziehung aber geschieht nicht von heute auf morgen. Wenn wir an unsere eigene Entwicklung denken, sehen wir, wie viel Zeit Erziehung braucht. **Die Gnade erzieht uns ein ganzes Leben lang** – Tag für Tag. Das Erziehungsziel lautet: „dass wir besonnen, gerecht und fromm in dieser Welt leben" (V 12b). Die Gnade bewirkt einen Unterschied. Sie verändert.
● Wer die Gnade erfahren hat, kann daher nicht mehr weitermachen wie bisher. Er sagt seinem Stolz Lebewohl! Er lässt sein Herz erweichen und gibt seinem harten Herzen den Abschied. Wer die Gnade erfahren hat, gibt den falschen Göttern den Laufpass. Wer die Gnade kennt, kann seine Gier loslassen. Wer die Gnade erfahren hat, tut anderen Gutes.
● Die Gnade zeigt sich am Kreuz. Jesus hat sich für uns gegeben. Aus seiner Fülle nehmen wir Gnade um Gnade (Joh 1,16).

Dienstag, 13. Februar — Titus 3,1–7

- Die Mitte unseres Abschnittes bildet Vers 4: **„Als aber erschien die Freundlichkeit und Menschenliebe Gottes".** Gott hat uns Menschen in Jesus sein menschenfreundliches Gesicht gezeigt. Wir denken dabei an die vielen Begegnungen von Jesus mit Menschen, wie wir sie aus den Evangelien kennen. In großer Freundlichkeit blickt er auf Zachäus, auf Kinder, selbst auf Prostituierte, auf Arme und selbst auf den reichen Jüngling. Nun bleibt es allerdings nicht bei einem menschenfreundlichen Blick.

- **In seiner Menschenfreundlichkeit geht Gott noch weiter. Er rettet diejenigen, die sich selbst nicht retten können.** Zachäus konnte sich aus seiner korrupten Lebensgeschichte nicht selbst befreien. Der sinkende Petrus wäre ohne die rettende Hand von Jesus untergegangen. Die Ehebrecherin hätten sie gesteinigt, wenn Jesus sich nicht vor sie gestellt hätte. Kein Mensch kann sich selbst von seiner Schuld erlösen und erst recht kann niemand sich vom Tod befreien. Gott tut es. Gratis. Aus lauter Gnade und Barmherzigkeit.

- Solche Rettung ist mit einer **biografischen Erfahrung** verbunden. Paulus spricht vom **„Bad der Wiedergeburt und der Erneuerung im Heiligen Geist"** (V 5). Beides gehört für ihn zusammen und bildet **die christliche Grunderfahrung**. Inhaltlich geht es um ein Sterben und einen Neuanfang, um Abschied und Beginn neuen Lebens und nicht zuletzt um eine unzerstörbare Hoffnung. Auch Paulus hat vor Damaskus diese persönliche Rettungserfahrung gemacht, die sein Leben grundlegend verändert hat (Apg 9).

- Nun gibt es im Leben eines Christen ein Vorher und ein Nachher (V 3). Nicht immer muss dies mit einem solch radikalen Einschnitt wie bei Paulus verbunden sein. **Das Geschenk des neuen Lebens aber will sich durchsetzen. Es will Früchte zeigen. Die Gnade soll nicht umsonst sein.**

An welchen Punkten hat Gott Ihr Leben verändert? Wie haben Sie seine Gnade erfahren?

Mittwoch, 14. Februar — Titus 3,8–15

● **Der Doppelschritt von Lehre und Leben durchzieht den gesamten Brief.** Zwei Dinge betont Paulus daher am Ende seines Briefs. Einmal ermahnt er zu guten Werken. Zum anderen geht er noch einmal auf die törichte, die Gemeinde nicht aufbauende, sondern spaltende und zerstörende Lehre ein.

● **Wer zu Jesus gehört, soll Gutes tun.** Offensichtlich ist das keine Selbstverständlichkeit. Gute Werke geschehen nicht von allein. Paulus muss daher zu diesem neuen, Jesus gemäßen Lebensstil ermahnen, und so wiederholt er am Ende noch einmal die Botschaft: Macht als Christen einen Unterschied! Seid ein Vorbild! Tut Gutes und lebt nicht wie die Heiden!

● Auch seinem anderen Briefschwerpunkt bleibt Paulus treu. **Es gibt eine Lehre, die nicht heilsam ist.** Im Gegenteil: Sie verwirrt, sie erzeugt Streit und Rechthaberei. Sie baut die Gemeinde nicht auf, sondern spaltet sie. **Christliche Lehre aber soll heilsam sein.** Wir bekommen an dieser Stelle ein wichtiges Unterscheidungsmerkmal im Umgang mit unterschiedlichen Stimmen und Lehrmeinungen in der Gemeinde. **Das Kriterium guter Lehre ist und bleibt, dass Christus in der Mitte steht.** Von ihm her und durch ihn wird die Gemeinde aufgebaut. Menschen werden innerlich gesund. Sie finden zu einem guten Leben, das sich für Gott und die Menschen einsetzt. **Kennzeichen falscher Lehre hingegen ist, dass Nebensächlichkeiten zur Hauptsache werden** („Geschlechtsregister und törichte Fragen"). Oftmals geht es dabei gar nicht um die Sache als vielmehr um das Geltungsbedürfnis Einzelner und Rechthaberei. Wenn dann mehrmalige Ermahnungen nicht fruchten, bleibt nur die Trennung von einem spalterischen Menschen.

● Paulus will auf seiner Reise nach Rom in Nikopolis, einer Stadt im Nordwesten Griechenland überwintern. Dort erwartet er den Besuch des Titus. Grüße und fürsorgliches Denken an seine Mitarbeiter beschließen den Brief.

Donnerstag, 15. Februar   Philemon 1–25

● Paulus setzt sich für den entlaufenen Sklaven Onesimus ein. Dieser hatte seinen Herrn Philemon, der in Kolossä eine Hausgemeinde leitete, unerlaubt verlassen. Im Römischen Reich wurde dies als Vergehen geahndet und mit harten Strafen belegt. Nun treffen sich Paulus und Onesimus im Gefängnis. Vermutlich in Ephesus. **Onesimus findet durch Paulus zum Glauben an Jesus, und Paulus entwickelt eine besondere Zuneigung zu Onesimus**: „Den sende ich wieder zurück und damit mein eigenes Herz" (V 12). – Was zeigt sich in diesen wenigen Briefzeilen? **Was können wir geistlich für uns mitnehmen?**

→ **Gottes Wege sind nie vorhersehbar.** Ausgerechnet auf der Flucht, ausgerechnet im Gefängnis begegnet Onesimus dem Apostel und kommt zum Glauben. Gottes Wege und Gedanken sind höher als unsere menschlichen Wege und Gedanken (Jes 55,8).

→ **Der Glaube an Jesus hebt soziale Unterschiede nicht auf; aber er relativiert sie.** Der Sklave Onesimus wird nun als Bruder geachtet. Darin ist seine Würde begründet. Achten wir darauf, dass wir in der Gemeinde die sozialen Unterschiede nicht in den Vordergrund stellen. Wir sind Brüder und Schwestern. Der gemeinsame Glaube an Jesus stellt unsere Beziehung auf einen neuen Grund.

→ **Paulus setzt sich für einen Glaubensbruder ein.** Er will das Beste für Onesimus. Die Rückkehr zu seinem Herrn Philemon, der selbst Christ und Hauskreisleiter ist, verläuft in diesem Fall besser, als wäre er der römischen Justiz ausgeliefert. Eventuell durch Onesimus verursachten Schaden will Paulus selbst begleichen.

→ **Auffallend ist in diesem Privatbrief die Art und Weise der Kommunikation. Paulus ordnet nicht an, sondern bittet.** Mit Empathie und Respekt geht er auf Philemon zu. Aus jeder Zeile des Briefes lässt sich seine Wertschätzung Philemon gegenüber erkennen. Die gemeinsame Christusbeziehung bestimmt den Gesprächston bzw. die Art und Weise des Schreibens.

Das zweite Buch Mose

Ich bin der HERR, dein Gott, der dich aus Ägypten, aus der Knechtschaft, geführt hat – so beginnt der Dekalog, die Sammlung der Zehn Gebote (20,2). **Die Befreiung aus der Sklaverei** (Kap. 1–15) und die Bewahrung bzw. das Murren des Volkes auf dem **Weg durch die Wüste** (Kap. 16–18), der **Bundesschluss** Gottes mit Israel am Sinai und die **Gabe der Gebote** (= Lebenshilfen) Gottes (Kap. 19 + 20), der **Bundesbruch** durch die Anbetung des Goldenen Kalbes sowie die **Erneuerung des Bundes und der Gesetzestafeln** (Kap. 32–34) sind die Schwerpunkte des zweiten Buchs Mose (Exodus).

In all dem **erfährt Israel Gott als einen befreienden und gnädigen Gott, als einen Gott, der mitgeht und vorangeht, als einen Gott der Gemeinschaft und der Fürsorge, als einen Gott der Treue, auf den Verlass ist und der sein Volk durch Gebote zu einem förderlichen Gemeinschaftsleben verpflichtet.**

All dies wird durch ausführliche Geschichten zum Teil doppelt erzählt und durch lange Gesetzestexte konkretisiert, die weit über das Buch Exodus hinausreichen. Die Sinai-Erzählung endet erst in 4Mose 10; erst dort wird die Wüstenwanderung fortgesetzt.

Die diesjährige Bibellese überspringt manche Texte, so die nochmalige Erzählung der Mose-Berufung (Kap. 6), die zweite bis neunte Plage in Ägypten (Kap. 8–10), einige Gesetzestexte, die Anweisungen für die Gestaltung sowie den Bau der Stiftshütte, dem „Zelt der Begegnung" (Kap. 26–31 + 36–39).

Von besonderer Bedeutung ist die **Offenbarung Gottes in seinem Namen JHWH;** er besagt Zuwendung und Treue-Zusage in einem (3,14), die **Berufung des Mose,** der sich wie andere zunächst gegen diese Aufgabe wehrt, als Leiter der Befreiungsaktion aus Ägypten und als Fürbitter bzw. Mittler zwischen Gott und Israel (Kap. 2–7; 24 + 32–34) und die **Einsetzung des Passafestes** als Erinnerung an Gottes Rettung und Bewahrung (Kap. 12).

Freitag, 16. Februar   2. Mose 1,1–22

- Rückblende: Die **Sippe Jakobs** war nach Ägypten umgesiedelt, um am Leben zu bleiben (1Mose 37–50). Kanaan wurde immer wieder von Missernten und Hungersnöten heimgesucht. Immer wieder suchten dann Einwohner in Ägypten Zuflucht. Die Sippe Jakobs hatte einen Türöffner: **Josef**.
- Nun erzählt der Erzähler im Zeitraffer weiter: Die Sippe Jakobs, im östlichen Nildelta angesiedelt, vermehrt sich stark. Der **„neue König"**, der „nichts von Josef" wusste (V 8), könnte darauf hinweisen, dass Josefs Karriere unter die Hyksos-Herrschaft in Ägypten fiel (17. Jh.v.Chr.). Nachdem diese vertrieben wurden, begann wieder eine rein ägyptische Vorherrschaft.
- Die Israeliten erleben Unterdrückung durch **Zwangsarbeit**, z. B. bei der Ziegelherstellung, etwa beim Ausbau von Pithom und Ramses als Vorratsstädte. Der ägyptische Staat will aus machtpolitischen Erwägungen die Kontrolle über die Siedler erlangen (V 10).
- Wie kommt es dazu, dass sich die Israeliten trotz der Unterdrückung so sehr ausbreiten und vermehren? Es ist ein Hinweis auf das verborgene Wirken Gottes. Seine **Zusage an Abraham**, dass aus ihm, dem Kinderlosen, einmal ein großes Volk entstehen sollte, geht weiter in Erfüllung.
- **Schifra und Pua** (V 15) muss man wohl als zwei Hebammen in Aufsichtsposition verstehen, nicht als die einzigen. Sie haben mehr Ehrfurcht vor Gott, dem Schöpfer des Lebens, als Furcht vor dem Pharao. Sie reden sich ein wenig heraus, wenn sie sagen, dass sie oft zu spät zur Geburtshilfe kommen. Wie dem auch sei: Gott segnet sie und ihre Familien, weil sie das menschliche Leben achten und schützen.
- Als letzter Schritt erfolgt der berüchtigte Beschluss zur **„Endlösung der Judenfrage"** (V 22): Werft die kleinen Söhne in den Nil! Es müssen viele Jahre der Unterdrückung gewesen sein. Wie viele Knaben haben so ihr Ende gefunden?
- **Und wo bleibt jetzt Gott? Zeiten des Unrechts zu ertragen, wer kann das schon?**

Samstag, 17. Februar   2. Mose 2,1–10

- Ein Mann, eine Frau, ein Kind und als letzter Ausweg eine kleine Arche Noah. Die ältere Schwester passt auf, dass dem kleinen Brüderchen nichts geschieht.
- Warum setzt die Mutter ihr Kind aus? Will sie so verhindern, dass es von ägyptischen Behörden oder Nachbarn getötet wird? Hofft sie, jemand würde es an sich nehmen?
Der Junge hat schon einen Bruder, Aaron. Offensichtlich ist es doch immer wieder gelungen, Kinder am Leben zu erhalten.
- Wir entdecken **Gottes verborgene Hand** in dieser schweren Zeit der Unterdrückung:

→ Wer sorgt dafür, dass die ägyptische Prinzessin gerade hier am Ufer vorbeikommt?

→ Wer sorgt dafür, dass sie Erbarmen mit dem Säugling hat und ihn nicht umbringen lässt?

→ Wer sorgt dafür, dass dessen Schwester der Prinzessin eine Amme vermittelt? – Dass die Mutter jetzt gegen Bezahlung ihr eigenes Kind stillen darf, gehört zu den feinen Zügen göttlicher Ironie in der Erzählung.

→ Wer sorgt dafür, dass der zukünftige Retter Israels (Befreier) in völliger Sicherheit am Pharaonenhof aufwächst?

- Es ist alles „Zufall", aber von woher „fällt er denn zu"? Der Name **„Mose"** klingt so ähnlich wie das hebräische Wort für **„herausziehen"**. Nun wächst er als Adoptivsohn einer ägyptischen Prinzessin am Hof auf.
- Wie viele Kinder sind in jenen Jahren getötet worden? Mitten in dieser Zeit der Wehrlosigkeit plant Gott von langer Hand seine Hilfe. Doch bis sie eintrifft, vergehen weitere achtzig Jahre.

Hätten Sie es auch gerne etwas schneller gehabt? Auf „Gottes Stunde" zu warten fällt mir schwer.

Sonntag, 18. Februar — Psalm 91

- Weder Hilferuf noch Klage, Flehen oder Bitte, sondern nur feste Überzeugungen und Versprechen kennzeichnen diesen besonderen Psalm voller **Zuspruch**. Besonders in Zeiten von Epidemie und Krieg wurde dieser Psalm gelesen und ausgetauscht. Empfänger dieser Glaubensstärkungen sind die, die zu ihrem Gott sprechen: „Meine Zuversicht und meine Burg, mein Gott, auf den ich hoffe" (V 2). Sie dürfen unter dem „Schirm des Höchsten" und dem „Schatten des Allmächtigen" (V 1) bleiben. An diesem Ort, der den Gläubigen als ihr Eigentum zugesprochen wird, herrschen Sicherheit und Ruhe. Der Schatten ist ein Ort zum Ausruhen und bietet Schutz vor Mühe und Anstrengung.
- Doch sind unter dem Schirm Gottes **nicht alle äußeren Umstände paradiesisch**. Die Verse 3–7 erzählen von großer Unruhe und Bedrängnis durch Krankheit, Tod und Krieg. In diesem angsteinflößenden Durcheinander stehen die Gläubigen unter dem besonderen Schutz Gottes, den sie mit eigenen Augen sehen können (V 8). Dazu gehört auch die Bestrafung der Frevler, Lügner und Gottes- und Menschenfeinde.
- Der bekannte Abschnitt ab V 11 beschreibt einen umfassenden **Schutz durch die Engel Gottes**. Diese Hilfe macht Unmögliches möglich (V 13). Der Teufel lockt Jesus mit diesen Versen (Mt 4,6), Gott herauszufordern und vom Tempel zu springen. Doch Jesus widersteht dem Teufel mit dem Wort, dass Gott nicht versucht werden soll.
- Ein besonderer Wechsel in der Ansprache findet ab V 14 statt. Hatte bisher der Psalmist seine Zuhörer und Leser angesprochen, so spricht hier Gott noch einmal selbst den Seinen seine Hilfe und Rettung (V 16) zu.

Gelingt es mir, gerade in schwierigen Zeiten zu vertrauen, dass Gott mir beistehen wird? Welchen Vers könnte ich mir heute auf einen Zettel schreiben und ihn bei mir tragen, um mir Gottes Zusage zu vergegenwärtigen?

Montag, 19. Februar   2. Mose 2,11–25

● **Vierzig Jahre später:** Mose „sieht" den Frondienst seiner Landsleute (vgl. Apg 7,23). Er hat seine Herkunft also nicht vergessen. Sollte seine Ausbildung am Hof dazu dienen, dass er einmal auch in ägyptischen Diensten die Arbeit der Israeliten überwachen würde? Mose will für Gerechtigkeit sorgen. Das kostet den ägyptischen Aufseher das Leben und Mose die Stellung. Denn am nächsten Tag macht er die ernüchternde Beobachtung, dass auch zwei Landsleute sich schlagen. Sein Versuch, zu schlichten, wird nicht honoriert. Der Vorwurf, er spiele sich ohne Legitimation als Richter auf, ist nicht von der Hand zu weisen. Damit ist seine Karriere jäh beendet.

● **Irgendwo in Midian** (ein Gebiet beidseitig des heutigen Golfs von Akaba) findet er sich wieder. Auch hier sorgt er für Recht (V 17), kommt so in Bekanntschaft mit dem Stammesfürsten und Priester Reguël und heiratet. Reguël („Freund Gottes") könnte ein Ehrentitel sein und Jitro (3,1) sein Name. Nun hat Mose Frau und Kinder fernab von den Israeliten (sein zweiter Sohn wird erst später erwähnt, 18,3–4). Die ehrgeizigen Ziele sind verflogen. Wird er so sein Leben fristen?

● **In Ägypten stirbt der Pharao.** Ist es Ramses II. gewesen, der 66 Jahre regierte? Beginnt jetzt eine neue Zeit? Nun wird Gott aktiv. Dass Gott „hört", an seinen „Bund gedenkt" und sich der Israeliten „annimmt", deutet an, dass jetzt **Gottes Stunde** gekommen ist. Sie hatte aber eine lange Vorbereitungszeit: Gott gebrauchte Menschen mit ihrem Lebensrhythmus, der in Jahren gerechnet wird. Doch wenn seine Zeit dann gekommen ist, können sich die Ereignisse überstürzen.

Mose „sah" den Frondienst seiner Landsleute (V 11). Gott „sieht" auf die Israeliten (V 25). Worin unterscheidet sich dieses „Sehen"? Wie sehe ich heute auf Notlagen oder Ungerechtigkeit?

Dienstag, 20. Februar   2. Mose 3,1–22

- Noch einmal **vierzig Jahre später**: Mose treibt die Schafe seines Schwiegervaters weiter ins Bergland hinauf, auf der Suche nach Weideplatz. Dabei beobachtet er einen brennenden Dornbusch. Dass dieser sich in der Hitze entzündet, ist keine Besonderheit. Doch Mose lernt ein Feuer kennen, das brennt, aber nicht verbrennt. Sein eigener glühender Eifer hatte nur Asche hinterlassen. Gott redet ihn aus dem brennenden Dornbusch an. Mose hört die Stimme, sieht aber keine Gestalt.

- Der Auftrag geht aufs Ganze: Mose soll nicht nur den Streit von Fronarbeitern schlichten, sondern gleich das ganze Volk aus Ägypten führen (V 10). Er steht vor einer offenen Tür und ahnt, dass dies eigentlich nicht zu bewältigen ist. „Wer bin ich schon?" (V 11) ist eine gute Frage. Mose hält sich mit gutem Grund für die falsche Besetzung. Doch wichtiger ist die Antwort: **„Ich will mit dir sein"**, also: Wen hat er da auf seiner Seite? Gott offenbart seinen Namen. **„Ich werde sein"** ist die Auslegung des **JHWH**-Namens. Man kann ihn auch übersetzen mit **„der ins Dasein ruft"**. „Gott ruft das, was nicht ist, dass es sei" (Röm 4,17). Das ist sein Wesen. Er ruft ins Dasein und gebraucht dazu auch Menschen, die sich an dem beteiligen, was ihm wichtig ist.

- Mose erfährt, dass es sich um den **„Gott der Väter"** handelt. Die Namensoffenbarung ist Selbstoffenbarung. Mit diesem Namen macht sich Gott **anrufbar und nahe**.

- Die Stammesältesten werden auf Mose hören, der Pharao nicht. Widerstand gehört noch immer zur Erfahrung im Reich Gottes. Aber auch die Zusage von „Gottes starker Hand" (V 19).

- Es ist so wahrhaftig geschildert und liegt uns selbst so nahe, dass Mose sich der Berufung durch Gott entziehen will: „Wer bin ich?" Haben Sie schon einmal ähnlich auf einen Auftrag Gottes reagiert?

Mittwoch, 21. Februar   2. Mose 4,1–17

● **Der Gott Abrahams ist Mose erschienen** und hat ihm seinen Namen offenbart. Aber wie kann man das beweisen? Mose fürchtet, dass die Israeliten ihm nicht glauben werden. Darum gibt ihm Gott drei markante Wunderzeichen mit auf den Weg, die ihn legitimieren sollen. Jetzt fehlt nur noch Moses eigenes Ja. Doch dazu ist er noch nicht bereit. „Ich kann nicht gut reden". Mose schätzt gewiss richtig ein, dass seine Worte unbeholfen und schwerfällig sind. Doch ist es die rhetorische Begabung, die den Durchbruch beim Pharao schaffen wird? Wohl kaum. Gott weiß genau, wen er sich mit Mose ausgesucht hat. Seine natürlichen Begabungen, aber auch die Grenzen hat Gott selbst ihm zugemessen. **Gott sucht nicht Moses Fähigkeit, sondern seine Verfügbarkeit**. Mit der hapert es. „Sende, wen du willst – mich nicht!" Doch mit dieser Weigerung ist Mose an den Falschen geraten. „Gottes Berufung kann ihn nicht gereuen" (Röm 11,29). Aaron, Moses Bruder, ist äußerst redebegabt. **Mose entdeckt: Seine Begrenzungen kann Gott durch andere ergänzen, die er ihm an die Seite stellt.** Beide werden von Gott mit Worten und Gedanken beschenkt („ich will mit deinem und seinem Mund sein"). Doch Mose ist die Autoritätsperson des Zweierteams. Er gibt die Leitgedanken vor, und Aaron entfaltet sie als Sprecher vor Pharao.

● Nun ist die Tür ins Schloss gefallen. Es gibt keine Ausreden mehr und keinen Widerstand. Gott hat ihm seine Hand auf die Schulter gelegt. Mose muss jetzt die Berufung und die Aufgabe annehmen und sie im Innersten vollständig bejahen.

Bejahe ich meine Berufung und Aufgabe, die Gott mir anvertraut hat?

Ich kenne meine Gaben und Grenzen. Aber kenne ich auch Menschen, die mich darin ergänzen?

Donnerstag, 22. Februar   2. Mose 4,18–31

- Mose macht sich mit seiner Frau Zippora („Vogel") und seinem Sohn Gerschom auf die **Reise nach Ägypten**. Offensichtlich muss er die beiden doch wieder nach Midian zurückgeschickt haben (vgl. 2Mose 18,1–4).
- Seit Abrahams Zeit gilt die Beschneidung der männlichen Nachkommen als verbindliches Bundeszeichen. Warum Mose sie an seinem Sohn nicht durchgeführt hatte? Wir wissen es nicht. Mose erlebt, dass Gott bei ihm keine Ausnahme macht. Er wird todkrank. Zippora greift ein und vollzieht die Beschneidung an ihrem Sohn. Ein „Blutbräutigam" ist ein Mensch, der nicht nur durch die Verwandtschaft verbunden ist, sondern durch den (blutigen) Ritus der Beschneidung, die die gemeinsame Zugehörigkeit zum Bundesvolk Israel bezeugt.
- **Aaron zieht seinem Bruder entgegen**. Sie werden sich viel zu erzählen haben. Dann ziehen beide nach Ägypten. Moses Befürchtungen lösen sich in nichts auf. Die Ältesten und das Volk „glauben", als sie hören, was Mose und Aaron erlebt haben und wie sie sich ausweisen.
- **„Israel ist mein erstgeborener Sohn"** (V 22), lautet Gottes Totalanspruch gegenüber dem Pharao. Doch es wird nicht ganz so einfach gehen, wie sie es sich vorstellen: „Ich will sein Herz verstocken/verhärten" (V 21) – ist der Pharao dann noch für seine Taten haftbar? Zehnmal wird gesagt, dass der Pharao sein Herz verstockt/verhärtet habe, und zehnmal wird gesagt, dass Gott sein Herz verstockt habe. 2 x 100 Prozent, die zusammen 100 Prozent ergeben! Die Herzensverstockung begann schon mit der Unterdrückung der Israeliten. So rebellierte das ägyptische Regime schon gegen Gott. Der nimmt in souveräner Weise das Nein des Pharaos ernst.

Überall dort, wo heute das alte Bundesvolk, Israel, oder das neue Bundesvolk, die Christen, in einem Staat blutig unterdrückt werden, gilt das Gleiche. Die Uhr des betreffenden Regimes läuft rückwärts. Ein Unheil braut sich zusammen.

Freitag, 23. Februar **2. Mose 5,1–6,1**

● Nach ägyptischer Auffassung galt der regierende König als Sohn und Ebenbild der Gottheit. Wieso sollte er also dem Anspruch eines ihm fremden Gottes nachkommen? **Ein Absolutheitsanspruch trifft auf den anderen.** Die Entscheidung fällt nicht in einer Diskussion, sondern über die Macht-Zeichen, die geschehen werden (Kap. 7–11). Es sind **Taten in der Geschichte**.

● Ein erster Auftritt vor dem Pharao, der die Zustimmung zu einer Opferfeier in der Wüste einholen will – in der Wüste, weil die Opferriten der Israeliten in den Augen der Ägypter eine Provokation darstellen –, misslingt völlig. Stattdessen wird der Frondienst deutlich verschärft. „Man drücke die Leute mit Arbeit, dass sie zu schaffen haben und sich nicht um falsche Reden kümmern" (V 9). Diese Maßnahme hat Erfolg. Als Mose doch noch zum Volk reden will, wird er nicht mehr gehört (6,9). **Verzagtheit und harte Arbeit machen sie unempfänglich für Gottes Verheißungen.**

> *Kenne ich solche Zeiten aus eigener Erfahrung? Krankheit, Schmerzen, Niedergeschlagenheit, Konflikte, Arbeitsüberlastung u. a. trocknen die Hörbereitschaft aus und rücken das Gebet in weite Ferne.*

● Mose und Aaron haben ihren guten Ruf verloren (V 21). Was nun? Mose bespricht die Rückschläge mit Gott (V 22–23), er klagt und fragt „Warum"? Im Gebet empfängt er die Antwort. Sie lautet: „Jetzt geht es erst richtig los!"
Dieser Wechsel von Auf und Ab, von Fortschritten und Rückschlägen, scheint eine verborgene Grundlinie in der Geschichte des Reiches Gottes zu sein.

Samstag, 24. Februar   2. Mose 7,1–13

● Der Pharao hatte u. a. dafür zu sorgen, Naturkatastrophen, Missernten und äußere Feinde vom Land fernzuhalten. Kap 7–11 erzählen, wie er in dieser Hinsicht Schritt für Schritt auseinandergenommen wird. Die ägyptischen Plagen sind **Angriffe Gottes auf den vermeintlichen Gott-Herrscher**. Die Ohnmacht der ägyptischen Götter tritt offen zutage. Zu Beginn können die Magier des Königs Wundertaten nachahmen, z. B. die Verwandlung eines Stabs in eine Schlange, Wasser zu Blut, Froschplagen. Ich würde diese Schilderung nicht für eine orientalische Übertreibung halten. Doch schon bei der dritten Plage hapert es (Stechmücken), und von der sechsten Plage (Geschwüre) sind die Hofmagier selbst betroffen. Die Steigerung ist unverkennbar.

● Wenn man die Plagen in das vom Nilhochwasser geprägte Landwirtschaftsjahr einsetzt, könnte man schätzen, dass sie sich mindestens über ein halbes Jahr hinziehen, vom Höhepunkt der Nilschwelle (August/September) mit der Vermehrung des Ungeziefers bis zum Hagel, der Flachs und Gerste zerstört (ca. Januar), und dem Auszug (März/April).

● **„Die Ägypter sollen innewerden, dass ich der HERR bin"** (V 5). Dass Gott den vermeintlich selbstbestimmten Widerstand des Königs benutzt und in seine Pläne einbaut, ist zu hoch für unsere Logik. Wir denken im Entweder-oder-Schema: Entweder hat der Pharao sich zum Nein entschieden oder Gott hat ihn dazu gedrängt. Die Bibel denkt komplementär: **Es ist die eigenverantwortliche Entscheidung des Pharaos, und darin wirkt Gott, der sie bestimmt.** Sie befreit den Herrscher nicht von der Verantwortung für seine Entscheidungen.

● Mose und Aaron werden in ihrer Vollmacht bestärkt: Mose tritt als „Gott" auf, d. h. als Sprecher des lebendigen Gottes, und Aaron als „Prophet", d. h. als einer, der die Anweisungen Moses sprachlich eingängig wiedergibt und erläutert. **Mose kann jetzt mit seiner begrenzten Redegabe versöhnt leben.**

Sonntag, 25. Februar   Psalm 123

- Hier sprechen tief gedemütigte Menschen, die sich entschieden haben, Hilfe bei Gott zu suchen. Sie beten zu Gott, den sie kennen und auf den sie hoffen. Diesen einen Gedanken **„HERR sei uns gnädig"** formuliert das Gebet kunstvoll, ausführlich und eindrücklich.
- Die Beter vergleichen sich mit **Knechten und Mägden** (V 2). Mit diesem Bild sehen sie sich als die einsatzbereiten Diener, die bereit sind, jeden Wink mit den Augen ihrer Herren in die Tat umzusetzen. Die übliche Kommunikation mit den Hausklaven des Alten Vorderen Orients geschah nicht mit Worten, sondern mit kurzen Handzeichen oder eben einfach nur mit den Augen. So war volle Aufmerksamkeit gefordert, um keinen Moment zu verpassen. Diese fokussierte Haltung nehmen die Beter nun ein und erwarten Gottes Zuwendung. **Sie rechnen fest damit, dass ihr Gott handelt.** Offensichtlich kennen sie ihren Gott der Gnade, der sich gerne bitten lässt. Ihm ordnen sie sich ganz unter und liefern sich ihm aus.
- Die Not ist groß, die Seele schmerzt. Der Spott von selbstsicheren Menschen kann sehr schmerzvoll sein und tief eindringen. Im Psalm lernen wir einen Weg kennen, damit umzugehen: **Ich wende meine Augen vom Schmerz und der Angst hin zum HERRN** (V 1). Dieser Perspektivwechsel bringt Veränderung und ermöglicht Heilung von dem, der echte Hilfe und Rettung bringt. In geduldiger und erwartungsvoller Bitte können Menschen bis heute Zuwendung und Hilfe von dem Gott der Gnade erwarten (Mt 7,7).

Das Sprichwort sagt: Not lehrt beten. Habe ich das auch schon erlebt? Welche Not, welche Verachtung, welche Demütigung will ich heute zu Gott bringen? Oder ist es die Not anderer, die mich heute zum Gebet um die Gnade Gottes motiviert?

Montag, 26. Februar — 2. Mose 7,14–25

● Der Nil ist die Lebensader Ägyptens. Der erste Angriff richtet sich auf sie, ebenso auf die offenen Wasserstellen (Seen, Sümpfe, Kanäle), von denen das Nildelta gekennzeichnet war. Dass das Wasser ungenießbar wurde („Blut") und dass dies auch mit der Verfärbung durch die Schwemmsedimente zu Beginn der Nilschwelle zusammenhing, schließt sich nicht aus. Gott nimmt auch die Naturabläufe souverän in seinen Dienst und setzt seine Wunderzeichen da hinein. Ungenießbares Nilwasser ist ein Super-GAU für die Bevölkerung, auch wenn er nur eine Woche gedauert hat. Dass das Grundwasser davon nicht betroffen war (V 24), macht deutlich, dass es sich um eine Verschmutzung des Stromes und der offenen Gewässer handelte.

● Gott hatte den Strom „geschlagen", mit einer Plage belegt (V 25). Das Ziel bestand jedes Mal darin, den Pharao zum Einlenken zu bewegen. Wenn man die Steigerung seiner hartnäckigen Weigerung beobachtet, bekommt man den Eindruck, dass mit 9,12 ein Höhepunkt erreicht ist. Bei der 7. Aufforderung, die der Pharao ablehnt, „verstockt der HERR" sein Herz. Er wird nun auf sein Nein festgelegt.

> „Aber der HERR verstockte das Herz des Pharao, dass er nicht auf sie hörte, wie denn der HERR zu Mose gesagt hatte."
> 2Mose 4,21

● Eine Auseinandersetzung wie diese durchzustehen, erfordert viel Kraft, seelische und geistliche. Ob Mose für seinen redebegabten Bruder mehr und mehr dankbar wurde, der ihm den Rücken gestärkt hat?

🖉 *Jesus sendet seine Jünger nicht ohne Grund jeweils zu zweit aus. Christsein und christlicher Dienst geschehen nicht im Alleingang.* **Das gemeinsame Gebet ist und bleibt eine verborgene Kraftquelle. Mit wem kann ich gemeinsam beten?**

Dienstag, 27. Februar   2. Mose 11,1–10

- Es ist die **letzte, schicksalsschwere Begegnung**. Der Pharao hatte Mose bei Todesstrafe ein Palastverbot erteilt (10,28). Ein letztes Mal stehen sie sich gegenüber. Der Pharao war kein absoluter Herrscher, er musste auch auf den einflussreichen Adel im Land Rücksicht nehmen („die Großen des Pharaos"). Diese scheinen Mose eindeutiger zu respektieren und sind bereit, sein Volk freizulassen (10,7). Unter ihnen ist er hoch angesehen, weil seine Ansagen von göttlicher Macht beglaubigt werden. Moses Ansehen färbt auch auf die Israeliten ab. Wenn diese sich von ihren ägyptischen Nachbarn Gold und Schmuckstücke geben lassen, dann handelt es sich vielleicht um eine Art Ausgleichszahlung für die geleisteten Frondienste oder um ein Geschenk an den Gott Israels.
- Der Pharao war durch Mose vor den lebendigen Gott gestellt worden. **„Wer euch hört, der hört mich, und wer euch verachtet, der verachtet mich"** (Lk 10,16), sagt Jesus seinen Nachfolgern.
- Die Verachtung von Gottes Reden führt nun zu einem bitteren Ende: ein letztes Unheil wird angekündigt. Das Sterben der Erstgeburt in Ägypten hängt mit der Weigerung zusammen, Gottes „erstgeborenen Sohn", das Volk Israel, an Gott, ihren Herrn, freizugeben (4,23). Der Pharao bleibt bei seinem Nein und wird es teuer bezahlen. Dass Mose nun den Palast „in glühendem Zorn" verlässt, deutet den endgültigen Bruch an. Es ist alles gesagt. Wenn alles gesagt ist, ist es ratsam, nichts mehr zu sagen.

> **Wenn alles gesagt ist, ist es ratsam, nichts mehr zu sagen.**

- Wir dürfen nicht erwarten, in alten ägyptischen Dokumenten Hinweise auf diese „Plagen" zu finden. Allein schon die Königsideologie verbietet derartige Mitteilungen. In Israel stand neben dem König jedoch der Prophet – hier hat die Geschichtsschreibung Erfolge oder Misserfolge säuberlich festgehalten.

Mittwoch, 28. Februar   2. Mose 12,1–20

- Die zehnte Plage ist angekündigt und wird unausweichlich zur endgültigen **Befreiung** Israels aus Ägypten führen. Mose und Aaron erhalten Anweisungen, wie die Israeliten sich angemessen **auf dieses entscheidende Ereignis in der Geschichte des Volkes Israel vorbereiten** sollen. Mit ihm beginnt eine neue Zeit: Der Monat der Rettung gilt als der erste im Kalender Israels.
- Die **Anweisungen für das Fest** spiegeln sowohl die Bedeutung der Rettungstat Gottes wider wie auch die Hast des Aufbruchs.

→ Ein **makelloses, männliches, einjähriges Lamm oder Zicklein** soll zuvor ausgewählt und „reserviert" werden.

→ Kleine Haushalte sollen sich **mit einem benachbarten Haushalt zusammentun**. Die Betonung liegt nicht auf familiärer, sondern auf örtlicher Nähe.

→ Vor dem Mahl werden **mit dem Blut die Türpfosten bestrichen**.

→ Das Tier soll so **zubereitet** werden, wie es am schnellsten verzehrt werden kann, und so, dass nicht essbare Teile verbrannt werden: am Feuer gebraten – nicht zerlegt, nicht gekocht. Nichts darf übrigbleiben. Warum, wird hier nicht erläutert.

→ Auch das **Brot** wird nicht zeitaufwändig mit Sauerteig, sondern in einem wenig aufwändigen Verfahren zubereitet. V 34 + 39 beschreiben anhand des Umgangs mit dem Brotteig besonders eindrücklich die Eile des Aufbruchs.

→ Gegessen wird **in Hast und zum Aufbruch bereit,** in Reisekleidung. Schuhe und Stab wurden normalerweise nicht im Haus getragen. Alles spiegelt die Bereitschaft wider aufzubrechen.

> *Kennen Sie Traditionen im Rahmen von christlichen Festen? Was bedeuten sie? Welche befolgen Sie? Und warum?*

- Das Fest **soll jährlich zur Erinnerung gefeiert** werden. Bei jener ersten Feier wurde es teils anders gefeiert als später, als es ein Heiligtum gab. Die Anweisungen Gottes an Mose und Aaron spiegeln beides wider.

Donnerstag, 29. Februar   2. Mose 12,21–33+51

- Mose gibt nun die Anweisungen an die Ältesten des Volkes weiter. Es wird nicht nochmals alles aus den Versen zuvor wiederholt, sondern es werden zwei Punkte betont, die Mose scheinbar besonders hervorhebt im Gespräch mit dem Volk:

→ Das **Blut an der Tür** schützt die Personen im Haus vor dem Verderben, das Ägypten trifft. Es handelt sich hier nicht um ein magisches Abwehrritual, sondern das Blut ist Zeichen dafür, dass die Familie im Haus ihr Vertrauen auf den Gott Israels setzt.

→ Die Passafeier soll **jährlich** an den Auszug aus Ägypten erinnern. Dabei soll die nächste Generation **über den Hintergrund des Festes unterrichtet** werden.

- Der biblische Bericht weidet sich nicht an dem furchtbaren Geschehen der letzten Plage, schmückt nicht aus, sondern berichtet knapp, dass das Vorhergesagte eintraf. Zu beklagen sind das persönliche Leid und der wirtschaftliche Schaden. Daneben bedeutet der Tod des Viehs auch einen Sieg Gottes über die ägyptischen Götter, denn ägyptische Götter – mindestens deren Köpfe – hatten Tiergestalt.

- Der **Pharao kapituliert**. Mit vier Befehlen weist er Israel aus seinem Land: **Macht euch auf! Zieht aus! Geht! Betet an!** Mose, das Volk und – was der Pharao bisher abgelehnt hatte – selbst das Vieh sollen gehen. Der Gott Israels hat sich als stärker erwiesen als die Götter Ägyptens. Das Volk festzuhalten scheint zu gefährlich. Dies sieht auch die ägyptische Bevölkerung so. Doch selbst in dieser Situation meint der Pharao offenbar, Bedingungen diktieren zu können, denkt an ein Opferfest in der Wüste, statt an eine dauerhafte Befreiung Israels („Dient dem HERRN, wie ihr gesagt habt", V 31).

An welche Situation können Sie sich erinnern, in der Gott Ihnen eine Lösung für ein scheinbar unlösbares Problem geschenkt hat, während Sie nur vertrauen mussten?

Freitag, 1. März   Markus 10,32–45

- **Jesus spricht hier zum dritten Mal über sein zukünftiges Leiden** (vgl. 8,31 und 9,31). Die zwölf Jünger und die anderen Nachfolger erinnerten sich anscheinend daran und hatten deswegen Angst auf dem Weg nach Jerusalem (V 32). Auf jede dieser drei Leidensankündigungen folgen im Mk Aussagen Jesu zu den **Kosten der Nachfolge.**

> ✏️ Schlagen Sie die drei Stellen nach. Welche verschiedenen Aspekte der Nachfolge werden hier jeweils erwähnt und welche Gemeinsamkeiten erkennen Sie? Inwiefern können Sie jeweils einen Zusammenhang zum Leiden Christi erkennen?

- Die Reaktion von Jakobus und Johannes auf diese Ankündigung ist überraschend. Sie scheinen inzwischen (anders als in 9,32) aber verstanden zu haben, dass Jesus trotz, nach oder durch sein Leiden seine Herrschaft antreten werde. Dieser Gedanke weckt ihre Ambitionen, was – wie bereits im Verlauf der zweiten Leidensankündigung – zu Diskussionen zwischen den Jüngern führt (Mk 9,34 und 10,41). Jesus willigt nicht in ihren Wunsch ein, kündigt ihnen hingegen individuell an, dass die Nachfolge sie den höchsten Preis kosten wird.
- Die Empörung der anderen Jünger nimmt Jesus zum Anlass, sie darüber zu unterrichten, dass seine Nachfolger mit ihren Ambitionen anders umgehen sollen als weltliche Herrscher: **Wer in Jesu Herrschaftsbereich Einfluss und Ansehen haben will, der muss anderen dienen und darf nicht über sie herrschen wollen.** Dabei verurteilt Jesus den Wunsch, „groß sein zu wollen" nicht –, dieses Ansinnen ist also nicht an sich falsch. Anders als seine Jünger empört er sich auch nicht über die Bitte der beiden Brüder.
- Dass Jesus sein Leben gegeben hat, soll im Leben seiner Nachfolger dazu führen, dass sie bereit werden, andern in selbstloser Weise zu dienen. **Nachfolge kostet uns mindestens unsere Bequemlichkeit.**

Samstag, 2. März   **Markus 10,46–52**

> 🖉 *Eine bekannte Geschichte. Das kann erfahrene Bibelleser zu der Meinung verleiten, alles schon zu kennen und zu verstehen. Versuchen Sie, in einem solchen Fall Fragen zu stellen – Fragen, die sich aus der Geschichte ergeben und mit dem Text beantwortet werden können. Das wird Zeit kosten, ist aber eine wertvolle „Übung".*

- Eine interessante Frage ist: **Wie und was glaubt Bartimäus?**

→ Bartimäus kann nicht sehen, wer den Tumult in Jericho verursachte. Das hindert ihn aber nicht daran, Jesus von Nazareth zu kennen und zu erkennen, – er kann ihn und über ihn hören. **Seine Behinderung hinderte ihn nicht zu glauben.** Hierauf dürfen auch wir vertrauen.

→ **Trotz – oder vielleicht auch wegen (?) – seiner Blindheit kennt Bartimäus Jesus besser als die meisten Menschen um ihn herum.** Das sehen wir daran, wie er den Herrn anspricht: mit dem Hoheitstitel „Sohn Davids" (Mt 12,23; 21,15; 22,42). Die meisten anderen Menschen sahen in Jesus nur den Zimmermann (Mk 6,3) oder allenfalls einen Propheten (Mk 8,28). Bartimäus weiß, dass Jesus der Messias ist. **Glauben beginnt damit, Jesus zu kennen und zu erkennen, wer er wirklich ist.**

→ Als der Blinde dem Herrn gegenübersteht, spricht er ihn an mit „Rabbuni" – **„mein** Herr". Auch das ist besonders, denn ansonsten spricht nur Maria den Auferstandenen so persönlich an (Joh 20,16). Üblicher ist die respektvolle Anrede „Rabbi" (= „Herr"; siehe z. B. Mk 9,5; 11,21; 14,45).

→ **Bartimäus lässt sich von nichts und niemandem abhalten.** Glauben ist für ihn mehr als eine Überzeugung, es bestimmt sein Handeln. Er lässt alles liegen und folgt seinem Herrn.

- Diese Geschichte fordert uns heraus, unseren Glauben zu bedenken. Ähnelt er dem des Bartimäus oder hindern wir vielleicht sogar andere daran, zu Jesus zu kommen (V 48)?

Sonntag, 3. März — Psalm 141

- David betet in vier Abschnitten:

→ **Zunächst bittet er Gott, ihn zu hören** und sein Gebet anzunehmen. Wie der Opferrauch soll das Gebet direkt zu Gott in den Himmel steigen. Es bleibt ein Geschenk und ist nicht selbstverständlich, wenn Gott hört und erhört (V 1–2).

→ Daraufhin betet David um **Bewahrung seiner Worte und seines Herzens** (V 3–5) vor falschen Wegen, die Gott nicht ehren. Mitmenschen, die Gott lieben, sollen ihn dabei unterstützen und ihn ermahnen und sogar schlagen.

→ Doch dann wünscht David **Gottes Gericht über seine Feinde** herbei (V 6–7). Er selbst soll gerechtfertigt werden, weil er jetzt schon sieht, wie böse diese Menschen leben.

→ Für sich aber bittet er noch einmal um **Bewahrung** und sein Leben, das in Gefahr zu sein scheint (V 8–10).

- David macht die schmerzhafte Erfahrung, von Menschen bedroht und in die Enge getrieben zu sein. Er braucht Hilfe und sucht sie bei seinem Gott. Dabei sorgt er sich zunächst um sein Herz, aus dem Reden und Handeln kommen. Auch schlechter Umgang droht seine Beziehung zu Gott zu zerstören (V 4b). Erst danach lässt David seinem Frust und seinem Schrei nach Gerechtigkeit freien Lauf und befiehlt das Gericht und den Schutz seines Lebens seinem Gott an.

> ✏️ *Ich denke nach: In welchen Situationen und mit welchen Menschen laufe ich Gefahr, mit meinem Mund, meinen Worten, Unrecht zu tun? Wo neigt sich mein Herz üblen Gedanken zu? Wie kann ich diesem allen widerstehen?*

- Der Psalm Davids lehrt uns, **um Gottes Schutz und Hilfe für unser Denken, Reden und Handeln zu bitten**. Es ist ein Vorrecht, mit guten Gedanken und Worten beschenkt zu werden. Dafür will ich heute mit den Worten des Psalms beten.

Montag, 4. März — Markus 11,1–11

- Auch dieser Text geht wie der vorangehende um die Frage: **Wer ist Jesus und als wer wird er erkannt?** Anders als im Mt erklärt Markus das aber nicht mit dem Verweis auf Sach 9,9, er berichtet nur ganz schlicht. Man braucht also etwas Hintergrundwissen, um zu verstehen, was die Menschen in der Geschichte zum Ausdruck bringen.

- Markus erzählt, wie Jesus ein Eselsfohlen für seine Ankunft in Jerusalem organisiert. Es könnte eine prophetische Voraussicht sein, aber vielleicht hat er auch einfach vorab Verabredungen mit dem Besitzer getroffen. Wichtiger ist, was Jesus damit sichtbar macht: **Er kommt als Messias in die Stadt – und zwar als Messias nach dem Bild, wie es in Sach 9,9 angekündigt wird: Ein Messias wie ein Hirte, nicht ein Kämpfer.**

- Die Begleiter Jesu (vermutlich die in 10,32 genannten Anhänger Jesu) scheinen diesen Anspruch verstanden zu haben, denn **sie behandeln Jesus, wie man einen König behandelt:** Mit Mänteln auf dem Boden ähnlich wie ein roter Läufer heute (2Kön 9,12f) und dem Ausruf „Hosanna". Auch Ps 118,26 wird zitiert, wie es regelmäßig bei Pilgerreisen nach Jerusalem geschah. Die Tatsache, dass Markus nichts ausbuchstabiert, könnte darauf hinweisen, dass eventuell nicht einmal alle Teilnehmer sich bewusst waren, welchen besonderen Moment sie gerade erleben durften.

- V 11 überrascht. Eigentlich hätte jetzt der Messias offiziell ausgerufen und angekündigt werden müssen. **Stattdessen sieht Jesus sich den Tempel nur an und verlässt Jerusalem wieder.** Diejenigen, die ihn hätten anerkennen können, taten es nicht.

> *Der Text fordert uns heraus, darüber nachzudenken: Wer ist Jesus, als wen erkenne ich ihn an? Gebe ich ihm die Ehre, die ihm zusteht? Wie bringe ich in meinem Leben eine ähnliche Ehrerbietung zum Ausdruck?*

Dienstag, 5. März Markus 11,12–25

• Hier führt uns Markus **einen anstößigen, herausfordernden Jesus** vor Augen:
→ **Er verflucht und zerstört einen Feigenbaum**, einfach nur weil er keine Feigen trägt, obwohl es noch nicht einmal die Jahreszeit für Feigen ist.
→ **Er verjagt gewaltsam die Händler**, die es den Pilgern erst möglich machten, im Tempel ihr ausländisches Geld zu wechseln und die vorgeschriebenen Opfertiere zu kaufen.

• Dass Markus diese beiden Geschichten ineinander verwebt, weist darauf hin, dass sie gemeinsam eine wichtige Botschaft verbindet. Und die besteht gerade in dem **Bild von einem Anstoß erweckenden Jesus.** Wenn wir zu schnell über solche ungemütlichen – und vielleicht auch irritierenden – Aussagen hinweglesen, dann laufen wir Gefahr, uns selber ein harmloses (und teilweise falsches?) Bild von Gott bzw. Jesus zu machen. Wir stellen uns darum der Herausforderung dieser Geschichte.

• Auch sonst im NT wird von einigen Straf-Wundern berichtet (z. B. Mk 5,13; Apg 5,5.10; 12,23; 13,11). **Jesus zeigt hier, dass er grundsätzlich das Recht und die Macht hat zu strafen**. Im Joh sagt Jesus ausdrücklich, dass er mit seinem Kommen auf das Ausüben seiner richterlichen Strafgewalt verzichtet (12,47). Für uns heißt das: Der Herr, der sein Leben für uns gegeben hat und dem wir dienen, ist noch viel mächtiger, als wir erfassen können. **Er kam zum Retten; wenn er wiederkommt, dann kommt er zum Richten**. Ja, das glauben wir, – aber ganz ehrlich: Ist es nicht dennoch anstößig und herausfordernd? Dieser Teil unserer Glaubensbekenntnisse scheint immer mehr unter Druck zu stehen. Ich würde auch viel lieber aus voller Überzeugung mitsingen können: „Wir kommen alle, alle, alle in den Himmel". Aber so anstößig, wie das Handeln Jesu in dieser Geschichte, sind auch seine Worte (z. B. Mk 9,43–50).

• Jesus kritisiert mit den beiden Handlungen symbolisch seine Zeitgenossen, deren Frömmigkeit äußerlich fruchtlos und innerlich korrupt ist.

Mittwoch, 6. März — Markus 11,27–33

- Im heutigen Text geht es Markus **wieder und immer noch um die Frage: Wer ist Jesus?** Hier wird diese Frage sogar direkt buchstäblich genannt, – **jedoch nur indirekt und andeutungsweise beantwortet.**
- Dass Hohepriester und Schriftgelehrte gemeinsam als Vertreter des Hohen Rates, der obersten religiösen Instanz, auftreten, zeigt, wie sehr die Tempelreinigung sie geärgert hat. Ihre **Frage nach der Autorität Jesu** wird sich dann auch darauf bezogen haben: Wer gibt dir das Recht, die Händler (denen wir den Handel erlaubt haben) aus dem Tempel zu vertreiben?
- Markus schildert hier einen **innerjüdischen Konflikt zwischen Jesus und der religiösen Elite seiner Zeit**. In den Evangelien werden sie als Gegner Jesu dargestellt – aber erst die spätere Auslegungsgeschichte hat daraus fälschlich allgemeinen Antijudaismus und Antisemitismus abgeleitet. Jesus diskutiert als Jude mit seinen Glaubensgenossen. Sich aufgrund solcher Geschichten innerlich von den „bösen Juden" zu distanzieren und ein Feindbild zu schaffen, ist ein folgenschweres Missverständnis. Vielmehr sollen solche Berichte **uns selbst einen Spiegel vorhalten**, uns zum Nachdenken bringen, welchem Vorbild wir folgen, wo wir falschliegen.
- Mit seiner Gegenfrage drückt sich Jesus nicht um eine Antwort. Er gibt sie indirekt und bringt dadurch die Verlogenheit seiner Gegner ans Licht. Würden sie bestätigen, dass Johannes der Täufer von Gott beauftragt war, dann würde sich auch ihre Frage nach der Autorität Jesu erübrigen.

> *Wir werden durch diese Geschichte aufgefordert, darüber nachzudenken: Wer ist Jesus? Erkenne ich ihn wirklich an als den, der er behauptet zu sein? Welche unlauteren Motive verstellen mir (teilweise) die Sicht auf Jesus? Inwieweit lasse ich mich auch von Menschenfurcht oder Menschengefälligkeit bestimmen?*

Donnerstag, 7. März **Markus 12,1–12**

- Jesus erzählt das **Gleichnis von den bösen Winzern**. Er knüpft dabei an das Weinberglied in Jes 5,1ff an. Wie dort werden Reben gepflanzt. Ein Zaun soll Diebe und wilde Tiere abhalten. Eine Kelter dient zum Auspressen der Trauben und ein Turm als kühle Behausung für Arbeiter und Wächter.
- Weil der Weinbergbesitzer ins Ausland gezogen war, schickt er nacheinander drei Beauftragte, die die verabredete Pacht – einen prozentualen Anteil der Ernte – abholen sollen. Keiner bekommt die Pacht und jeder von ihnen wird schlimmer behandelt als der vorausgehende. Wie viel Geduld hat doch der Weinbergbesitzer, dass er sogar nach den drei Boten noch einmal viele Boten schickt und zuletzt seinen einzigen Sohn, den sie ebenfalls töten!
- **Schon im AT ist der Weinberg ein Bild für Israel. Der Weinbergbesitzer steht für Gott.** Mit viel Liebe hat er den Weinberg gepflanzt, also Israel erwählt! Kann er folglich nicht mit Frucht rechnen, mit Liebe und Gehorsam seines Volkes? **Die Weingärtner stehen für die führenden Leute Israels. Mit den misshandelten Boten sind die Propheten gemeint, mit dem Sohn Jesus selbst.**

Lesen Sie die beiden atl. Parallelen zum „Gleichnis von den bösen Winzern": 2Chr 36,14–16 und Jer 7,25–27.

Was lernen wir aus diesem Gleichnis?

→ Jesus kündigt seinen stellvertretenden Tod für uns außerhalb von Jerusalem an.

→ Er nimmt für sich in Anspruch, dass er der Sohn Gottes ist.

→ Mit Ps 118,22f macht er deutlich, dass er zwar von Menschen verworfen wird, dass Gott ihn aber zum entscheidenden Mittler („Eckstein") macht, der allein ewiges Leben schenken kann.

→ Mit V 9 eröffnet Jesus die Perspektive, dass auch Menschen aus den Völkern zu ihm gehören werden.

→ **Und wir sind gefragt, ob Gott bei uns die Frucht findet, die er verdient.**

Freitag, 8. März   **Markus 12,13–17**

- V 13.15: Es kommen einige Pharisäer und Herodianer zu Jesus, die seit Mk 3,6 nach einer Möglichkeit suchen, ihn anklagen und beseitigen zu können. **Doch Jesus durchschaut ihre Motive.** Vor ihm kann man nichts verbergen.
- Bei jener Befragung waren die Pharisäer für theologische Fragen zuständig, die Herodianer, die Anhänger der regierenden Herodesfamilie, für die politischen Inhalte.
- V 14: Zunächst schmeicheln sie Jesus, indem sie etwas Richtiges über ihn sagen, nämlich, dass er wahrhaftig ist, seine Meinung nicht von Menschen abhängig macht und ganz im Sinne Gottes lehrt. Wenn sie davon aber wirklich überzeugt wären, müssten sie Jesus vertrauen.
- Je nachdem, was Jesus auf die Frage antwortet: „Ist's recht, dass man dem Kaiser Steuern zahlt, oder nicht", wird er Gegner haben. Die Zeloten als Widerstandskämpfer gegen die Römer lehnten das Steuerzahlen ab. Die Sadduzäer und Herodianer befürworteten es und die Pharisäer wollten Steuern bezahlen, bis der verheißene Messias kommt.
- V 16.17: Jesus gibt seine Antwort in Zusammenhang **mit einer Art prophetischer Zeichenhandlung**. Er lässt sich einen Silbergroschen, einen Denar, bringen. Wahrscheinlich handelte es sich um eine Münze, auf dessen Vorderseite der Kopf des regierenden Kaisers Tiberius (14–37 n.Chr.) abgebildet war. Mit Blick auf das Bild gibt Jesus zur Antwort: „Gebt dem Kaiser, was des Kaisers ist, und Gott, was Gottes ist". **Damit bejaht Jesus das Zahlen von Steuern und auch grundsätzlich die staatliche Ordnung. Er macht aber auch deutlich, dass der Staat keine Macht und Befugnis hat, von den Bürgern etwas zu verlangen, was gegen Gottes Gebot ist.** Dort gilt: „Man muss Gott mehr gehorchen als den Menschen" (Apg 5,29).
- **„Gott geben, was Gottes ist",** bedeutet auch heute, dass wir auf Gott und sein Wort hören, ihn lieben, ehren, ihm gehorchen, und das für uns gelten lassen, was er in Jesus für uns getan hat.

Samstag, 9. März — Markus 12,18–27

- V 18: Im Gespräch zwischen den Sadduzäern und Jesus geht es um die **Frage der Auferstehung. Die Sadduzäer**, die vor allem aus dem Priesteradel stammten, lehnten die mündliche Überlieferung ab und bezogen sich in ihrem Glauben vor allem auf die fünf Bücher Mose. Weil sie in diesen keine Aussagen über die Auferstehung fanden, **lehnten sie im Gegensatz zu den Pharisäern eine Auferstehung ab.**
- V 19–23: Mit einer Geschichte, die an 5Mose 25,5ff, an die sogenannte Schwagerehe anknüpft, wollen sie zeigen, dass es keine Auferstehung geben kann. Mose hatte gesagt: „Wenn jemandes Bruders ohne Nachkommen stirbt, soll er dessen Frau heiraten und seinem Bruder Nachkommen hinterlassen". Der erste Sohn sollte dann auch als Sohn des verstorbenen Bruders gelten und als Erbe eintreten. Mit der völlig unrealistischen Geschichte von sieben hintereinander verstorbenen Ehemännern der Frau und der Frage, wer dann in der Auferstehung ihr rechtmäßiger Ehemann sein soll, wollen sie die Auferstehung ad absurdum führen.
- V 24–27: Jesus wirft ihnen Irrtum vor. **In der Ewigkeit wird es keine Fortsetzung der irdisch-ehelichen Verhältnisse geben.** „Da wird die gegenseitige Liebe auch ohne Ehe weit größer sein als sie auf Erden je sein kann" (G. Maier). **Jesus nennt für den Irrtum der Sadduzäer zwei Gründe:**

→ **Ihr kennt die Schrift nicht:** Würden sie das ganze AT als Wort Gottes nehmen, könnten sie z. B. in Ps 73,24; Jes 26,19 oder Dan 12,2f die leibliche Auferstehung finden.

→ **Ihr kennt die Kraft Gottes nicht:** Wenn sie mit Gottes Macht rechnen würden, würden sie es Gott zutrauen, dass er einmal alles neu machen wird (Offb 21,5).

Jesu Logik ist anders: Wenn Gott, der Gott Abrahams, Isaaks und Jakobs ist (2Mose 3,6) und zugleich ein Gott der Lebenden, dann gibt es eine leibliche Auferstehung, die auch die früher lebenden Menschen mit einbezieht. Was für eine großartige Hoffnung kommt doch im Glauben an Jesus in unser Leben!

Sonntag, 10. März — Psalm 132

- Gott wird in diesem Psalm und Wallfahrtslied erinnert. **Menschen auf dem Weg nach Jerusalem, zum Berg Zion bitten um die Wiederherstellung der Größe von Gottes Herrlichkeit.** Der Psalmbeter erinnert Gott an das Versprechen, das David Gott gab (V 2–5), und an das Versprechen, das der HERR David (V 11–12) gab. Davids Anliegen und Mühen, einen Heimplatz für Gottes Wohnung zu finden, und die Reaktion Gottes darauf (2Sam 7) sind das Herzstück in diesem Psalm, in dem der Beter Gott um sein Wirken zu seiner Zeit bittet. **Menschen können meineidig werden, doch auf Gottes Zusagen ist Verlass.** Das sollen sich die Beter auf der Wallfahrt zu Herzen nehmen, gerade wenn die äußeren Umstände so aussehen, als habe Gott sich zurückgezogen.

> *Wann habe ich Gott zuletzt an eine Zusage erinnert, die ich ihm gegeben habe? Wann habe ich Gott zuletzt an eine Zusage erinnert, die er in seinem Wort gegeben hat?*

- Die Reise der Bundeslade bis zu ihrem Platz im Tempel wird noch einmal berichtet (V 6–8), um zu zeigen, was es für ein großes Vorrecht ist, dass die Pilger nun ganz **in der Nähe der Lade Gottes, dem Zeichen seiner Gegenwart und Macht, anbeten** können. Im Neuen Bund dürfen die Gläubigen an jedem Ort im Geist und in der Wahrheit Gott anbeten (Joh 4,21–24). Wie viel größer ist dieses Vorrecht!
- **Gottes Versorgung und seine Wohltaten an seinen Heiligen** bilden den Schlussteil des Liedes (V 15–18). Die Rede vom Spross oder Horn Davids (V 17) kann als messianische Weissagung verstanden werden – auch Zacharias dürfte in seinem Lobgesang auf dieses Wort Bezug genommen haben (Lk 1,69). Der ganze Psalm bestärkt die Wallfahrer und alle anderen Beter darin, dass Gott seine Zusagen einhält, wie auch immer die Umstände aussehen.

Montag, 11. März   **Markus 12,28–34**

● V 28: **In der heutigen Tageslese kommt ein Pharisäer zu Jesus.** Er hatte dem Gespräch mit den Sadduzäern gelauscht und Jesu Antwort für gut befunden. Deshalb stellt auch er Jesus eine Frage. **Er fragt nach dem größten oder wichtigsten Gebot.**

● In Israel zählte man z. Zt. Jesu 613 Gebote. Deshalb ist es nicht verwunderlich, dass der Pharisäer nach dem wichtigsten Gebot fragt. Und Jesus lehnt die Frage nicht ab. Wer mit einer ehrlichen Frage zu ihm kommt, den weist er nicht ab.

● V 29.30: **Als wichtigstes Gebot nennt Jesus das Gebot der Gottesliebe,** das mit dem Glaubensbekenntnis Israels, dem Sch'ma Jisrael, (5Mose 6,4f) verbunden ist. Es hält fest, dass Gott **einer** ist. **Auch wir Christen glauben, dass Gott nur einer ist, freilich in der Dreieinigkeit von Vater, Sohn und Heiligem Geist.** Muslime missverstehen dies und werfen uns Christen Vielgötterei vor. Aber schon Jesus stellt klar: „Ich und der Vater sind eins" (Joh 10,30). Und wenn er uns den Heiligen Geist verheißt, dann ist er selbst als Tröster und Ermutiger bei uns (Joh 14,18).

● **Die Gottesliebe** soll vierfach sein: **von ganzem Herzen,** also mit der ganzen Person, einschließlich Willen und Motiven, **von ganzer Seele**, also mit allen Empfindungen und Gefühlen, **von ganzem Verstand**, also mit unserem ganzen Denken und Planen, und **mit unserer ganzen Kraft**, also mit allem Tun.

● V 31: Als zweites nennt Jesus das **Gebot der Nächstenliebe** (3Mose 19,18). Kein Gebot ist größer als diese beiden. Man darf sie nicht auseinanderreißen. **Wer Gott liebt, wird seinen Nächsten und seine Glaubensgeschwister lieben** (1Joh 4,7ff). **Und Nächstenliebe ersetzt die Gottesliebe nicht**. Auch machen diese beiden Gebote die anderen Gebote Gottes nicht überflüssig, sondern fassen sie zusammen (Röm 13,8ff).

 Wo wird bei Ihnen Gottesliebe und Nächstenliebe konkret?

Dienstag, 12. März   **Markus 12,35–40**

● In den vorausgehenden Abschnitten kamen Menschen mit ihren Fragen zu Jesus. Jetzt ergreift er im Tempel von sich aus das Wort. **Im ersten Teil geht es um die Frage, wer Jesus ist, im zweiten Teil warnt er vor Gefährdungen.**

● V 35–37: Die Bezeichnung „Davids Sohn" war schon im Judentum eine geläufige Bezeichnung für den Messias bzw. Christus. Und das ist nicht verwunderlich, da dies schon auf das AT zurückgeht (2Sam 7,12; Ps 110,1; Jes 9,5f). Jesus nimmt für sich in Anspruch, dass er der Messias und der Davidssohn ist. Als Davidssohn ist er aber nicht nur ein leiblicher Nachkomme Davids – und damit bloßer Mensch. Mit dem messianischen Psalm 110 macht Jesus das deutlich. Wenn Gott zum Messias und Davidssohn sagt: „Setze dich zu meiner Rechten ...", dann ist Jesus zugleich der Menschensohn aus Dan 7,13 und der Sohn Gottes. **Somit lädt Jesus hier ein, in ihm den Messias und Sohn Gottes zu sehen und an ihn zu glauben.**

● V 38–40: Jesus sieht bei vielen Schriftgelehrten, dass sie Versuchungen erlegen sind. **Drei Gefährdungen spricht er an:**

→ **Ehrsucht:** Durch das Tragen von „langen Obergewändern" wollen sie als Rabbinen erkannt und dann auch verehrt werden. Sodann wollen sie dort, wo sich das öffentliche Leben abspielt, von anderen *zuerst* gegrüßt werden. Und in der Synagoge und bei Gastmählern wie in Lk 14,7 erstreben sie die Ehrenplätze.

→ **Habsucht**: In V 40 ist wohl gemeint, dass sie das Vertrauen, das ihnen als Seelsorger entgegengebracht wird, zu Geldgeschäften missbrauchen, und schutzbedürftige Witwen um ihr Hab und Gut bringen.

→ **Heuchelei**: Ihr Unrecht an den Witwen überdecken sie mit langen Gebeten, die nicht von Herzen kommen, aber sie vor anderen fromm erscheinen lassen.

> ✏️ *Wo können Ehrsucht, Habsucht und Heuchelei für Sie zur Versuchung werden?*

Mittwoch, 13. März   Markus 12,41–44

- Zum Abschluss des zwölften Kapitels lesen wir die Geschichte von einer Witwe, die Gott alles gibt, was sie hat. Es ist **eine Hingabegeschichte.** Sie ereignet sich, als Jesus wie in V 35 im Tempel lehrt. Jesus lehrte offensichtlich gegenüber dem Opferkasten und konnte so sehen, was die Tempelbesucher einlegten. Zur Zeit Jesu standen 13 trompetenförmige Opferkästen im Tempel.
- V 41: Viele Reiche kamen zum Tempel, um Gottesdienst zu feiern, zu beten, vielleicht auch, um auf Lehre, die Auslegung der Heiligen Schriften zu hören und um zu opfern. **Und diese Reichen opferten viel.** Sie gaben von ihrem Reichtum, um damit im Sinne Gottes Gutes zu tun. Das erkennt Jesus hier durchaus an.
- V 42: Neben diese vielen tritt nun **eine arme Witwe.** Sie legt zwei Scherflein ein (griechisch: zwei Lepta), was einem Quadrans entspricht, der kleinsten römischen Münze. **Dem Wert nach ist es nicht viel, was die Witwe gibt. Aber es ist ganz und gar alles, was sie hat.**
- V 43.44: Als Jesus das sieht, ruft er seine Jünger zu sich, um ihnen **die Frau als Vorbild** hinzustellen. Vielleicht geschieht das so, dass er die Jünger aus dem Kreis der um ihn Sitzenden zu sich kommen lässt. Und jetzt erklärt ihnen Jesus, was sie nicht sehen konnten: **„Diese Frau hat mehr eingelegt als alle anderen." Sie gab nicht nur etwas von ihrem Besitz, sondern alles, was sie hatte.** Sie legt sich also mit ihrem ganzen Leben ohne jede Absicherung in Gottes Hand und rechnet damit, dass Gott sie versorgen wird (vgl. Ps 146,9).

> *Legen auch Sie Ihr ganzes Leben in Gottes Hand und vertrauen auch Sie darauf, dass Gott für Sie sorgt?*

- Da diese Geschichte im Mk kurz vor der Passionsgeschichte steht, ist sie auch ein Hinweis darauf, dass Jesus alles, was er hat – sein Leben – für uns gibt, damit wir Vergebung und ewiges Leben haben können.

Donnerstag, 14. März   **Markus 13,1–13**

Jesus führt jetzt in eine heilsgeschichtliche Perspektive. Seine **Endzeit-Rede offenbart zukünftige Ereignisse.** Die Verse 5–37 sind Jesu **längste Rede im Mk.**

- V 2–4: In diesem Gerichtswort sagt Jesus **die vollständige Zerstörung des Herodianischen Tempels** voraus. Die vier Jünger schlussfolgern, dass dies zugleich das „Ende der Zeit" sein muss. So fragen sie zuerst, wann dies geschehen wird, dann nach den Vorzeichen dafür.

- Doch Jesus beantwortet **zuerst die Frage der Zeichen** (V 5ff), **dann erst die der Zeit** (V 28ff). **Dabei entfaltet er keinen apokalyptischen „Fahrplan" über den genauen Ablauf bestimmter Ereignisse, sondern sagt Typisches für die Endzeit voraus.**

- V 5–8: Für Christen besteht in dieser Zeit **die Gefahr, sich verführen zu lassen.** Bedrängend erlebt werden falsche Christusse, Kriege, Naturkatastrophen wie Erdbeben, Hungersnöte. Ereignisse, die alle Menschen betreffen, die aber auch Christen ins Wanken bringen können. Wie Geburtswehen werden diese Nöte immer öfter und immer stärker. Es spitzt sich etwas zu. **Doch für Christen gibt es eine noch größere Herausforderung:**

- V 9–12: **Es droht, dass ihnen aufgrund ihres Glaubens an Jesus Feindschaft entgegenschlägt.** Ein klares Zeugnis ist verlangt, auch wenn dies Gerichtsprozesse, Folter, Tod bedeuten wird. Nicht mal Familienbande gelten dann noch. Denn wer Christus hasst, hasst auch Christen! Wie oft erleben das heute Muslime, wenn sie sich zu Jesus bekehren und von der eigenen Familie verstoßen werden!

- V 13: **Doch in alledem sind Christen nicht allein.** Gottes Geist lebt in ihnen und steht ihnen bei. Er wird ihnen helfen, bei Jesus zu bleiben. **Der Lohn dafür ist die Seligkeit, d. h. Leben in Gottes Herrlichkeit.**

Wie haben Sie Beistand durch Gottes Geist erfahren, wenn Sie sich zu Jesus bekannten?

Freitag, 15. März   **Markus 13,14–23**

- V 14: **Jesus bereitet auf künftige Notzeiten vor.** Konkret werden sich die Dinge zuspitzen, wenn der „Gräuel der Verwüstung steht, wo er nicht soll". Damit greift er zurück auf die Erfahrung in der Makkabäerzeit: Im Jerusalemer Tempel war der jüdische Kult verboten worden (168 v.Chr.). Stattdessen weihte Antiochus IV. den Tempel dem griechischen Gott Zeus. An dieses Sakrileg erinnert Jesus. Zugleich warnt er, dass der wahre Glaube immer gefährdet sein wird.

- **Zwei Motive durchziehen diesen Abschnitt: die Erwartung des Antichristen** (V 14.21f) **und die Voraussage von einer Hals über Kopf vollzogenen Flucht** (V 14b-18).

- **Verfolgung** ist von Anfang an eine Grunderfahrung der christlichen Gemeinde (vgl. Apg 8,1ff; 11,19). Die Erfüllung der universalen Ansage Jesu nimmt mit der lokalen Zerstörung des Jerusalemer Tempels 70 n.Chr. ihren Anfang und wiederholt sich bis heute immer wieder.

- V 14b-19: **Unverzügliche Flucht**, ohne dabei noch das Nötigste wie einen Mantel mitnehmen zu können, zeugt von größter Gefahr. Für Schwangere und Stillende kann eine Flucht tödlich enden. Eine Flucht im Winter ist deshalb so schwierig, weil vermehrter Regen z. B. das Überqueren von Flüssen unmöglich machen kann.

- V 20: **Doch Gottes Fürsorge, Schutz und Treue werden gerade in diesen Zeiten Gottes Auserwählte erfahren.**

- V 21–23: In der Not greift man nur zu gern nach jedem Strohhalm. Vermeintliche Gesandte Gottes versprechen Erlösung. Doch sie entpuppen sich als Antichristen. Ihr Ziel: Gottes Auserwählte zu verführen, d.h. sie davon abzubringen, alles von Jesus als ihrem Herrn und Erlöser zu erwarten.

Welche Möglichkeiten sehen Sie, sich auf künftige Leidenszeiten, von denen Jesus hier mit drastischen Worten spricht, vorzubereiten? – Woran erkennen und wie entlarven Sie Irrlehrer und falsche Heilsbringer?

Samstag, 16. März Markus 13,24–37

- V 24.25: **Kosmische Verwerfungen stehen bevor.** Die ganze Welt bricht zusammen (vgl. 2Petr 3,10). Himmel und Erde vergehen, um für Gottes neuen Himmel und neue Erde Platz zu machen (vgl. Offb 21).
- V 26.27: **Große Freude: Jesus kommt wieder!** Wie bei seiner Himmelfahrt (Apg 1,9) wird er in Wolken gehüllt sein (vgl. Dan 7,13). **Alle Menschen werden ihn sehen, – und zwar als machtvollen Herrscher.** Seine Engel werden die Auserwählten sammeln (nach 1Thess 4,13ff alle Verstorbenen und die noch Lebenden), um mit ihm für immer zusammen zu sein.
- In V 28 kommt Jesus auf die **Zeit-Frage** zurück, d. h. **wann** die Tempelzerstörung und damit das Ende der Welt sein wird (s. V 4). Doch er antwortet lediglich mit **zwei Vergleichen:**
- V 28–33: **1. Bild: Der Feigenbaum treibt Blätter aus** – Zeichen für die warme Jahreszeit mit der Ernte. So sollen auch wir die Zeichen der Zeit beachten. Doch eine genauere Zeitansage für sein Kommen gibt Jesus damit nicht, die weiß allein sein himmlischer Vater. Beides – das Ende steht unmittelbar bevor (V 30), doch es kann nicht berechnet werden (V 32), – steht bewusst nebeneinander.
- V 34–37: **2. Bild: Der Hausherr ist verreist,** nun liegt es an seinen Arbeitern, das Haus zu bestellen, bis er zurückkehrt. Jeder hat seine Aufgabe. Zu schlafen, d. h. ein nachlässiger Lebenswandel, der nicht mit dem Kommen Jesu rechnet, wäre fatal. Der Hausherr kann unerwartet zu jeder der vier Nachtwachen heimkehren.
- **Die Zeitangaben bleiben vage. Unsere Aufgabe ist es, in unseren Aufgaben zuverlässig zu sein, in allen Stürmen gelassen zu vertrauen, Jesu Kommen herbeizusehnen.** Und dabei rechnen wir fest damit, dass seine Zusage verbindlich stimmt (vgl. Offb 22,20): „Ich komme bald!"

Was können Sie heute tun, um das Warten auf Jesus zu gestalten bzw. wie sind Sie „wachsam" (V 37)?

Sonntag, 17. März — Psalm 130

- „Ganz unten" ist der Psalmist. Was ihn in die Tiefe zieht, erfahren wir nicht. Nur die Wahl der Worte lässt auf eine Situation der Verzweiflung schließen. Und doch sieht der Psalmist in dieser Dunkelheit einen Lichtstrahl, an den er seinen doppelten Hilferuf (V 2) adressieren kann. Sein Glaube kämpft mit der ihn überschwappenden Finsternis und gewinnt. Der Name Gottes ist seine Zuflucht.
- Der Schreiber zeigt sein Gottesbild: Er wendet sich nicht an einen „Kumpel", sondern an den **allmächtigen Schöpfer und gerechten Richter**. Vor ihm kann sich kein Mensch rausreden. Alle Menschen stehen nach Maßstäben der Gerechtigkeit unter dem unentrinnbaren Todesurteil (V 3). Doch bei diesem Gott gibt es Vergebung. Das berechtigt den Beter zu **hoffen und sich seinem Gott mit Ehrfurcht zu nähern**. Er lädt seine Mitbeter ein, es ihm gleichzutun.

> *Wann habe ich zuletzt vor dem allmächtigen Gott gezittert? Bin ich mir in meinem Gebet bewusst, dass ich mit dem Richter der ganzen Welt (1Mose 18,25) spreche?*

- Mit Beharrlichkeit wendet sich der Beter nun an Gott. Er kennt den Segen und das Versprechen, das darauf liegt, **auf den HERRN zu warten** (Jes 40,31; Lk 18,1). Er tut es als Vorbild und wieder als Einladung an alle, die dieses Gebet zu ihrem machen. Den Nachtwächtern (V 6) geht es ja nicht nur darum, dass die Nachtschicht endlich vorbei ist, sondern dass das Tageslicht auch die nächtlichen Gefahren verbannt.

> *In welchem Bereich meines Lebens bin ich gerade an einem Tiefpunkt und brauche Hilfe von Gott? Kann mir dieser Psalm eine hilfreiche Gebetsvorlage sein? Oder ist da jemand in meiner Nähe, der gerade ganz in der Tiefe ist? Kann ich ihr oder ihm mit diesem Gebet Unterstützung geben?*

Montag, 18. März **Markus 14,1–11**

„Es liegt was in der Luft, ein ganz besondrer Duft ..."

● V 1: Die jüdische Obrigkeit möchte Jesus schon seit Langem umbringen (vgl. 3,6). Die Zeit scheint jetzt günstig, doch sie müssen taktisch vorgehen: Topsecret und noch vor dem Passafest! **„Mord-Duft" liegt in der Luft.**

● V 10.11: Judas kommt ihnen zu Hilfe. Seine Motivation? Wollte er vorantreiben, dass Jesus eine Revolte anzettelt, um König zu werden? Doch Jesus schwebt anderes vor! **„Verräter-Duft" liegt in der Luft.**

● V 3–9: Eingebettet in diesen Rahmen steht eine Begegnung mit einer besonderen Duftnote. Jesus ist zu Gast bei Simon, den er früher vermutlich geheilt hat. Unerwartet platzt eine Frau in die Tischgemeinschaft der Männer. Auf Jesu Kopf gießt sie **erlesenes Narden-Öl** aus einem durchscheinenden Gipsstein-Flakon. **Sein Marktwert: etwa das durchschnittliche Jahresgehalt eines Arbeiters. Dieser wohlriechende Duft erfüllt nun den Raum.**

● V 4.8: Erbost nennen es die einen **Geldverschwendung,** Jesus aber deutet es als seine vorweggenommene **Totensalbung.** Er weiß um seinen bevorstehenden Tod. Ahnt auch die Frau, dass sich die Lage um Jesus zuspitzt? **Ihre Motivation? Vermutlich tiefe Dankbarkeit.** Dafür übertritt sie Barrieren des kulturellen Anstandes und investiert immense Kosten. **Welch ein Kontrast** zu den Mordplänen der jüdischen Obrigkeit und zum Verrat des Judas!

● V 7: Jesus kommentiert: Hilfsbedürftige wird es immer geben, doch Liebeserweise haben einen anderen Stellenwert: **Jesus zu ehren ist mehr als Armen zu helfen!** Und er prophezeit: Weil diese Frau Mut zu diesem Liebeserweis hatte, wird ihre Tat als Begleiterzählung des Evangeliums weltweit gehört werden – und hoffentlich andere anspornen, Jesus genauso verschwenderisch zu lieben, wie diese Frau es tat.

 Welche „Duftmarke" hinterlassen Sie bei anderen?

Dienstag, 19. März   **Markus 14,12–16**

Das Passafest steht an. Vieles gilt es vorzubereiten.

● Als „**Fest der ungesäuerten Brote**" werden die sieben Tage nach dem Passafest bezeichnet. In dieser Zeit wird in den Familien nur ungesäuertes Brot (sog. Mazzen: dünne Brotfladen aus Wasser und Weizenmehl) gegessen. Damit wird an den hastigen Aufbruch aus Ägypten erinnert (2Mose 12,15–20).

● **Der Vorbereitungstag für das Passafest** ist nach jüdischem Festkalender der 14. Nisan – unser heutiger Gründonnerstag. Nachmittags werden die Passalämmer geschlachtet, um sie am nächsten Tag, der am Abend mit dem Sonnenuntergang beginnt, in den Familien zu essen.

● Traditionell wird das Passamahl innerhalb der Mauern Jerusalems gegessen. Festpilger konnten sich dafür Räume anmieten.

● V 12: Die Jünger fragen Jesus nach dem Ort, an dem er mit ihnen feiern möchte. Jesus verrät ihnen, auf welche Weise sie ihn finden. Dieses **Wunder des Findens** erinnert an Jesu Einzug in Jerusalem, wo er auch zwei Jünger losschickte, um den Esel zu finden (vgl. 11,1ff).

● V 13–15: Zwei Dinge sagt Jesus den Jüngern voraus: 1. Ein Mann mit Wasserkrug wird sie zu einem Hausherrn lotsen. 2. Indem sie sich diesem gegenüber auf Jesus berufen, wird er wohlwollend reagieren und ihnen einen Raum zur Verfügung stellen. Dieser Raum war vermutlich ein Saal im Obergeschoss eines Hauses. Detailliert wird beschrieben, dass er groß war, schön (mit Teppichen) ausgelegt, (mit Sitzkissen u. a.) vorbereitet. Dort sollen die Jünger alles für das Fest vorbereiten, d. h. einkaufen, kochen, dekorieren usw.

● V 16: Alles trifft ein, wie Jesus es vorausgesagt hat. **Das Wunder um Jesu Wissen und Vorausbestimmen unterstreicht, dass hier Gott selbst am Werk ist.**

Jesus weiß um das Wann, Wo, Wie … Trauen Sie ihm zu, dass er auch in Ihrem Alltag diesen Durchblick hat?

Mittwoch, 20. März — Markus 14,17–26

- V 17–19: Inmitten der Feststimmung kündigt Jesus seinen Verrat an. Das stimmt die Jünger traurig, aber mit ihrer **Rückfrage „Bin ich's?" hält jeder Einzelne es offenbar für möglich, diesen Verrat zu begehen. Eine ernüchternde Selbsteinschätzung – im Unterschied zu dem sich wenig später überschätzenden Treueschwur des Petrus** (V 27.31)!
- V 20: Jesus nennt keinen Namen (anders Mt 26,25; Joh 13,21ff). Auch ist die Möglichkeit, den Verräter am Eintauchen eines „Bissens" in die Schüssel zu erkennen, aussichtslos, da dies im Lauf des Abends alle tun werden. **Warum offenbart Jesus seinen Verräter nicht?** Um ihm noch eine Chance zur Besinnung zu geben? Oder gerade das Gegenteil: Um nicht zu verhindern, dass der Verräter seine Tat ausführt? Zumindest erinnert „Wie von ihm geschrieben steht" (V 21) an das göttliche „Muss" in 8,31.
- V 21: **Jesus charakterisiert den Verrat mit einem Wehe-Ruf.** Der Verräter ist für seine Tat verantwortlich.
- V 22–24: **Die Einsetzungsworte des Abendmahls** werden leicht unterschiedlich überliefert (vgl. Mt 26,26ff; Lk 22,19f; 1Kor 11,23ff). Was alle eint: **Brot und Wein werden mit Jesus identifiziert, der sich selbst hingibt und stellvertretend stirbt.** Das „Blut des Bundes" verweist auf Jer 31,31–34 und Hes 37,26–28. **Mit Jesu Tod und Auferstehen schließt Gott einen neuen Bund.** Doch er schließt ihn nicht mehr nur mit Israel, sondern mit allen Menschen („für viele"). Zudem ist der neue Bund ein Beziehungsverhältnis, das auf Individuen abzielt, nicht mehr auf das Kollektiv eines Volksverbandes. Jeder Einzelne bekommt von Gott das neue Herz und Gottes Geist. Dies schließt Sündenvergebung mit ein.

Jesus verspricht in freudiger Erwartung, das nächste Abendmahl mit seinen Jüngern in Gottes vollendetem Reich zu feiern (V 25). Wie steht es um Ihre Vorfreude?

Donnerstag, 21. März — Markus 14,27–31

● V 26: Während Judas offensichtlich schon eigene Wege geht, folgen die anderen Jünger Jesus zum Ölberg, der vom Ort des Passaessens nur wenige Minuten zu Fuß entfernt ist.

● V 27: **„Ärgernis nehmen" meint, verstört sein darüber, was Jesus widerfährt** (gemeint ist der ganze Prozess von Jesu Gefangennahme bis zu seiner Kreuzigung). Denn die Jünger erwarteten nach wie vor einen triumphalen Siegeszug Jesu. Das Sacharja-Zitat präzisiert, dass sich die Schafe zerstreuen werden. Die Jünger werden also davonlaufen und ihren Hirten alleinlassen. **Jesus weiß, dass sein Weg ans Kreuz einsam sein wird.**

● V 28: Doch Jesus schaut schon über Kreuz und Grab hinweg in die Zukunft: **Die Trennung von seinen Jüngern wird nur kurz sein.** Als auferstandener Hirte wird er in Galiläa seine versprengten Schafe wieder sammeln. D. h. er wird ihnen ihre Untreue vergeben, um dort, wo einst alles anfing (1,14), wiederum etwas Neues mit ihnen zu beginnen (vgl. 16,7ff).

● V 29.30: Der Jünger, der öfters schon durch großspuriges Verhalten auffiel, widerspricht Jesus voller Selbstbewusstsein. Petrus wird zu Jesus halten, komme was wolle. **Doch Jesus hält eine bittere Enttäuschung für ihn bereit.** Bis ins Detail sagt er ihm voraus: Mehr noch als alle anderen Jünger wird Petrus ihn „verlassen". Dreimal wird er vor Zeugen Jesus verleugnen. Das Erkennungszeichen für Petrus, dass Jesus recht behält, ist der zweifache Hahnenschrei.

● V 31: Wie mit einem Schwur beteuert Petrus, selbst in Todesgefahr treu zu Jesus zu stehen. Doch es wird sich zeigen (vgl. 14,66ff), dass Petrus schon vor einem einfachen Dienstmädchen einknickt.

Wie deuten Sie die Parallele der dreimaligen Frage Jesu an Petrus in Joh 21,15ff zur dreifachen Verleugnung? Wie wird Jesus demnach mit Ihnen umgehen, wenn Sie ihm untreu werden sollten?

Freitag, 22. März   **Markus 14,32–42**

- In einem Garten begann das größte Drama der Menschheit, **denn dort ringt der Mensch Jesus mit dem Rettungsplan Gottes**, der für ihn Folter und Sterben am Kreuz bedeutet.
- Die Jünger scheinen nicht zu ahnen, was auf dem Spiel steht. Und obwohl sie sehen, wie Jesus zittert, lassen sie ihn allein. **Keiner von ihnen bringt die Kraft und den Willen auf, mit Jesus zu wachen und für ihn zu beten.** Jesus ist allein und er wird allein ins Leiden und Sterben hineingehen müssen. In großer Angst wendet er sich an Gott. Er weiß: Sein Vater kann alles. Muss es denn unbedingt das Kreuz sein? Was sich Jesus verständlicherweise wünscht und erhofft, sehen nicht wenige Theologen als selbstverständliche Möglichkeit. Warum sollte Gott das Opfer seines Sohnes brauchen?! Ein Wort und die Welt wäre versöhnt, befreit und gerettet. Das klingt fromm, doch es entspricht nicht dem Willen Gottes.
- **In dem menschlich so verständlichen Wunsch von Jesus steht der große Rettungsplan Gottes auf dem Spiel.** Alles hängt von Jesus ab, von seinem Gehorsam, von seinem Leiden und seinem stellvertretenden Opfertod.
- Dreimal sucht Jesus die Nähe des Vaters, dreimal ringt er mit dem Vater und dreimal wird er in den schwersten Stunden von seinen engsten Freunden enttäuscht.
- Dass Jesus den Weg zum Kreuz gehen kann, liegt nicht zuletzt an dem **Gebetskampf in Gethsemane**. Im Gebet wird Jesus Gottes Stimme gehört haben. Deshalb bricht Jesus nicht resignierend zusammen, sondern steht auf und geht seinem Verräter entgegen.

> *Im Garten Gethsemane zeigt Jesus sich als angefochtener, hilfs- und seelsorgebedürftiger Mensch. Das sollte uns Mut machen, auch die eigene Seelsorgebedürftigkeit einzugestehen und die Hilfe anderer in Anspruch zu nehmen.*

Samstag, 23. März — Markus 14,43–52

- **Vier Männer** nimmt Markus in seiner knappen Schilderung der Gefangennahme Jesu in den Blick:
- **Der Verräter:** Judas war von Jesus berufen worden. Er hatte eine tiefe unmittelbare Gemeinschaft mit Jesus erlebt. Selbst beim Abendmahl gehörte er zum engsten Freundeskreis. Und trotzdem: Judas wird zum Verräter. Welch eine Tragik. **Es zeigt, dass jemand die größten Wunder mit Jesus erleben kann und dennoch zu seinem Feind wird.**
- **Der Kämpfer:** Einer zieht sein Schwert. Markus nennt seinen Namen nicht. Durch den Evangelisten Johannes wissen wir (Joh 18,10), dass es **Simon Petrus ist, der die Gefangennahme verhindern und für Jesus kämpfen will.** Er stellt sich der Tempelwache mutig entgegen, verfehlt den Kopf eines Soldaten nur um Haaresbreite und trennt stattdessen dessen Ohr ab.
- **Der Verletzte:** Er gehört zur Garde der Tempelwache und ist direkt dem Hohepriester unterstellt. Anders als die römischen Soldaten trägt er nur verhältnismäßig leichte Waffen. Er ist auf keinen Kampf vorbereitet, denn schließlich galten Jesus und seine Jünger als friedfertige Gruppe. Doch dann schlägt Petrus zu, und der Wachmann verliert sein Ohr. **Im nächsten Augenblick ist alles vergessen: der stechende Schmerz, die starke Blutung und die schwere Verletzung. Denn Jesus heilt ihn** (Luk 22,50). Johannes nennt seinen Namen. Er heißt Malchus (Joh 18,10).
- **Der Geheimnisvolle:** Dieser junge Mann flieht nicht wie alle anderen. Vielleicht ist er der Tempelwache gefolgt, die mitten in der Nacht zum Einsatz aufbrach. Lediglich mit seinem Nachthemd bekleidet schleicht er dem Tross hinterher. **Er wird entdeckt. Man will ihn ergreifen, bekommt jedoch nur sein Gewand zu fassen. So flieht er nackt durch die Nacht.** Viele Ausleger vermuten zu Recht, dass dieser Mann Markus selbst ist – der Verfasser des Evangeliums. Verhüllend erzählt er diese Nebensächlichkeit, die ihn zum Zeugen der Ereignisse werden lässt.

Palmsonntag, 24. März — Psalm 88

● **Kein Lichtstrahl der Hoffnung und Zuversicht** hellt dieses einzigartig düstere Gebet auf. Heman, der Esrachiter, ein bekannter Weiser (wahrscheinlich auch in 1Kön 5,11) wendet sich mit seinem bedrückenden Erleben an Gott, den HERRN. Seine Schwermut und Aussichtslosigkeit erinnern an Hiob, der auch in Gott den Ursprung seines Leidens sieht und sich dennoch an ihn wendet und um Hilfe bittet. Hemans Gebet wechselt zwischen dem Ruf zu Gott (V 2–3.10.14), der Beschreibung seines Leidens (V 4–9.16–19) und der Frage nach dem Sinn seines Leidens (V 11–13.15).

● Auch noch so weise Menschen leiden. Der Unterschied ist wohl, wie sie auf ihre Leiden und Tiefen reagieren. Hier gibt Heman ein Beispiel, das dem Hörer dieses Gebets zunächst paradox vorkommt. **Wieso ruft er den Gott um Hilfe, von dem er sein Leid kommen sieht?** Keine andere Zuflucht, keine andere Rettung kennt Heman. Heman weiß: Da ist nur einer, der wirklich trösten, den Schmerz lindern und neues Leben einhauchen kann. Leiden gehören zum Leben und wir sollen sie nicht als etwas Ungewöhnliches sehen. So viele Diener und Dienerinnen Gottes müssen durch schwere Herausforderungen durch, die in ihrem Sinn nicht immer klar sind und doch die Beziehung zu Gott festigen und läutern können, wenn Gottes Leute an ihm festhalten.

> *Bin ich bereit, unerklärliche Leiden und scheinbar sinnfreien Schmerz in meinem Leben anzunehmen? Gott weiß, was er tut, auch wenn wir es noch nicht oder gar nicht nachvollziehen können.*

● Psychisch angefochtene Menschen fühlen sich oft von Gott gestraft, verlassen und ungeliebt. Heman gehört zu den Menschen, die sich ganz tief unten fühlen. Doch Gott hat ihn geliebt und geehrt, dass sein Gebet in die Heilige Schrift aufgenommen und zu einem **Vorbild der Glaubensgeduld** wurde.

Montag, 25. März — Markus 14,53–65

- Der Vater hat seinen Sohn dahingegeben (Röm 8,32). **Jetzt machen die Menschen mit Jesus, was sie wollen.** Er wird abgeführt wie ein Verbrecher. Noch in der Nacht steht er vor Gericht. **Der Prozess ist eine Farce, denn für die Hohepriester und den Hohen Rat steht das Urteil längst fest.** Den Schein wahrend suchen sie nach Zeugen, die die nötigen Beweise liefern. Es ist erschreckend: Das „fromme, hoch geistliche Gericht" arbeitet mit falschen Zeugen, die sich noch dazu widersprechen. Das unverzichtbare Gebot in jedem Gerichtsprozess: „Du sollst nicht falsch Zeugnis reden wider deinen Nächsten", interessiert hier nicht. Jesus lässt alles schweigend über sich ergehen und erfüllt damit die Prophezeiung aus Jes 53,7.
- Doch dann erhebt er seine Stimme und antwortet klar: „Ich bin`s." **Jesus bekennt sich dazu, dass er der Messias Israels und der Sohn Gottes ist.** Dass er es jetzt im Augenblick der Ohnmacht tut, ist theologisch hochbedeutsam. Im Zusammenhang seiner Wunder war er zurückhaltend mit dieser Selbstaussage. Oft hat er sogar den Menschen verboten, über das Wunder zu sprechen und das Geschehen mit seiner Messianität in Zusammenhang zu bringen. Doch jetzt auf dem Weg zum Kreuz bekennt er sich dazu. **Jesus möchte nicht als der einseitige „Wundermessias", sondern als der eindeutige „Rettermessias" erkannt werden.** Paulus hat dieses Bekenntnis von Jesus aufgenommen und dann glasklar formuliert: „Denn ich hielt es für richtig, unter euch nichts zu wissen als allein Jesus Christus, den Gekreuzigten" (1Kor 2,2; vgl. die Auslegung am 24. April). Gleichzeitig sagt Jesus: Ihr werdet den Menschensohn kommen sehen. Für die Christen war diese Aussage so wichtig, dass sie sie in das Glaubensbekenntnis aufgenommen haben: „… Er sitzt zur Rechten Gottes. Von dort wird er kommen, zu richten die Lebenden und die Toten …" Wir haben die herrliche Gewissheit: Jesus, der Gekreuzigte, ist der Sieger!

Dienstag, 26. März   Markus 14,66–72

- Während Jesus verhört und verhöhnt wird, vollzieht sich draußen im Hof **eine Tragödie. Der mutige Petrus** hat die Kontrolle verloren. Vor einigen Stunden war er noch forsch der bewaffneten Tempelwache entgegengetreten. Doch jetzt **kapituliert er vor einer Magd.** Hätte diese Konfrontation einen Tag zuvor stattgefunden, dann hätte er dieser Frau begeistert von Jesus erzählt und nebenbei stolz erwähnt, dass er zum Jesusteam gehört. **Jetzt ist alle Freude über Jesus der Angst um sein eigenes Leben gewichen.** Früher hätte niemand Petrus aufgehalten. Er wäre mit Jesus in den Palast gegangen und hätte für seinen Meister das Wort ergriffen. Jetzt will er unerkannt bleiben, niemand soll ihn mit Jesus in Verbindung bringen.

- **Wie ist die Angst, die Lüge, ja sein Schwur zu verstehen? Liegt es an der bedrohlichen Situation?** Schließlich könnte auch er verhaftet, gefoltert und zum Tode verurteilt werden. **Oder hat ihn panische Angst übermannt,** weil eine unheimliche Macht der Finsternis (Lk 22,53) seinen Glauben und sein Vertrauen lahmlegt? Dieser Finsternis kann man nur im Namen Jesu widerstehen. Leider kann und will sich Petrus in diesem Augenblick nicht auf Jesus berufen. Jesus scheint ihm zu schwach zu sein.

> *Ist es nicht auch unser Problem, dass wir gerade in Krisenzeiten unseres Lebens unser Vertrauen in die Macht Jesu verlieren?*

- Dass Jesus in seinem Sterben den größten Sieg erringen wird, bleibt Petrus zunächst verborgen. Später, nach der Begegnung mit dem Auferstandenen und erfüllt vom Heiligen Geist, wird er im Namen Jesu und in der Kraft des Heiligen Geistes den Priestern des Hohen Rates sagen: „Wir können's ja nicht lassen, von dem zu reden, was wir gesehen und gehört haben" (Apg 4,20). **Aus dem Wackelpeter wird so ein Mann mit Rückgrat und aufrechtem Gang.**

Mittwoch, 27. März — Markus 15,1–15

- Alle Mitglieder des Hohen Rates haben dem Todesurteil zugestimmt (Mk 14,64). Nun gilt es, dieses Urteil umzusetzen. Deshalb treffen sich die Ratsmitglieder früh am Morgen. Sie beschließen, Jesus an die römische Regierungsbehörde auszuliefern. Die Priester sind gezwungen, mit dem verhassten römischen Gouverneur Pilatus zusammenzuarbeiten. Nur er kann ein Todesurteil vollstrecken lassen. Um ihr Ziel zu erreichen, müssen sie betrügerisch **mit einer Lüge die Anklage begründen: Sie selbst begründen das Todesurteil religiös mit dem Vorwurf der Gotteslästerung. Vor Pilatus argumentieren die Priester dagegen politisch.** Als wäre der König der Juden in Knechtsgestalt eine Bedrohung für die römische Besatzungsmacht.
- Pilatus erkennt zwar die Fadenscheinigkeit der Anklage. Ihm fällt sogar auf, dass sie aus Neid gegen Jesus vorgehen. Doch ihm fehlen der Mut und die Autorität, einen klaren Freispruch zu verkünden.
- Das Volk fordert das Recht ein, dass ein Gefangener amnestiert wird. Ob sie dies zunächst im Hinblick auf Jesus getan haben? Ob sich in der Menge Personen befanden, die Jesus geheilt hatte? Ob einige von ihnen Jesus beim Einzug in Jerusalem als Messias begrüßt hatten? Doch all das scheint keine Rolle mehr zu spielen. **Die finstere und manipulative Demagogie der Priester verfehlt ihre Wirkung nicht.** Wie von Sinnen schreien sie den Unschuldigen ans Kreuz.
- Was an diesem Karfreitag geschieht, ist beispielhaft **für das Verständnis des stellvertretenden Opfertodes Jesu: Barabbas, der Mörder, darf leben. Jesus, der Unschuldige, stirbt an seiner Stelle.**

> *Wir dürfen das annehmen und erleben, was den Barabbas gerettet hat: Jesus ist für uns Sünder gestorben. Am Kreuz dürfen wir unsere Sünden ablegen. Gott wird uns Vergebung schenken. Wir dürfen leben. Das gilt für Zeit und Ewigkeit.*

Gründonnerstag, 28. März   Markus 15,16–23

- Das Gewissen der Soldaten ist abgestumpft. Wie viele Hinrichtungen werden sie bereits durchgeführt haben? **Sie haben ihren Spaß daran, Jesus als König der Juden zu verspotten.** Ein roter Soldatenmantel wird zum Königsgewand. Die „Henker" fügen Jesus unerträgliche Schmerzen zu, indem sie eine aus Dornen geflochtene Krone auf seinen Kopf drücken und dazu mit einem Rohr auf sein Haupt schlagen. Später wird Jesus für sie beten: **„Vater, vergib ihnen; denn sie wissen nicht, was sie tun"** (Luk 23, 34). Doch bereits jetzt vergießt er sein Blut für sie.
- **Zunächst muss Jesus selbst sein Kreuz getragen haben.** Davon berichtet Johannes (Joh 19,17). Geschwächt durch die Folter war er dann wohl nicht mehr in der Lage, den schweren Querbalken zu tragen. **Kurzerhand zwingen die Soldaten Simon, Jesus die Last abzunehmen.** Simon stammt aus Nordafrika. Er war nach Jerusalem ausgewandert. Markus macht die zusätzliche Angabe, dass Simon der Vater von Alexander und Rufus sei. Wahrscheinlich kannten die ersten Leser des Markusevangeliums diese beiden Männer. Wenn Markus als enger Mitarbeiter des Petrus sein Evangelium in Rom geschrieben hat, dann könnte der Rufus, den Paulus in Röm 16,13 erwähnt, einer dieser Söhne des Simon sein. Simon wird gezwungen, das Kreuz, an dem Jesus sterben wird, zu tragen.

Jesus hat seine Nachfolger aufgefordert, ihr Kreuz zu tragen (Mk 8,34). Diesen Weg können wir nur mit Jesus gehen. Der auferstandene Herr trägt mit. Hier liegt das Geheimnis, dass Christen, die verfolgt werden, nicht aufgeben, und Nachfolger, die eine schwere Lebensphase durchleiden, nicht verzweifeln. Lassen Sie sich nicht entmutigen, den Weg der Nachfolge auch in schweren Zeiten durchzuhalten. Denn nur dieser Weg führt zum Ziel. Und nur auf diesem Weg geht Jesus mit.

Karfreitag, 29. März   Markus 15,24–41

- Die sechs Stunden, in denen Jesus qualvoll am Kreuz stirbt, sind angefüllt vom Spott der Feinde Jesu. Sie sehen auf einen hilflosen und geschundenen „Gotteslästerer", der am Kreuz sein Leben aushaucht. Zwar ist das Kreuz das Todeswerkzeug der Römer, doch sie sind überzeugt: **Wer zum Tode verurteilt am „Holz" hängt, ist von Gott verflucht** (5Mose 21, 22f).
- **In seiner Verzweiflung und Sehnsucht nach Gott klagt Jesus seine Not mit Worten des 22. Psalms.** Dieser Psalm beginnt mit dem Schrei: „Mein Gott, mein Gott, warum hast du mich verlassen?" Ps 22 klingt in vielen Aussagen wie eine Prophezeiung, die sich in diesen Stunden des Todeskampfes erfüllt.

> *Wenn man den Psalm 22 im Hinblick auf die Passion Jesu liest, findet man erstaunliche Parallelen.*

- Zwei Räuber werden mit Jesus gekreuzigt. Lukas weiß mehr über sie zu berichten. Ihm ist es wichtig festzuhalten, dass einer von Ihnen Jesus um Hilfe anfleht, und Jesus ihm zusagen kann, dass nicht der Fluch Gottes auf ihm bleibt, sondern sich ihm das Paradies öffnet (Lk 23,39–43).
- **Dass der Vorhang im Tempel zerreißt, ist von überragender Bedeutung: Der Zugang zu dem heiligen Gott ist frei,** denn in seinem Sterben am Kreuz baut Jesus für uns die Brücke zu Gott. **Eines der größten Wunder**, von denen die Bibel berichtet, geschieht unter dem Kreuz. **Der römische Hauptmann**, der für die ordnungsgemäße Vollstreckung des Todesurteils verantwortlich ist und der zumindest die Folter durch seine Soldaten gebilligt hatte (Mk 15,16–20), **erkennt und bekennt: Jesus ist wirklich Gottes Sohn.**
- Wenn heute in Evangelisationen Menschen, die vom Evangelium berührt zum „Treffpunkt Kreuz" eingeladen werden, um ihr Leben Jesus anzuvertrauen, dann findet diese Praxis in dem Bekenntnis des Hauptmanns unterm Kreuz eine starke Begründung.

Karsamstag, 30. März   **Markus 15,42–47**

- **Jesus ist tot.** Die Stimme des Messias ist verstummt. Die Kraft des Sohnes Gottes, der Kranke geheilt, von Dämonen Gequälte befreit und Tote auferweckt hat, ist erstorben.
- **Die Beerdigung von Jesus erfolgt direkt nach seinem Tod.** Weder die nächsten Angehörigen noch die Jünger von Jesus übernehmen dafür die Verantwortung. Abgesehen von zwei Jüngerinnen, Maria Magdalena und Maria, die Mutter des Joses, ist niemand da. Diese beiden Frauen kennen den Ort des Grabes (V 47) und weisen am Ostermorgen den Weg zum leeren Grab.
- Ein Mitglied des Hohen Rates, **Josef von Arimathäa**, ergreift die Initiative. **Bis jetzt war er ein heimlicher Jünger von Jesus** (vgl. Joh 19,38), **doch jetzt wagt er sich in die Öffentlichkeit.** Er wendet sich an Pilatus, und zusammen mit Nikodemus (Joh 19,39) erweist er Jesus den letzten Liebesdienst. In ihrem Handeln kommt eine tiefe Verbundenheit mit Jesus zum Ausdruck. Allerdings berichten weder Markus noch ein anderer Evangelist, dass sie eine Hoffnung über den Tod hinaus haben. Mehrfach hatte Jesus von seinem Leiden, Sterben und auch von seiner Auferstehung gesprochen, doch niemand hatte dieser herrlichen Botschaft Glauben geschenkt. **Zwar rechnet Josef von Arimathäa wohl auch nicht mit der Auferstehung von Jesus. Aber er erwartet das Kommen des Reiches Gottes.** Er gehört wie Simeon (Lk 2,25f) zu den messianischen Juden, die auf die Ankunft des Messias warten.
- Warum nimmt Markus die Schilderung über die Grablegung des Leichnams von Jesus auf? Er zeigt, dass sich die Prophezeiung aus Jes 53,9 erfüllt, und er benennt Zeugen, die den Tod von Jesus bestätigen können. **Die Auferstehung Jesu von den Toten war keine Belebung eines Scheintoten.** Auch das apostolische Glaubensbekenntnis hat das „begraben" aufgenommen. Dort heißt es: ... gekreuzigt, gestorben und begraben ...

Ostersonntag, 31. März — Markus 16,1–8

- Am Abend des Sabbattages – abends beginnt bereits der neue Tag – kaufen die Frauen alles ein, was sie zur Einbalsamierung des Leichnams benötigen. In diesem Moment denken sie nicht daran, dass sie gar keine Chance haben, in das Grab zu gelangen. Erst am nächsten Morgen, sie sind bereits auf dem Weg zum Grab, stellen sie die Frage, wer ihnen helfen könnte, den schweren Verschlussstein vom Eingang des Grabes zu wälzen.

- **Was sie erleben, als sie zum Grab gelangen, übersteigt jede menschliche Erfahrung:** das geöffnete Grab, das leere Grab, die Begegnung mit dem Engel – Lukas berichtet sogar von zwei Engeln (Lk 24,4) – und die Botschaft von der Auferstehung. **So nah ist kaum je ein Mensch dem wunderbaren Eingreifen Gottes gekommen.** Wer dem heiligen Gott und seinem wunderbaren Handeln begegnet, der erschrickt. In diesem Moment können die Frauen die herrliche Botschaft, dass Jesus auferstanden ist und lebt, nicht verstehen. Der hoffnungsvolle Glaube und die Freude über die Auferstehung brechen erst durch, als der lebendige Jesus Christus selbst den Frauen begegnet.

- **Für die Glaubwürdigkeit der Ereignisse am Ostermorgen spricht, dass es Frauen sind, die diese Ostererfahrung machen.** Hätten Christen im Nachhinein diese Berichte erfunden, dann wären Männer als glaubwürdige Zeugen genannt worden. Die Evangelisten berichten wahrheitsgetreu, wie es war. In dem Christus-Bekenntnis, das Paulus in 1Kor 15,3–7 zitiert, werden aus zeitgeschichtlich nachvollziehbaren Gründen nur Männer als Zeugen der Auferstehung genannt.

- **Frauen waren bis zuletzt in der Nähe des Gekreuzigten. Frauen hatten beobachtet, in welchem Grab Jesus bestattet worden war. Frauen waren die Ersten, die das Grab besuchten. Und Frauen werden die Ersten sein, die das Evangelium von der Auferstehung Jesu verkündigen.** Den Verkündigungsauftrag erhalten sie von einem Boten Gottes.

Ostermontag, 1. April — Markus 16,9–20

- Nach dem Zeugnis der alten Handschriften, die das Markusevangelium überliefern, endet das Evangelium mit V 8. Die V 9–20 wurden später hinzugefügt. Sie schildern Ereignisse, die sich bereits im Lukas- und Johannesevangelium finden und die bis in die Apostelgeschichte reichen.
- Es lassen sich in diesen vertrauenswürdigen Versen der Heiligen Schrift **einige interessante Beobachtungen** machen:

→ Wie in den anderen Evangelien auch wird **nur eine Auswahl der Begegnungen,** welche die Jünger mit Jesus innerhalb der 40 Tage nach seiner Auferstehung hatten, **geschildert**: mit Maria Magdalena, den Emmausjüngern und den elf Jüngern.

→ Obwohl Jesus mehrfach von seinem Leiden, seinem Tod und auch von seiner Auferstehung gesprochen hat, **glauben die Jünger die Botschaft von der Auferstehung nicht** (V 10–13). Weder Maria Magdalena noch die Emmausjünger konnten das umstürzende Ereignis der Auferstehung Jesu glauben.

 Wie ist der Unglaube der Jünger zu erklären?

- Dass die Emmausjünger Jesus nicht erkannten, wird im Lukasevangelium damit erklärt, dass **ihre Augen gehalten** waren (Lk 24,16). Das Markusevangelium erklärt das Nichterkennen damit, dass **Jesus sich ihnen in einer anderen Gestalt offenbarte.** Beide Phänomene erklären, warum der von den Toten Auferstandene nicht sofort erkannt wurde. Lukas berichtet, dass die Jünger Jesus zunächst für einen Geist hielten (Lk 24,37). Auch Johannes schildert, dass die Jünger Jesus bei einer anderen Begegnung am See Tiberias nicht erkannten (Joh 21,4).
- **Der Missionsbefehl** wird einerseits verkürzt zitiert. Andererseits spricht Jesus davon, dass der Glaube heilsnotwendig ist (V 17). Und er verspricht, dass den Aposteln Vollmacht über dämonische Mächte geschenkt wird, dass sie Kranke heilen werden und selber auf wunderbare Weise Bewahrung erfahren.

Der erste Brief des Petrus

Initiator und Autorität des 1Petr ist **„Petrus, Apostel Jesu Christi"** (1,1). Der Brief ist durch Silvanus (hebr. Silas) in **Rom** geschrieben (5,12f). „Babylon" ist Geheimname für das judenfeindliche Rom. Silas gehörte anfangs zum Paulus-Team, er hat sich danach vermutlich der Missionsarbeit des Petrus angeschlossen und ist später mit ihm nach Rom gekommen.

Der 1Petr ist ein Rundschreiben an die Gemeinden im Nordwesten der heutigen Türkei. Seine **Kernproblematik** ist die wachsende **Diskriminierung der Christen durch die heidnische Umwelt.** Die Christen werden zu einem **christusgemäßen Handeln** in dieser Situation ermutigt und angeleitet.

Sie werden als **„auserwählte Fremdlinge, die in der Zerstreuung leben"** angesprochen (1,1). Die Gemeinden sind stark von der Verkündigung des Paulus geprägt. Es sind meist Heidenchristen (1,1; 2,9f; 4,3).

Die Anrede als „Pilger und Fremdlinge" (1,1; 2,11) ist neu. **Sie benennt die Stellung der Christen in der Welt,** „Fremdlinge und Pilger" in einer Gesellschaft, zu der sie letztlich nicht gehören, in der sie aber Gottes Liebe und Herrschaft bezeugen sollen in Wort und Tat.

Wie können Christen in einer Gesellschaft leben, die das Evangelium von Gottes gnädiger Zuwendung in Jesus Christus ablehnt, aber dieses doch zutiefst braucht? Wie sollen sie auf Diskriminierungen und Spott der Nichtchristen im politischen, beruflichen und familiären Bereich reagieren? Rückzug oder Gegenwehr? Rückzug würde den Auftrag verraten, „Salz der Erde und Licht der Welt" zu sein (Mt 5,13f). Gewaltsame oder verbale Gegenwehr würde Jesus, dem Friedensbringer, widersprechen, denn sie sind „zum Segnen und nicht zum Vergelten berufen" (3,9).

Was ist der Grund für die wachsende Diskriminierung? **1Petr 4,3f** erklärt: Es ist genug, dass ihr in der Vergangenheit nach dem Willen der Heiden gelebt habt ... Darüber sind sie befremdet, dass ihr euch jetzt nicht mehr in dasselbe heillose und unordentliche Leben hineinstürzt. Zudem scheinen die Christen als **eine**

eigenständige Gruppe neben den Juden in der Öffentlichkeit bekannt und erkannt zu werden. In **4,16** heißt es: „Leidet jemand als Christ" – das ist eine völlig neue Formulierung. Die christlichen Gemeinden müssen ihren Platz, ihre Aufgabe, ihre Einzigartigkeit in der Gesellschaft neu definieren. Dazu eignen sich Worte wie „Pilger und Fremdlinge" sowie „Leiden und Hoffen" als Schlüsselbegriffe.

Ein kurzer Überblick:

1,2–2,10: Christen leben in der Gesellschaft als „wanderndes Gottesvolk", als Pilger und Fremdlinge.

2,11–3,7: Christen sind den Institutionen der Gesellschaft (Staat, Beruf, Ehe) in kritischer Verantwortung verbunden. Durch ihr Verhalten und ihr Zeugnis verweisen sie auf das Evangelium, das alle Menschen retten will. Der Leitsatz: „Führt ein rechtschaffenes Leben unter den Völkern, damit die, die euch als Übeltäter verleumden, eure guten Werke sehen und Gott preisen (lernen)" (2,12), erinnert an die Bergpredigt Jesu (Mt 5,16).

Wichtig ist die Bereitschaft, das Unrecht leidend mit Gutem zu überwinden (3,9). Gefragt sind ein werbendes Zeugnis für Christus „ohne Worte" (3,1) bzw. bei Rückfragen ein liebevolles Zeugnis mit Sanftmut und Ehrerbietung von der Hoffnung, die in uns ist (3,15f).

3,8–4,19: Das gemeinsame Leben in der Gemeinde ist Einübungs- und Trainingsfeld für ein glaubwürdiges Leben in der Gesellschaft. Die Christuslieder in 1,18–21; 2,21–25 und 3,18–22 begründen jeweils das Verhalten der Christen.

5,1–14: In der Gemeindeleitung und im Miteinander der Generationen gilt es, an der Demut festzuhalten, weil wir wissen, dass wir von dem Gott, der für uns sorgt, gehalten sind.

Dienstag, 2. April — 1. Petrus 1,1–12

- Wer einmal die Einleitungen der Briefe im NT vergleicht, wird feststellen, dass sie sich ähneln und im Prinzip üblichen Briefen der damaligen Zeit entsprechen. Insofern ist auch unser Eingang (V 1f) fast wie ein Formular und enthält „konventionelle" Formulierungen. Und trotzdem ist er im Detail originell, denn **in den Eingangsworten wie „fremd, zerstreut, erwählt, geheiligt, gehorsam, gerettet, Gnade, Friede" ist schon die Leitlinie des ganzen Briefes zu erkennen.**

- Nach der Einleitung beginnt der Apostel mit seinem ersten Thema. Ich habe den Eindruck, dass er bei seinem Brief **keinen planvollen Aufbau** vor Augen hat, **sondern auf die Fragen, Sorgen und Nöte der Menschen eingeht, die er erreichen möchte.**

- Einerseits ist es ihm **ganz wichtig, Gott zu danken** für das, was er für seine Menschen in Jesus getan hat, zum anderen aber nimmt er auf, dass **dieser Dank auf dem Hintergrund von Leid und Trauer durchgehalten werden muss.** Die teilweise sehr geprägten Aussagen in ihrer dichten Sprache haben eine **sehr praktische Absicht**: Sie sind geschrieben für Christenmenschen, denen in ihren Lebensumständen die Tragfähigkeit ihrer Hoffnung und der Grund zur Freude abhandengekommen sind (oder abhandenzukommen drohen).

- In den V 10–12 gebraucht der Apostel eine besondere Art der **Ermutigung:** So schlecht es euch jetzt auch geht, so lebt ihr doch in einer Zeit, die sich die Menschen vor Christus – selbst die Propheten und die Engel! – herbeigewünscht haben und die sie selbst nicht erlebt haben. Ihr lebt in der Zeit, die angebrochen ist, nachdem Jesus in Wort und Tat Gottes Liebe und Zuwendung zu den Menschen offenbart hat!

Welchen Wert und welche Hilfe trauen Sie heute biblischen Verheißungen zu, wenn Sie jemanden trösten möchten? Oder haben Sie Probleme damit, und wenn ja, warum?

Mittwoch, 3. April　　　　　1. Petrus 1,13–16

● Und nun folgt die **erste Ermahnung** des Briefes, der eine ganze Reihe von anderen folgen werden. Wir werden merken, dass sie **Hauptbestandteil des Schreibens** sind.

● Es werden **erste Konturen** dessen deutlich, was der Apostel „seiner Generation" in ihren Lebensverhältnissen für ein Leben im Glauben weitersagen möchte. **Es geht nämlich um das Leben der ersten Christinnen und Christen, die Jesus nicht mehr persönlich erlebt haben** und die sich in einer Umwelt behaupten müssen, die dem Glauben an Jesus misstrauisch bis offen feindlich gegenübersteht.

● **Diese Lebensumstände**, sowohl was die Umwelt als auch was die Fragen des Glaubens angeht, **verlangen Wachsamkeit, maßvolles Leben als Kontrast zu bisheriger Maßlosigkeit** (Kap. 4,3); die Lebensumstände fordern aber auch zu neuer Hoffnung heraus.

● Wir sehen hier den **Zusammenhang zwischen Glaubenssätzen** (wie in V 3–12) **und deren Auswirkung auf die konkrete Lebensgestaltung,** wobei der Apostel ganz selbstverständlich voraussetzt, dass solch ein Leben und Hoffen gelingen kann und vor allem sinnvoll ist.

● Immerhin wird ein Leben gefordert, das anders ist und nicht mehr den alten Mustern egoistischer Begierden folgt: Das bisherige Einverständnis mit einer solchen Lebensweise muss von Menschen, die Christen geworden sind, aufgekündigt werden.

● Was stattdessen angeboten wird, ist allerdings **alternativlos: Ein Leben mit Gott, das heilig ist, weil es zum heiligen Gott gehört**.

Wie geht es Ihnen mit dem Wort „heilig"? Unser allgemeiner Sprachgebrauch geht eher in die Richtung „erhaben, vollkommen, besser als die anderen", während der biblische Befund vor allem von der Gottesgemeinschaft ausgeht (Zitat 3Mose 19,2 in V 16). Von was sollte das christliche Leben geprägt sein: von dem, was „man" nicht tut, oder von der Nähe zum heiligen(den) Vater?

Donnerstag, 4. April   **1. Petrus 1,17–21**

● **Was motiviert zu „christlichem Leben"?** Der Apostel nennt verschiedene Gründe, vor allem aber die Gotteserfahrung in Jesus:

→ Gott gibt sich als Vater zu erkennen und darf so angerufen werden (vgl. Mt 6,9);

→ jeder Mensch wird sich einmal für sein Leben vor Gott als Richter verantworten müssen;

→ Gottes Heilsgeschichte zielt darauf ab, uns sündige Menschen zu erlösen, zu befreien.

● Die Befreiung besteht darin, dass **die Erlösung** nicht mehr durch materielle Mittel bzw. Leistung geschieht (vergängliches Silber oder Gold), sondern **von Gott durch die Hingabe Jesu geschenkt wird** (V 18f). Der Begriff „Erlösung" erinnert an die in damaliger Zeit mögliche Befreiung eines Sklaven, der etwa auf dem öffentlichen Sklavenmarkt durch einen großzügigen Gönner freigekauft werden konnte, um ihm so die ersehnte Freiheit zu schenken. Der „Preis", den Gott für unsere Erlösung bezahlt hat, war dagegen weit höher, nämlich „das Blut Christi".

● Indem diese wunderbare Befreiung geschehen ist und Menschen sich in Glaube und Liebe dafür öffnen, verändert sich auch ihr Leben entsprechend.

● Aus dem, was mit Jesus geschehen ist, ergibt sich eine Logik, die auch für das Leben der Christinnen und Christen gilt: **Nach Leiden und Tod kommt Herrlichkeit – das gilt für Jesus genauso wie für sie.** Deshalb haben sie, die nach Jesu Tod und Auferstehung leben, allen Grund zum Durchhalten. Hoffnung ist auch im Leiden möglich und verändert das Leben. Ein Leben ohne die Hoffnung, deren Grund Jesus ist, bleibt hingegen leer.

> ✎ Es ist ein alter Streit unter Theologen, ob der Glaube „automatisch" zu einem guten Leben führt („gute Werke hervorbringt") oder ob das gute Leben erst durch Erfüllung von „geistlichen" Ermahnungen zustande kommt. Wie geht es Ihnen damit, gerade auf dem Hintergrund unseres Abschnitts?

Freitag, 5. April   **1. Petrus 1,22–2,3**

- Unser heutiger Abschnitt bringt die beiden neuen Stichworte „Wahrheit" und „Liebe" und weist darauf hin, wie **lebendig und unvergänglich das Wort Gottes** ist.
- Der Apostel argumentiert wieder genauso wie bisher: **Anweisungen** (z. B. „habt euch untereinander lieb", V 22) **und Begründungen bzw. Motivation** („ihr seid wiedergeboren", V 23) **wechseln einander ab**. Es sind eindrucksvolle Formulierungen, die aber alles andere als leere Rhetorik sind.
- Die Gemeinde soll ein Lebensraum ungeheuchelter geschwisterlicher Liebe sein und dadurch den Gemeindegliedern einen Rückhalt in ihren aufreibenden Lebensumständen bieten. **Die entscheidende Motivation für ihren Zusammenhalt ist die gemeinsame Erfahrung des Heils in Christus.** Sie wird immer wieder und immer weiter beschworen.
- Und noch einen anderen **Trost** kennt der Brief: **Gottes Wort**, das **„lebendig und bleibend"** (V 23.25) ist. D. h. die Aussage des Evangeliums, dass das Leiden in Herrlichkeit einmündet, ist zuverlässig.
- In Kap. 2,1–3 bringt es der Apostel noch einmal auf den Punkt: **Aufgrund der „geschmeckten" Freundlichkeit ihres Herrn sollen die Christen ihr bisheriges Leben hinter sich lassen**. Dabei hören sich die aufgezählten „Laster" in V 1 „konventionell" an, denn diese „Lasterkataloge" kommen öfter im NT vor und sind eher beispielhaft gemeint.
- Die Formulierung in V 2 legt nahe, dass die angesprochenen Christen **noch jung im Glauben sind** und daher umso mehr darauf angewiesen, sich mit der elementaren Botschaft des Evangeliums versorgen zu lassen (vgl. Hebr 5,11–14).

> *Wie geht es Ihnen mit der Motivation christlichen Handelns? Hilft es, deutlich zu machen, dass die in der Bibel genannten Laster gemeinschaftszerstörend sind?*

Samstag, 6. April　　　　　　　　　1. Petrus 2,4–10

> ✏️ Manchmal ist es besser, die Bibel nicht allein zu lesen, und besonders bei unserem Abschnitt möchte ich Ihnen vorschlagen, dass Sie sich jemanden suchen, der oder die Ihnen V 9+10 langsam und deutlich vorliest (und umgekehrt danach natürlich auch), damit Sie sich diese Zusagen mit geschlossenen Augen einmal auf der Zunge zergehen lassen können.

- Der Apostel reiht **eine Kette von biblischen Zitaten** auf, einmal mehr, um die Christinnen und Christen zu ermutigen, und er tut das mit der Heiligen Schrift der Juden.
- Es lohnt sich immer, die in der Bibel angegebenen Parallelstellen aufzuschlagen, in unserem Abschnitt natürlich besonders die alttestamentlichen Erwähnungen der Stichworte „lebendiger Stein", „Eckstein", „Stein des Anstoßes", „königliches Priestertum", „heiliges Volk" im Zusammenhang anzuschauen.
- **Was also macht Mut und wozu wird ermutigt?**

→ Da ist der **Stein-Vergleich:** Gott (und nicht die gottfeindliche Umwelt) hat über Jesus befunden, hat ihn zum Eckstein in dem Sinn gemacht, dass an ihm sich entscheidet, wer zu Fall und wer auf diesem Fundament zum Heil kommt. Und das gilt genauso für euch: Trotz der feindseligen Umgebung ist die Entscheidung für Christus richtig – deshalb bleibt dabei (V 4).

→ Und weil Christus erwählt ist, seid ihr es auch: Das Bild geht über zu einem **Bild von Kirche und Gemeinde; die erwählten lebendigen Steine** sollen sich einbauen lassen in das Haus der lebendigen Steine, zum geistlichen Haus (V 5).

→ In diesen Zusammenhang gehört dann auch das **Bild von der Priesterschaft,** das dann insbesondere in der Reformation dazu geführt hat, den bis dahin in der Kirche so grundlegenden Unterschied zwischen Priestern und Laien aufzuheben, indem sie **das allgemeine Priestertum der Gläubigen** betont hat.

Sonntag, 7. April — Psalm 134

„Wohlan, lobet den HERRN!" – Die Aufforderung **wohlan** verknüpft Ps 134 mit Ps 133. Dessen Schlussbekenntnis „Dort (am Zion) verheißt der HERR Segen und Leben bis in Ewigkeit" verlangt geradezu das Lob von Ps 134.

● Ps 134 wendet sich primär an die **Priesterschaft** (V 1): „Ihr Knechte des HERRN, die ihr steht des Nachts im Hause des HERRN!"

> *Zum Priesterdienst im Neuen Bund lesen Sie 1Petr 2,9. Was hat sich verändert?*

● Wer an Jesus glaubt, ist Teil seiner Priesterschaft. Dennoch mag es auf dem Hintergrund von Ps 134 hilfreich sein, auch den Schatz eines **hauptamtlichen geistlichen Dienstes** zu sehen. Hauptamtliche garantieren (im Idealfall) eine durch Ausbildung **vertiefte Sachkenntnis** und eine **Verlässlichkeit** der Verkündigung, des Gebets, der Bereitschaft zur Seelsorge etc. Als Gemeindeglied stimmt mich dankbar, dass Gottes Lob Tag und Nacht laut wird, auch wenn ich gerade nicht dazu in der Lage bin.

● Während die Priester in V 1f ihre Hände lobend Gott entgegenstrecken, erheben sie diese in V 3 zum Segen über das Volk. Das ist **priesterlicher Dienst: Gott loben und seine Gemeinde segnen**.

● Im Hebräischen sind **segnen und loben** übrigens **ein und dasselbe Wort:** *barach*. Wir sind gleichermaßen zum Lobpreis Gottes und zum Segen seiner Gemeinde berufen. Ja, wer Gottes Gemeinde segnet, lobt Gott.

● Als Grund unseres Lobes und zur Vergewisserung von Gottes Segenskraft verweist V 3b auf Gottes Schöpfungshandeln. Er, der Himmel und Erde gemacht hat, kann dich auch heute segnen.

● Wörtlich steht hier übrigens kein Verb „gemacht hat", sondern ein Partizip. Gott hat Himmel und Erde nicht nur einmal gemacht, sondern bleibt fortwährend ein „Machender". **Gottes Schöpfungshandeln hört nicht auf**, bis er diese Welt einmal neu schaffen wird – uns zum Segen und ihm zum Lob.

Montag, 8. April   1. Petrus 2,11–17

- Mit V 11 wird der Apostel konkreter: Einerseits wird die Situation der Adressaten deutlicher als bisher; **sie werden von den Menschen in übler Weise verleumdet** („Übeltäter"/„Verbrecher" (V 12) ist keine harmlose Bezeichnung). In einem Rundschreiben wie unserem Brief kann davon so generell nur geredet werden, wenn es zu dieser Zeit **eine verbreitete antichristliche Stimmung** in der Bevölkerung und so etwas wie eine **kollektive Abneigung gegen die Christen** gab, die sich offen aussprach und – wie wir später noch sehen werden – auch tätlich wurde.
- Außerdem wird das „gute Leben" der Christenmenschen erstmals unter den wichtigen Aspekt gestellt, **dass die Christinnen und Christen mit ihren Taten entweder die böswilligen Verleumdungen entlarven – oder aber andere dazu motivieren, sich ebenfalls zu bekehren** (V 12).
- Beispielhaft macht der Apostel diesen Gedanken am Verhalten innerhalb des Staatswesens deutlich: **Christenmenschen sind loyale Bürgerinnen und Bürger.**
- Um christliches Verhalten zu kennzeichnen benutzt der Apostel bestimmte „Grundworte". Eins davon, das er mit anderen Briefen des NT teilt, ist **„untertan sein"** (V 13). Dabei geht es aber nicht um ein Ideal der Unterwürfigkeit, sondern darum, **auf die Dominanz der eigenen Person bzw. Durchsetzung der eigenen Interessen zu verzichten, denn das bedeutet schließlich Liebe** (vergleiche Kap. 3,1.5; 5,5). Die „Pflicht" zur Unterordnung wird (aus unserer Sicht vielleicht paradoxerweise) mit der Erinnerung an die christliche Freiheit verbunden (V 16).

Das Interesse des Apostels liegt beim Sich-Einordnen – so würden wir heute wohl lieber formulieren – als Haltung, nicht beim Staat. Es wird also keine Staats-Theorie entfaltet. Was bedeutet das für unser Verhältnis als Christenmenschen zu unserem Staat heute?

Dienstag, 9. April   **1. Petrus 2,18–25**

● Ich muss gestehen, dass ich bei diesem Abschnitt unseres Briefes immer schon schlucken musste, weil die Aussagen des Apostels missbraucht werden können, um ungerechte und unmenschliche Verhältnisse zu rechtfertigen bzw. als unabänderlich hinzunehmen.

● Beim genaueren Hinsehen merke ich aber, dass **das Thema** nicht die Sklaverei und erst recht nicht ihre Rechtfertigung ist, sondern **die Frage nach der Möglichkeit christlicher Existenz unter den gegebenen bzw. aufgezwungenen Verhältnissen.**

● Genauso wenig wie es in V 13–17 um so etwas wie eine Staatstheorie geht, sondern um ein angemessenes christliches Verhalten im Staat, genauso wenig geht es hier um die Rechtfertigung der Sklaverei, vielmehr: Das Sklavenschicksal, das damals als soziale Gegebenheit und als wirtschaftliche „Notwendigkeit" von niemand moralisch infrage gestellt wurde, wird hier als eklatanter Fall von Ungerechtigkeit beurteilt. **Es geht darum, sich in der Situation der Sklaverei zurechtzufinden, obwohl es sich um eine ungerechte Situation und ungerechtes Leid handelt.**

● **Für Christenmenschen sind** – anders als in ihrer Umgebung – **Sklaven vollwertige Menschen und werden in der Gemeinde neben den freien Bürgern als gleichberechtigte Brüder anerkannt** (vgl. Phlm 16). Gerade deshalb entsteht der gedankliche Spagat zwischen der als unabänderlich hingenommenen und eigentlich als ungerecht empfundenen Situation des Sklavenwesens und gleichzeitig der Anerkennung auch von Sklaven als geliebte Menschen Gottes. Sie sind am schlechtesten dran – gerade ihnen gilt aber auch die Hoffnung, die der Brief vermittelt.

● **Leiden ist selbst unter den Bedingungen von Unrecht bzw. Schuldlosigkeit nicht sinnlos, weil Jesus selbst gelitten hat.** Seinen Fußstapfen nachzufolgen (V 21) berechtigt zur Hoffnung, weil (wie an anderer Stelle unseres Briefes gesagt wird, z. B. Kap. 4,13) diese Nachfolge im Leid am Ende zur Herrlichkeit führt.

Mittwoch, 10. April 1. Petrus 3,1–7

- Hier geht es um **das Miteinander der Geschlechter.** Wunderschön, ja, zärtlich kann die Bibel das Miteinander von Mann und Frau beschreiben. Er zu ihr: „Siehe, meine Freundin, du bist schön; schön bist du, deine Augen sind wie Tauben." Sie zu ihm: „Siehe, mein Freund, du bist schön und lieblich" (Hld 1,15f). Beide sind dabei einander ebenbürtig.
- **Voller Wertschätzung geht Jesus mit seinen Jüngern um; ebenso aber auch mit Frauen,** mit Maria aus Magdala, dann mit Martha und Maria aus Bethanien.
- Wenn ich diese christliche Haustafel aus 1Petr 3 auslege, dann möchte ich meinen Gedanken über das Miteinander von Frauen und Männern den **weisen Ratschlag des Paulus** voranstellen: **„Ordnet euch *einander* unter in der Furcht Christi"** (Eph 5,21). Es war vermutlich klug von Petrus, mitten in einer patriarchalischen Gesellschaft zu raten: „Ihr Frauen sollt euch euren Männern unterordnen!" (V 1), „Euer Schmuck soll nicht äußerlich sein!" (V 3), „Sara war dem Abraham gehorsam" (V 6). Weithin hatten damals in den Familien die Männer das Sagen. **Da sollten die Frauen, die die Freiheit in Christus vor Gott für sich entdeckt haben, nicht ihre Freiheit in die Mitte ihres Redens und Handelns stellen.** Mit ihrem ganzen Leben sollten sie auf Gott, den Vater im Himmel, hinweisen.
- Als Nachkommen Abrahams und Saras – und hier ist dieser Text für unsere Zeit erstaunlich – sollen sie sich durch keine Drohung einschüchtern lassen (V 6), wie der Bibelübersetzer Hermann Menge es formuliert. **Ohne Furcht sollen Frauen wie Männer das Gute tun und freimütig gemeinsam im Gebet vor Gott treten.**

> *Machen Sie sich einmal bewusst, wo Sie Frauen und Männer erleben, die mit freiem Mut ihre Überzeugung vertreten, in der Familie und in der Gemeinde, unter Berufskollegen und -kolleginnen und in der Öffentlichkeit.*

Donnerstag, 11. April   **1. Petrus 3,8–12**

Während einer der Wahlkämpfe in den letzten Jahren traf ich eine Kandidatin für einen der Posten ihrer Partei. Ich wurde ihr als Pastor vorgestellt. Ziemlich bald sagte sie da den Satz: „Wir in unserer Partei sind ja auch für christliche Werte." Ich antwortete: „Wenn Sie das so sagen, haben Sie möglicherweise noch mehr als die Hälfte der Bevölkerung unseres Landes auf Ihrer Seite. Wenn Sie aber von den Geboten Gottes reden, werden es deutlich weniger sein. Und wenn Sie damit rechnen, dass Gott über das Handeln von uns Menschen wacht und uns eines Tages zur Rechenschaft zieht, sind es nur noch eine Minderheit." – In diesen Versen aus 1Petr 3 bezeugt der Apostel deutlich, **was der Wille Gottes ist** – und redet nicht nur allgemein von „christlichen Werten".

● Zunächst reiht er **fünf Eigenschaftsworte** aneinander, die das Leben derjenigen prägen sollen, die Jesus nachfolgen (V 8).

● Dann fügt er **fünf Ermahnungen** hinzu, die für diejenigen bestimmt sind, die in ihrem Leben Gott vertrauen. Hier schreibt jemand, der selbst diese Ermahnungen befolgt. Das zeigt sich besonders daran, dass er ganz selbstverständlich Weisheitssätze aus dem Psalm 34 zitiert. Die Worte dieses Psalms hat er sich zu Herzen genommen. Sie haben sich in seinem Leben bewährt.

● Dabei sind die **Ermahnungen an alle Glieder der Gemeinden** in Kleinasien gerichtet. „Allesamt" sollen sie die Weisungen des Apostels ernst nehmen. So werden sie auf den Segen Gottes hoffen dürfen. Sie werden gute Tage sehen. Und sie werden erleben, dass der Blick Jesu ihren Lebensweg begleitet.

Wir tun gut daran, genau zu unterscheiden: Wo spricht man in unserem Land von „christlichen Werten", und wer wagt es, sich in seinem persönlichen Leben und öffentlich auf die Gebote Gottes und auf die Ermahnungen und Ermunterungen Jesu und der Apostel zu berufen?

Freitag, 12. April   1. Petrus 3,13–17

Im Zentrum des Bibeltextes steht die Aufforderung: **„Seid allezeit bereit zur Verantwortung!"** Seid dem Menschen, dem ihr begegnet – wer immer es auch sei – ganz zugewandt. Redet so anschaulich und konkret wie möglich von eurer Hoffnung und eurem Glauben. Ihr könnt damit rechnen, dass Gott euch hilft, die rechten Worte zu finden.

● Man könnte in V 15 auch von **„Verteidigung" (griech. „apologia")** sprechen. Aber in der Übersetzung von Martin Luther steht hier „Verantwortung". Der Kern dieses Begriffes ist das Wörtchen „Wort" (griech. „logos"). Es meint letztlich: Jesus, das fleischgewordene Wort Gottes (Joh 1,14).

● Immer mehr soll sich unter Christen **eine Lebenshaltung der „Verantwortung" vor Gott entwickeln.** Wo immer mich nun jemand neugierig fragt oder auch geschickt provoziert, da lerne ich es, ihm geistesgegenwärtig zu antworten. **Wir sind aufgefordert, aus eigenen Fehlern zu lernen und uns so darin einzuüben, von unserem Glauben, Hoffen und Lieben liebevoll und klar Rechenschaft abzugeben.**

> ✏️ *Ich wäre allerdings oft froh, wenn ich überhaupt nach meinem Glauben oder meiner Hoffnung befragt würde. Meine Erfahrung ist, dass ich oft selbst dazu die Initiative ergreifen muss. Geht es Ihnen auch so?*

● Ein Bibel-Ausleger hat herausgefunden, dass es wahrscheinlich in den Schriften der frühen Christenheit Worte Jesu gibt, die in der Bibel nicht stehen. Eins heißt: „Werdet tüchtige Wechsler!" Am Tempel in Jerusalem gab es Geldwechsler, die bei den Pilgern aus aller Herren Länder das ihnen vorgelegte Geld prüfen mussten. War es Falschgeld, oder hatte er echte Münzen vor sich? So sollen Jünger Jesu bereit sein, alles zu prüfen und das Gute anzunehmen. **Und wo sich ein „Wortwechsel" ergibt, da sollen sie um eine rechte Antwort nicht verlegen sein.**

Samstag, 13. April   **1. Petrus 3,18–22**

„Getötet nach dem Fleisch / lebendig gemacht nach dem Geist / … durch die Auferstehung Jesu Christi / aufgefahren gen Himmel / es sind ihm untertan die Engel und die Gewalten und die Mächte". Das ist **geprägte Sprache. Möglicherweise zitiert Petrus hier** – ähnlich wie Paulus in 1Tim 3,16 – **ein Christuslied oder Bekenntnis der frühen Christenheit.** Diese Verse sind bestimmt von dem Bekenntnis zu Jesus und von dem Lob seines Namens.

● **Jesus Christus ist Grund und Vorbild für alle, die ihm nachfolgen.** Das gilt für seine Gemeinde in Rom, der Hauptstadt des Weltreiches, in der Petrus und sein Mitarbeiter Markus jetzt leben, aber auch für die Christen in der Diaspora (1,1) die sich als Glaubende zu bewähren hatten und an die Petrus schreibt. Hier mussten sie die **Verdächtigungen und Verfolgungen** durch die römischen Behörden, aber auch aus der Mitte der Bevölkerung **erdulden. Ein Trost ist es, dass Jesus vor ihnen und für sie Anfeindungen, Verurteilungen und den gewaltsamen Tod erlitten hat.**

● Petrus schreibt an getaufte Menschen. In der **Taufe** geht es nicht um eine äußerliche Reinigung des Körpers. Weil Gott uns gnädig ist, befreit er uns in der Taufe von aller Schuld und verschafft uns so ein gutes Gewissen. Nun haben wir den Rücken frei; wir gehören auf die Seite desjenigen, der von den Toten auferstanden ist und ein Leben schenkt, das ewig Bestand hat.

● Nur hier (V 19 und ähnlich in Kap. 4,6) wird im NT angedeutet: Er ist „**auch hingegangen und hat gepredigt den Geistern im Gefängnis**". Das Apostolische Glaubensbekenntnis nimmt diese Aussage auf in der Zeile: „**… hinabgestiegen in das Reich des Todes**". Jesus ist in das Totenreich hinuntergestiegen, hat den Menschen dort die gute Nachricht verkündigt und gibt denen, die vor ihm gelebt haben, eine Chance, in seinem Namen Gott zu vertrauen und so dann auch zu den für immer Erlösten zu gehören.

Sonntag, 14. April — Psalm 136

- Haben Sie diesen Psalm bei der Lektüre gebetet oder sich versuchen lassen, ihn „herunterzuleiern" oder zu überfliegen?
- Mit seinem Kehrvers zählt der Psalm zur Gattung „Litanei". Er soll uns **ins Herz schreiben**, was zählt: *Denn seine Güte wärt ewiglich*.
- Man könnte auch übersetzen: „Ja, seine Gnade bleibt für immer bestehen." **Gnade**, das ist Gottes Liebesatmosphäre, sein Schutzraum, in dem er uns birgt, und seine unendliche Güte, mit der er uns erfüllt. Hier ist Vergebung und Frieden, Geborgenheit und Bewahrung und auch die Gewissheit seiner Führung.
- Auffallend ist die **dreiteilige Gliederung** des Psalms:
→ V 1–3: Dreifache Dank-Aufforderung mit verschiedenen Gottesbezeichnungen.
→ V 4–25: Danklied für JHWHs Herrschaft – mit dem Blick auf ihn als Schöpfer (4–9) und Lenker der Geschichte (10–16: Exodus; 17–22: Landnahme; 23–25: Retter und Geber allen Lebens).
→ V 26: Abschließende Dank-Aufforderung als Rahmen zum Beginn.
- In der Lutherübersetzung fällt auch der ungewöhnliche Beginn der Dankverse auf: Anstatt nur Ereignisse aufzuzählen, wird **Gott vorangestellt und hymnisch beschrieben.** Im Hebräischen stehen hier keine Verben, sondern Partizipien: Gott hat all das nicht nur gemacht, vielmehr ist Gott so. Wie er damals gehandelt hat, so tut er es bis heute, weil es sein Wesen ist, Kosmos wider das Chaos zu schaffen und aus Not herauszuretten hinein in neues Land.
- Es ist davon auszugehen, dass der Psalm im Gottesdienst Israels **im Wechsel gesungen** wurde. Ein Vorsänger beschreibt Gott und sein Handeln und die Gemeinde stimmt mit dem Kehrvers in den Lobpreis ein.

Beten Sie den Psalm doch weiter, indem Sie sich an Gottes Handeln in Ihrem Leben erinnern. Und wenn Sie zu zweit sind, dann lenken Sie einander auf diese Weise wechselseitig die Augen auf Gott und sein Tun.

Montag, 15. April   1. Petrus 4,1–11

Auf dem Höhepunkt dieses Textes werden die Christen aufgerufen, als die „Haushalter der mancherlei Gnade Gottes" füreinander da zu sein. Dabei ist „mancherlei" ein blasses Wort. Besser übersetzt man: **Haushalter der bunten, farbenprächtigen Gnade Gottes.**

● Dies scheint ganz in unsere Zeit zu passen. Von vielen Seiten werden wir aufgefordert, jeden Menschen so anzunehmen, wie er ist, für alles offen und jedem gegenüber tolerant zu sein. Und das ausgelassen zu feiern! Dabei wird uns der Regenbogen mit seinen leuchtenden Farben vor Augen gemalt.

● Begründet wird in 1Petr 4 die Aufforderung „Dienet einander!" mit dem Zitat aus Sprüche 10,12: **„Liebe deckt der Sünde Menge zu."** Ein großartiger Satz! Wie könnten wir leben, ohne dass einer bei dem anderen missratene Taten, in der Hitze des Alltags ausgeführt, und leichtfertige Worte, gedankenlos dahingesagt, in Liebe zudeckt? **Hier ist die Liebe gemeint, die in Jesus Christus ihren Ursprung hat, die Liebe dessen, der für uns lebte und litt.**

● **Der 1Petr wie die ganze Bibel sehen aber nicht einfach locker über sündhaftes Tun hinweg.** Gott hat uns seine Gebote gegeben, damit wir sie befolgen. Jesus hat sie in der Bergpredigt sogar noch zugespitzt (Mt 5,21–48). Wo einer den anderen anstiftet, gegen den Willen Gottes zu handeln, darf er nicht mit Toleranz rechnen. **Keiner soll sich zu einem zügellosen Leben, so, als sei er in einen Sturzbach geraten** (V 4), **mitreißen lassen.** Andernfalls wird das Geschenk der Gnade verschleudert.

Wir sollen einander dienen mit der Gabe, die wir empfangen haben, so ermahnt Petrus. Unser Problem besteht oft nicht nur in mangelnder Dienstbereitschaft, sondern auch darin, dass wir die uns anvertrauten Gaben noch nicht entdeckt haben. Was kann uns da zur Klarheit und Vergewisserung im eigenen Tun helfen?

Dienstag, 16. April**1. Petrus 4,12–19**

Im Jahre 64 n.Chr. brannte Rom, die Hauptstadt des römischen Reiches. Kaiser Nero beschuldigte die Christen der Brandstiftung und ließ die Gemeinde Jesu grausam verfolgen. Unter vielen anderen starben in den Jahren 64/65 wahrscheinlich auch Petrus und Paulus als Märtyrer. Ebenso litten die Christen in den Provinzen Kleinasiens unter den Verfolgungen der römischen Statthalter.

- In Rom, von wo aus der 1Petr geschrieben, und in Kleinasien, wohin dieser Brief geschickt wurde, waren **Verspottung, Bedrohung und Verfolgung der Christen zu einer ständigen Erfahrung geworden**. Jesus selbst, der als Gekreuzigter starb, hatte es seinen Nachfolgern so vorhergesagt (z. B. Mt 10,17f; 24,9). Und in der Offb des Johannes ist mehrfach davon die Rede, dass Menschen um ihres Glaubens an Jesus willen ihr Leben verloren haben (Offb 2,13; 6,9; 20,4).

- Für Christen in Nordkorea und China, in San Salvador und anderen Ländern Mittelamerikas und in islamisch geprägten Ländern Asiens und Afrikas ist es heute ebenfalls normal, um ihres Glaubens willen unterdrückt zu werden.

Werke wie „Open Doors", „Aktion Märtyrerkirche" oder „Barnabas Fund" stehen mit diesen Gemeinden weltweit in Kontakt. Sie informieren in unserem Land über Christen, die angeklagt und vor Gericht gestellt werden und ihr Leben im Gefängnis oder in einem Straflager verbringen müssen. Bitte unterstützen Sie die Arbeit eines dieser Werke durch Ihr Gebet und Opfer.

- Die V 15 und 18 stellen klar: Wir müssen **unterscheiden** zwischen denen, die wegen der Kreuzesnachfolge Jesu oder wegen begangener Untaten leiden müssen. Wer „mit Christus leidet" (V 13) darf sich freuen, schon hier die Treue Gottes zu erfahren und dann danach „Freude und Wonne" zu empfangen, die denen verheißen ist, die an Jesus glauben und ihm die Treue halten.

Mittwoch, 17. April   1. Petrus 5,1–7

Nun folgen in diesem Brief Ermahnungen, die sich an Älteste bzw. Presbyter einer Gemeinde wenden bzw. an Vorstandsmitglieder eines christlichen Werkes – damals wie heute. **Ihre Aufgabe wird mit der Arbeit eines Hirten verglichen.** Es ist ein Bild, das in der Bibel so oft gebraucht wird und das insbesondere Jesus selbst für sich in Anspruch genommen hat (Joh 10). Wer in einer Gemeinde oder einem christlichen Werk Verantwortung für andere übernimmt, soll an dem Hirtendienst Jesu Maß nehmen.

- **Dies ist ein schöner Dienst.** Jeder und jede, die sich dazu berufen wissen, darf beim Ausüben dieses Dienstes von dem her reden und handeln, was ihn oder sie in seinem Innersten erfüllt. **Jeder und jede hat die Möglichkeit, für andere zum Vorbild zu werden.**
- **Dies ist ein schwerer Dienst.** Sowohl in Rom als auch in Kleinasien waren die Christen nur eine kleine, weithin verachtete Minderheit. Auch bei uns werden bewusst im Glauben lebende Christen immer häufiger zu gesellschaftlichen Außenseitern.
- **Dies ist ein konkreter Dienst.** Aufgabe der Ältesten in den von Petrus angeschriebenen Gemeinden ist nicht, sich um die Politik und das soziale Miteinander in den Provinzen des Römischen Reiches zu kümmern. Den Ältesten ist das „Weiden der Herde Gottes" (V 2), d. h. die geistliche Begleitung und Fürsorge der ihnen anvertrauten Christen, anbefohlen. Das gilt auch für die Hirten unserer Tage.
- **Und schließlich: Dies ist ein verheißungsvoller Dienst.** Wer sich in diesen Dienst rufen lässt und sich darin auch in Leidenszeiten bewährt, wird bei der Wiederkunft Jesu, des „Erzhirten", mit der „unvergänglichen Krone der Herrlichkeit" belohnt werden (V 4).
- Wer so seinen Dienst versieht, darf mit allen Kümmernissen und Sorgen jederzeit zu Gott, dem Vater im Himmel, kommen. Er wird erfahren, dass seine Gebete nicht unerhört bleiben, denn Gott wird für ihn sorgen.

Donnerstag, 18. April   1. Petrus 5,8–14

Vor Jahren erzählte mir ein Ehepaar, das als Missionare in Afrika gearbeitet hatte: Wenn nachts im Dorf, in dem sie lebten, entdeckt wurde, dass ein Leopard zwischen den Hütten herumschlich, waren alle bis zum Letzten angespannt. Die Männer des Dorfes waren fest entschlossen, alles zu tun, damit keiner dem Leoparden zur Beute fiel. Dieses Raubtier musste unter allen Umständen in die Flucht geschlagen werden.

● An ein solches Ereignis denkt Petrus hier, wenn er schreibt: **„Der Teufel geht umher wie ein brüllender Löwe."** Jetzt gilt es, wachsam zu sein und Widerstand zu leisten. **Jetzt kommt es darauf an, die Angriffe böser Mächte abzuwehren.**

● In seinem beliebten Lied bekennt Dietrich Bonhoeffer: **„Von guten Mächten treu und still umgeben."** Er saß im Gefängnis der Gestapo in Berlin und musste mit dem Schlimmsten rechnen. Finstere Mächte bedrohten ihn, wobei der Satan das Zentrum dieser Mächte bildete. **In dieser Situation machte sich Bonhoeffer bewusst, dass himmlische Mächte ihn beschützen.** Und dass Christus im Mittelpunkt dieser Mächte steht.

● Es ist ein **großer Trost**, dass viele andere rund um den Erdball ebenso wie einst Bonhoeffer in ihrem Leiden um Christi willen **Geborgenheit bei ihm finden.**

● **Noch mehr ermutigt es die Gemeinden**, an die Petrus schreibt, **dass Jesus** – und hier fallen sehr markante Worte – **„aufrichtet, stärkt, kräftigt und gründet". In vielfacher Weise muss der innere Mensch gefestigt werden.** Nach Kap. 2,4–6 gehören diejenigen, an die damals dieser Brief gerichtet war, zu dem Haus der lebendigen Steine. Eines Tages dürfen sie und wir die Vollendung dieses Hauses miterleben. Das schenkt die Geduld, die Bedrohungen und die Beschwerden jetzt und in Zukunft durchzustehen.

● So lobt Petrus abschließend die Macht Jesu (V 11), und so grüßen er und sein Mitarbeiter Silvanus, der mit ihm diesen Brief geschrieben hat, die Gemeinden in Kleinasien von Herzen.

Der erste Brief des Paulus an die Korinther

Paulus war insgesamt **dreimal** persönlich in Korinth. Er hat während der zweiten Missionsreise die dortige Gemeinde gegründet und sich bei seinem ersten Besuch im Jahr 51 achtzehn Monate lang in der Stadt aufgehalten (Apg 18,1–17). Mindestens **vier Briefe** hat Paulus in der Folgezeit an die Gemeinde geschrieben. Es sind aber nur zwei erhalten geblieben. Vor dem 1. Korintherbrief hat die Gemeinde bereits ein Schreiben des Apostels erreicht (siehe 5,9). Zwischen dem 1. und dem 2. Korintherbrief muss ein weiterer Brief abgeschickt worden sein (vgl. 2Kor 2,4).

Korinth war eine der bedeutendsten Handelsstädte des Römischen Reiches mit vielen verschiedenen Volksgruppen und religiösen Gruppierungen, – eine **multikulturelle Stadt.** Der 1. Korintherbrief gibt einen anschaulichen Einblick in die sozialen Verhältnisse der Einwohner und der christlichen Gemeinde (1,26–31). Die Gemeinde bestand vornehmlich aus „kleinen Leuten". Einerseits ist sie mit vielfältigen geistlichen Gaben (Charismen) beschenkt, andererseits krankt sie unter vielen sittlichen Verfehlungen, fehlender Einmütigkeit und mangelnder Bruderliebe.

Vom Ideal einer perfekten urchristlichen Gemeinde ist hier nicht viel zu spüren. Paulus dagegen erweist sich gerade in der Art, wie er die verschiedenen Nöte angeht, als ein begnadeter Seelsorger und geistlicher Steuermann. **Acht Problemfelder spricht er in diesem Brief besonders an:**

1. Die Gemeinde ist von Spaltungen bedroht, weil sie sich an die Boten des Evangeliums hängt, statt an deren Botschaft (Kap. 1–4).
2. Die laxe Haltung gegenüber sittlichen Verfehlungen wirkt wie ein wucherndes Geschwür (Kap. 5 und 6,12–20).
3. Man schämt sich nicht, vor heidnischen Richtern Rechtsstreitigkeiten mit Gemeindegliedern auszutragen (6,1–8).
4. Die christliche Freiheit steht zur Diskussion, als Gemeindeglieder Götzenopferfleisch als billige Mahlzeiten einkaufen (Kap. 8–10).
5. Man streitet über die Ordnung und das Verhalten im Gottesdienst (11,1–16).

6. Die Art der Abendmahlsgestaltung führt nicht zur Einheit der Gemeinde, sondern zu Trennungen (11,17–34).
7. Die unterschiedliche Bewertung und der Gebrauch der Geistesgaben (Charismen) belasten das Miteinander und die gegenseitige Wertschätzung (Kap. 12–14).
8. Die von Einzelnen bezweifelte Auferstehung von den Toten wird argumentativ und seelsorgerlich behandelt (Kap. 15).

Freitag, 19. April   **1. Korinther 1,1–9**

- Der **Verfasser** des Briefs ist Paulus. Er schreibt diesen Brief als „Apostel", vergleichbar mit dem heute geläufigen „im Auftrag". Jesus hat ihn vom Christenverfolger zu seinem Nachfolger gemacht. Der folgende Inhalt ist also nicht die Privatmeinung des Paulus, sondern die ihm von Gott anvertraute und beglaubigte Botschaft. Sosthenes ist wahrscheinlich der zum Glauben gekommene Vorsteher der Synagoge in Korinth (vgl. Apg 18,17), der sich gerade bei Paulus aufhält.

- Der **Adressat** ist zunächst die christliche Gemeinde in Korinth. Sie sind **„Heilige",** nicht wegen besonderer Taten oder herausragender Frömmigkeit, sondern **weil sie durch den Glauben an Jesus zu Gott gehören.** Diese Bezeichnung gilt für Christen an allen Orten. Das Gebet zu Jesus ist Grundlage und Kennzeichen des Christseins.

- **Der Zuspruch von Gnade und Frieden** ist keine Floskel. Vergleichbar zum Segen sind es Worte, die beim Hörer wirksam werden und sie verändern. Der Brief ist nicht nur für die historische Situation der Gemeinde in Korinth verfasst, sondern auch an Christen an anderen Orten zu anderen Zeiten gerichtet. Darum tun wir gut daran, seine Botschaft auch auf uns zu beziehen.

- Das **Anliegen** des Briefes ist zu zeigen, **was der Gemeinde durch die Gnade Gottes geschenkt ist.** Erst danach wird Paulus viele kritische Punkte ansprechen. Die Gemeinde besteht aus Menschen,

→ die das Evangelium verstehen und weitergeben, in der Verkündigung, in der Lehre oder in der Seelsorge;

→ die im Glauben an Jesus Wurzeln schlagen und standhaft sind;

→ die Geistesgaben von Gott in Fülle erhalten haben; die voller Erwartung mit der Sehnsucht auf Gottes Zukunft leben.

> *Richten Sie in Ihrer Gemeinde den Blick zuerst auf die kritischen Punkte oder erkennen Sie zuallererst den Reichtum, der Ihnen in Jesus geschenkt ist?*

Samstag, 20. April — 1. Korinther 1,10–17

- V 10: Hatte Paulus zunächst seinen Brief mit dankbaren Worten für den reichen Glauben der Korinther begonnen, so kommt er unmittelbar danach auf **die Gefahr von Spaltungen und Streit** zu sprechen, die sich **aufgrund von Gruppenbildungen in der Gemeinde** ergeben hat.
- V 11: Paulus hatte durch eine uns sonst unbekannte Christin namens Chloe von dieser Gruppenbildung erfahren.
- V 12: Paulus interessiert offensichtlich nicht, was zur Entstehung dieser Gruppen bzw. Parteien geführt hat; noch sucht er nach Schuldigen für diese Entwicklung. **Vielmehr geht es ihm einzig um die Wiederherstellung der Einheit in der Gemeinde.** Bei den einzelnen Gruppen geht es wohl weniger um theologische Unterschiede oder Abgrenzungen als vielmehr um die Identifizierung mit einzelnen Persönlichkeiten, die offenbar als „Glaubens-Idole" von ihren Anhängern auf den Schild gehoben werden. Dass dann eine Gruppe sich sogar „Christus-Partei" nennt, zeigt nur, dass sie offensichtlich die anderen Gemeindeglieder nicht als vollwertige Christen anerkennt.
- V 13: **Mit scharfen Worten wendet Paulus sich gegen diesen Personenkult.** So wenig wie Christus zerteilt werden kann, darf die Gemeinde als Leib Christi (1Kor 12,12) in Teile zerlegt werden. **Christus ist einer: Also muss auch die Gemeinde eine sein.** Dies kommt gerade in der **Taufe** zum Ausdruck: Denn wie unterschiedlich die Täuflinge auch sein mögen: Sie sind alle auf den Namen Christi getauft.
- V 14–17: Es mag ein wenig überraschen, dass Paulus darauf hinweist, dass er in der Gemeinde in Korinth nur wenige Gemeindeglieder getauft hat. Wie er betont, sah er seine Hauptaufgabe in der Verkündigung des Evangeliums und überließ das Taufen daher weitgehend seinen Mitarbeitern.

> *Wo sehen Sie die Einheit der Gemeinde heute am meisten bedroht?*

Sonntag, 21. April — Psalm 96

- Ps 96 gehört zur Gruppe von Psalmen, die JHWH als König besingen; konkret in V 10: **Der HERR ist König.** Dieser Fokus leitet das ganze Psalmgebet.
- Der Psalm lässt sich in **drei Teile** gliedern:
→ V 1–6: Aufforderung zum Lobpreis Gottes mit sechs Imperativen (1–3) und folgender Begründung (4–6).
→ V 7–10: Erneute Aufforderung zur Verehrung JHWHs.
→ V 11–13: Einbezug der außermenschlichen Schöpfung in das Lob Gottes mit Schlussbegründung: Gott kommt zum Gericht mit Gerechtigkeit und Treue.
- Zwei sprachliche Beobachtungen und ihre Botschaft:
→ Beide Lobaufforderungen beginnen je dreimal mit demselben Verb: „Singt" (1f) und „Bringt dar" (7f). Zum **Lobgesang** gehört auch das **Lobopfer**.
→ Der jeweils letzte Imperativ der beiden Reihen (V 3.10) wendet den Blick auf die Völker: **Erzählt. Sagt!** Wer Gott als König anbetet, darf dies auch vor seinen Mitmenschen nicht verschweigen.
- Gottes Königtum verlangt sein **umfassendes Lob**:
→ zeitlich: von Tag zu Tag (2),
→ räumlich: alle Welt (1.9),
→ angemessen: ein neues Lied (1); mit Ehrerbietung und Geschenken (7f), in heiligem Schmuck (9),
→ konkret: Gott allein ist groß. Alle Götter sind Nichtse. Nicht sie, sondern Gott hat den Himmel erschaffen und den Erdkreis gegründet. Er hält Gericht. Deshalb erstrahlen auch nur er und sein Heiligtum in Hoheit und Pracht, Macht und Glanz (4–6.10.13).
- Der Psalm ermutigt uns zum **Blickwechsel** – weg von all den Götzen, die uns in Beschlag nehmen. Nicht die Sorgen sind König, sondern Gott. Keine Krankheit regiert, sondern Gott. Hoheit und Pracht sind vor ihm zu finden und nicht auf der nächsten Stufe meiner Karriereleiter. Kein Politiker dieser Welt entscheidet die Geschichte, sondern Gott. Ungerechtigkeit und Lüge haben nicht das letzte Wort. Das letzte Wort gehört unserem Gott und seinem Sohn Jesus Christus.

Montag, 22. April   1. Korinther 1,18–25

● V 18: Paulus kann seine gesamte Verkündigung auf die Formel bringen: **„das Wort vom Kreuz"**. Für ihn ist das Evangelium vor allem die Passions-Geschichte von „Jesus Christus, dem Gekreuzigten" (vgl. 1Kor 2,2). Dazu passt, dass er in allen seinen Briefen weder auf einzelne Wunder oder Predigten von Jesus Bezug nimmt als **allein das Leiden, Sterben, Auferstehen und Wiederkommen von Jesus in die Mitte seiner Botschaft** rückt. Allein an der Haltung zur Botschaft von der Passion Jesu entscheidet es sich, ob Menschen gerettet werden oder verloren gehen.

● V 19–21: Mit dem Hinweis auf ein Zitat aus Jes. unterstreicht Paulus, dass **Gott menschliche Vernunft scheitern lässt, wenn sie glaubt, mit ihren Möglichkeiten das Geheimnis Gottes ergründen zu können.** Stattdessen hat es Gott gefallen, durch eine töricht erscheinende Botschaft die Menschen zu retten, sofern sie dieser Botschaft Vertrauen schenken. Die Aussage erinnert an das Wort von Jesus aus Mt 11,25, wo er seinen Vater preist, „dass du dies Weisen und Klugen verborgen hast und hast es Unmündigen offenbart".

> *Wir müssen uns immer wieder einmal klarmachen, dass die Botschaft von einem Gott, der Mensch wird und sich für die Erlösung sündiger Menschen wie ein Verbrecher ans Kreuz nageln lässt, in der Welt der Religionen aberwitzig und skandalös erscheinen muss. Wer glaubt, mit den Mitteln menschlicher Vernunft und Logik die Wahrheit über Jesus herausfinden zu können, wird scheitern. Nur wer bereit ist, sein Denken durch den Hl. Geist verändern zu lassen (vgl. Röm 12,2), wird dem göttlichen Geheimnis auf die Spur kommen.*

● V 22–25: Während die Juden nach sichtbarer göttlicher Macht verlangen und die Griechen Erkenntnis und Einsicht fordern, **„durchkreuzt" das Kreuz Christi die menschlichen Vorstellungen von Macht und Weisheit.**

Dienstag, 23. April   **1. Korinther 1,26–31**

● V 26: Die bisherigen Aussagen unterstreicht Paulus nun durch den **Hinweis auf die soziale Zusammensetzung der korinthischen Gemeinde**: Es ist nicht die bürgerliche Schicht, es sind nicht die Gebildeten, die das Gros der Gemeinde bilden, sondern die einfachen Leute: Hafenarbeiter, Sklaven, Arme und Schwache … So wie sich schon Jesus in besonderer Weise den Armen, Zöllnern, Sündern und Kranken zugewandt hat, so setzt sich dies bei der Gründung der Gemeinden durch Paulus und die anderen Apostel fort.

> *Man sollte daraus aber nicht die falsche Schlussfolgerung ziehen, dass Gott kein Interesse an den Starken, Reichen und Gebildeten habe und sie daher von vornherein von der Erwählung ausgeschlossen seien. Jesus hat sich auch seelsorgerlich dem klugen Pharisäer Nikodemus zugewandt (Joh 3,1ff) und den reichen jungen Mann in die Nachfolge gerufen (Mt 19,16ff). Gott will auch „die Starken zum Raube haben" (Jes 53,12), nur dass ihr Intellekt, ihr Stolz oder Reichtum sie oft daran hindern, die Gnade Gottes anzunehmen.*

● V 27–29: Gott hat auch deswegen gerade die Schwachen, Geringen und Verachteten erwählt, damit **niemand sich rühmen kann,** er habe sich durch eigene moralische oder religiöse Anstrengungen den Himmel verdient. **Jede Form der Selbstrechtfertigung vor Gott ist damit ausgeschlossen.**
● V 30: Überraschend mag erscheinen, dass Gott uns mit Jesus nicht nur das Geschenk der Weisheit und Erlösung gemacht hat, sondern auch der **Heiligung. Auch wenn wir ein Gott wohlgefälliges Leben führen, so ist dies nicht unsere Leistung, sondern die Ertüchtigung durch Gottes Gnade.**
● V 31: „Der Glaube an das Kreuz Christi ist das Ende jeglichen Selbstruhmes; der Glaubende blickt von sich selbst hinweg auf die Tat Gottes in Christus" (H-D. Wendland).

Mittwoch, 24. April — 1. Korinther 2,1–5

● V 1.3: Hatte Paulus zunächst zur Veranschaulichung der sich im Kreuz Christi offenbarenden „Torheit" und „Schwachheit Gottes" (1,25) auf die soziale Zusammensetzung der Gemeinde verwiesen, so führt er jetzt als Beleg **sein eigenes Wirken in Korinth an. Das war nämlich nicht durch ein** äußerlich **imponierendes Auftreten geprägt, sondern geschah in „Schwachheit, Furcht und großem Zittern."** Dass Paulus sich hier nicht kleiner macht, als er wirklich war, zeigt die Kritik seiner Gegner in Korinth, die ihm vorwerfen, dass sein Auftreten „schwach und seine Rede kläglich" sei (2Kor 10,10). Für uns ist nur schwer vorstellbar, dass Paulus, der als Briefschreiber eine scharfe theologische Klinge zu führen wusste, als Verkündiger ein eher klägliches Bild abgegeben haben soll. Aber es wird wohl so gewesen sein.

● V 4.5: Gerade die bei seinem Wirken in Korinth zutage tretende Schwachheit ist aber ein deutliches Zeichen dafür, dass **hier nicht Überzeugungskraft oder imponierende Rhetorik Menschen von Grund auf veränderte, sondern der kraftvoll wirkende Geist Gottes.** „Der Glaube soll auf der Gotteskraft beruhen. Würde er auf Menschenweisheit gegründet, so hätte er keinen festen Grund" (H.-D. Wendland).

● V 2: Wenn Paulus noch einmal betont, „allein Jesus Christus, den Gekreuzigten" zu kennen, dann ist seine davon abgeleitete **Botschaft** zunächst **ein diagnostisches Wort**, das unsere häufig anzutreffende Sicht vom an sich „guten Menschen" als Illusion entlarvt und **unsere tiefe Verlorenheit vor Gott aufdeckt**. Doch zugleich ist diese Botschaft **eine heilsame Therapie:** die entscheidende Arznei, **an der wir gesund, ja heil werden können.** Paulus nennt diese **Arznei „Gotteskraft".** Von diesem so skandalös erscheinenden „Wort vom Kreuz" geht eine heilende Energie aus, durch die das Leben zahlloser Menschen von ihrer Gottesentfremdung geheilt wird.

Donnerstag, 25. April   1. Korinther 2,6–16

● V 6–9: Paulus kommt noch einmal auf seine Überlegungen zur Weisheit Gottes bzw. der Weisheit der Welt zurück (1,16ff) und stellt fest, dass die göttliche Weisheit nur denen offenbart wird, die Gott vor aller Zeit dazu „vorherbestimmt" hat. Fragt man, warum Gott die Offenbarung seiner Herrlichkeit den Klugen und Mächtigen dieser Welt vorenthalten hat, sie dafür aber den schlichten Christen in Korinth zuteilwerden ließ, so begründet Paulus dies mit dem Hinweis auf Jes 64,3 allein **mit ihrer Liebe zu Gott**. Die Herrscher dieser Welt hingegen haben sich in ihrer Verblendung zur Ermordung des Gottessohnes hinreißen lassen.

● V 10–12: **Allein der Geist Gottes öffnet den Menschen die Augen, um zu wahrer Gottes- und Menschen-Erkenntnis vorzudringen.** Solche Erkenntnis ist darum nicht das Ergebnis menschlichen Forschergeistes bzw. religiöser Bemühungen, sondern ist den Glaubenden **von Gott „geschenkt"** worden.

● V 13.14: Weil der normale Mensch nicht in der Lage ist, das Geheimnis Gottes von sich aus zu ergründen, darum sind Worte menschlicher Vernunft und Logik auch ein untaugliches Mittel, um dem Geheimnis Gottes und seinem mit Christus geschenkten Heil auf die Spur zu kommen. **Weil es sich hier um „geistliche Dinge" handelt, braucht es zu ihrer Erkenntnis auch das Erfülltwerden mit dem Geist Gottes.**

> ✎ Hier wie auch an anderen Stellen beurteilt Paulus menschliche Weisheit und Klugheit überaus kritisch. Heißt das, dass wir unsern Verstand „an der Kirchentür abgeben" müssen, um Christen werden zu können – also „blind glauben"?

● V 15.16: Der erste Satz könnte so missverstanden werden, als ob der von Gottes Geist erfüllte Christ jedem kritischen Urteil durch andere enthoben wäre. Gemeint ist aber, dass **ein Mensch ohne Gottes Geist geistliche Dinge gar nicht angemessen beurteilen kann.**

Freitag, 26. April   **1. Korinther 3,1–4**

● V 3.4: Noch einmal kommt Paulus (wie bereits in 1,10–12) auf die in der Gemeinde miteinander konkurrierenden Gruppen zu sprechen, die zu „Eifersucht und Zank" untereinander geführt haben. Er macht damit aufs neue Front gegen die sich ihrer besonderen Erkenntnis („Gnosis") rühmenden Korinther, „zu deren geistlichem Stolz und Hochgefühl die Menschenverehrung und der durch diese hervorgerufene Streit in peinlichem Gegensatz stehen" (H-D. Wendland). Paulus sieht darin ein **Zeichen ihrer mangelnden geistlichen Reife und Unmündigkeit.** Mit „fleischlich" meint er eine Lebensweise, die sich von eigensüchtigen Wünschen und Vorstellungen bestimmen lässt, während der „geistliche Mensch" (V 1) sich von Gottes Geist leiten lässt.

● V 1.2: Weil sich die Korinther immer noch im Glauben und Leben wie „unmündige Kinder" verhalten, **sieht Paulus sich genötigt, sie mit dem kleinen Einmaleins, d. h. den elementaren Grundlagen des Glaubens („Milch") vertraut zu machen, statt sie mit geistlichem „Schwarzbrot" für gestandene Christen zu versorgen.** Es ist interessant, dass der uns unbekannte Verfasser des Hebräerbriefs die Empfänger seines Briefes ähnlich kritisiert, wobei er dies mit ihrem Unverständnis (bzw. ihrer „Begriffsstutzigkeit" – so die BasisBibel) begründet: „Und ihr, die ihr längst Lehrer sein solltet, habt es wieder nötig, dass man euch die Anfangsgründe der göttlichen Worte lehre und dass man euch Milch gebe und nicht feste Speise" (Hebr 5,12).

Müssten wir heute nicht in ähnlicher Weise – auch ohne dass es deswegen gleich „Streit und Zank" gibt – beklagen, dass selbst gestandene Christen in ihrem Glauben nicht mehr fest in Gottes Wort verwurzelt und darum auch immer weniger zu einem geistlichen Urteilsvermögen fähig sind? Oder wie sehen Sie das?

Samstag, 27. April   1. Korinther 3,5–8

● V 5: Noch einmal kommt Paulus auf den in der Gemeinde herrschenden **Personenkult** zu sprechen, wobei er das Thema diesmal im Unterschied zu 1,12 auf Apollos und seine Person beschränkt. **Sie sind aber keine Stars, die von der Gemeinde angehimmelt werden sollen, sondern schlicht „Diener, durch die ihr gläubig geworden seid".** Paulus versteht sich also ganz im „Sinne Christi" (2,16), der von sich gesagt hat, dass er „nicht gekommen ist, sich dienen zu lassen, sondern zu dienen" (Mt 20,28). Genau diese **Haltung der Dienstbereitschaft** hat Paulus in seinem Leben als Völkermissionar verinnerlicht.

● V 6.7: **Die Aufgaben sind unterschiedlich – je nachdem, welche Gaben Gott dem Einzelnen anvertraut hat.** Später wird Paulus das noch im Einzelnen am Bild des Leibes Christi mit seinen unterschiedlichen Gliedern entfalten (1Kor 12). Zwar hat Paulus die Gemeinde gegründet („gepflanzt"), aber an ihrer Entwicklung bzw. ihrem Wachstum durch die Hinzugewinnung weiterer Gemeindeglieder hat Apollos entscheidenden Anteil („begossen"). Auch wenn durch ihren Dienst Menschen zum Glauben kamen, so wäre dies nicht möglich gewesen, wenn Gott dazu nicht „das Gedeihen gegeben hätte". Darum liegt nichts ferner, als Mitarbeiter Christi wegen ihres Dienstes auf einen Sockel zu stellen und sie zu glorifizieren.

● V 8: Auch wenn die unterschiedlichen Aufgaben keine Rangfolge in ihrer Wertigkeit beinhalten, dürfen Mitarbeiter Christi doch des Lohns für ihre Arbeit gewiss sein – unabhängig vom Erfolg. **Allerdings ist diese Arbeit immer auch mit Mühsal und Plackerei (so das griech. Wort „kopos") verbunden.**

> 🖉 *Erleben Sie in Ihrer Gemeinde, dass die unterschiedlichen Aufgaben als gleichwertig anerkannt werden? Dass also auch der eher unauffällige Dienst Einzelner ebenso wertgeschätzt wird wie der leitender Mitarbeiter?*

Sonntag, 28. April — Psalm 149

- **Singt! Freut euch! Jubelt! Jauchzt!** Dazu vor allem lädt der vorletzte Psalm im Gebetbuch der Bibel, dem Buch der Psalmen, ein. Claus Westermann, vor Jahren Professor für Altes Testament in Heidelberg, schreibt in seinem schönen Buch „Das Loben Gottes in den Psalmen", dass das Beten in Israel auf zwei Pfeilern ruht, dem Loben und der Klage. Beide Seiten des Betens finden sich in den Psalmen, das Loben Gottes steht dabei im Mittelpunkt. So auch hier! Psalm 149 lädt ein, Gott auf vielfältige Weise zu loben. Singt! Jauchzt! Das sollen wir tun, an jedem Tag, und besonders an diesem Sonntag, der nach der Ordnung des Kirchenjahres den Namen **„Kantate!"** (Singt!) trägt.

- Und es gibt Gründe für das Loben Gottes! Claus Westermann nennt in seinem Buch zwei Weisen des Lobes in den Psalmen, **das beschreibende und das berichtende Lob**. Beides klingt in unserem Psalm an:

→ Wir werden eingeladen, unseren **Schöpfer zu loben** (V 2). Was gibt es alles zu bestaunen an einem Apriltag, an dem wir das Aufblühen der Natur bewundern können. Ja, was gibt es alles zu beschreiben, wenn wir uns nur umschauen.

→ Vor allem aber gibt es hier etwas zu berichten. Offenbar hat der Beter, hat die betende Gemeinde eine schwere Zeit hinter sich. Ratlosigkeit, ja Hilflosigkeit müssen quälend gewesen sein. Aber das ist überstanden, wird hier berichtet. **Gott hat geholfen!** Er krönt die Hilflosen mit Heil, heißt es voller Dankbarkeit in V 4.

- Was dann folgt in diesem Psalm, ist nur schwer zu begreifen (ab V 6b). Die wieder aufatmen können, deren Schultern frei sind, die sollen jetzt **beteiligt werden am Strafgericht Gottes über eine gottlose Welt.** Wir werden das so nicht einfach übertragen können. Aber wir können daraus ableiten: **Wer Gott in seinem Leben so wunderbar erfahren hat, der wird ihm dankbar nachfolgen durch dick und dünn und seinen Namen ohne Scheu bezeugen.**

Montag, 29. April   **1. Korinther 3,9–17**

- V 9.10: Vergleicht Paulus die Gemeinde zunächst mit einem Ackerfeld, so wechselt er rasch zu dem **Bild des Gebäudes**, für das zunächst **das Fundament von entscheidender Bedeutung** ist. Zwar hat Paulus als „Baumeister" die Gemeinde gegründet,
- V 11 doch war **das Fundament** längst gelegt, denn es ist kein geringeres als **Jesus Christus selbst.** Das aber heißt:

→ **Wir bauen unser Leben** nicht auf toten Steinen, ehernen Gesetzen, zeitlosen Prinzipien, sondern **auf der lebendigen Person Jesus Christus auf;**

→ **das Fundament ist bereits gelegt;** wir müssen uns die Existenzgrundlage nicht durch eigene Leistung erst selber schaffen;

→ **die Stabilität dieses Fundaments erweist sich gerade in den Krisenzeiten** unseres Lebens, wenn sonst alles wankt.

- V 12–15: Auf dem bereits gelegten Fundament Jesus Christus bauen wir unser eigenes **Lebenshaus** auf (im Bild: die unterschiedlichen Baustoffe). Es kann sein, dass am Tage des Gerichts nichts davon Bestand hat, und wir abgebrannt mit leeren Händen und versengten Haaren vor Gott stehen. Dennoch sollen wir „wie durchs Feuer hindurch" gerettet werden – allein, weil Jesus das Fundament unseres Lebens war.

> *Es ist interessant, dass die katholische Lehre vom Fegefeuer auf diese Stelle Bezug nimmt, auch wenn hier nichts von einer zeitlich befristeten Läuterung im Fegefeuer geschrieben wird.*

- V 16.17: Noch einmal wechselt Paulus das Bild. Diesmal geht es um **die Adelung der Gemeinde als „Gottes Tempel".** Nicht in von Menschen erbauten Tempeln und Kathedralen wohnt Gottes Geist, sondern da, wo Menschen in seinem Namen zusammenkommen und ihn ehren. **Darum steht die Gemeinde unter Gottes besonderen Schutz.** Alle, die sie zerstören wollen, haben sich auf Gottes Gericht gefasst zu machen.

Dienstag, 30. April   **1. Korinther 3,18–23**

● V 18: Paulus rechnet nun endgültig mit der menschlichen Weisheit ab. „Täuscht euch nicht!" warnt er. **Die wirkliche göttliche Weisheit gibt es nur um den Preis, in der Welt als Narr bzw. Dummkopf dazustehen.** Denn wo das Kreuz Christi, sein schmählicher Tod, in Gottes Augen leuchtende Weisheit ist, da ist es unter den Klugen dieser Welt nichts als Torheit und Blödsinn. Daran hat sich bis heute nichts geändert, weswegen selbst manche klugen Theologen meinen, sie müssten das Sühnopfer Christi am Kreuz als längst überholte Fehldeutung seines Todes abtun.

● V 19: Wieder einmal legt Paulus Wert darauf, seine Überzeugung von **Worten aus der Schrift** bestätigen zu lassen. So zitiert er zunächst Hiob 5,13: **„Die Weisen fängt er (Gott) in ihrer List."** Für „List" steht im Griechischen das Wort „panourgia", was man auch mit „Schlauheit" oder „Gerissenheit" übersetzen könnte. Mögen die Schlaumeier eine Zeit lang ihre vermeintlich klugen Ziele zu erreichen scheinen, so wird Gott sie am Ende an ihrer eigenen Schlauheit zugrunde gehen lassen.

● V 20: In einem anderen Schriftwort zitiert er Psalm 94,11, wo Gott den Gedanken der Weisen bescheinigt, dass sie **„nichtig"** sind. Für „nichtig" steht im griech. Urtext das Wort „mataios", das den Sinn von „eitel, nichtig, nutzlos, erfolglos, kraftlos" hat. „Wer sich dem Wort vom Kreuz öffnet, verfällt nicht nichtigen Gedanken. Sein Denken ist nicht mehr anmaßend und leer" (Werner de Boor).

● V 21–23: Schließlich zieht Paulus aus seinen Überlegungen die Schlussfolgerung, dass die Gemeinde auch ihre Lehrer Paulus, Apollos oder Kephas nicht verherrlichen soll. Nicht die Korinther sind abhängig von ihren Lehrern und deren „Besitz", sondern es ist genau umgekehrt: **Paulus und seine Mitstreiter sind Diener und Eigentum der Gemeinde. Zu ihrer Erbauung sind sie da. Solche königliche Freiheit hat die Gemeinde aber nur deshalb, weil ihr Leben ganz Christus gehört.**

Mittwoch, 1. Mai 1. Korinther 4,1–5

● V 1.2: Paulus unterstreicht noch einmal, wie er von der Gemeinde angesehen und eingeschätzt werden möchte: „**als Diener und Haushalter über Gottes Geheimnisse**". Der Haushalter (griech. „oikonomos") hatte im antiken Haushalt die Aufgabe, **das ihm Anvertraute nach besten Kräften möglichst gewinnbringend zum Wohl aller zu verwalten.** Wenn Paulus sich als „Ökonom über Gottes Geheimnisse" (griech. „mysterion") einschätzt, dann will er zum Ausdruck bringen, dass er sich als Geschäftsführer für die erfolgreiche Verbreitung des Mysteriums der Menschwerdung Gottes in Christus und seiner am Kreuz bewirkten Erlösung versteht: kein Geheimniskrämer, der aus dem Evangelium ein Staatsgeheimnis macht, sondern ein Bote, der die ihm anvertraute Botschaft freigebig unter die Leute bringt. Dabei erwartet Paulus von sich selbst und andern Haushaltern, dass sie **vor allen Dingen treu und zuverlässig** sind.

● V 3.4: Paulus ist sich bewusst, dass er als Haushalter von manchen Gemeindegliedern kritisch beurteilt wird. **Entschieden, ja fast trotzig weist er das Ansinnen zurück, sich dem Urteil der Korinther zu beugen.** Ja, obwohl er sich in seinem Verhalten den Korinthern gegenüber keiner Schuld bewusst ist, gesteht er auch der eigenen Selbsteinschätzung kein endgültiges Urteil zu. „Selbstgericht ist ebenso unmöglich wie Selbsterlösung" (Adolf Schlatter). So wie er seine Freiheit vom Urteil der Gemeinde unterstreicht, verzichtet er auch völlig auf jede Selbstrechtfertigung und unterstellt sich einzig und allein dem Urteil Gottes.

● V 5: So wie schon Jesus in der Bergpredigt dazu aufgefordert hat, andere Menschen nicht zu richten, d.h. zu verurteilen (Mt 7,1ff), **mahnt auch Paulus, das Urteil des Herrn bei seiner Wiederkunft abzuwarten und ihm nicht vorzugreifen.** Überraschend in diesem Zusammenhang ist, dass von Gott dabei nur Lob und Anerkennung ausgesprochen, aber keine Strafe verhängt wird.

Donnerstag, 2. Mai   1. Korinther 4,6–13

● V 6: Die Botschaft von Jesus Christus hat das Leben der Christen in Korinth geradezu auf den Kopf gestellt: **Aus unbedeutenden Menschen am Rande der Gesellschaft** (vgl. 1,26ff) **wurden „berufene Heilige" in der „Gemeinde Gottes"** (1,2), an die Gott seine Gaben in reicher Fülle austeilte (12,4ff). Diese überraschende Wendung bringt eine Gefahr mit sich: Wie ein Luftballon könnten sich die so Beschenkten aufblasen und sich etwas auf ihre Begabungen einbilden (vgl. 8,1)!

● V 7: Paulus nennt hier dieselbe höchst **hilfreiche Grundregel** für das Miteinander von Christen, die er in Röm 12,3 auf eine prägnante Formel bringt. Die dortige Mahnung zum Maß-Halten hat einen einfachen Grund: **Alles, was wir haben, ist Gottes Geschenk – uneingeschränkt alles! Wenn aber alles geschenkt ist, entfällt jeder Grund, sich etwas darauf einzubilden.**

> ✏ In der Doppelfrage von V 7 zeigt sich die gesamte Weite des Evangeliums: Die Ausrichtung am Prinzip von „Leistung und Verdienst" wird überwunden durch Dank und Staunen über Gottes umfassende Güte. Ps 103 leitet zu diesem Staunen an.

● V 8–13: Im **Gegensatz zur Selbsteinschätzung der Korinther** – „satt, reich, klug, stark, herrlich" – **skizziert Paulus, wie völlig anders es ihm und seinen Mitarbeitern als „Aposteln Gottes" ergeht:** Sie erscheinen als die „Allergeringsten" und „zum Tode Verurteilten" und bilden damit ein „Schauspiel" vor Gott und der Welt. Dabei sieht es so aus, als wären diese Botschafter armselige, verachtenswerte Gestalten, die ihr eigenes Leben nicht wertschätzen, sondern nutzlos wegwerfen (V 10–13). In Wirklichkeit aber enthüllt sich ausgerechnet auf diese Weise **das Markenzeichen Gottes, nämlich das Kreuz,** an dem Jesus sein Leben für die Welt dahingegeben hat. **In den Beauftragten spiegelt sich das Geschick ihres Auftraggebers.**

Freitag, 3. Mai   1. Korinther 4,14–21

● V 14.15: Zehntausend Schulmeister – aber nur *ein* Vater! Paulus beschreibt zuvor mit einem drastischen Vergleich, **mit wie viel Herzblut er für seine Korinther eintritt:** „Ich habe euch gezeugt in Jesus Christus" (V 15); „ich habe gepflanzt", „ich habe den Grund gelegt" (1Kor 3,6.10). Daher kann es ihm nicht gleichgültig sein, wie sich seine Gemeinde weiterentwickelt.

> *In 2Tim 4,3f verweist Paulus auf einen Typ von Lehrer, der den Christen zwar schmeichelt, sie aber zugleich von der Wahrheit, der heilsamen Lehre, abbringt. Entstanden ist die Gemeinde in Korinth durch das Evangelium als Wort vom Gekreuzigten und Auferstandenen. Dieses Evangelium ist und bleibt daher der Maßstab, an dem sich alles messen lassen muss, was Lehrer lehren.*

● V 16: Im Gegensatz zu aufsehenerregenden Geist-Erweisen, verblüffenden Prophezeiungen, mitreißenden Aufrufen bittet Paulus: **„Folgt meinem Beispiel!"** Doch dadurch soll kein „Paulus-Fanclub" entstehen (vgl. 1,12ff). **Vielmehr kommt damit die Christus-Prägung zum Vorschein,** wie sie Paulus in 1Thess 1,6f beschreibt: „Ihr seid unserem Beispiel gefolgt und dem des Herrn …, sodass ihr ein **Vorbild (griech. „typos")** geworden seid". „Typos" ist z. B. der sichtbare Fußabdruck, der auf einem Weg hinterlassen wird. **So prägt Jesus Christus seine Nachfolger, und das geben sie an andere weiter.**

● V 17–21: „Den Timotheus schickt er; aber selbst traut er sich nicht zu kommen! Heftige Briefe schreibt er; aber wenn er da ist, dann ist er zahm wie ein zahnloser Tiger!" **Doch in Gottes Reich haben aufgeblähte Worte kein Gewicht; denn gefragt ist hier die Kraft.** Diese Kraft ist keine andere als die Kraft des Kreuzes, die Kraft des Evangeliums von dem Jesus Christus, der für uns gestorben und auferstanden ist. „Das Wort vom Kreuz ist Dynamis Gottes!" (vgl. 1,18).

Samstag, 4. Mai   1. Korinther 5,1–8

Wenn Menschen Jesus Christus begegnen, dann wirkt sich das in umfassender Weise in ihrem Leben aus. Während allerdings Juden seit Generationen mit Gottes Willen vertraut sind, ist allen anderen Menschen diese heilsame Lebensordnung fremd. **Indem sie dem Evangelium Glauben schenken, hat das auch Konsequenzen bis in ihre Lebensgestaltung hinein.** So auch für ihren Umgang mit der Sexualität, der von nun an durch das sechste Gebot und seine Auslegung durch Jesus (Mt 5,27ff) bestimmt ist.

• V 1.2: Dem steht in krasser Weise das Verhalten eines Christen entgegen, der offenbar sexuellen Umgang mit seiner Stiefmutter („Frau seines Vaters") hat. Die Gemeinde unternimmt nichts dagegen, weil sie „aufgeblasen" ist: Die überwältigende Geist-Erfahrung hatte die Korinther zu der Behauptung veranlasst: „Alles ist mir erlaubt" (6,12); allein auf den Geist kommt es an. Da ist es völlig unerheblich, wie mit der Sexualität umgegangen wird. Dem widerspricht Paulus scharf in 6,12ff.

• V 3–5: **Sünde zerstört – sowohl den Einzelnen wie auch die Gemeinde. Darum muss ihr begegnet werden.** Doch soll hier kein Gerichtsverfahren angestrengt, sondern eine gottesdienstliche Versammlung abgehalten werden. Weil der Betroffene nicht in die Gemeinschaft mit Jesus umkehren will, soll er dem Satan übergeben werden. **Doch trotz dieser drastischen Maßnahme ist das Ziel nicht die Vernichtung, sondern vielmehr seine Rettung.**

• V 6–8: Paulus illustriert diesen gewichtigen Vorgang mit dem **Bild vom Sauerteig:** Eine kleine Masse an Sauerteig durchdringt den ganzen Teig. Das kann positive wie negative Auswirkungen haben. Positiv gilt das für **das Passalamm Christus, der ein für allemal sein Blut für das Heil aller Menschen vergossen hat – und damit auch die Bosheit und Schlechtigkeit aus unsern Herzen vertrieben und uns mit Lauterkeit und Wahrheit erfüllt hat.** Das ist Grund und Anlass, es immer wieder dankbar zu feiern.

Sonntag, 5. Mai   **Psalm 129**

● **„Die Herren dieser Welt gehen, unser Herr kommt"** hat Gustav Heinemann, unser früherer Bundespräsident, beim Kirchentag 1950 ausgerufen. Er hat das sicher im Rückblick verstanden wissen wollen, im Blick auf die schreckliche, Gott sei Dank aber vernichtete, Nazidiktatur. Aber auch im Ausblick: Was auch kommen mag, welches Regime sich auch immer breitmachen will, es hat auf Dauer keine Chance. Gott wird sich durchsetzen. Christen können getrost sein: **Jesus ist der Weltenherrscher und keiner sonst.**

● Dieser Trost kommt uns auch aus diesem Psalm heute entgegen. Israel hatte allen Grund zu schwerer Klage: „Von meiner Jugend auf" (V 1 und 2), ja von Anfang an wurde Israel bedrückt und verfolgt. Ob das die Ägypter waren, die Assyrer oder die Babylonier, die der Beter des Psalms vielleicht vor allem gerade im Blick hatte: Wie oft wurde es angegriffen, wie oft sollte es von der Erde verschwinden. Aber, so wird es in diesem Wallfahrtslied gebetet, der Gott Israels hat sein Volk nicht verlassen, sondern die zerschlagen, die es ins Leid getrieben haben. Und auch in Zukunft: **Die großen Macher werden weichen müssen, sie sind bald nur noch unbrauchbares Gras, das verdorrt, keiner hört mehr auf sie. Keiner will ihre Versprechungen mehr.**

● Was Israel damals durchgemacht hat, zieht sich durch die Jahrhunderte bis heute. Immer noch gibt es Feinde die Fülle, die Israel ausradieren wollen. Und wir Deutschen haben keinen Grund, mit dem Zeigefinger auf andere zu schauen: Vier Finger wenden sich dann gegen uns. Aber ein Wunder ist geschehen, mitten im 20. Jahrhundert. Gott hat sein Volk wiederum nicht verlassen. Er hat ihm eine neue Heimat gegeben, da, wo auch ursprünglich seine Heimat war. Gott hat seinem Volk die Treue erwiesen, deshalb konnte Israel trotz entsetzlicher Durststrecken durchhalten. **„Die Herren dieser Welt gehen, unser Herr kommt!" Das soll auch unser Trost sein.**

Montag, 6. Mai   1. Korinther 5,9–13

• V 9.10: Paulus nimmt den aktuellen Fall zum Anlass, um ein **Missverständnis auszuräumen**, das offenbar durch einen früheren Brief entstanden war: Seine Anordnung „Pflegt keinen Umgang mit Menschen, die in erkennbarem Widerspruch zu Gottes Willen leben" (vgl. V 10) wurde fälschlicherweise als Aufforderung gedeutet: Haltet euch von all diesen Menschen in der Gesellschaft fern! Wäre das jedoch der Maßstab, so wäre **Weltflucht der einzige Ausweg** für Christen; **das kann nicht gemeint sein.**

• V 11–13: **Thema ist vielmehr der Umgang mit Menschen, die Gottes Gebot mit Füßen treten, sich aber zugleich „Bruder" bzw. „Schwester" nennen lassen.** Im Blick sind Menschen, die den Christus-Namen tragen und sich dennoch so verhalten, dass dies nicht zu dem Christus passt.

> 🖉 Die Grundregel für das christliche Leben findet sich im NT in verschiedenen Formulierungen, die alle auf denselben Zusammenhang zielen: „Lebt würdig"… des Herrn (Kol 1,10); … vor Gott (1Thess 2,12); … des Evangeliums (Phil 1,27); … der Berufung (Eph 4,1). Glaube und Leben sollen zusammenstimmen: Wer dem lebendigen Gott dient, kann nicht nach eigenem Ermessen einfach drauflosleben.

• Die ntl. Briefe an die erst vor Kurzem gegründeten Christus-Gemeinden machen an vielen konkreten Vorfällen deutlich: **Der Glaube an Jesus Christus formt nach und nach das bisherige (heidnische) Leben um und gestaltet es völlig neu.** Ohne Bindung an ihn entfällt der Grund, so zu leben, wie es Christus entspricht. Eben das erleben wir heute in einer säkulareren Gesellschaft, wo die Gebote Gottes immer weniger unser (Zusammen-)Leben prägen. Die im christlichen Glauben gründenden Werte wie z. B. Nächstenliebe, Solidarität, Verlässlichkeit und Demut werden dabei durch Werte der Selbstbestimmung bzw. einer genussorientierten Lebensweise abgelöst.

Dienstag, 7. Mai   **1. Korinther 6,1–11**

Mit dem Stichwort „richten" (5,12) leitet Paulus zu einer weiteren Problematik in Korinth über: **Rechtsstreitigkeiten unter Christen.** Dabei zeigt sich: Konflikte werden geklärt, wo die Christus-Botschaft Licht in die Zusammenhänge bringt:

● V 1–5: **Sechsmal fragt Paulus** allein in diesem Kapitel: **„Wisst ihr nicht?"** (V 2.3.9.15.16.19) und erinnert seine Gemeinde an das, was er ihnen vermittelt hat. Dass Christen die Fundamente ihres Glaubens kennen und darüber Auskunft geben können, ist grundlegend; daher ist christliche Lehre unabdingbar. Jesus betraut seine Jünger im Reich Gottes mit der gewichtigen Aufgabe, die Welt zu richten (vgl. Mt 19,28). **Angesichts dieser zugesprochenen Würde ist es lächerlich, bei Bagatell-Streitigkeiten heidnische Gerichte anzurufen.**

● V 1.6: Bedenkt, wer ihr seid: Ihr seid die von Gott Geheiligten, während die Ungläubigen die „Ungerechten" sind. Dabei ist „ungerecht" nicht zuerst moralisch zu verstehen; denn viele Atheisten verhalten sich durchaus gerecht. **Die Kennzeichnung „ungläubig" bzw. „ungerecht" bezieht sich allein auf das Verhältnis zu Gott.** Unter den Christen sollte es doch jemanden geben, der solche kleinen Streitfälle lösen könnte!

● V 7.8: Statt sein eigenes Recht – oder was man dafür hält – unbedingt gegenüber einem anderen Gemeindeglied durchsetzen zu wollen, sollte der Betreffende **lieber einmal bereit sein, Unrecht zu leiden bzw. sich übervorteilen zu lassen.** Das passt auch viel eher zu dem, was Jesus mit dem „Hinhalten der anderen Backe" (Mt 5,38–40) empfohlen hat

● V 9–11: **Wie bei einem Zirkel bestimmt der dreieinige Gott als Mittelpunkt seines Reiches zugleich dessen Grenze:** Sie zeigt sich in seinem Willen, den die „Ungerechten" in ihren jeweiligen Ausprägungen (V 9f) ablehnen, weil sie ihr eigener Gott sein wollen. Doch über alle Maßen erstaunlich ist: **Jesus Christus ermöglicht eine umfassende Neuschöpfung: V 11!**

Mittwoch, 8. Mai   1. Korinther 6,12–20

● V 12.13: Durch das Evangelium von Jesus Christus hat sich das Leben der Korinther umfassend verändert. Die Begabung mit dem Heiligen Geist bewirkte völlig neue Erfahrungen. **Die Korinther verleitete das jedoch zu der Auffassung: Im Grunde sind wir bereits im Himmel; alles Irdische liegt schon hinter uns.** Daraus ergibt sich für sie der Slogan **„Alles ist mir erlaubt!"** und somit: **„Die Speise dem Bauch, und der Bauch der Speise!"** Was für den Hunger gilt, muss auch für die sexuellen Bedürfnisse gelten – also: **„Der Leib der Hurerei!"**

● V 14: Paulus entgegnet: Ihr irrt euch grundlegend; denn der Mensch ist kein Wesen aus einer hochwertigen Seele und einem minderwertigen Leib. **Gott hat den Menschen vielmehr als Ganzheit geschaffen, bei dem es nicht Unwichtiges neben Wichtigem gibt.**

→ Sichtbar wird das ausgerechnet an der leibhaften Auferstehung von Jesus: Seinen entsetzten Jüngern sagt er: „Fasst mich an und seht; denn ein Geist hat nicht Fleisch und Knochen, wie ihr seht, dass ich sie habe" (Lk 24,39).

→ Dem entspricht, dass auch die sterblichen Leiber der Christen lebendig gemacht werden (Röm 8,11), und der Leib damit höchste Wertschätzung erfährt.

● V 15: Die Christen werden durch den Glauben in die Gemeinde als den Leib Christi eingegliedert; **damit sind auch ihre Leiber Glieder Christi.** Damit ist es für sie ausgeschlossen, mit einer Prostituierten zu verkehren und somit gemäß 1Mose 2,24 ein Fleisch mit ihr zu werden.

● V 19.20: Damit ist der Leib der Christen zugleich **„Tempel des Heiligen Geistes"**, der dieses Heiligtum erfüllt.

→ Weil die Glaubenden aus der Schuldknechtschaft der Sünde durch Jesus losgekauft wurden, hat er nun auch als ihr Erlöser das Verfügungsrecht über sie (vgl. Röm 14,8).

→ In diesem „Tempel-Leib" soll das Raum gewinnen, was für Gottes Tempel vorgesehen ist: **das Gotteslob.** Dieses äußert sich in einem vielfältigen Orchester mit Herzen, Mund und Händen.

Himmelfahrt, 9. Mai — Philipper 2,5–11

- Dieser **Christushymnus,** dieser Lobgesang auf Jesus, verdient es, auswendig gelernt zu werden! Das Auswendiglernen ist heute leider eher verpönt, aber es bringt einen Schatz, der zu Herzen geht und im Herzen bleibt. Darum heißt auswendig lernen in der englischen Sprache so treffend: „Learning by heart!". Warum also diesen Hymnus auswendig lernen? **Weil er in unfassbar klarer Weise den Weg Jesu nachzeichnet, von seiner Heimat im Himmel, den Weg der Erniedrigung bis zum Tode am Kreuz von Golgatha, und dann den Weg von der Erniedrigung zur Erhöhung, zur Himmelfahrt:** Sein Name wird größer sein als jeder andere Name, vor ihm werden sich alle Menschen beugen müssen, zur Ehre Gottes, des Vaters.
- Über diese theologischen Aussagen sind ganze Abhandlungen geschrieben worden. **Aber eigentlich will dieser wunderbare Lobgesang nur angeeignet, im Glauben festgehalten werden**. Er spricht für sich selbst. So hat das auch der Apostel Paulus gesehen, er wird diesen Lobgesang schon als **festen Bestandteil der urchristlichen Lehrbildung** vorgefunden haben. Er hat nur eine kleine, wenn auch wesentliche Ergänzung vorgenommen: Das bestärkende „ja, zum Tode am Kreuz" ist sein persönliches Amen, seine Betonung: Ja, das ist das Zentrum! Paulus hat den Wortlaut ansonsten nicht verändert. Warum auch?
- Aber er hat den Hymnus für die von ihm gegründete Gemeinde in Philippi als verbindliche Leitmelodie beansprucht. Sie war ja seine erklärte Lieblingsgemeinde. Aber offenbar drohte dort gefährlicher Streit unter den Gemeindegliedern. Darum nun dieses vertraute Lehrstück: **So wie Christus sollt ihr euch verhalten! So wie er gelebt hat, so demütig, hingebungsvoll, das eigene Ego nicht in den Mittelpunkt stellend, so sollt Ihr auch leben.** Ein weises Wort für Christinnen und Christen, die oft in der Gefahr sind, von sich mehr zu halten, als es für sie und die Gemeinde gut ist.

Freitag, 10. Mai   **1. Korinther 7,1–16**

- Es sind Verse, die dem Kirchenvater Hieronymus dazu dienten, das Priesterzölibat zu begründen, und Paulus den Ruf einbrachten, dass er die Ehe nur als notwendiges Übel betrachte.
- Der Fokus von Paulus liegt hier allerdings nicht auf einer systematischen Darstellung seines Eheverständnisses, sondern er beantwortet konkrete Fragen der Korinther, wo die Annahme kursierte: „Es ist gut für den Mann keine Frau zu berühren". Paulus hält dieser einseitigen Pauschalisierung entgegen, **dass sexuelle Abstinenz nicht per se empfehlenswert für jeden ist,** und stellt als Novum eine aufeinander verwiesene Sexualität zwischen Mann und Frau vor, die auf gegenseitiger Hingabe beruht.
- In V 7 äußert Paulus, dass er wünschte, „alle Menschen wären, wie ich bin". **Paulus sieht im Ledigsein wie in der Ehe ein von Gott verliehenes Charisma.** Uns hingegen fällt es schwer, im Ledigenstand keinen Mangel zu sehen, der behoben werden muss, sondern ihn **als Freistellung zum Dienst zu verstehen.**
- **Zur Frage der Scheidung** beruft sich Paulus zunächst auf das Gebot von Christus, dass „der Mensch nicht scheiden soll, was Gott zusammengefügt hat". **Der ungläubige Partner hat für Paulus zwar die Freiheit zu gehen oder zu bleiben, die Freiheit der Christen soll sich allerdings in dem Bestreben zur Versöhnung zeigen** (V 15). Wir können die eheliche Beziehung nicht ultimativ absichern, sondern können immer wieder aufs Neue an dem gegebenen Versprechen festhalten und neu Frieden stiften.
- Das ist sowohl geistliches Geheimnis als auch entlastender Zuspruch – wir haben nicht in der Hand, wie sich der Glaube des Partners oder der Partnerin entwickeln wird.
- In dieser Ungewissheit spenden diese Zeilen auch **Trost**: Im geheimnisvollen Wirken des Heiligen Geistes sind die ungläubigen Partner geheiligt – sie werden durch die Ehe bleibend mit der heiligenden Kraft Gottes konfrontiert.

Samstag, 11. Mai   1. Korinther 7,17–24

- Gott hat uns berufen und bringt sein Werk mit uns ans Ziel. Doch während wir in V 17.24 dazu aufgefordert werden: „Bleibt/lebt, wie Gott es euch zugemessen hat", bleibt dennoch **eine Spannung** bestehen.
- **Auf der einen Seite wirken diese Verse, als wolle Paulus die gesellschaftlichen Stände konsolidieren,** und unsere Gedanken gehen vielleicht schnell zum starren Lehnswesen des Mittelalters, in dem es bei Strafe verboten war, sich außerhalb des eigenen Standes zu verhalten.
- **Auf der anderen Seite scheint es naheliegend, dass Paulus versucht, den christlichen Glauben von der gesellschaftlichen Auflösung der Stände zu unterscheiden.** In der römischen Gesellschaft fielen die Christen auf, weil in ihren Zusammenkünften soziale und kulturelle Unterschiede keine Rolle mehr zu spielen schienen und die Einheit in Christus das bestimmende Motiv war (vgl. Gal 3,28). **Paulus mahnt in diesen Zeilen zur Vorsicht und Ordnung, damit das Evangelium – und damit die Christen – in der heidnischen** Öffentlichkeit nicht **in Verruf geraten.** Der Fokus ist der Gehorsam gegenüber Gott, in dem sogar eine Umkehrung möglich ist, denn selbst der Knecht ist ein „Freigelassener des Herrn" und der Freie ist „ein Knecht Christi". Das Freiheits- und Liebesgebot der Christen lässt sich nicht in gesellschaftliche Schablonen pressen.
- Trotz des Verweises, dass nicht die äußeren Umstände, sondern der Gehorsam gegenüber Gott entscheidend ist, bleibt die Freiheit stets erstrebenswert.
- Die Begründung dafür liegt in der Aussage „ihr seid teuer erkauft" (V 23). **Unser Wert wird durch die Wertschätzung Gottes bestimmt und nicht durch den billigen Preis, den Menschen etwa auf den damaligen Sklavenmärkten** für einen Menschen zahlten.

Was bedeutet es für Sie, in dem Stand zu bleiben, in den Gott Sie gestellt hat?

Sonntag, 12. Mai — Psalm 131

- Leistungsfähig muss man heute sein, flexibel, robust, selbstsicher im Auftreten. Davon ist unsere Gesellschaft in hohem Maße geprägt. Und so stehen heute viele im harten Lebenskampf, immer im Wissen, dass es an die Grenzen geht und dass der Burnout kein Fremdwort mehr ist.
- Wie anders klingt das Gebet im heutigen Psalm. **Da öffnet einer vor Gott sein Herz und sagt ihm, wie es in ihm aussieht.** Er hat keine berauschenden Ziele vor Augen, er überschätzt sich nicht, er spielt anderen nichts vor, er weiß um seine Grenzen und achtet sie. Es ist ihm genug, das zu tun, was er kann. Sicher hat er lange gebraucht, bis er zu dieser Lebenssicht gekommen ist. Vielleicht war er auch mal einer der großen Leistungsträger, der ständig über seine Kräfte hinaus gewirtschaftet hat. Vielleicht gehörte er zum kirchlichen Dienst, denn da geht es oft nicht anders zu – der sogenannte Dienst ist alles.
- Der Beter hat vielleicht gelernt, dass dieser Weg in die Irre führt, in brutale Härte, in den Burnout oder in eine kaputte Ehe. Wie hat er das gelernt? **Er ist ein Beter**, offenbar ein treuer und radikal ehrlicher Beter. Er kommt bei Gott zu einer neuen Erkenntnis über sich selbst. Und offensichtlich hat diese Einsicht sein Leben verändert: **Er weiß sich jetzt geborgen wie ein gestilltes Kind bei seiner Mutter** (V 2). Er muss nicht mehr so sein, wie andere ihn haben wollen. Seine Seele ist gestillt in ihm. Er ist zufrieden. Was für zarte Sätze, wie aus einer anderen Welt. Unsere Welt ist laut und fordernd, hier erfährt einer Gottes Nähe und merkt, wie Gott ihn haben will. **Er kommt zu sich selbst, wird darüber glücklich still.**

In Markus 4,35–41 wird berichtet, wie Jesus den Sturm stillt. Was könnte diese Geschichte mit Psalm 131 – und mit uns – zu tun haben? Wie kommen wir zur Ruhe?

Montag, 13. Mai   1. Korinther 7,25–40

- Nach den Gedanken zur Ehe knüpft Paulus nochmals bei seinen **Gedanken zur Ehelosigkeit** an.
- Paulus führt aus, dass **Ehe und Ledigsein gleichwertig** sind, beide mit ihren Vorzügen und Nachteilen (V 26–28). Wir sind alle aufgefordert, durch unser Leben das Evangelium sichtbar zu machen, ganz gleich durch welche Beziehung das geschieht.
- Für Paulus sind **Ledige keine ergänzungsbedürftigen Kreaturen,** wie die weitverbreitete Auffassung in unserer Zeit und Kultur, aber auch unseren Kirchen, zu sein scheint. **Singlesein hat nicht nur Vorzüge gegenüber dem ehelichen Stand**, sondern wir scheinen in unserer Verkündigung allzu schnell zu vergessen, dass **Jesus selbst ehelos** geblieben ist.
- **Paulus schätzt es persönlich so ein, dass es „das Beste ist, unverheiratet zu bleiben"** und dass man sich nicht „bemühen soll, einen Partner zu finden." Diese Haltung war auch in der damaligen antiken Gesellschaft durchaus revolutionär, da Ehe und Familie als Grundsicherung der Staatsordnung galt. Ledigsein war kein akzeptierter Zustand. Die Empfehlung, „unverheiratet zu bleiben" kommt bei Paulus nur daher, dass er frei von allen ehelichen und familiären Pflichten dem Reich Gottes dienen will. Als berufener Völkermissionar reist er durch die Welt, sitzt im Gefängnis, erleidet Folter und Verfolgung, Stress und Armut und muss dabei keine Verantwortung und Sorge für Frau und Kinder tragen.
- **Seine Empfehlung „unverheiratet zu bleiben" kommt** darum nicht aus Egoismus oder einer Ehefeindlichkeit, sondern **aus der Überzeugung, nur so seiner Berufung bzw. seinem Einsatz für das Reich Gottes gerecht werden zu können.** Lassen wir in unseren Kirchen diesen Gedanken überhaupt noch zu und ermutigen einander dazu?

> *Könnte es sein, dass Ehelosigkeit der für Sie bessere Stand ist? Oder für jemanden in Ihrer Umgebung?*

Dienstag, 14. Mai   **1. Korinther 8,1–6**

- In Kap. 8 wendet sich Paulus einer **neuen Fragestellung** zu – es geht um Schwache und Starke im Glauben, um Freiheiten und Gebote, um Liebe und Erkenntnis.
- Bis heute wird innerhalb der Christenheit vielfach die Frage gestellt: „Darf man als Christ dies oder jenes?", auch wenn die konkrete Frage sich kaum mehr um Götzenopferfleisch dreht.
- **Der Grundsatz**, den Paulus voranstellt, lautet: **„Erkenntnis bläht auf, aber die Liebe baut auf."** Bloßes Wissen macht uns überheblich. Was uns gegenseitig wirklich bereichert, ist ein liebevolles Miteinander, das von Achtung und Respekt geprägt ist. **Als Menschen sind wir oft Meister darin, etwas besser zu wissen, als dem anderen in Rücksicht zu begegnen.** Wir leben in einer Zeit, in der es kaum Zugangsbeschränkungen gibt, um an Informationen und Expertenwissen zu gelangen. Das macht uns allerdings nicht nur zu mündigen Entscheidungsträgern, sondern oft auch zu unsäglichen Besserwissern, die mit im Internet gegoogelten Informationen um sich werfen.
- Die Worte von Paulus halten uns noch heute einen **Spiegel** vor: „Echtes Wissen ist nur bei dem zu finden, der Gott liebt; und wer Gott liebt, weiß, dass Gott ihn kennt und liebt" (V 3).
- Einerseits erinnern uns diese Zeilen daran, dass wir mit unserm Wissen nicht über den Dingen und schon gar nicht über Gott stehen. Sie sind **eine Einladung zu gelassener Demut und eine Warnung davor, mit Argumenten seine Überlegenheit gegenüber anderen zu demonstrieren.**
- Zum anderen unterstreicht Paulus die Überzeugung, dass es nur einen Gott gibt, auch wenn ansonsten auf der Erde viele Götter verehrt werden.

Inwieweit fällt es Ihnen schwer, in Diskussionen zu diesem Bereich sich nicht überheblich, sondern liebe- bzw. rücksichtsvoll zu verhalten?

Mittwoch, 15. Mai   **1. Korinther 8,7–13**

- Angenommen, Sie haben in einem Bereich echtes Expertenwissen und geistliche Erkenntnis und haben dadurch anderen etwas voraus. Das ist ja durchaus etwas Wertvolles, das zum Wohle anderer eingesetzt werden kann und soll. Doch gleichzeitig bleibt der vorangestellte **Grundsatz** bestehen, der uns an die Gefahr und das Ziel erinnert: **„Erkenntnis bläht auf, aber die Liebe baut auf."**
- Es geht nicht darum, dass wir uns so gut und so frei fühlen, weil wir etwas begriffen haben, wozu anderen Christen bisher die Einsicht bzw. Erkenntnis fehlt. Nein, **unsere Aufgabe ist es, in Demut und wahrer Gotteserkenntnis in Liebe zu ermutigen und herauszufordern.**
- Denn dieser Grundsatz trifft nicht nur auf unser Unvermögen zu, stets konsequent nach den eigenen Erkenntnissen zu leben. Wir haben auch damit zu rechnen, dass **das menschliche Gewissen keine feste Größe** ist. Manche Menschen haben ein enges Gewissen und machen sich bereits wegen eines Versehens heftige Selbstvorwürfe, während andere mit gutem Gewissen seelenruhig schlafen, obwohl sie Schlimmes verbrochen haben.
- **Unser Gewissen hängt mit unseren Erfahrungen, unserem Gottesbild und unserer Prägung zusammen. Ein Gewissen kann sensibler werden oder auch abstumpfen. Es kann zu eng, aber auch zu weit sein.**
- Aufgrund des Evangeliums darf unser Gewissen reifen und sich an Gottes Vorstellung normieren. **Ein befreites Gewissen resultiert aus der Anerkennung, dass Gottes Gebote wirklich gelten und für uns gut sind.** Und auch wenn wir dann dagegen verstoßen, dürfen wir angstfrei leben, weil wir einem Gott vertrauen, der vergibt und gnädig ist.
- Doch diese Freiheit soll nicht dazu dienen, dass andere Menschen in ihrem empfindlicheren Gewissen überfahren werden. **Wir sind als Christen aufgefordert, aus Rücksicht und Liebe zum anderen zu leben** und ihn nicht zu überfordern und zu verletzen, indem wir seine Gewissenskonflikte einfach als überflüssig abtun.

Donnerstag, 16. Mai   **1. Korinther 9,1–18**

• Im heutigen Text greift Paulus ein **weiteres Thema** auf, das unter den Korinthern diskutiert wurde: **seine Apostelwürde.** Obwohl Paulus nach Apg 18 bei einem längeren Aufenthalt die Gemeinde in Korinth gegründet hatte, wurde er aus dieser Gemeinde mit Vorwürfen konfrontiert, weil er sich anders verhielt als die anderen Apostel.

• **Auf 16 Fragen**, die die Gemeinde eigentlich alle mit „Ja" beantworten müsste, **baut Paulus seine Rechtfertigung auf.**

• V 1.2: Er ist Apostel durch seine **persönliche Begegnung mit dem Auferstandenen.** Seine Beauftragung zur Verkündigung führte dann auch zur Gründung der korinthischen Gemeinde. Dies ist sein „**Apostelsiegel**".

• V 3–14: Aus dieser Apostelwürde folgt eigentlich das Recht auf Unterhalt eines Apostels durch die Gemeinde. Aus dem Bericht der Apg wird deutlich, dass Paulus auf diese Versorgung verzichtete und seinen Lebensunterhalt durch seine Arbeit als Zeltmacher verdiente (Apg 18,3). Das Recht auf Unterhalt für sich und auch für eventuell vorhandene Ehefrauen wäre aber durchaus legitim. Paulus begründet dies aus dem Erfahrungsbereich des Berufslebens (Soldaten, Winzer, Hirten) durch das AT (z. B. 5Mose 25,4) und abschließend durch ein Wort Jesu (Lk 10,7). **Paulus stellt abschließend fest: Wer das Evangelium verkündigt, soll auch davon leben** können!

• V 15–18: **Allerdings macht er selbst von diesem Recht keinen Gebrauch und will dies auch in Zukunft nicht tun.** Diese Entscheidung will er aus seiner persönlichen Berufung und Beauftragung durch Christus verstanden wissen. Christus hat ihm das Amt der Verkündigung anvertraut. **Er muss es tun; es steht nicht in seinem Belieben.** Deshalb verzichtet er auf Lohn.

> ✏ Der Dienst der Verkündigung steht für Paulus unter einem göttlichen Muss. Könnten Sie Ihre Mitarbeit in der Gemeinde o. Ä. auch so beschreiben?

Freitag, 17. Mai   **1. Korinther 9,19–23**

- Paulus verzichtet auch deswegen auf das Ausleben seiner Freiheit, weil es ihm in der Bindung an Christus um **die Rettung vieler Menschen** geht. Er weiß sich unabhängig von dem Urteil anderer Menschen.
- V 19: Dabei gibt Paulus weder sich selbst auf noch kommt es zu einer Veränderung oder Entleerung des Evangeliums. **Vielmehr geht er auf die Lebensumstände der Menschen ein, die er für Christus gewinnen will.** Vorbild ist für ihn Jesus selbst, der auch diesen Weg gegangen ist (Phil 2,5ff). Paulus geht es dabei nicht um die Anpassung des Evangeliums an den Zeitgeist, wie wir es heute leider vielfach erleben. **Er wehrt sich an anderer Stelle vehement gegen eine inhaltliche Veränderung des Evangeliums** (Gal 1,9). Vielmehr will er die Menschen, die er für den Glauben gewinnen will, in ihrer jeweiligen Lebenssituation abholen, indem er sich in ihre Lebensgewohnheiten hineinversetzt
- V 20–23: **Paulus trifft bei seiner Missionstätigkeit auf Juden und Heiden. Beiden gegenüber bringt er durch unterschiedliches Verhalten Wertschätzung entgegen.** Den **Juden** gegenüber hält er an der besonderen Stellung Israels fest, beschneidet sogar seinen jungen Mitarbeiter Timotheus und hält sich an die Reinigungsriten (Apg 16,3; 21,23ff). Er schließt aber das Gesetz als Heilsweg rigoros aus (Röm 3,28) und wehrt sich gegen eine neue Gesetzlichkeit. Mit den **Heiden** hält er Tischgemeinschaft und wehrt sich leidenschaftlich dagegen, dass ihnen das Gesetz als Verpflichtung auferlegt werden soll (Apg 15). Dabei ist er einzig davon geleitet, dass er sie für Christus gewinnen will.

Wo sehen Sie heute einen „Anpassungsbedarf", um Menschen für den Glauben an Jesus zu gewinnen, ohne deswegen an der Wahrheit des Evangeliums Abstriche zu machen?

Samstag, 18. Mai 1. Korinther 9,24–27

- Während Paulus im vorhergehenden V 23 davon spricht, alles zu tun, um das Ziel seines Lebens, die ewige Rettung, zu erreichen (also nicht nur die Rettung anderer), macht er in den folgenden Versen deutlich, dass **das Leben jedes Christen einem Lauf gleicht.** Paulus greift hier auf ein **Bild aus dem Sport** zurück, das den Korinthern von den in ihrer Stadt stattfindenden Isthmischen Spielen bekannt war. Mit dem Bild vom Lauf will Paulus zum Ausdruck bringen, dass wir **im Glauben zwar einen Anfang gemacht, aber das Ziel noch nicht erreicht haben.**
- V 24: Während bei sportlichen Wettkämpfen nur der Erste einen vergänglichen Siegespreis bekommt, **erhält jeder Christ, der ans Ziel kommt, einen unvergänglichen Siegespreis, das ewige Leben** (Offb 2,10; 3,11 und Phil 3,12–14).
- V 25: Wie Sportler für den Erfolg alles tun und auf vieles verzichten, so gilt es auch **im Leben als Christ, dem angestrebten Ziel anderes unterzuordnen bzw. darauf zu verzichten.**
- V 26: Nun wendet Paulus die Bilder aus dem Sport gezielt auf sein eigenes Leben an. Neben das Bild vom Laufen tritt **das Bild vom Boxkampf.** Wie ein Boxkämpfer will Paulus „Wirkungstreffer" erzielen und keine „Luftlöcher" schlagen. Es geht ihm dabei um die Konzentration auf sein Ziel: das eigene Heil **und** die Gewinnung anderer für den Glauben.
- V 27: Um dieses Ziel zu erreichen, übt er sich in der Askese im Blick auf den eigenen Körper. „Sein Verzicht auf Unterhalt, seine handwerkliche Arbeit, sein Verzicht auf Wohlleben, sein rastloses Unterwegssein, das alles trifft seinen Leib, weist ihm seinen Ort als Werkzeug zu … Paulus lebt nicht in einer Verdienst-, sondern in einer Dienstaskese" (Heiko Krimmer).
- Paulus will erreichen, dass die vermeintlich „Starken" in Korinth aus ihrer verführerischen Glaubenssicherheit aufwachen und mit ganzem Einsatz laufen „in dem Kampf, der uns bestimmt ist" (Hebr 12,1).

Pfingstsonntag, 19. Mai — Epheser 1,3–14

„Wes das Herz voll ist, des läuft der Mund über!", heißt das Sprichwort, das so gut zu diesem Bibelwort passt. Es ist kaum zu glauben, aber **die Verse 3–14 bestehen im Urtext aus nur einem einzigen mächtigen Satz!** Als hätte es den Apostel Paulus getrieben, so klingt es. Gleich zu Beginn seines Briefes muss er der Gemeinde in Ephesus voller Begeisterung von seinem **Lebensglück** erzählen. Was meint er da? Zwei kleine Wörtchen zeigen auf, was ihm so unendlich wichtig ist. Sie gliedern den großen Satz auf eindrückliche Weise. Es sind die Worte: **„in ihm!"** Viermal findet sich das große „in ihm" in unserem Abschnitt (4;7;11;13). **In ihm, damit meint Paulus: In Jesus Christus! In ihm findet der Mensch alles, was er zum Leben braucht.** Es wirkt so, als würde Paulus der Gemeinde mit diesem „in Christus" **auf elementare Fragen nach Sinn und Ziel des Lebens antworten:**

→ Auf die Frage, **woher wir kommen**, hat Paulus eine klare Antwort: Christus, der selbst am Anfang schon da war, hat uns vor allen Zeiten dazu bestimmt, Gottes Kinder zu sein. **Dieses Wissen bringt Geborgenheit!**

→ Auf die Frage, **wie wir vor Gott bestehen können**, antwortet Paulus: Genau dieser Jesus, der uns vor aller Zeit schon erwählt hat, ist am Kreuz für unsere Sünde gestorben und hat Erlösung und Vergebung geschenkt! **Dieses Wissen bringt Befreiung!**

→ Auf die Frage, **was aus uns einmal werden soll bzw. was nach dem Tod kommt**, antwortet Paulus: Erben sind wir, jetzt schon Erben des Reichtums, den wir einmal mit und bei Jesus empfangen sollen. **Dieses Wissen bringt Hoffnung!**

→ Auf die Frage, **ob das wirklich stimmt und ob wir wirklich gemeint sind,** antwortet Paulus: Ja, wir, die wir dem Ruf Jesu in die Nachfolge gefolgt sind, wir sind gemeint. Der Heilige Geist gibt Unterschrift und Stempel dazu.

● **Was für Segen breitet Christus über uns aus** (V 3)! **Lasst ihn uns zu Pfingsten feiern!**

Pfingstmontag, 20. Mai Psalm 150

- Die Reise ist vorbei. Alle sind gut angekommen. Aber bevor sie auseinanderlaufen, werden sie eingeladen. Zum letzten Mal. Zu einem kurzen Lob- und Dankgottesdienst in der Kirche. Denn das weiß der Reiseleiter: **Ohne den Lobpreis Gottes am Schluss sollte es nicht gehen.** Die Gruppe ist bewahrt geblieben, Gott hat Gelingen gegeben. Da ist der Lobpreis dran! Darum jetzt die Imperative: **Gebt Gott die Ehre, mit Euren Stimmen und mit den Instrumenten, die schon auf der Reise dabei waren, mit Euren Flöten, Gitarren, Geigen, sogar Trompeten.** Und dann geht es los! Vielleicht hat die Gruppe dann das wunderbare Loblied „Halleluja, lobet Gott in seinem Heiligtum" (Psalm 150!) angestimmt, vielleicht auch ein anderes.
- So ist das auch mit diesem Psalm. Er ist der letzte, sozusagen der Abschlusspsalm, der Endpunkt einer großen Reise durch die Welt der Psalmen. Auf dem Weg ist viel davon die Rede gewesen, wofür Menschen Gott zu loben und zu danken hatten, wofür sie gebetet haben und was sie als Klage vor Gott ausgebreitet haben. Einzelne, meistens war es David, haben sich vor Gott ausgesprochen und gesungen, aber auch Gottes ganzes Volk ließ sich hören.
- Aber jetzt ist nur noch eins dran: **Ein zehnfacher Aufruf zum Lobpreis Gottes!** Es braucht nicht viele Worte, aber alle sollen jetzt Gottes Macht und Größe loben. Ein Fanfarenruf steht am Anfang, und dann ertönt der volle Gesang, mit allen Instrumenten, die da sind. Zum Abschluss sprechen alle oder singen (wie in den vier Psalmen zuvor): **Halleluja** (übersetzt: **Lobet den Herrn**)! Und warum dieser leidenschaftliche Aufruf zum Loben Gottes? Weil wir damit Gott die Ehre geben, ihm Freude machen. **Das Loben Gottes ist der Schlüssel zu seinem Herzen.**

> ✏️ *Falls Sie es noch nicht getan haben – es lohnt sich, diesen Psalm auswendig zu können.*

Dienstag, 21. Mai   **1. Korinther 10,1–13**

- In den vorliegenden Versen knüpft Paulus eng an 9,24–27 an. Er macht deutlich, dass es **für uns Christen keine endgültige Heilssicherheit** gibt. Noch ist das Ziel nicht erreicht und Gefahren lauern, die es zu erkennen gilt.
- V 1–10: In diesen Versen stellt Paulus den Korinthern **Israel, das alttestamentliche Gottesvolk, als warnendes Beispiel** vor Augen. Verschiedene Situationen aus der Auszugsgeschichte zeigen, dass die Israeliten beim Auszug aus der ägyptischen Sklaverei zwar **mutig aufgebrochen sind, aber auf dem Weg ins verheißene Land manchen Versuchungen erlagen.**
- Beim Durchzug durch das Schilfmeer haben sie erlebt, wie Gottes mächtige Hand die Ägypter vernichtet hat. Das führte dazu, dass die Israeliten Gott und Mose glaubten (2Mose 14,31). Auch für die Versorgung unterwegs hat Gott gesorgt: die Speisung mit Manna (2Mose 16,4.15) und das Wasser aus dem Felsen (2Mose 17,6).
- **Rettung beim Durchzug, Versorgung mit Brot und Wasser soll die Korinther daran erinnern, dass auch sie von Christus mit den Heilsgaben von Taufe und Abendmahl aufs Beste versorgt werden.** Die Israeliten ließen sich vom guten Weg des Anfangs abbringen und nur ganz wenige haben schließlich das verheißene Land Kanaan erreicht.
- V 11: Die Korinther sollen dadurch gewarnt werden. Auch in ihrer Mitte lauern **Gefahren: Götzendienst und Unzucht.** Beides steht in einem Zusammenhang. Wo der Mensch sich von Gott löst und sich von ihm abwendet, verfällt er seinen eigenen Begierden. Deshalb warnt Paulus so eindringlich davor.
- V 12.13: Paulus fasst **sein Anliegen** noch einmal zusammen: **Auch wer einen guten Anfang im Glauben gemacht hat, sollte immer auf der Hut sein, dass er oder sie nicht auf der Strecke bleibt.** Es ist aber nicht Gottes Ziel, die Gläubigen zu Fall zu bringen. Sein Ziel ist es vielmehr, dass die Korinther und wir durch die Versuchungen gestärkt werden und das Ziel erreichen! Gott ist treu!

Mittwoch, 22. Mai   1. Korinther 10,14–22

• V 14: **Paulus wirbt noch einmal um die Korinther:** „meine Lieben". Es ist ihm ein Anliegen, dass sie sich nicht von Gott entfernen.

> *Vielleicht gibt es auch Menschen in Ihrem Leben, die Sie auf ihrem Glaubensweg begleitet, die sich aber wieder von Jesus abgewandt haben. Beten Sie trotzdem weiter für sie und vielleicht ist auch ein persönlicher Kontakt hilfreich.*

• V 18–22: Paulus greift in seiner Argumentation noch einmal auf das Thema **„Teilnahme an Götzenopfermahlzeiten"** zurück (1Kor 8,1–13). Gemeint sind Mahlzeiten mit Nichtchristen, bei denen das Fleisch auf dem Tisch von Tieren stammt, die zuvor Götzen geopfert wurden. Grundsätzlich, bei richtiger Einstellung, spräche nichts dagegen. Aber Paulus hat es in Kap. 8 für angebracht gehalten, um der Schwachen in der Gemeinde willen darauf zu verzichten. **Hier nun spricht er sich doch für eine kompromisslose Trennung aus: „Fliehet den Götzendienst!"** (V 14).

• V 15: Um der Gemeinde diese Meinung nicht überzustülpen, appelliert Paulus an das eigene Denkvermögen der Korinther. Sie sollen sich durch Einsicht seine Haltung zu eigen machen.

• V 16–18: Dabei zeigt Paulus auf, dass **das Sakrament des Abendmahls Gemeinschaft mit Christus stiftet, gleichzeitig aber auch die Glaubenden untereinander verbindet** („ein Leib"). Auch beim alttestamentlichen Opferdienst Israels ist diese enge Gemeinschaft mit dem Heiligen entstanden.

• V 19–22: Wie beim Abendmahl wird auch beim Götzenopfermahl Gemeinschaft gestiftet, allerdings mit widergöttlichen Mächten (Dämonen) und dem Teufel selbst. Deshalb schließen sich Teilnahme am Götzenopfermahl und am Abendmahl aus. Hier ist ein **klares Entweder-oder gefordert** (Lk 16,13; Mt 6,24; Eph 5,5–7). Wer hier Kompromisse eingeht, fordert Gott heraus!

Donnerstag, 23. Mai   **1. Korinther 10,23–11,1**

● V 23.24: Bevor Paulus in Kap. 11,2 ein neues Thema anschneidet, schließt er das Thema „christliche Freiheit" ab. Auf die Frage: **„Was ist nun erlaubt?"**, sagt Paulus **„alles"**. Allerdings nennt er auch gleich **die Grenze dieser Freiheit:** Im Leben eines Christen geht es nicht nur um die Verwirklichung der eigenen Freiheit, sondern auch um das, was dem Bruder oder der Schwester „dient", d. h. für sie nützlich ist. **Es geht um Rücksichtnahme auf die berechtigten Interessen anderer,** was gerade heute auch für Christen eine große Herausforderung ist.

● V 25–30: Im Umgang beim **Essen von Götzenopferfleisch** unterscheidet Paulus **verschiedene Situationen:**

→ Ein Christ kann auf dem Fleischmarkt einkaufen, ohne nach der Herkunft des Fleisches zu fragen. Es gilt Gottes Gaben zu genießen im Wissen, dass eine Verunreinigung nicht von außen, sondern von innen kommt (Mt 15,11.17–20).

→ Bei der Einladung durch einen Nichtchristen ist es erlaubt, alles ohne schlechtes Gewissen zu essen.

→ Außer wenn der Einladende oder ein Mitgast deutlich macht, dass es sich bei dem Fleisch um Götzenopferfleisch handelt. Dadurch entsteht eine **Bekenntnissituation.** Würde der Eingeladene von diesem Fleisch wissentlich essen, könnte der Eindruck der Verehrung der Götter entstehen, denen das Fleisch ursprünglich geopfert wurde. Der Nichtchrist könnte dadurch in seinem Glauben an die Götter bestärkt werden.

● In V 31.32 zeigt Paulus noch einmal auf, was der letzte Maßstab für das Verhalten eines Christen ist: **alles zur Ehre Gottes!** Darum geht es bei allem Tun, beim Essen und Trinken! **Ziel dabei ist es, Nichtchristen wie Gläubigen keinen Anstoß zu geben, sondern sie durch einen glaubwürdigen Lebensstil zum Glauben an Christus einzuladen.**

● Wenn Paulus in 11,1 die Korinther dazu auffordert, seinem Beispiel zu folgen, will er sie nicht an sich, sondern an Christus binden, dessen Nachfolger er ist.

Freitag, 24. Mai   1. Korinther 11,2–16

- **Kopftuchstreit in Korinth.** Das Thema ist weiter aktuell. Denn Haartracht und Kleidung sind mehr als eine Frage der Mode. Ihre Wahl ist geprägt von Kultur, von Werten und Überzeugungen. Die römisch geprägte Kultur zur Zeit von Paulus sah vor, dass Frauen eine lange, oft kunstvolle Haartracht trugen, dazu in der Öffentlichkeit ein Kopftuch. (V 6 ist also polemisch zu verstehen.) Die Männer dagegen hatten kurzes Haar. Im Unterschied dazu galten lange Haare im AT oder zeitgleich bei den Griechen als ehrenvoll.
- Paulus formuliert hier also nicht eine zeitlos gültige theologische Richtlinie, sondern er spricht in einer bestimmten Zeit in eine besondere Situation.

> ✎ *Trotzdem ist es wichtig, das theologische Konzept hinter den konkreten Anweisungen zu entdecken. Wie beschreibt Paulus das Verhältnis von Mann und Frau? Warum ist es wichtig, Unterschiede zu machen? Was ist für uns heute weiter relevant?*

- Wie man es auch dreht und wendet, **das Bild, das Paulus von Mann und Frau zeichnet, wirkt heute sperrig.** Die nach dem Sündenfall konstatierte Unterordnung (1Mose 3,16) hat viel Leid verursacht und wurde zu Recht durch Schritte zur Gleichberechtigung abgelöst. Deshalb gibt es aber **dennoch natürliche Unterschiede, die zu achten sich lohnt.**
- Ordnet sich der Mann Christus unter, dann bedeutet seine Überordnung gegenüber der Frau **Dienst und Hingabe** (Eph 5,25ff).
- Paulus spricht in eine bestimmte Zeit und Kultur. Christ zu sein, bedeutet demnach nicht, mit der eigenen Kultur zu brechen, solange sie dem christlichen Glauben nicht widerspricht. Im Gegenteil **wird ein kultursensibles Leben dem Evangelium die Türen öffnen.**
- Also stellt sich in jeder Zeit neu die Frage, wie wir selbst durch Haartracht und Kleidung unsere Freiheit in Christus und unsere Liebe zu den Menschen zeigen können.

Samstag, 25. Mai — 1. Korinther 11,17–26

● V 17–18: Eine bedrückende Situation: Die junge Gemeinde in Korinth wächst in einer Welt heran, die sie skeptisch beobachtet. Grund genug zusammenzuhalten. Aber sie ist innerlich tief zerstritten. Davon war in den bisherigen Kapiteln des Briefes schon öfters die Rede. **Die Streitigkeiten haben dazu geführt, dass sich Gruppen bilden.** Sie kommen also unter einem Dach zusammen und sind sich doch nicht einig.

● V 19: Paulus sieht nur ein Gutes: **Die Spreu wird sich so vom Weizen trennen.** Es werden die bleiben, die es lernen, andere Meinungen zu ertragen und sich in Liebe zu begegnen.

● V 20–22: Offensichtlich setzt die korinthische Gemeinde fort, was in Jerusalem begonnen hat (Apg 2,46f). Die Christen treffen sich in den Häusern und essen miteinander zu Abend. Allerdings: **Sie teilen nicht miteinander. Jeder isst, was er mitbringt. Und wer nichts hat, bleibt hungrig.** D. h. die Armen sitzen nicht nur vor leeren Tellern, sie werden bloßgestellt. Ihr Mangel wird sichtbar. Offensichtlich haben die Korinther eine andere Gewohnheit der ersten Gemeinde vergessen: **das Teilen und die Gütergemeinschaft.**

● V 23–26: **Der Gegensatz zum Abendmahl könnte größer nicht sein.** Jesus teilt nicht nur das Brot, er teilt sein Leben. Er schenkt nicht nur Wein ein, er vergießt sein Blut. Die Korinther mussten bei ihren Zusammenkünften noch nicht einmal Abendmahl feiern, schon die Tischgemeinschaft zeigte, wie weit entfernt sie von dem Geist sind, der Jesus geprägt hat. Wie aber kann man sich in Brot und Wein mit Jesus verbinden und gleichzeitig von denen distanzieren, für die er genauso gestorben ist?

Abendmahl wird heute nur selten in Verbindung mit einem gemeinsamen Essen gefeiert. Trotzdem festigt es unsere Gemeinschaft als Christen. Wann haben Sie diese Wirkung des Abendmahls in besonderer Weise erlebt?

Sonntag, 26. Mai — Psalm 68,1–19

● „Mir ist zum Feiern zumute", sagen wir manchmal, wenn wir eine große Herausforderung bestanden haben, eine berufliche Aufgabe, eine Krankheit oder ein Examen. Da möchten wir uns viel Zeit lassen, Freunde an unsere Seite holen und – feiern, ausgelassen feiern. So ungefähr muss es den Menschen damals zumute gewesen sein, die diesen Psalm formuliert haben. Er gilt als besonders zusammenhanglos, man weiß nicht und wird vielleicht nie wissen, ob er aus einzelnen Teilen besteht, die eigentlich nicht zusammengehören, oder ob doch eine Linie erkennbar ist. Manches ist schwer zu verstehen und muss so stehen bleiben. Was aber ganz deutlich ist: **Hier erhebt eine dankbare Gemeinde ihre Stimme, und nicht nur das: Das Volk Gottes, Israel, feiert seinen Gott, und es hat Grund dazu.** Es nimmt sich Zeit und benennt, warum es Gott feiert:

→ Er hat die Leute, die ihn verachteten und sein Volk verfolgten, erledigt (2–5).

→ Er hat sich besonders derer angenommen, die am Rande der Gesellschaft standen, Witwen und Waisen, Verlassenen und zu Unrecht Gefangenen (6–7).

→ Er ist schon immer seinem Volk treu gewesen, damals in Ägypten, in der Wüste und im verheißenen Land (8–11).

→ Er hat mit starken Worten Mut gemacht, wenn das Gottesvolk nicht mehr weiterkonnte (12–15).

→ Er ist bei ihm eingezogen und hat sich inmitten der Gemeinde niedergelassen (16–19).

● Bei einem solchen Gott: Kann man da etwas anderes, als ihn feiern? Da erklingt ein Lied nach dem anderen. Es muss nicht alles logisch aufeinanderfolgen. Man will ja feiern, spontan sein, Gott auf vielfältige Weise sagen, was er Gutes getan hat.

Ob wir das wieder lernen? Gott zu feiern? Das wird Gott sehr gefallen. Fangen wir doch gleich damit an, an diesem Sonntag, der dem dreieinigen Gott gewidmet ist. Wir haben Grund genug dazu!

Montag, 27. Mai   **1. Korinther 11,27–34**

- Die Angst, man könne Brot und Wein als **„Unwürdiger"** zu sich nehmen, hat schon manchen gehindert, am Abendmahl teilzunehmen. **Die Ausführungen von Paulus haben aber auch einen tiefen Ernst in sich.** Der Apostel droht mit dem Gericht. Können wir wirklich unseren Freispruch in Jesus verlieren?
- Zunächst liegt allerdings dieser Angst vor dem Abendmahl ein **Missverständnis** zugrunde. **Denn es geht nicht um eine unwürdige Person, sondern um ein dem Abendmahl nicht angemessenes Verhalten.** Wer wartet, bis er würdig ist, Gott zu begegnen, wird nie dahin kommen. Und am Tisch saßen mit Jesus in der Regel eine Menge Leute, die andere für unwürdig erklärt hätten. Beim ersten Abendmahl z. B. waren es Verräter und Verleugner.
- Wie gesagt, **Paulus geht es um das Verhalten. Er kritisiert die Selbstbezogenheit und Rücksichtslosigkeit im Umgang miteinander**, die dem Vorbild von Jesus widerspricht. Wie wollen sie sich von Jesus mit ewigem Leben beschenken lassen, wenn sie nicht einmal vom täglichen Brot etwas abgeben und nicht auf die warten können, die etwa wegen ihrer Arbeit erst später zu ihren Versammlungen dazustoßen können?
- **Der Egoismus in der Gemeinde hat Folgen:**

→ Das Leben des Einzelnen bleibt unter Gottes Gericht. **Die Vergebung, die im Abendmahl zugesprochen wird, ist wirkungslos.** Ihr wird sozusagen im selben Atemzug widersprochen, weil der Abendmahlsteilnehmer gleichzeitig an seinem Mitchristen schuldig wird.

→ Jesus und seine heilende Kraft finden keinen Raum in der Gemeinde. Wie soll man auch füreinander beten, wenn man sich gleichzeitig gegenseitig demütigt und ausgrenzt. **Wir können nicht Jesus lieben, ohne auf die Geschwister zu achten.**

- Demgegenüber gilt: Wer seinen Nächsten liebt, kann fröhlich Abendmahl feiern und alles mitbringen, was ihn von Gott trennt. Denn dazu verschenkt sich Jesus an uns, dass wir es verstehen: Er lädt uns ein. Die Würde dazu gibt es gratis.

Dienstag, 28. Mai   **1. Korinther 12,1–11**

- Offensichtlich liegt auch zu den **Gaben des Geistes** eine Frage aus Korinth vor. Paulus greift ein neues Thema auf und beginnt damit, dass er **die Grundgabe** beschreibt, die alle Gemeindeglieder haben: **das Bekenntnis zu Jesus als Herrn.**
- Hier findet sich im Urtext das Wort **„kyrios".** Es wurde in der griechischen Übersetzung des AT dort verwendet, wo der Name Gottes JHWH steht (vgl. 2Mose 3,14). Jesus knüpft im Joh mit seinen Ich-bin-Worten daran an und offenbart sich als Schöpfer, Erlöser und Herr der Welt.
- Jesus den Herrn zu nennen, heißt also, anzuerkennen, dass er Gott ist. „Herr Jesus" zu sagen, ist ein umfassendes Bekenntnis. Es ist umso bemerkenswerter, wenn man bedenkt, dass er als Verfluchter am Kreuz gestorben ist. **Wer in einem, den die Menschen als Gotteslästerer verurteilt haben, den König der Welt erkennt, dem hat der Heilige Geist die Augen geöffnet.** Das ist die Grundgabe des Glaubens. Erst dann folgen die weiteren Begabungen.

> *Welche Gaben entdecken Sie in sich und welche beobachten Sie bei anderen? Vergessen Sie dabei nicht, dass die Gabenliste in 1Kor 12 nicht vollständig ist. In Röm 12 z. B. zählt Paulus andere Aspekte auf.*

- V 4–6: Gaben werden dem Schöpfer zugeordnet, Ämter dem Sohn und Kräfte dem Heiligen Geist. In Gott selbst liegen verschiedene Aufgaben, die miteinander verbunden sind und sich gegenseitig unterstützen. **Denn das Markenzeichen geistlicher Gaben ist es, dass sie für die anderen da sind** (V 7). Wie sich im Abendmahl die Hingabe von Jesus zeigt, so offenbart sich in den Geistesgaben, dass Gott Liebe ist. Deshalb gibt er reichlich und fragt, was seine Geschöpfe, seine Gemeinde und seine Welt brauchen.
- „Echte Geistesgaben dienen und haben damit so viel zu tun, dass keine Zeit bleibt, sich selbst zu beobachten und zu rühmen." (Werner de Boor).

Mittwoch, 29. Mai   1. Korinther 12,12–26

● V 12: Der Schluss hat es in sich. **Paulus bezieht das Bild vom Leib wohl auf die Gemeinde, aber er endet hier mit der Aussage: So ist es bei Christus.** D. h. Christus ist nicht einfach irgendwo im Himmel und hat allenfalls eine besondere Beziehung zu seiner Gemeinde auf der Erde. **Christus und die Gemeinde sind eins.** Die Gemeinde ist die Gestalt, in der Christus seit Pfingsten auf der Erde gegenwärtig ist. Durch sie kommt Jesus zu den Menschen, berührt sie, verändert sie, führt sie zum Glauben und lässt sie darin wachsen. **Die Gemeinde ist der Ort, an dem sich Jesus finden lässt** (vgl. z. B. Lk 10,16).

● V 13: Ein Glied an diesem Leib wird man durch **die Taufe**. Mit ihr verbindet Paulus also ganz konkrete Auswirkungen, wie auch beim Abendmahl. **Die Taufe macht uns eins mit Christus und deshalb auch miteinander.** Standes-, Kultur- und Traditionsunterschiede spielen deshalb keine Rolle mehr.

> *Das ist leicht gesagt. Die Erfahrung zeigt, dass Unterschiede keinesfalls weggewischt sind, nur weil wir über die Schwelle einer Kirche gehen. Wie gehen Sie in Ihrer Gemeinde mit der Verschiedenheit um? Wodurch wird demgegenüber die Verbundenheit gestärkt?*

● V 14–25: In diesen Versen entfaltet Paulus, wie sehr der menschliche Körper davon lebt, dass er viele verschiedene Glieder hat. **Nicht die Einheitlichkeit erhält den Leib am Leben, sondern die Vielfalt.** Also nicht die Unterschiedlichkeit von Menschen bereitet einer Gemeinde Probleme, sondern die Art, wie sie damit umgeht. Paulus macht klar: **Kein Glied am Leib ist überflüssig, jedes Glied bleibt aber auch ergänzungsbedürftig durch die andern Glieder.**

● V 26: **Kennzeichen einer lebendigen Gemeinde ist die gelebte Solidarität**, d. h. die liebevolle Anteilnahme am Ergehen des anderen – sowohl in Freud wie in Leid.

Donnerstag, 30. Mai   1. Korinther 12,27–31

● V 27: Nachdem Paulus das Bild vom menschlichen Körper entfaltet hat, fasst er noch einmal zusammen, was das für die Christen in Korinth bedeutet: **Ihr seid der Leib Christi.** Ihr seid diese Glieder. D. h. **ihr seid verschieden und doch aufeinander angewiesen.** Ihr seid durch die Taufe ein Teil von Christus auf der Erde und sollt aufeinander achthaben.

● V 28: Die Voraussetzung dafür, dass Christen einander im Glauben fördern und unterstützen können, hat Gott selbst gegeben. Er beschenkt die Gemeinde mit Menschen, die er für besondere Aufgaben befähigt. Die Gaben, die eine Gemeinde braucht, legt Gott selbst in sie hinein. **Apostel, Propheten** (Eph 2,20) **sowie Lehrer legen das Fundament.** Gemeinsam ist ihnen, dass ihnen das Wort Gottes anvertraut ist, das sie auf unterschiedliche Weise an die Gemeinde weiterzugeben haben. Dabei sind Propheten einerseits die Männer des Alten Bundes, die auf Christus hingedeutet haben, um sein Leben und Leiden zu erklären. Es sind aber auch heute Menschen, die Gottes Wort zutreffend für die Zeit und Situation auslegen und der Gemeinde zusprechen.

● V 28b: Darüber hinaus gibt es Gaben, die Gottes Liebe und Heil sichtbar machen. Paulus nennt **außergewöhnliche Heilungen genauso, wie die schlichte Bereitschaft zu helfen.** Immer gilt: Würde es nur eine dieser Gaben geben, dann wäre der Gemeinde in Summe nicht geholfen.

> *V 31: Welche „größeren Gaben" könnte Paulus meinen? Was denken Sie, ist der Dreh- und Angelpunkt eines lebendigen Gemeindelebens?*

● In Verbindung mit 1Kor 14,12 übersetzt die Neue Genfer Übersetzung V 31a so: **„Bemüht euch um die Gaben, die der Gemeinde am meisten nützen!"** Das würde bedeuten, dass die größeren Gaben an verschiedenen Orten ganz unterschiedlich sein können. Im nun folgenden Kapitel wird dieser Gedanke noch einmal vertieft.

Freitag, 31. Mai   **1. Korinther 13,1–7**

Aus diesem Bibelabschnitt wählen Brautpaare gerne ihren Trautext. Er spricht aus, was sie an ihrem großen Tag hören wollen: „All you need is love" … Aber diese Verse werden auch von Menschen sehr geschätzt, die sich selbst nicht als Glaubende verstehen.

● Paulus zeigt nun in diesem Abschnitt auf, dass die alles überstrahlende Liebe der noch bessere Weg gegenüber allen Charismen (= Gnadengaben) ist, die in Korinth so hoch geschätzt waren. **Die Liebe ist die höchste Gnadengabe** (vgl. Gal 5,22).

● Liebe begegnet uns heute meist als sentimental gebrauchter Begriff, vielfältig und oberflächlich besungen etwa in Schlagern. Dagegen hat die Liebe, wie Paulus sie beschreibt, Tiefgang und Format. Im griechischen Urtext steht hier der Begriff **„agape"**, der **in der Bibel** immer **die Liebe beschreibt, mit der Gott uns zuerst liebt** (Joh 3,16). Nicht weil wir besondere Vorzüge und Verdienste vorweisen könnten, sondern allein darum, weil wir Gottes Liebe und sein rettendes Erbarmen brauchen. **„Agape"** ist Gabe des Heiligen Geistes (Röm 5,5), die Gott selbst in unsere Herzen gelegt hat, damit wir auch andere lieben können.

● V 1–3: **Selbst herausragende Geistesgaben** wie vollmächtige, wegweisende Verkündigung, tiefe geistliche Erkenntnisse, ein Berge versetzender Glaube und selbstlose Opferbereitschaft **sind vor Gott nur Schall und Rauch, wenn in ihnen die Liebe fehlt**.

● V 4–7: Achtmal nennt Paulus das, was die Liebe nicht tut, und siebenmal, was sie bewirkt: Sie hat einen langen Atem, sie ist nicht berechnend und erfolgsorientiert; sie lässt sich auch durch Böses nicht aus der Spur bringen. Sie schätzt die Wahrheit hoch, weil diese **ohne** die Liebe überheblich und gesetzlich wirkt, die Liebe **ohne** die Wahrheit aber zur bloßen Sentimentalität abgleiten kann. **Die Wahrheit kommt** also **nur Hand in Hand mit der Liebe zum Ziel**, die den Mitmenschen mit den barmherzigen Augen Gottes sieht.

Samstag, 1. Juni   1. Korinther 13,8–13

● V 8–10: „Die Liebe hört niemals auf." Paulus wird nicht müde, die **Überlegenheit der Liebe** und **ihre bleibende Bedeutung** gegenüber der Prophetie, der Zungenrede und der Erkenntnis herauszustellen. Diese Geistesgaben waren in der Gemeinde in Korinth besonders hoch geschätzt. Sie werden von Paulus zwar keineswegs als zweitrangig eingestuft; sie sind letztlich doch nur **„Stückwerk"**, das einmal überflüssig und vom Vollkommenen abgelöst wird, wenn einmal Gottes Herrlichkeit erscheint.

● V 11: Prophetie und Erkenntnis haben für Christen trotzdem ihren bleibenden Wert. Mit dem **Bild von der Kindheit** erinnert Paulus daran, dass Kinder sich eifrig um Wissen bemühen und dann ihre eigenen Vorstellungen entwickeln. Als Erwachsene erkennen sie aber deutlicher, wie alles im Leben zusammenhängt, und legen dann die Denkweisen der Kindheit ab. So wird das, **was uns jetzt in aller Vorläufigkeit vor Augen steht, einmal vom Glanz der himmlischen Herrlichkeit überstrahlt** werden.

● V 12: Mit dem **Beispiel eines Spiegels**, der in der Antike aus einer blanken Metallscheibe bestand und nur ein **schemenhaftes Bild** wiedergab, will Paulus Ähnliches ausdrücken: Jetzt erkennen wir Gottes Wirklichkeit nur dunkel wie „durch einen Spiegel". Erst **in Gottes vollendetem Reich werden wir ihn einmal vollständig erkennen**, wenn wir ihn „von Angesicht zu Angesicht" sehen (vgl. 1Joh 3,2).

● V 13: Den drei Charismen **Prophetie, Zungenrede, Erkenntnis**, die am Ende dieser Weltzeit aufhören werden, stellt der Apostel die Gaben **Glaube, Hoffnung, Liebe** gegenüber, die bleiben werden. „In Glaube, Hoffnung und der dies überragenden Liebe ist unser Leben jetzt schon in der Dimension der Ewigkeit verankert" (H. Krimmer).

> ✏ Glaube, Hoffnung, Liebe. Warum ist die Liebe „die größte unter ihnen"?

Sonntag, 2. Juni — Psalm 133

- Mit **Brüdern** ist das so eine Sache. Man freut sich, dass man einander hat, aber oft genug kommt es zum Streit. Das war schon in der Bibel so, man denke nur an Kain und Abel oder an Esau und Jakob. Besonders konfliktträchtig waren im alten Israel in diesem Zusammenhang die Erbgesetze. Damals wurden die Familiengüter nach dem Tode des Vaters ungeteilt an die Söhne übertragen. Sie mussten selbst miteinander klären, wie sie das **Erbe** unter sich aufteilen wollten. Oft hat es darüber erbitterten Streit gegeben, weil Brüder sich nicht einigen konnten. Diese Vorgänge stehen wohl im Hintergrund dieses Psalms, der der Weisheitsliteratur Israels zuzurechnen ist.
- **Ein Loblied wird gesungen, wenn Brüder nicht im Streit auseinandergehen**, sondern sich gütlich einigen und im Frieden miteinander leben. Ganz wunderbar, mit zarten Bildern wird das beschrieben. Der Beter malt „in Bildern, die Erquickung und Erfrischung ausstrahlen, das Glück der Lebensgemeinschaft unter den Brüdern" (H.W. Wolff). Es sind Bilder des Friedens: Das Öl hat immer in der Bibel eine heilende, reinigende Kraft, und der Tau auf den Feldern ist genau das Gegenteil vom Panzerdonner auf sandigem Gelände. Wenn Brüder im Frieden miteinander leben, erfahren sie den Segen Gottes, der ihnen erfülltes Leben beschert.
- Was hier steht, gilt auch für Brüder im Geiste, für Glaubensbrüder. Es muss wohl immer wieder besonders den Männern gesagt werden, dass sie im Frieden miteinander leben sollen, weil sich bei ihnen in besonders heftiger und spaltender Weise Neid, Geiz und Hochmut einschleichen können. Viele christliche Gemeinden sind am Streit zweier „Brüder" zerbrochen. Umso mehr gilt: **Das eigene Ego zurückstellen und das Wohl des anderen wertschätzen, das bringt Segen in eine Familie und auch in eine Gemeinde.** Biblische Weisheit ist Lebensweisheit.

Montag, 3. Juni — 1. Korinther 14,1–11

Die Agape will im Leben der Christen sichtbar werden. Deshalb mahnt Paulus, nach der Liebe zu streben. Sie soll auch den Gebrauch der Charismen in der Gemeinde prägen.

- V 1–4: Für die Korinther galt die Zungenrede (Glossolalie; auch „Sprachengebet" genannt) als die höchste Geistesgabe; für Paulus steht dagegen die Prophetie an erster Stelle. Denn sie ist für alle verstehbar und nachvollziehbar. Deshalb sollen die Gemeindeglieder nach ihr streben. **Wer in Zungen betet, lobt und preist Gott** in für andere unverständlichen Worten und **erbaut sich dabei nur selbst. Dagegen richtet sich die prophetische Rede an die ganze Gemeinde**, die durch diese Botschaft im Glauben gestärkt, getröstet, aber auch zur Umkehr ermahnt wird.

- V 5: Paulus wünscht zwar allen Korinthern die Gabe der Glossolalie, über die er auch selber verfügt (V 18). **Größere Bedeutung für den Glauben haben aber die, die** prophetisch reden und **der Gemeinde verkünden, was Gott konkret von ihr erwartet bzw. ihr zuspricht.** Zur geistlichen Stärkung dient die Zungenrede nur, wenn sie jemand in verständliche Worte übersetzt.

- V 6–11: Für die **Gemeinde in Korinth** scheint die **Zungenrede Ausdruck eines besonders geisterfüllten Glaubens** zu sein. **Paulus** geht es aber um **Verstehbarkeit**, um **klare, verständliche Lehre und Verkündigung**. Am Beispiel von Musikinstrumenten verdeutlicht er: Wenn statt reiner Töne nur Misstöne gespielt werden, kann man die Melodie nicht mehr heraushören. Wenn die Gemeinde bei der Zungenrede keine klaren Worte vernimmt, sind sie vergeblich geredet. Und Sprache verfehlt dann ihren Zweck, wenn Menschen, die miteinander reden, sich dabei nicht verstehen können.

> ✎ Ist unsere gottesdienstliche Sprache für alle Zuhörer verständlich? Wie denken Sie darüber?

Dienstag, 4. Juni   **1. Korinther 14,12–25**

● V 12.13: Die Christen in Korinth sollten das im Auge behalten: **Alle Charismen sollen der Stärkung der Gemeinde im Glauben dienen**. Es darf keinen ungeistlichen Wettkampf geben, wer die größte Geistesgabe besitzt. Gemeindeglieder, die in Zungen reden, sollen vielmehr Gott darum bitten, dass sie die sonst unverständlichen Gebetsworte auch zum Nutzen der Gemeinde übersetzen können.

● V 14–19: **Wer im Geist betet, der lobt und preist Gott im persönlichen Gespräch** mit ihm, ohne dass der Verstand beteiligt ist. Aber **davon hat der Mitchrist im Gottesdienst nichts**. Der Heilige Geist benützt aber auch den Verstand – beim Gotteslob mit verständlichen Worten und Liedern. **Durch geisterfüllte und verstehbare Verkündigung wird die Gemeinde im Glauben unterwiesen und gestärkt**. Durchaus provokativ schreibt Paulus, dass er in der Gemeinde lieber fünf Worte mit Verstand redet als zehntausend in Zungen.

● V 20–25: Bei allem gottesdienstlichen Geschehen, speziell bei prophetischem Reden und der Zungenrede, muss gefragt werden: Wie wirken diese Gaben auf unkundige Gäste im Gottesdienst? Ist das, was sie da erleben, für sie nachvollziehbar? **Paulus betont** deshalb, **dass die Verkündigung verständlich und die Gemeinde einladend sein muss**, damit die Besucher nicht den Eindruck gewinnen: Diese Christen sind verrückt! Mit dem Zitat aus Jes 28 will der Apostel verdeutlichen, dass **Außenstehende von der Zungenrede nichts verstehen und davon eher abgeschreckt werden. Hören sie im Gottesdienst eine verständliche Botschaft, würden sie davon persönlich getroffen**; sie würden ihre wahre Lage vor Gott erkennen, zum Glauben finden, Gott anbeten und erkennen: Gott ist hier gegenwärtig.

Was müsste geschehen, dass mehr Außenstehende in unsere Gottesdienste kommen und dabei persönlich angesprochen werden?

Mittwoch, 5. Juni   1. Korinther 14,26–33a

Im Gegensatz zu den Gottesdiensten bei uns, die meist nach einem festen liturgischen Ablauf gefeiert werden und an denen nur wenige aktiv beteiligt sind, waren **die Gottesdienste in der Gemeinde in Korinth von einer bunten Vielfalt geprägt**. Viele Gemeindeglieder gestalteten mit ihren Gaben und durch spontane Beiträge den Gottesdienst mit, was nicht selten zu einem chaotischen Verlauf führte. **Paulus** möchte das verhindern und **stellt deshalb klare Regeln auf, wie Gottesdienste verständlich und ordentlich ablaufen sollen**.

● V 26: **Jedes Gemeindeglied soll seinen Beitrag** entsprechend der ihm geschenkten Geistesgabe **einbringen**. Keiner darf den Gottesdienst dominieren und sich über andere erheben. Paulus nennt als die gemeinsame Feier bereichernde Gaben: Psalmen, also alte und neue Loblieder, die Glaubenslehre, prophetische Offenbarungen und die Zungenrede. Diese **Charismen dienen aber nicht zur Selbstdarstellung, sondern dem Wachstum und der Festigung der Gemeinde im Glauben**.

● V 27–31: Bei den Zungenrednern und den Propheten sollen jeweils zwei oder drei nacheinander reden. Keiner darf sich vordrängen und andere nicht zu Wort kommen lassen. Die Gemeinde soll auch die prophetische Rede prüfen, ob sie mit dem Evangelium übereinstimmt. **Zungenrede ist nur dann erlaubt, wenn sie jemand übersetzt**.

● V 32–33a: Wenn die Christen in Korinth ihre **Geistesgaben in den Gottesdienst einbringen**, soll das **in Liebe und gegenseitiger Achtung geschehen**. Unordnung und Streit missfallen Gott, denn er ist ein Gott des Friedens!

Sollten im Gottesdienst Ihrer Gemeinde neben Pfarrer / Pfarrerin mehr Gemeindeglieder mitwirken? Und fehlen Ihnen auch spontane Beiträge wie z. B. ein persönliches Zeugnis? Oder ist Ihnen der traditionelle, festgelegte Gottesdienstablauf lieber?

Donnerstag, 6. Juni   **1. Korinther 14,33b-40**

- Mitten in seinen Anweisungen, wie Gottesdienste verständlich und ordentlich ablaufen sollen, spricht Paulus überraschend die **Rolle der Frauen in der Gemeindeversammlung** an: **Sie sollen dort schweigen.** Eine Aussage, die für uns heute nur schwer zu verstehen und zu akzeptieren ist. Sie hat ja dazu geführt, dass Frauen über lange Zeit ein öffentlicher Predigtdienst nicht gestattet war. **Weil Paulus** aber **in 1Kor 11,5 davon ausgeht, dass Frauen im Gottesdienst öffentlich beten und weissagen,** führt hier **sein absolutes Schweigegebot für Frauen zu Fragen**.

- Paulus hat den missionarischen Dienst von Frauen geschätzt. In Röm 16,3–5 erwähnt er zum Beispiel seine Mitarbeiterin Priska (Priszilla), die Frau von Aquila (vgl 1Kor 16,1) vor ihrem Mann, was ein Ausdruck ihrer besonderen Wertschätzung durch den Apostel ist. Warum untersagt Paulus dann den Frauen, im Gottesdienst öffentlich zu reden? Vielleicht deshalb, weil **damals manche Frauen mit lautstarken Wortmeldungen sich in den Vordergrund gedrängt haben.** Sie haben damit gegen die damalige Sitte verstoßen und so für ein negatives Image der Gemeinde in der Öffentlichkeit gesorgt. Eine andere Erklärung für das Redeverbot: **Paulus „hat das fragende Dazwischen-Reden im Blick**. ... Gottesdienst ist nicht der Ort zum Austausch von Meinungen und Fragen, sondern hier ist Raum der geistgewirkten Gaben, die der Auferbauung dienen sollen" (H. Krimmer).

- Zum Schluss des Kapitels schlägt der Apostel den Bogen zu 14,1 zurück, indem er noch einmal die **Wichtigkeit der Charismen** betont, **besonders der prophetischen Rede**, weil diese Gabe für die Gemeinde und für ihren Auftrag unentbehrlich ist. Damit die Christen in Korinth eine positive Außenwirkung entfalten können, soll „alles ehrbar und ordentlich geschehen", also ohne Hochmut, Lieblosigkeit und Streitereien. Das gilt auch für Christen heute.

Freitag, 7. Juni   **1. Korinther 15,1–11**

Heute steigen wir in das große Kapitel über die **Auferstehung** ein. Wie bringt Paulus seinen Lesern diesen Kernpunkt des Glaubens nahe?

● Zunächst zeigt Paulus auf, **wie breit das Ereignis bezeugt** ist. Die Auferstehung ist nicht ein erhebender spiritueller Gedanke, sondern ist so in Raum und Zeit geschehen, dass seine Leser Hunderte Menschen befragen könnten, die alle noch den Auferstandenen leibhaftig erlebt haben (V 5–7). Die Nennung der Namen fordert auf: Prüf es nach, mach den Test! Es trägt!

> *Hand aufs Herz: Wie sicher ist Ihr Fundament des Glaubens? Haben Sie den Mut, Zweifeln ins Auge zu sehen und Gott zu bitten, Ihnen festen Boden unter den Füßen zu geben.*

● V 3ff: Paulus greift auf **ein Bekenntnis der ersten Gemeinden** zurück, in dem das **Zentrum des christlichen Glaubens** formuliert ist. Dies ist die gemeinsame Grundlage, die von allen Aposteln geteilt (V 11) und weitergegeben wird (V 3). Wie Paulus empfangen wir diese Botschaft und können sie unsererseits weitergeben (V 3).
→ Das Heil bleibt, was es ist: „Dass Christus **gestorben ist für unsre Sünden** nach der Schrift" (V 3). Jesus hat am Kreuz unseren Platz eingenommen; er ist unseren Tod gestorben. Damit hat er uns den Zugang zu Gott erworben; in seinem Tod finden wir das Leben.
→ **Das Kreuz führt in** die **Demut:** Paulus nennt sich sogar eine Fehlgeburt (V 8), weil er lange mit seinem religiösen Eifer danebenlag (V 9). Doch das macht ihn nicht klein: Paulus kann auf das verweisen, was „die Gnade" durch ihn tut (V 10), weil es nicht mehr um ihn geht, sondern um Gott.
→ Diese Grundlage macht **Einheit in Vielfalt** möglich: Nach den vielen Konflikten in der Gemeinde, die Paulus im Brief angesprochen hat, weist er hier auf das Kraftzentrum hin, das die Fliehkräfte zusammenhält.

Samstag, 8. Juni   **1. Korinther 15,12–19**

• Paulus erklärt so ausführlich wie nirgends sonst, dass Jesus wirklich auferstanden ist. Wie so oft im 1Kor steht auch hier ein **konkreter Anlass** im Hintergrund: In der Gemeinde ist eine **Strömung aufgekommen, die behauptet, dass die Toten nicht auferstehen werden** (V 12). Christsein findet nur im Hier und Jetzt statt. Eine Hoffnung auf ein künftiges, unzerstörbares Leben gibt es nicht und damit auch keine Heilung dieser kaputten Welt, kein Ziel, auf das wir zugehen und in dem wir Gott sehen werden, wie er wirklich ist. So die Haltung dieser Auferstehungsleugner.

• Paulus zeigt glasklar auf, wohin es führt, an dieser Stelle **Abstriche** zu machen:

→ Dann ist die Verkündung von Jesu Auferstehung eine Lüge und das ganze Unternehmen „Gemeinde Jesu" ein riesengroßer Schwindel (V 15). Damit ist der Glaube an Jesus „vergeblich" (V 14). **Wenn sich christlicher Glaube nur noch auf das Diesseits beschränkt, bleibt von seiner Substanz nicht viel übrig.** Man kann mancher früheren Frömmigkeit den Vorwurf machen, dass sie sich zu sehr in eine Hoffnung auf das Jenseits geflüchtet hätte, aber es hilft nicht, den Spieß umzudrehen, den Horizont der Ewigkeit auszublenden und sich mit dem Diesseits abspeisen zu lassen.

→ Dann können wir auch mit Jesu Tod am Kreuz nicht viel anfangen: Es bleibt eine bewundernswerte Tat der Hingabe, doch dann „seid ihr noch in euren Sünden" und „euer Glaube ist nichtig" (V 17), weil es **keine Befreiung gibt, keine Kraft und keine Hoffnung**.

• Paulus ist knallhart: Orientiert sich der Glaube allein auf den irdischen Jesus – ohne die Gewissheit seiner Auferstehung –, dann „sind wir die elendesten unter allen Menschen" (V 19).

> *Fühlt sich Glaube für Sie manchmal kurzatmig an? Im weiten Horizont der Hoffnung auf die Ewigkeit bekommt vieles erst seinen Sinn.*

Sonntag, 9. Juni — Psalm 36

In diesem Psalm stoßen wir auf eine **„betrachtende Gegenüberstellung"** (Hans-Joachim Kraus). Dem üblen Treiben der Gottlosen (V 2–5) steht das Glück derer gegenüber, die in der Gemeinschaft mit Gott leben (V 6–10):

V 2–5: **Der Gottlose** kennt keinen Respekt vor Gott, sondern ist sich selbst das Maß aller Dinge. In seinem „Herzen" sinnt er auf Böses. Dafür ebnet er sich selbst den Weg, wie V 3 wohl übersetzt werden muss. Böse Absichten und entsprechendes Handeln bedrohen den Gläubigen. Der bittet Gott um Hilfe (V 12).

V 6–9: Ein völliger Kontrast zu den vorigen Aussagen! Dem üblen, zum Glück nur räumlich und zeitlich begrenzten Wüten des Gottlosen steht die unabsehbare, globale Segensfülle entgegen, die **den Frommen im Tempel** erwartet. Die Reichweite der göttlichen Huld gleicht – bildlich gesprochen – von den „Gottesbergen" – also hohen Bergen, die mächtig aufragen – bis zur „großen Tiefe", mit der wohl eine Art Urmeer gemeint ist (siehe 1Mose 1,6). Auch die „Tiere" gehören in die Segenszone Gottes hinein. Mit dem „Schatten deiner Flügel" sind die Cherubenflügel im Tempel gemeint (1Kön 6,22f). Beim „satt werden" ist an die Fettstücke des Opfers zu denken, die im Tempel verzehrt werden (siehe Jes 43,24).

V 10: Der Beter zieht ein Fazit: **Gott allein ist die „Quelle des Lebens."** Er schließt daraus: „in deinem Lichte sehen wir das Licht", d. h. wer Gott ist, geht nur dem auf, der sich auf Gott einlässt, also in sein „Licht" tritt.

> ✏ Diese Einsicht hat eminente Bedeutung: Ich kann einem Außenstehenden nur begrenzt erklären, was es mit dem Glauben auf sich hat. Er muss selber einen Schritt gehen und in Beziehung zu Gott treten. Wie kann ich ihn dazu ermutigen?

V 11–13: Die abschließenden Bitten laufen darauf hinaus: Gott möge ihn, David, **festhalten und vor der Bosheit anderer bewahren.**

Montag, 10. Juni   1. Korinther 15,20–28

● Dass Jesus aus dem Grab auferstanden ist, ist eine **historische Tatsache.** Wie gut und breit dieses Ereignis belegt ist, gestehen auch Althistoriker immer wieder zu. Der Glaube an eine Auferstehung (auch die eigene) kann sich schräg anfühlen in einer säkularen Welt, die alles Übernatürliche leugnet. Paulus macht Mut, **sich festzumachen an der Auferstehung Jesu,** die das Tor zum ewigen Leben aufgestoßen hat.

→ **Christus ist der „Erstling"** unter den „Entschlafenen" (V 20.23), der wieder zum Leben erweckt wurde. Nach dem Erstgeburtsrecht hat der Erste eine große Bedeutung: Er **bahnt den Weg** für alle, die nach ihm kommen, so wie auch Adams Verbannung aus dem Paradies alle seine Nachkommen mit sich in die Sterblichkeit zog (V 22). Wer Jesus nachfolgt, folgt nicht nur seinem Tod, sondern auch seiner Auferstehung und seinem neuen Leben.

→ So gilt die **Stellvertretung** Jesu mit dem Tod am Kreuz auch für die Auferstehung: Wer sich mit seinem Sterben verbindet, wird es auch mit seinem Leben tun.

● Das Leben auf dieser Welt hat **ein großes Ziel: Dass Jesus seine gute Herrschaft sichtbar aufrichtet** (V 24). Ohne dieses Ziel macht vieles in dieser Welt nicht wirklich Sinn.

→ Paulus greift hier auch Aussagen aus dem AT auf: V 25 klingt an Ps 110,1 an und V 27 zitiert Ps 8,7. Diese Zitate dienen hier weniger zur Argumentation, sondern zeigen eher, wie sehr Paulus aus dem Fundus der alttestamentlichen Schriften schöpft und christliche Hoffnung in den **großen Bogen biblischer Heilsgeschichte** stellt.

→ Der **Tod** ist der **„letzte Feind"** (V 26): Wer je am Grab eines viel zu früh verstorbenen Menschen gestanden hat, kann dem nur zustimmen.

> ✎ *Stellen Sie diesen Tag bewusst unter die Herrschaft Jesu. Was kann es für Sie bedeuten, dass Ihr Leben auf das von Paulus dargelegte Ziel zuläuft?*

Dienstag, 11. Juni 1. Korinther 15,29–34

Die Auferstehung ist der **Zielpunkt unseres Glaubens**. Paulus argumentiert leidenschaftlich, um seinen Lesern diese Hoffnung plausibel zu machen:

● Als Erstes greift er **ein Phänomen** aus dem damaligen Gemeindeleben in Korinth auf, **das seltsam anmutet: Manche ließen sich stellvertretend für andere taufen, die ungetauft gestorben waren.**

→ Diese Praxis wirft Fragen auf: Glaubte man, sie dadurch vor dem Gericht zu bewahren? Waren es Gläubige, zu deren Taufe es nicht mehr gekommen war, oder meinte man, dadurch Nichtgläubigen den Weg zu Gott nachträglich bahnen zu können?

→ Paulus stellt dies nicht als Vorbild hin, sondern will damit nur zeigen: Wenn euch die Taufe der Verstorbenen so wichtig ist, wieso lasst ihr euch dann von der These beeindrucken, dass es gar keine Auferstehung geben wird (V 12)?

● **Paulus spricht auch von sich selbst**: Seine Leser wissen, welche Strapazen und Gefahren er ständig für die Verbreitung seiner Botschaft in Kauf nimmt. Er ist kein Masochist, sondern sagt ganz nüchtern: Ohne dieses höhere Ziel, das den Horizont des irdischen Lebens übersteigt, würde all das überhaupt keinen Sinn machen.

→ Die **„wilden Tiere"** in Ephesus (V 32) sind vielleicht bildlich gemeint für eine extrem gefährliche Situation; vielleicht spielt Paulus hier auf den in Apg 19,23ff geschilderten lebensbedrohlichen Aufruhr in Ephesus an.

→ Das Sprichwort aus V 32 könnte von heute stammen. **Unsere säkulare Kultur reduziert die Welt auf das Diesseitige; in der Folge verliert sie sich oft in Lifestylefragen und im Genuss des Augenblicks.**

> ✎ *Wenn Sie Ihr Leben vor dem Horizont der Ewigkeit betrachten: Wo brauchen Sie neue „Nüchternheit" (V 34), um sich nicht in Vergänglichem zu verlieren? Wo gehen Sie vielleicht selbst zu sehr im Zeitgeist auf (V 33)?*

Mittwoch, 12. Juni   1. Korinther 15,35–49

Die Auferstehung ist zentral für den christlichen Glauben. Dennoch bleibt sie **für uns oft unvorstellbar bzw. abstrakt.** Um das zu ändern, knüpft Paulus am natürlichen Leben an, in dem er **Analogien** entdeckt:

● Auch in der Pflanzenwelt entsteht neues Leben gerade da, wo das alte stirbt. Ein **Samenkorn** enthält die Anlagen für das Neue, aber dies kann sich erst dadurch entfalten, dass es selbst in der Erde vergeht (V 36–37). Jesus ruft dazu auf, dass das Samenkorn in der Erde sterben muss, weil erst dadurch die herrliche Frucht möglich wird (Joh 12,24).

● **Die neuen Leiber der Menschen werden nicht abstrakt bzw. gestaltlos und irgendwie alle gleich sein.** Schon in der geschaffenen Welt gibt es Fische, Vögel und Landtiere, dazu Himmelskörper wie Sonne und Mond, die auch alle unterschiedlich sind. Genauso wird Gott „einem jeden Samen seinen eigenen Leib" geben (V 38–41).

● Wie das Leben, das aus dem Samen entsteht, so viel dynamischer ist als das Samenkorn selbst, so wird **das geistliche Auferstehungsleben das Irdische bei Weitem übertreffen an Herrlichkeit und Kraft** (V 42–44). In der Alten Kirche gab es dazu **ein Symbol: der Schmetterling.** Während die Raupe am Boden kroch und futterte, entfaltet der Schmetterling **eine ungeahnte Schönheit und Leichtigkeit.** Es ist beides dasselbe Wesen, doch im Schmetterling kommt es erst zur Vollendung und erreicht eine völlig neue Stufe. Der Weg dahin führt durch das Stadium der „Puppe", in dem sich die Raupe in einen Kokon einschließt und wie tot auf die Verwandlung wartet.

Lassen Sie sich von dieser Aussicht inspirieren: Das Leben, wie es an diesem Tag wieder vor Ihnen liegt, ist erst das „Raupenstadium" – wie könnte die Metamorphose aussehen? Und welche „Flügel" könnte dies Ihnen schon heute verleihen?

Donnerstag, 13. Juni   1. Korinther 15,50–58

Dies ist der **Horizont der Hoffnung**, unter dem unser Leben steht: **Das Vergängliche wird vom Unvergänglichen abgelöst und überzogen werden** (V 51; 53–54).

● Paulus offenbart „ein Geheimnis" und meint damit offensichtlich, dass Jesus noch in seiner Generation wiederkommen wird. Es wird jedenfalls diesen Endpunkt der Geschichte geben, an dem **in einem Augenblick die Toten auferstehen und die noch Lebenden verwandelt werden** (V 51–52; vgl. 1Thess 4,15–17). Es wird ein Moment des Jubels und Triumphes sein (wenn Jesus auf die Erde zurückkehrt, was hier nicht erwähnt wird), von der Fanfare einer Posaune begleitet (V 52).

● Paulus zitiert „das Wort, das geschrieben steht" (V 54), wohl aus Jes 25,8 und Hos 13,14, wo bereits die Überwindung des Todes anklingt. **Schon bei den Propheten im AT war also die Hoffnung auf ein Leben nach dem Tod angelegt.** Deshalb konnten zur Zeit Jesu die Pharisäer an eine Auferstehung der Toten glauben, während die Sadduzäer dies ablehnten (Mk 12,18).

● V 56: Was den Tod lebendig hält, ist die Sünde, die ihn immer wieder herbeiführt. Das Gesetz macht sie insofern „kräftig", als durch den markierten Rahmen die Übertretung erst deutlich wird. An anderer Stelle führt Paulus präziser aus, dass das Gesetz der „Pädagoge", der „Zuchtmeister" ist (so Luther für das griech. „paidagogos"), der das Problem nur eingrenzen, aber nicht von Grund auf lösen kann (Gal 3,19–25; vgl. Röm 3,19–20).

● Diese Überwindung des Todes **ist der große Sieg, den Jesus uns heute schon gegeben hat** (V 55.57). Darum ist nichts vergeblich, was wir in das „Werk des Herrn" investieren (V 58).

Haben Sie Sehnsucht danach, dass dieses Unvergängliche, Vollkommene endlich da ist? Unterstellen Sie diesen Tag dem Sieg Jesu! Er kann auch heute Hürden wie Sünde, Trägheit und Traurigkeit überwinden.

Freitag, 14. Juni   **1. Korinther 16,1–12**

Heute biegt Paulus in die Schlusskurve seines Briefes ein und hat noch ein paar „Orga-Punkte" auf der Liste. Auch diese praktischen Dinge können inspirieren:

● V 1–4: Die **Geldsammlung:** Wie in anderen Briefen (z. B. 2Kor 8.9) bereitet Paulus die große Kollekte für die notleidende Gemeinde in Jerusalem vor. Ein paar Züge werden deutlich:

→ **Paulus motiviert über das Beispiel anderer:** Seht, ihr seid nicht die Einzigen, es ziehen viele an einem Strang.

→ Am besten schaut man nicht erst am Ende, ob etwas übrig ist, sondern **legt schon am Anfang der Woche etwas beiseite**.

→ **Stetigkeit zahlt sich aus**: Die Leute sollen nicht erst mit der Sammlung loslegen, wenn der Besuch von Paulus ansteht, sondern kontinuierlich etwas im „Sparschwein" sammeln. So kann aus vielen kleinen Gaben eine große Hilfe werden.

→ **Finanzen sind Vertrauenssache**: „Bewährte" Leute sollen die Sammlung an sich nehmen und auf die immer auch gefährliche Reise mitnehmen.

● V 5–8: **Reisepläne:** Paulus gibt an seinen Plänen und Absichten Anteil, bevor alles fertig unter Dach und Fach ist. Dass seine offene Kommunikation nicht ausreicht, um Misstrauen und Vorwürfen in Korinth den Wind aus den Segeln zu nehmen, lässt sich in 2Kor nachlesen.

● V 10–12: Sein **Netzwerk: Paulus ist kein Einzelkämpfer,** wie die teils ausführlichen Grußteile seiner Briefe zeigen. In einem dichten Netzwerk sind Mitarbeiter vielerorts unterwegs, finden sich zusammen, teilen sich wieder auf. Dabei entwickeln einige wie Timotheus (V 10; vgl. 4,17) und Apollos (V 12; vgl. 1,12; 3,4–5.22 und Apg 18,24–28) eine bedeutende Eigenständigkeit, immer eingebunden in den Rückhalt der Apostel, wie Paulus ihn hier ausdrücklich ausspricht (V 10).

Wie bereichernd sind Ihre Verbindungen zu Christen aus anderen Gemeinden?

Samstag, 15. Juni   1. Korinther 16,13–24

Zum Schluss möchte Paulus noch ein paar **Ermahnungen und Grüße** loswerden:

→ **Ein gutes Wort über seinen Mitarbeiter Stephanas**, der mit einer Gruppe aus Korinth zu Paulus nach Ephesus gekommen ist (und vermutlich den Brief der Korinther mit den Fragen und Anliegen mitgebracht hat, die Paulus nun in seinem Antwortschreiben aufgegriffen hat). Ob hinter den Ermahnungen von V 15.16 Spannungen oder Streitigkeiten stehen, wird nicht deutlich. Es könnte sein, dass gerade der schlichte Dienst des Stephanas in der Gemeinde nicht die nötige Wertschätzung erfährt, weil man sich mehr an den vermeintlichen „Stars" in der Gemeinde orientiert (vgl. 1,10–17).

→ V 17: Paulus hat sich sehr über die Ankunft der Mitarbeiter gefreut. Bei aller „Arbeit" für Gott schimmern bei ihm auch immer wieder **die herzlichen Beziehungen** durch. Auch der große Apostel war angewiesen auf tiefe Zugehörigkeit.

→ V 19.20: **Weitere Grüße vertiefen das Netzwerk.**

• Paulus flankiert seine Grüße mit seinen typischen Kernbegriffen: **Glaube, Liebe, Gnade.**

→ V 13f: Sein **Aufruf zur Wachsamkeit** ist immer aktuell, der zum Mut und der zur Liebe auch.

→ V 22: Das **Fluchwort** gegenüber denen, „die den Herrn nicht liebhaben", ist im Zusammenhang mit der Aussicht auf das Wiederkommen Christi **vielleicht irritierend**, während der **Zuspruch der Gnade Jesu und der Liebe von Paulus versöhnlich sind.**

> 🖉 *Worin wollen Sie sich heute zur Wachsamkeit rufen lassen? Worin zu Mut und Stärke? Oder zur gelebten Liebe? (V 13)*

Und zum Abschluss des ganzen Briefes:

> 🖉 *Was nehmen Sie aus der Lektüre des 1Kor mit? Welche Passagen aus dem Brief sind Ihnen besonders wichtig?*

Sonntag, 16. Juni **Psalm 53**

Dieser Psalm ist inhaltlich nahezu deckungsgleich mit Psalm 14.
V 2–4: „Der Gottesleugner bestreitet nicht das Sein, sondern das konkrete Wirken Gottes" (Hans-Joachim Kraus). Gott ist für ihn irrelevant. Er fühlt sich nicht an Gottes Willen gebunden, sondern erhebt sich selbst zum Maß aller Dinge. Die Folge sind destruktive Verhaltensweisen mit üblen Folgen.

> Fjodor Dostojewski: „Ohne Gott ist alles erlaubt."

Es verwundert nicht, dass Gottes Blick auf seine Menschen ernüchternd ausfällt. Jeder ist sich selbst der Nächste. „Gutes" ist zur Mangelware geworden (siehe dazu auch Röm 3,10ff). Dagegen wird derjenige als „klug" bezeichnet, der nach Gott fragt und sich an ihm orientiert. Unter „klug" ist weniger das intellektuelle Vermögen gemeint, sondern vor allem ein realistisches Verhalten, das Gott nicht ausblendet, sondern ihn einbezieht. Wer das nicht tut, lebt an der kompletten Wirklichkeit vorbei.

V 5–6: David sinniert: Er kann das üble Denken und Treiben nicht verstehen, zumal es böse Auswirkungen hat: Die Gottlosen leben auf Kosten der Armen. Und das ohne Gewissensbisse. Der Preis ihrer Gottlosigkeit ist die Furcht (V 6). Kein Wunder: Ohne Gott steht man allein da.

> Joseph Ratzinger/Benedikt XVI.: „Erklären wir Gott für tot, dann sind wir selber Gott ... Wir können nun endlich machen, was uns gefällt ... Es gibt keinen Maßstab über uns, wir sind uns nur selber Maß."

> ✏ *Sich fürchten, „wo nichts zu fürchten ist": Welche Parallelen zur heutigen Zeit fallen Ihnen dazu ein?*

V 7: David, der als Psalmbeter genannt ist, kann die äußere Situation leider nicht verändern. Ihm bleibt zum Schluss nur die sehnsüchtige Bitte, Gott möge eingreifen und seinem Volk Gutes tun.

Montag, 17. Juni   2. Mose 13,17–22

> 🖊 Kennen Sie Menschen, die aus ihrer Heimat fliehen mussten? Was haben sie mitgenommen? Woran entschied sich, welchen Weg sie nahmen?

Das Volk Israel befindet sich **am Anfang des Wegs in das verheißene Land**. Für ihre Unterdrücker, die Ägypter, sind sie noch in Reichweite. Zudem sind die Israeliten noch nicht das Abraham verheißene „große Volk", sondern eine Schar entflohener Sklaven, die ihre Identität als Volk noch bekommen werden. Der Text beleuchtet diese Zwischenzeit.

● **Der kürzere Weg ist nicht immer der beste.** Der Weg durch den nördlichen Sinai hätte das Volk innerhalb weniger Tage nicht nur ins verheißene Land gebracht, sondern auch ins Gebiet der Philister. Das Richterbuch zeigt deren militärische Überlegenheit. Zur Zeit des Auszugs war Israel noch nicht kampferprobt, und ihre Bereitschaft, bei Schwierigkeiten nach Ägypten zurückkehren zu wollen, wird in den Exodusberichten mehrfach bezeugt (z. B. 14,12).

● Für die Generation des Auszugs ist Kanaan ein fremdes Land. Ähnlich wie im Lauf von 2000 Jahren Kirchengeschichte Christen vielfach eine Naherwartung der Wiederkunft Jesu abhandengekommen ist, war die **Erwartung einer „Heimkehr" in das verheißene Land** offenbar **in der Generation Josefs** stärker als zur Zeit des Auszugs. Daher hatte er seine Nachkommen versprechen lassen, dass seine Gebeine ihre Ruhe im Land Israel finden würden.

> 🖊 Was nährt Ihre Freude auf das „verheißene Land", die Zukunft in der Herrlichkeit Gottes, zu der jeder Gläubige unterwegs ist?

● **Gott selbst führt das Volk**, das den Weg nicht kennt. Wolkensäule und Feuersäule stehen für Gottes Gegenwart (siehe z. B. 24,15–17; 40,34–38).

Dienstag, 18. Juni   **2. Mose 14,1–14**

- Statt weiter auf dem eingeschlagenen Weg ins verheißene Land zu ziehen, **lässt Gott Israel wieder zurückgehen**. Mose, nicht aber das Volk, erfährt: Dies ist **Teil eines Verwirrspiels**, eines letzten Showdown Gottes mit dem Pharao. Die erwähnten Orte sind heute unbekannt und waren vermutlich keine Städte, sondern boten Lagerplatz für die Israeliten und ihr Vieh.
- Der Pharao hatte offenbar seine Zustimmung nur zu einem Opferfest in der Wüste gegeben (5,1ff) und bemerkt nun, dass das Volk nicht zurückkehren wird. Oder ihm werden die wirtschaftlichen Folgen seines spontanen Rauswurfs (12,31f) bewusst. Jedenfalls reut ihn der Verlust der Arbeitskraft und **er bietet ein beachtliches Heer auf, um das Volk zurückzuholen**. Der Text betont die Menge und besondere Qualifikation der Streitkräfte, die der Pharao einsetzt. Streitwagen waren zu jener Zeit die Elitetruppen eines Heeres, einsatzbereit in ebenem, trockenem Gelände.
- Als das Volk die herannahenden Truppen des Pharaos sieht, bricht **Panik** aus. Sie scheinen in der **Falle** zu sein: hinter ihnen das ägyptische Heer, vor ihnen das Meer. Ihre Anklage an Mose („Was hast Du getan?", V 11) spiegelt die Worte der Ägypter wider, die sich dieselbe Frage gestellt haben (V 5). Die Israeliten kennen Gottes Plan nicht, rechnen aber auch nicht mit der Möglichkeit, dass die Ägypter sie zurückholen wollen.

> *Haben Sie Verständnis für die Reaktion der Israeliten oder bewerten Sie sie als Kleinglauben angesichts dessen, was sie bereits mit Gott erlebt haben? Wie reagieren Sie unter Druck? Wie reagieren Sie, wenn Ihr Glaube hinterfragt wird oder Sie in einem ethischen Konflikt stehen?*

- Mose **bleibt ruhig** und ruft das Volk zur Ruhe (auch: zum Schweigen). Die Rettung kommt von Gott. Sie sind Zuschauer, nicht Akteure.

Mittwoch, 19. Juni   2. Mose 14,15–31

> ✏️ Die Erzählung bleibt spannend und dramatisch, auch wenn man sie schon zigmal gehört und gelesen hat. Was fällt Ihnen heute neu auf?

- Erstaunlich ist **Gottes Ermahnung an Mose** in V 15, da von Mose selbst keine Klage berichtet wird. Als schlüssigste Erklärung reagiert Gott hier auf die Klage der Israeliten in V 10f, was Mose als ihr Vertreter entgegennehmen und an das Volk weitergeben sollte.
- Die Rollen des Engels des Herrn (V 19) und der Wolken- und Feuersäule beschreiben jeweils **die sichtbare Gegenwart Gottes**. Er ist der Handelnde, auch durch Mose, Engel, Wolkensäule oder Phänomene der Natur. Wie Gott in der Schöpfung Wasser von Wasser schied und Wasser sammelte, sodass das Trockene sichtbar wurde (1Mose 1,6–9), so kann der Schöpfer auch hier eingreifen. In V 20 lässt sich nicht sicher übersetzen, wann die Wolken- und Feuersäule was erhellt oder verdunkelt. Klar ist, dass dadurch die Lager der Israeliten und der Ägypter die ganze Nacht hindurch getrennt werden, zum Schutz Israels.
- Für die Israeliten ist **der trockene Boden des Meeres** wie eine Straße, **das aufgetürmte Wasser** wie schützende Stadtmauern. Verstockung (V 17) lässt die Ägypter den Israeliten ins Meer folgen. Als ihre Streitwagen ins Stocken geraten – weil der Untergrund für ihre Wagen ungeeignet war oder durch direktes Eingreifen Gottes – und die ganze Truppe in Chaos fällt, erkennen sie, was sie bereits hätten wissen sollen: **Der Gott Israels streitet gegen sie**. Gegen ihn ist selbst ihr gut ausgerüstetes Heer machtlos. Sie versuchen zu fliehen, doch das zurückfließende Wasser kommt ihnen entgegen.
- Die entscheidende Konsequenz (V 31): **Das Vertrauen Israels in Gott und in seinen Beauftragten Mose wird durch dieses Erlebnis nachhaltig gestärkt.**

Donnerstag, 20. Juni   **2. Mose 15,1–21**

• Mose und das Volk antworten auf die Rettung mit einem Lied. Dieses **„Lied des Mose"** findet sich in Offb 15,3 wieder. In der jüdischen Tradition wird es „Schilfmeerlied" genannt. Nach einer siegreichen Schlacht kamen die Frauen den Kriegern mit „Pauken und Reigen" entgegen (z. B. Ri 11,34; 1Sam 18,6). Da hier Gott allein der siegreiche Kämpfer war, ist das ganze Volk mit seinem Lob befasst.

• In dem Lied **wechselt Lob Gottes** mit **Betrachtung seines Wirkens**.

→ Das Lied setzt ein mit einem **Bekenntnis zu Gott** als persönlichem Retter (V 1–2). V 4–5 reflektieren **in poetischer Form den Untergang der ägyptischen Armee im Schilfmeer**.

→ V 6–7 besingen die **Stärke Gottes,** V 8–10 betrachten nochmals das **Geschehen am Schilfmeer**. Dem selbstbewussten Reden der Feinde, die fest mit ihrem Sieg rechnen (V 9), begegnet Gott mit „Luft" (Das hebräische Wort ist in der Lutherbibel in V 8 mit „Schnauben", in V 10 mit „Wind" übersetzt).

→ Nach dem **Lob Gottes** (V 11) wendet sich das Lied **Taten Gottes zu, die das Volk noch zu erwarten hat** (V 12–17): Die „heilige Wohnung" (V 13) bezeichnet später den Sinai, das Zelt der Begegnung oder den Tempel. Philister, Edom, Moab und die Bewohner Kanaans begegneten Israel auf dem Weg ins Gelobte Land. Das Lied schließt mit dem **Bekenntnis zu Gott als dem König Israels.**

• V 1b und V 21 sind fast identisch. Unter Auslegern wird das Verhältnis des **„Liedes Miriams"** zu V 2–18 diskutiert. Häufig wird es als eine Art Refrain gesehen. Miriam ist eine von vier Prophetinnen, die im AT erwähnt werden (Ri 4,4; 2Kön 22,14; Neh 6,14).

Sind Ihnen Lieder bekannt, die davon handeln, wie Gott geholfen hat? Was wissen Sie über ihre Entstehung? Welche Lieder haben für Sie eine besondere Bedeutung?

Freitag, 21. Juni — 2. Mose 15,22–27

- Nun beginnt die **Zeit der Wüstenwanderung**. Drei Kennzeichen jener Zeit sind auch in diesem Text erkennbar.

→ **Das Volk murrt** gegen Gott bzw. gegen Mose als dessen Repräsentant. „Murren" finden wir auch in Kap. 16 + 17 und 4Mose 14 + 17. Anders als in den Stellen in 4Mose werden die Murrenden in den drei Berichten in 2Mose nicht bestraft. Die Beschwerde des Volkes in dem heutigen Text ist verständlich. Nachdem das Volk mehrere Tage unterwegs war, waren die Vorräte aufgebraucht. Die Lage war gefährlich. Umso enttäuschender, dass das Wasser in Mara nicht trinkbar war. „Mara" bedeutet bitter, und die häufige Wiederholung lässt ahnen, wie eindeutig ungenießbar es war. Gott hilft, doch das Murren wird nicht positiv gewertet.

→ **In der Wüste erweist Gott seinem Volk Gutes.** Gott bringt das Volk nicht umgehend an einen bequemen, sorgenfreien Ort, sondern in der Kargheit der Wüste lernen sie die Fürsorge Gottes kennen. Er versorgt sie mit allem, was sie brauchen. Stellen wie 5Mose 29,4 spiegeln dies wider. Auch in unserem Text geht Gott auf das Bedürfnis des Volkes ein und schenkt Wasser – und führt sie kurz darauf nach Elim, wo es reichlich Wasser und Schatten gibt. Ob in Mara das Holz heilende Wirkung hatte für das Wasser oder ob es ein Wunder Gottes war, ist nicht von Bedeutung. Es war Gott, der versorgte.

> ✎ Wo liegt für Sie der Unterschied zwischen Äußern von Bedürfnissen und „Murren"? Wie können Sie einüben, das Gute zu sehen, auch in schwierigen Umständen?

→ **In der Wüste testet, erzieht und formt Gott Israel.** Das Wort „versuchen" kann auch als „trainieren" verstanden werden. Gott offenbarte Israel erst am Sinai das Gesetz, doch auch schon vorher hatten sie Gesetze. Das Volk lernt, dass Gottes Ordnungen gut sind und dass es ihnen gut geht, wenn sie sich auf ihn verlassen.

Samstag, 22. Juni   2. Mose 16,1–16

> 🖉 *Erinnern Sie sich an eine nicht zufriedenstellende Situation, die Sie aushalten mussten? Wie lange haben Sie sie ohne erkennbare Reaktion erduldet? Wie haben Sie reagiert? Waren Sie mit Ihrer Reaktion zufrieden?*

● Eineinhalb Monate nach dem Auszug aus Ägypten sind die Israeliten in **Sorge um ihre Nahrungssicherheit**. Während dies angesichts der Wüste verständlich ist, sind sie doch im Irrtum.

→ Sie **klagen Mose an**, noch dazu mit dem absurden Vorwurf, er habe sie nur deshalb in die Wüste geführt, um sie zu töten. Die Vergangenheit in Ägypten wird verklärt.

→ **Die Klage richtet sich letztlich gegen Gott**. Gott hatte sie aus Ägypten geführt, Wunder für sie getan und ihnen Wasser gegeben. Sie mögen dies ignorieren, aber in Wahrheit geht ihre Anklage und ihr Mangel an Vertrauen gegen Gott.

● Das Misstrauen ist unbegründet. Überraschend **kommt Gott dem Anliegen der Israeliten nach Nahrung nach**, ohne sie direkt zu rügen. Er will, dass es ihnen gutgeht. Doch er bestätigt nachdrücklich, dass er der Adressat ihres Murrens ist. Gleichzeitig ist seine Hilfe ein Test (V 4).

● Das Versprechen von Fleisch am Abend und Brot am Morgen erfüllt sich in **Wachteln und Manna**.

→ Die **Wachteln** waren eine einmalige Gabe Gottes, sodass die Israeliten nicht auf Nahrung warten mussten bis zum folgenden Morgen. Etliche Ausleger haben angemerkt, dass das Erscheinen von Wachteln in der Wüste kein Wunder war. Der Zeitpunkt und ihre Menge sind aber durchaus auf Gottes Eingreifen zurückzuführen.

→ Das **Manna** lag am folgenden Morgen zum Sammeln bereit und war von da an täglich verfügbar. Die Israeliten kannten es nicht und fragten, was es sei (hebr. „Man hu"), woraus sich der Name erklärt. Laut Mose ist es das angekündigte Brot. Jeder sollte ausreichend für den eigenen Bedarf sammeln.

Sonntag, 23. Juni — Psalm 42

- Über die „Söhne Korach" gibt es nur spärliche Angaben (siehe u. a. 1Chr 2,43; 2Chr 20,19).

V 1–3: So wie ein dürstendes Tier vergeblich nach Wasser sucht und herzzerreißend schreit, so lechzt der Fromme nach Gott. Er ist innerlich wie ausgedörrt. Seine ganze Sehnsucht richtet sich auf den Tempel, in dem „Gottes Angesicht" besonders eindrücklich erfahren und gefeiert werden kann.

> *Hand aufs Herz: Wann hatten Sie zuletzt ein heftiges Verlangen, von Gott zu hören und ihn zu erleben?*

V 4: Eindrücklich schildert der Psalmsänger seine Qual. Ob er auch körperlich leidet? Manche Ausleger vermuten eine schwere Krankheit. Zusätzlich wird er von seinen Feinden verhöhnt und verspottet. Für sie spricht das schwere Los des Gläubigen gegen die Existenz eines gütigen Gottes. **V 6:** Kein Wunder, dass seine Gedanken und Erinnerungen wandern: hinein in eine selige Zeit. Da stand er nicht allein, sondern war in „großer Schar" mit „Frohlocken und Danken" zum Tempel unterwegs.

V 6 + 12: Aus dieser Erinnerung erwächst dem Beter Zuversicht. Er spricht seiner „Seele" zu und weiß: Am Ende werde ich Gott noch „danken" für das Gute, das er mir getan hat und noch tun wird.

> *Frage: Aus welchen Erinnerungen schöpfen Sie Mut, wenn Sie an Ihre Zukunft denken?*

7–11: Die Klage setzt erneut ein. Aber Klagen, Bitten und Danken wechseln ab und gehen ineinander über. Zunächst (V 8) wird das Leid in Form einer zerstörerischen Wasserflut beschrieben. Dennoch kann er geborgen leben, hat er doch in Gott einen stabilen „Fels", der ihn hält. Daneben stehen erneut ratlose Fragen, die jedoch am Ende in eine dankbare Selbstbesinnung einmünden (V 12).

Montag, 24. Juni   2. Mose 16,17–36

• Das Manna war keine gewöhnliche Speise.
→ Die Israeliten sind aufgerufen, am Morgen ihren Tagesbedarf zu sammeln. Unabhängig davon, ob jemand viel oder wenig sammelt – es stellt sich heraus, dass es genau für einen Tag reicht. Die Tagesration wird mit „ein Krug" (Omer) angegeben, was ein Zehntel Scheffel (Efa) ist. Das Manna liegt morgens mit dem Tau auf dem Boden und schmilzt in der Sonne. Das gesammelte Manna ist der Vorrat für einen Tag, dann verdirbt es. Es soll nicht aufbewahrt werden bis zum nächsten Tag. Dass einige doch davon übriglassen, hat unangenehme Folgen und erzürnt Mose. **Jeden Tag neu versorgt Gott sein Volk.**

→ Am Sabbat sollte das Volk ruhen und weder Manna sammeln noch zubereiten. Am sechsten Tag stellt sich heraus, dass der gesammelte Vorrat die doppelte Menge der anderen Tage ist, was nicht vorher angekündigt war. Das beunruhigt die Vorsteher, und Mose erklärt den Hintergrund. Anders als an den anderen Wochentagen verdirbt das zubereitete Manna nicht, das für den siebten Tag aufgehoben wird. **Gott ist es wichtig, dass sein Volk die Sabbatruhe hält, und versorgt sie so, dass sie dies tun können.**

✎ Die Bibel ist nicht grundsätzlich gegen vorausschauendes Handeln. Für das Volk Israel ist das Manna ein Test (V 4). Was sollte das Volk lernen oder einüben? Wo gibt es ähnliche Übungsfelder für Christen in der Gegenwart?

• Am Ende der Wüstenzeit, als das Volk in fruchtbares Land kam, endete Gottes Versorgung mit Manna. Als eine **Erinnerung der wunderbaren Versorgung Gottes** sollte für nachfolgende Generationen ein Krug mit Manna aufbewahrt werden. Auch dieses verdarb nicht. Als das Manna zuerst gegeben wurde, gab es die Bundeslade noch nicht. Die Aufbewahrung des Manna wird an dieser Stelle berichtet, obwohl es chronologisch später einzuordnen ist.

Dienstag, 25. Juni　　　　　　　2. Mose 17,1–7

- Einige Zeit später wiederholt sich das Muster. An dem nicht mehr genau zu bestimmenden Ort Refidim, der bereits in der Nähe des Horeb/Sinai liegen muss (V 6), mangelt es den Israeliten an Wasser. Sie **klagen Mose an**. Wieder äußern sie den Verdacht, er wolle sie mitsamt ihren Familien und Tieren töten. Das hier verwendete Wort für „hadern" wird auch für Rechtsstreitigkeiten verwendet und steckt auch in der neuen Ortsbezeichnung **„Meriba"**. Mose ist ratlos und fürchtet um sein Leben.
- Wieder verweist Mose auf Gott, der das Volk tatsächlich aus Ägypten geführt hat. Ihr Verhalten ist keine Bagatelle, sondern sie **versuchen Gott**. Es ist das gleiche Wort wie Gottes „Prüfung" Israels (16,4) und steckt auch in der neuen Ortsbezeichnung **„Massa"**. Gott hat das Recht, Israel zu prüfen. Umgekehrt ist es ein Affront. Es spielt mit der Annahme, Gott sei nicht da (V 7) oder habe die Situation nicht unter Kontrolle. Seine Macht hatte Gott wiederholt und eindrücklich in den zurückliegenden Monaten gezeigt. Seine Führung von Station zu Station in der Wüste (V 1) war in Wolken- und Feuersäule sichtbar. Eigentlich steckt hinter der Anklage aber der **Versuch, Gott zu manipulieren und zu erpressen**: „Ich anerkenne, dass Du Gott bist, wenn Du … tust." In dieser Weise zitiert Jesus das Ereignis in Mt 4,7 (wie auch schon 5Mose 6,16).

> *Haben Sie schon erlebt, dass Menschen in ähnlicher Weise versuchten, Gott zu manipulieren?*

- Wieder reagiert Gott mit der **Lösung des Problems**, wieder darf Mose sein Werkzeug sein. Der Stab Moses hatte schon in mehreren Wundertaten eine Rolle gespielt. Nicht zuletzt wurde durch ihn genießbares Wasser in Blut verwandelt (7,17). Nun kam durch ihn **lebensspendendes Wasser aus dem Felsen**. Doch der Ort bleibt für immer in Erinnerung als **„Hader und Versuchung"**.

Mittwoch, 26. Juni   2. Mose 17,8–16

- Die Frage aus V 7 beschäftigt den Erzähler weiter. **Tritt JHWH tatsächlich voll und ganz für sein Volk ein? Immer wieder ist der junge Glaube Israels durch massive Zweifel bedroht.** Der Bericht vom Sieg über die Amalekiter soll die Frage unwiderlegbar klären.
- Die Amalekiter sind ein Nomadenvolk, das von Esau abstammt (1Mo 36,12). Streit um Weidegebiete und Wasserstellen führte oft zu kriegerischen Auseinandersetzungen.

> ✎ *Die Amalekiter hatten einen schlechten Ruf in Israel. Welches unfaire Verhalten wird ihnen vorgeworfen (5Mose 25,17f)?*

- Der Kampf gegen die Amalekiter findet auf zwei Ebenen statt: Unten im Tal kämpft Josuas Truppe Mann gegen Mann. Oben auf dem Hügel kämpft Mose mit erhobenen Händen. Dies sieht wie eine Gebetshaltung aus, jedoch scheint allein die Körperhaltung den Kampf zu entscheiden. Die Mitnahme des Gottesstabes (V 9) macht klar: Es geht um die ununterbrochene Herabrufung der Gotteskraft in das Kampfgeschehen hinein. Und nur so kann Israel siegen!
- V 14 zeigt auf, wie JHWH für die Weitergabe der Erinnerungen sorgt. Mose soll die schriftliche, Josua die mündliche Überlieferung in Gang setzen. **Niemand soll fortan mehr infrage stellen können, dass JHWH selbst für sein Volk Israel eintritt!**
- Es passt nicht in unser christliches Glaubensverständnis, dass JHWH Menschen, ein ganzes Volk, töten will. Hier spüren wir den großen Abstand zwischen uns und dem alten Israel. **Wir können denselben Gott, den Vater Jesu Christi, nur gewaltlos im Sinn der Nächsten- und Feindesliebe bekennen.**
- Für Israel ist klar: Der Sieg über die Amalekiter beruht nicht auf eigener militärischer Stärke, sondern allein auf Jahwes Fürsorge. **Und JHWH wird sein Volk auch weiterhin beschützen** (V 16)!

Donnerstag, 27. Juni   **2. Mose 18,1–12**

● **Zunächst geht es um Familienzusammenführung.** Mose lebte ja in einer Fernbeziehung. Zippora, seine Ehefrau, war schon frühzeitig aus Ägypten zu ihrem Vater nach Midian zurückgekehrt (V 2b). So konnte Mose die große Aufgabe der Führung des Volkes Israel frei von familiären Verpflichtungen wie ein zölibatär lebender Mensch erfüllen. Die Namen der beiden Söhne spiegeln die Lebensgeschichte des Vaters; ihr Alter wird nicht berichtet.

● Mose begrüßt seinen Schwiegervater sehr freundlich mit aller Ehrerbietung. Von Zippora und den Söhnen ist ab jetzt nicht mehr die Rede. Denn nun geht es um das **Hauptthema: Jitro, der midianitische Priester, bekennt und preist die Macht und Majestät Jahwes, des Gottes Israels.**

● Jitro war schon gut informiert, als er die Reise antrat (V 1). Mose berichtet ihm die Geschehnisse aus seiner Sicht:

→ das Eingreifen Jahwes gegen den Pharao in Ägypten;

→ die Herausführung aus der Sklaverei und die Rettung vor dem ägyptischen Militär;

→ die vielfältigen Belastungen auf der Wüstenwanderung und die immer wieder neue Rettung durch JHWH.

Jitro ist überwältigt und emotional bewegt (V 9), und er spricht ein umfassendes Bekenntnis zu JHWH aus (V 10f). **Hier ist der Höhepunkt des Berichts erreicht: Der midianitische Priester erkennt, dass JHWH, der Gott Israels, „größer ist als alle Götter" (V 11).**

● In der Frühzeit des Glaubens spricht die Bibel noch recht unbefangen von anderen Göttern. Jedes Volk verehrt seine Götter, JHWH aber sei der mächtigste von allen. Erst später in der Verkündigung der Propheten lernt Israel, dass es keinen Gott neben JHWH geben kann (Jes 44,6).

> ✏️ *Die Bibel erzählt, wie sich der Glaube Israels über die Jahrhunderte hinweg verändert und vertieft hat. Welche Veränderungen können Sie in Ihrer persönlichen Glaubensbiografie feststellen?*

Freitag, 28. Juni   **2. Mose 18,13–27**

- Schon in der Frühzeit Israels muss es viele Streitfälle gegeben haben, die einer rechtlichen Klärung bedurften. **Jitro sieht die völlige Überlastung seines Schwiegersohnes Mose und macht einen Vorschlag zur Neuorganisation des Rechtswesens.** „Redliche Leute" sollen gesucht werden, die gottesfürchtig und nicht korrupt sind (V 21). Eine große Zahl von Laienrichtern wird gefunden und in einem gestaffelten System ins Amt berufen, sodass alle Israeliten einen nahen Ansprechpartner finden.

Oft braucht es einen Anstoß von außen, um Überforderungen zu erkennen und sich einzugestehen. Kennen Sie Beispiele aus dem eigenen Leben?

- **Mit der Berufung der Richter beginnt die Unterscheidung von geistlichem und bürgerlichem Amt.** Mose soll sich auf die Aufgaben des geistlichen Mittlers zwischen JHWH und Israel konzentrieren: das Erfragen und Verkünden von Weisungen Jahwes, die geistliche Volksbildung und die Klärung schwieriger Rechtsfragen vor Gott (V 19b.20). Von den alltäglichen Streitfällen ist Mose nun entlastet, es gibt ja die „bürgerlichen" Richter.
- **Es ist erstaunlich, mit welcher Autorität Jitro hier auftritt.**

→ Sein Ratschlag erwartet und findet Gehorsam (V 19.24).

→ Jitro, nicht Mose leitet die Opferfeierlichkeiten mit den Ältesten Israels (V 12).

→ Alles geschieht in örtlicher und zeitlicher Nähe zur Begegnung Israels mit JHWH am Sinai (Kap 19).

→ Und Moses Erstbegegnung mit JHWH erlebte er in derselben Gegend im Lande Midian am Berg Gottes, als er in Jitros Diensten stand (2Mose 3,1.14f).

Es besteht eine geheimnisvolle geistliche Beziehung zwischen Israel und dem Midianiter Jitro. Man könnte vermuten, dass er den Gott JHWH vom Sinai schon verehrte, bevor JHWH sich dem Mose und ganz Israel bekannt gemacht hat.

Samstag, 29. Juni   **2. Mose 19,1–15**

• **Kap. 19 leitet das Herzstück des Alten Testaments ein, die Sinaiüberlieferung.** Sie berichtet von der Uroffenbarung JHWHs am Sinai, die zum Bundesschluss mit dem Volk Israel führt und den Dekalog sowie weitere Ordnungen in Kraft setzt. Alle Teile der Bibel stehen in Verbindung zu diesen Ur-Ereignissen der Geschichte Israels, die die Identität des Volkes als JHWHs Eigentum begründen. Auch das NT wurzelt in dem Sinaibund (Lk 22,20), den Jesus Christus aufnimmt und weiterführt (Mt 5,17f; Joh 1,17).

• **V 3–9 beschreiben die Zielsetzung für das Kommende:**
→ Israel wird erkennen, warum JHWH es aus Ägypten befreit und wunderbar erhalten hat (V 4);
→ JHWH wird sich mit Israel verbünden und das Volk soll mit seinem Gehorsam in den Bund eintreten (V 5);
→ Israel wird als „heiliges Volk" JHWH gehören und so aus der Völkergemeinschaft herausgehoben sein (V 5f).

Mose erhält diese Ansagen auf dem Berg als Gotteswort, das in feierlicher Sprache formuliert ist. Die Weitergabe an das Volk durch die Ältesten wird einmütig beantwortet: Israel will den Bund mit JHWH eingehen (V 8).

• **V 10–15 erläutern die rituelle Vorbereitung des Volkes für die Begegnung mit JHWH.** Dabei geht es um die äußere ebenso wie die innere Reinigung, die Heiligung. Nichts soll die vollständige geistliche Konzentration stören. Aber der Abstand zum Heiligen im Umfeld des Gottesberges ist zu wahren. Die Anweisungen und Regeln sind genau zu beachten. Etwas unvorstellbar Großes steht bevor! JHWH wird auf den Berg herabkommen (V 11)!

• Mit dieser Bemerkung widerspricht der Bericht den religiösen Vorstellungen der Nachbarvölker, dass JHWH wie andere Gottheiten auf dem Berg wohnen würde (vgl. Ps 121,1f). **JHWH wohnt in für die Menschen unerreichbarer Ferne, aber er kommt hernieder und offenbart sich so seinem Volk. Er ist die absolute Majestät, die sich in unerklärlicher Liebe seinem Volk zu erkennen gibt.**

Sonntag, 30. Juni — Psalm 73

In diesem Psalm sind „Schilderung, Bericht und Bekenntnis" eng miteinander verflochten (Martin Buber). **V 1:** Der Beter startet mit einem dankbaren Bekenntnis. Damit nimmt er das Fazit des gesamten Psalms vorweg. **V 2–3:** „Fast" wäre der Beter an Gott verzweifelt. Zum Glück ist das nicht passiert. Aber es hat nahegelegen. **V 4–12:** Ausgiebig schildert der Fromme, was er beobachtet. Er selber hat Qual und Krankheit zu erleiden (V 14.26). In schreiendem Kontrast dazu steht das Luxusleben der „Gottlosen". Es handelt sich wohl um reiche, skrupellose Männer, die bei der Masse Gehör finden (V 10).

> *Zum Nachdenken: Wer sich in einer Notlage befindet, ist leicht geneigt, das glückliche Los anderer zu überschätzen.*

V 13–15: Das eigene Schicksal des Beters steht dem der „Gottlosen" schmerzlich gegenüber. Seine Aussagen deuten auf schwere körperliche Leiden hin. Von der Versuchung, in das Gerede und Gehabe der „Gottlosen" einzustimmen, hält den Beter der Blick auf das „Geschlecht deiner Söhne" (so wörtl.) ab. Er weiß sich seinen Vorfahren und den anderen Mitgläubigen weiterhin verbunden. **V 16–22:** Im „Heiligtum", d. h. im Tempel, gehen dem Frommen Lichter auf. Er hätte fast den Verstand verloren. Nun blickt er hinter die Kulissen: Was bei den „Gottlosen" so dominant daherkommt, bricht eines Tages in sich zusammen wie ein Kartenhaus. **V 23–26:** „Doch bin ich stets bei dir" (so wörtl.). Das Ergreifen der „rechten Hand" bezeugt eine Ehrenstellung, wie sie im Königsritual üblich war. Mit den höchsten nur denkbaren Worten spricht der Psalmsänger von der Gemeinschaft, die er mit seinem Gott erlebt.

V 27–28: „Gottlose" haben keine Zukunft. Dagegen hat der Fromme allen Anlass, sich zu freuen. Seinem Gott, und damit auch ihm, dem Glaubenden, gehört das Morgen. Deshalb die Freude, auch im Leid.

Montag, 1. Juli   2. Mose 19,16–25

- Die Vorbereitungen sind abgeschlossen, die Spannung wächst. **Wie kann das Volk Israel seinem Gott JHWH tatsächlich begegnen, wie wird sich der Ewige, Heilige, Unnahbare den Menschen mitteilen?** Mose wird sich an den brennenden Dornbusch erinnern (2Mose 3,4f). Das Volk kennt JHWH bereits indirekt durch die Verkündigung des Mose und durch die vielfältige Hilfe in Ägypten und in der Wüste. Aber wie soll es nun zu einer persönlichen Begegnung kommen?

- Das Geschehen am dritten Tag (V 16) löst bei den Menschen ein Erschrecken aus, eine existenzielle Erschütterung, die wir uns nicht vorstellen können. Zwei unterschiedliche Beschreibungen sind in die V 16–20 eingearbeitet:

→ **Die Gegenwart JHWHs geht mit Gewittererscheinungen einher** (V 16). Blitz und Donner sowie eine düstere Wolke werden beschrieben, dazu ein immer stärker werdender Posaunenton. Es ist der durchdringende Ton des Widderhorns gemeint, das auch am „Tag JHWHs" erschallen wird (Jes 27,13).

→ **Rauch, Feuer und Erdbeben sind die Kennzeichen des zweiten Berichts** (V 18). Noch gewaltiger als ein Gewitter können diese Merkmale eines Vulkanausbruchs die innerliche Erschütterung der Anwesenden beschreiben. **Doch es muss festgehalten werden: Das tatsächliche Geschehen der Erscheinung JHWHs entzieht sich jeder menschlichen Beschreibung. Das Ziel der Gottesbegegnung ist ja auch nicht das Spektakuläre, sondern die Kundgabe des Willens Gottes** (V 19).

> ✎ *Interessant: JHWH identifiziert sich gar nicht mit den gewaltigen Erscheinungen! Elia erlebt am Sinai eine Gottesbegegnung auf ganz andere Weise (1Kön 19,11ff).*

- V 21–25 nehmen noch einmal die Vorsichtsmaßnahmen von V 10ff auf. Nichts soll stören, wenn JHWH das Wort ergreift! **Was stört, was hilft uns beim Hören auf das Wort Gottes?**

Dienstag, 2. Juli   **2. Mose 20,1–21**

- Die angekündigte Gottesrede beginnt mit der Selbstvorstellung JHWHs – „Ich bin". Er ist der Gott der Befreiung, er hat sich seinem Volk in machtvollen und fürsorglichen Taten gezeigt. Die Selbstvorstellung JHWHs vor Mose am brennenden Dornbusch enthielt schon eine Zusage (2Mose 3,14): JHWH wird sich immer wieder neu erweisen, indem er für sein Volk da ist. Diese Verheißung hat sich nun mit geschichtlicher Erfahrung gefüllt. **JHWH ist mit seinem Volk unterwegs: ein Gott der Befreiung und der fürsorglichen Liebe, der sich jeden Tag neu erfahren lässt.**

- Der folgende Dekalog stellt folgerichtig die Lebensordnung der Befreiten dar, die JHWH angehören. Was sich im Deutschen wie ein erhobener Zeigefinger anhört („du sollst"), ist ganz anders gemeint. **Wer JHWH, den rettenden Gott, kennt und erfahren hat, der braucht keine anderen Götter mehr**, der wird den Feiertag heiligen, der braucht nicht zu stehlen, der wird nie mehr töten. Es ist eine innere Zwangsläufigkeit. Wer durch Jesus Christus Befreiung von Sünde, Tod und Teufel erfährt, der wird so leben, wie es Gott gefällt. **Biblische Ethik gründet sich nicht auf moralische Appelle, sondern lädt ein zum Vertrauen auf Gott. So wird der Mensch verwandelt zum Guten.**

- Die ersten Gebote (V 2–11) beziehen sich auf das Verhältnis des Menschen zu Gott. Die weiteren (V 12–17) regeln das menschliche Leben untereinander. Wichtig ist, die innere Abhängigkeit zu verstehen: Wer die Mitmenschlichkeit verfehlt, vergeht sich auch gegen Gott. Und wenn die Grundbeziehung zu Gott gestört ist, wird die Mitmenschlichkeit nicht gut gelingen. **Wem dies alles zu kompliziert ist, der halte sich ganz einfach an Paulus: Die Liebe erfüllt alle Gebote** (Röm 13,8–10).

Wie beantwortet Jesus die Frage nach dem höchsten Gebot? Lesen Sie Mk 12,28ff!

Mittwoch, 3. Juli　　　　2. Mose 23,1–9

● **Schon das alte Israel war ein Rechtsstaat. 2Mose 21–23 enthält die älteste Rechtssammlung Israels, das Bundesbuch.** Vermutlich lag es schon als fertiges Ganzes vor, als es in den Bericht vom Ablauf des Sinaigeschehens eingefügt wurde. So kann man das Bundesbuch als Auslegung des Dekalogs verstehen, und es wird im Ablauf des Bundesschlusses feierlich verlesen und in Kraft gesetzt (24,7). **Auch wenn viele Bestimmungen für uns heute nicht bedeutsam sind, geben sie doch überraschende Einblicke in die Lebensverhältnisse Israels:**

→ es gab Sklaven im Land (21,2ff);
→ es gab Gewaltverbrechen (21,12ff);
→ Geldverleih konnte zu Zinswucher führen (22,24);
→ Korruption kam vor (23,8);
→ Arme waren durch Reiche gefährdet (23,6).

Es zeigt sich: Viele Regelungen blicken schon voraus auf das Leben im Kulturland (vgl. 22,4.28; 23,10f).

● **V 1–3 und 6–8 haben Situationen vor Gericht im Blick.** Sie können auch als Vorschriften für die Laienrichter (18,21f) verstanden werden, von denen Unbestechlichkeit erwartet wird (V 8). Ehrlichkeit wird eingefordert (V 1.7) sowie die Unabhängigkeit der Verfahrensbeteiligten von der Stimmungsmache auf der Straße (V 2). Die Armen gilt es zu schützen (V 6), ohne ihnen dabei unzulässige Vorteile zu verschaffen (V 3). Im Hintergrund erkennt man die Gebote (vgl. 20,16ff), die hier angewendet werden.

● **V 4–5 verbieten Prozessgegnern, den Streit vor Gericht in den Alltag hineinzuziehen.** Außerhalb des Gerichtsverfahrens gilt es, selbstverständliche menschliche Hilfe nicht zu verweigern. **Der Rechtsstreit vor Gericht darf den Frieden im Alltag nicht gefährden.** Mit dieser Unterscheidung entwickelt sich eine zivilisierte Gesellschaft. Selbstjustiz ist verboten, der Streit ist in geordneter Weise vor Gericht und auch nur dort auszutragen. **Wir entdecken: Das Rechtswesen im alten Israel enthält schon Aspekte, die auch im modernen Staat Geltung beanspruchen.**

Donnerstag, 4. Juli   2. Mose 23,10–19

- Neben den vielen Vorschriften, die das soziale Leben regeln, enthält das Bundesbuch auch Bestimmungen über Feiertage und Festzeiten, die das geistliche Leben des Volkes betreffen. In V 10–19 ist besonders deutlich, dass das Leben im Kulturland gemeint ist: Es geht um Ackerbau und Ernte, Landbesitz und Arme, Weinlese und Olivenbäume.
- **V 10–13 regeln Sabbatjahr und Sabbattag** in Anknüpfung an das Feiertagsgebot 20,8–11. Der Sabbat ist der Ruhetag, der wöchentlich die Erinnerung an JHWH, den Schöpfer, aufrechterhält. Andere Götter dürfen keine Rolle spielen (V 13). Das Sabbatjahr (V 10f) unterstreicht, dass auch nach Landnahme und Landverteilung JHWH der Eigentümer des Landes bleibt. Jahr für Jahr blieben andere Felder unbestellt. So wurden Versorgungsengpässe vermieden, und die Armen konnten sich in jedem Jahr an anderen Stellen versorgen.
- **V 14–19 ordnen den Festkalender.** Drei große Jahresfeste werden bestimmt:

→ **Das Fest der ungesäuerten Brote** findet zu Beginn der Ernte statt. Frisches Getreide wird zu ungesäuertem Brot verarbeitet, das an den Auszug aus Ägypten erinnert. Der Schlusssatz von V 15 ist offensichtlich verrutscht. Er könnte zu V 17 gehören (vgl. 5Mose 16,16f).

→ Sieben Wochen später folgt **das Erntefest**, zu dem die aufbewahrten Erstlinge des Weizens dargebracht werden.

→ Wenn Obsternte, Olivenernte und Weinlese beendet sind, schließt **das Lesefest** das Erntejahr ab.

> *Das Lesefest wurde später zum Laubhüttenfest und erhielt eine erweiterte Bedeutung (3Mose 23,39ff; 5Mose 16,13f).*

- Israel lernt also mit dem Bundesbuch: Zur Lebensordnung JHWHs gehören auch Ruhe- und Festzeiten. Denn JHWH ist ein Gott, der Freiheit schenkt und Freude am Leben.

Freitag, 5. Juli　　　2. Mose 23,20–33

● **Der Schlussteil des Bundesbuchs blickt nach vorn auf die Landnahme Israels.** Ermahnungen und Segenszusagen haben zum Ziel, dass Israel sich als JHWH-Volk bewährt und niemals fremde Götter anbetet (V 24.32f).

● V 20–23 kündigen den Engel JHWHs an, den Israel schon am Schilfmeer kennengelernt hat (14,19). Der Retter von damals wird dem Volk nun vorangehen und wird es schützen. **Im Engel ist der „Name" JHWHs gegenwärtig,** das heißt, der Engel repräsentiert die Macht und Heiligkeit JHWHs so sehr, dass in dieser Gottesrede das Subjekt wechseln kann zwischen „Engel" und „ich".

> 🖉 *Fallen Ihnen weitere Bibelstellen ein, in denen Engel vorkommen? Welche Aufgaben haben sie dort? Vgl. z. B. 1Mose 3,24; Ps 91,11; Dan 6,23; Lk 2,13; Apg 5,19!*

● V 24–26 beschreiben den Segen, der Israel zugesagt wird, wenn es JHWH treu dient. **Segen bringt gutes, auskömmliches Leben hervor, dem es an nichts fehlt: Nahrung und Wasser, Gesundheit und Nachkommenschaft, Leben bis ins Alter ohne frühen Tod.** Wenn wir uns „Gottes Segen" wünschen, ist all dies zusammen gemeint.

● Die Gnadenlosigkeit, mit der die Völker vertrieben (V 28–30) oder gar ausgelöscht (V 23) werden sollen, ist erschreckend. Damit Israel JHWH treu bleibt, sollte es keinen Austausch mit Andersgläubigen pflegen. Eine scharfe Trennung sollte verhindern, dass Israel fremden Göttern verfällt. Israel konnte die meisten anderen Volksgruppen gar nicht vertreiben und siedelte sich in deren Nachbarschaft an. Der fortwährende Kontakt zu ihnen wurde sodann als Prüfung verstanden (Ri 3,1–6), an der viele scheiterten. **Es bleibt aufregend zu sehen, wie Israel bis heute trotzdem Gottes Volk bleiben konnte** (Röm 11,28f).

Samstag, 6. Juli 2. Mose 24,1–18

● Das Volk steht unten am Berg und darf nicht näher treten (2Mose 19,10–13.20–24); Mose, Aaron, Nadab, Abihu und 70 Älteste steigen gemeinsam auf den Berg und Mose allein steigt noch weiter hinauf (24,1–2). Das sind drei „Heiligkeitsbereiche", die abgegrenzt sind. Dasselbe Muster kann man bei der Stiftshütte beobachten. Es gibt einen Bereich, der für die Priester zugänglich ist, und ins Allerheiligste darf nur der Hohepriester einmal im Jahr. **Die Stiftshütte erinnert damit auch an den Bundesschluss des Volkes am Sinai.**

● Das Volk wusste genau, auf was es sich einlässt (24,3) – es hat gehört, was ein Bund mit ihrem Gott beinhaltet (24,4–8), und Gott will offensichtlich ihre Einwilligung. Wenn man 2Mose 19,3–6 und 2Mose 20,1–2 in Erinnerung ruft, wirkt das einerseits überraschend und ist andererseits sehr faszinierend. Es überrascht, weil Gott so viel für das Volk getan hat, das erst dank seinem Handeln überhaupt ein Volk wurde. Sie können nur hier am Sinai stehen, weil Gott so mächtig für sie gekämpft hat. Andererseits fasziniert es, weil Gott offensichtlich mit „Freiwilligen" unterwegs sein will, mit Menschen, die „Ja" zu ihm sagen. **Gott und sein Handeln machen mich zu dem, der ich bin, und doch zwingt er mich nicht in eine Beziehung, er lädt ein und wirbt um meine Zustimmung. Was für ein Gott!**

● V 9–11 versuchen, mit Worten das Unbeschreibliche zu beschreiben, sie ringen um Formulierungen, wie sie von diesem Gott sprechen können. Die Verse halten eine Spannung. Einerseits ist die Begegnung so klar und unmissverständlich, zweimal ist davon die Rede, dass sie Gott sehen (V 9 und 11) und die Begegnung wird mit einer Mahlzeit in seiner Gegenwart vertieft (V 11). Andererseits können die Worte nicht aussagen, was sie gesehen haben, wenn es um Gott geht. Schon für das, was unter seinen Füßen ist, ist das Wort „wie" nötig, um sich dem zu nähern … **atemberaubend!**

Sonntag, 7. Juli — Psalm 139

V 1–6: David, der als Autor des Psalms genannt wird, weiß sich von Gott durchschaut. „In seiner Macht umschließt Gott den Menschen von allen Seiten wie die Luft, die ihn umgibt, und das Licht, das ihn umfängt" (Hans-Joachim Kraus). **V 7–12:** Vor Gottes „Geist" und „Angesicht" (beide Begriffe werden hier synonym verwendet) kann sich niemand verbergen. Selbst an den entlegensten Orten ist Gott präsent. Fliehen ist unmöglich. **V 13–16:** Die „Nieren" sind Sitz der innersten Gefühls- und Willensregungen. Der gesamte Körper des Menschen wird als ein kunstfertig gestaltetes Gebilde verstanden. Bereits im „Mutterleibe" hatte Gott den Beter im Blick. Hier klingt auch etwas von „Mutter Erde" an (siehe 1Mose 2,7).

> *Zum Nachdenken: Gottes Geschichte mit uns beginnt nicht erst dann, wenn wir nach Gott fragen. Sondern jeder Mensch hat eine göttliche Vorgeschichte. Grund zum Besinnen und Danken!*

V 17–18: Der Psalmsänger sieht sich nicht in der Lage, das göttliche Denken und Handeln angemessen zu erfassen. Das Bild vom „Sand" steht hier für das Unzählbare und Unüberschaubare. David bleibt nur das Staunen. **V 19–22:** Jetzt schlägt der Ton um und richtet sich gegen die, die David nach dem Leben trachten. Davids Feinde sind zugleich Gottes Feinde. Ehrlich spricht er aus, dass er seinen Feinden nichts Gutes wünscht. Immerhin: David greift nicht selbst zur Waffe, um sich seiner Feinde zu entledigen. Er überlässt die Feinde Gott. Die Aussagen Davids sind natürlich meilenweit von denen entfernt, die Jesus in der Bergpredigt tätigt (Mt 5–7).

V 23–24: Die scharfen Töne weichen einer kritischen Selbstbesinnung. Zwar fühlt sich David bei Gott gut aufgehoben, aber er weiß auch um seine Gefährdung. Deshalb sein Gebet. Zu den beiden alternativen Wegen siehe auch Jesus in Mt 7,13f.

Montag, 8. Juli   2. Mose 25,1–22

- Gottes Anweisungen zum Bau der Stiftshütte (2Mose 25–31) und die Beschreibung des Baus (2Mose 35–40) nehmen viel Raum in 2Mose ein. Es sind vom Textumfang mehr als ein Drittel des Buchs. Das zieht besondere Aufmerksamkeit auf sich. Außerdem schließt das Buch mit diesen Kapiteln und bringt alles, was im ersten Teil von 2Mose erzählt wird, zu einem gewissen Abschluss.
- Die ersten neun Verse leiten die Anweisungen zum Bau der Stiftshütte ein. Das sind interessante Verse, weil sie zwei wichtige Aspekte zusammenhalten. Einerseits gibt es ein Bild oder einen Plan, nach dem sich Mose richten soll (V 9), und viele Anweisungen in Kap. 25–31, wie die Stiftshütte zu bauen ist, so als ob Mose und das Volk das einfach nur noch ausführen müssen. Andererseits wird das Volk – „dem es am Herzen liegt" (so wörtl. V 2) – eingeladen mitzuwirken. Das Volk soll beitragen und von dem Seinen bringen. **Es ist Gottes Heiligtum und das Volk soll Anteil haben. Es ist faszinierend, wie Gott seine Leute in sein Werk einbindet.**
- Die Anweisungen werden mit der Formulierung „Der HERR redete mit Mose" (V 1) eingeleitet. Gott spricht Mose noch sechs weitere Mal in 2Mose 25–31 an: 30,11.17.22.34; 31,1.12. Bei der sechsten Anrede (31,1–11) geht es um die Menschen, die mit ihrem Handwerk die Arbeiten ausführen. Bei der siebten Anrede stellt Gott die Bedeutung des Sabbats, des siebten Tages heraus (31,12–17) und begründet das ausdrücklich mit dem Verweis auf die Schöpfung: ER ist „ein ewiges Zeichen zwischen mir und den Israeliten. Denn in sechs Tagen machte der HERR den Himmel und die Erde, aber am siebenten Tag ruhte er und erquickte sich" (V 17).
Der Bau der Stiftshütte erinnert also an die Schöpfung und die Gegenwart Gottes unter seinem Volk an 1Mose 1–2. Faszinierend!

Dienstag, 9. Juli   **2. Mose 31,18–32,14**

● Mose bleibt zu lange auf dem Berg (V 1) – vierzig Tage (24,18). Scheinbar weiß keiner, wie lange es dauern würde und ob Mose überhaupt zurückkommt. Unsicherheit macht sich breit; schließlich brauchen sie Götter, die ihnen den Weg zeigen. Das hört sich alles logisch und fromm an, ist aber ein Irrweg (vgl. 32,9–10). **Wartezeiten sind herausfordernd, aber auf Gott zu warten ist immer wieder ein Zeichen von Vertrauen.**

● Das Volk liegt nicht nur beim Zeitpunkt falsch. Ihr Wunsch nach einem sichtbaren Orientierungspunkt, einem Gottesbild, ist auch die falsche Form. Daran ändert auch der ganze Einsatz nichts, den das Volk (V 3) und Aaron (V 2–5) zeigen. Was sie auf den Weg bringen, ist eine Alternative zu 2Mose 25–31: Sie geben ihre Kostbarkeiten (vgl. 25,1–9), es wird ein Ort/Gegenstand der Verehrung errichtet und Aaron ist der Mittler anstelle von Mose. Ihre Ungeduld macht sichtbar, dass Gott ihrem Wunsch nach Orientierung, religiösen Handlungen und einer guten Feier **dienen soll** (V 1 und 6). **Es geht nicht um Gott, sondern um das, was Gott ihnen „bringt".**

● Sie machen es (wohl) so, wie sie es gewohnt sind. Ein Gottesbild, das sichtbar ist und dem ähnelt, was sie von Ägypten her kennen. Es ist wohl leichter, Israel aus Ägypten zu bekommen als Ägypten aus Israel. **Es ist herausfordernd zu entdecken, wie Prägungen Spuren in meinem Leben hinterlassen …**

● V 1 und 7 überraschen. Laut dem Volk hat Mose sie aus Ägypten geführt und Gott spricht von Israel als Moses Volk. Das Volk übergeht also die erste Aussage der Zehn Gebote (20,1–2) und die eigene Berufung (19,4–6). **Kein Wunder, dass Gottes Reaktion so scharf ist (32,7–10).** Die Formulierungen „großes Volk" und „Versuch mich jetzt nicht aufzuhalten" erinnern an Gottes Verheißung (1Mose 12,1–3) und machen deutlich, dass Mose hier mitreden darf. Und genau das macht Mose (32,11–14).

Mittwoch, 10. Juli   **2. Mose 32,15–29**

● Diese Verse überraschen. Eben ist Mose noch für das Volk eingetreten und hat Gott daran erinnert, wie die Ägypter ein Gerichtshandeln Gottes verstehen könnten (V 12) und dass Gott den Vorvätern das Land versprochen hat (V 13). Gott hatte von seinem Zorn gesprochen (V 10), Moses Fürbitte hatte diesen Zorn abgewendet (V 11) und Gott hatte seine Entscheidung geändert (V 14). In den Versen 11–14 hat man den Eindruck, dass Mose für das Volk ist. Er spricht mehrfach von Gottes Volk. Als Mose nun mit eigenen Augen sieht, was er ja schon wusste, wird er zornig (V 19 und V 7–8). Es ist nur noch die Rede von „diesem" oder „das" Volk (V 21–22.25.28). **Was ist mit Mose los? Wie ist der Stimmungsumschwung zu verstehen?**

● Mose nimmt die Tafeln, die Gott selbst beschrieben hat. V 15 und 16 betonen, dass es Gottes Tafeln waren und die Schrift sein Werk. Mose zerschlägt die Tafeln in seinem Zorn (V 19) und muss später neue Tafeln zurechtmeißeln (34,1). Moses' Handeln wird hier weder von Gott noch vom Erzähler kommentiert. Das gilt auch für alles, was Mose ab V 25 in Auftrag gibt. Mose beansprucht mit V 27, dass Gott selbst das gesagt hat, aber V 26 klingt komisch (vgl. Lutherübersetzung): Die Leute sollen zu Mose kommen. Wie soll man das bewerten?

● Der Wortwechsel zwischen Josua und Mose dreht sich um die richtige Einschätzung des Lärms. Mose weiß mehr und korrigiert Josuas Einschätzung. Danach stellt er Aaron zur Rede. Aaron muss sich mit Moses Zorn auseinandersetzen (V 19 + 22), findet aber nur Entschuldigungen und Erklärungen (V 22 + 24), mit denen er jede Verantwortung von sich schiebt. Das Volk ist schuld und das mit dem Gottesbild ist dann halt so passiert. Aaron steht in einem ganz schlechten Licht. **Ist deswegen aber alles, was Mose tut, richtig?**

Donnerstag, 11. Juli — 2. Mose 32,30–33,6

- Die Aussage von Mose in V 30 ist angesichts von V 14 überraschend. Vielleicht war es für Mose und das Volk (noch) nicht klar, dass Gott vergeben will. Auch V 31 überrascht. Als ob die Information über das, was das Volk getan hat, neu wäre. Einerseits setzt Mose alles ein (V 32): sein Schicksal. Andererseits ist es vom Gespräch zwischen Gott und Mose her (32,7–10) (wohl) klar, dass Gott Mose nicht aus dem Buch auslöschen würde. **Wie auch immer diese Szenen zu bewerten und zu verstehen sind, mit V 33–35 wird auf jeden Fall klar, dass Gott die Entscheidung trifft, wer bestraft wird und wann das geschieht.**

- Wenn man Kap. 32 noch einmal als Ganzes liest und sich fragt, *wann* das Volk handelt und *wie* das Volk auf die Ereignisse reagiert, dann fällt manches auf. Die Initiative geht vom Volk aus (32,1) und sie bekommen ihren Willen (32,2–6). Aber alles Reden des Mose mit Aaron, seine Aktionen und alles Reden mit dem Volk haben nichts beim Volk verändert. Sie reagieren erst, als sie *Gottes* Rede (33,1–3) hören (33,4). Als Gott ihnen klar sagt, dass sie ihren Schmuck ablegen sollten (33,5), machen sie das umgehend (33,6). **Alle menschliche Rede und Aktion können im besten Fall vorbereitend sein, im schlechten Fall stehen sie dem Reden Gottes und einer Veränderung sogar im Wege.**

- Mit 32,34–35 und 33,5 wird auch sehr deutlich, dass Gott entscheidet, wie es weitergeht. Einerseits ist klar, dass ein Engel ihnen ins verheißene Land vorangeht und die Völker aus dem Land vertreibt und Gott nicht unmittelbar mit ihnen geht (vgl. 2Mose 23,20–33). Andererseits macht Gott seine weiteren Entscheidungen von ihrer Reaktion abhängig. **Selbst und gerade in dieser dunklen Stunde Israels ist die Reaktion des Volkes von Bedeutung!**

Freitag, 12. Juli   2. Mose 33,7–11

- Diese Verse unterbrechen die Erzählfolge der Kap. 32–34, die V 12 wieder aufnimmt. Das wird sprachlich mit der Wortstellung im Hebräischen deutlich – die *Hoffnung für Alle* macht dies durch das einleitende Wort „wenn" und durch „jedes Mal" sichtbar. Inhaltlich wird es klar, wenn man diese Verse mit 2Mose 40,34–38 vergleicht. In unseren Versen ist von der Wolkensäule und der Stiftshütte vorwegnehmend die Rede. Es ist eine Vorschau, wie manche Filme die Erzählung durch Rückblenden oder Ausblicke unterbrechen. **Eine solche Unterbrechung hilft, den bisherigen oder weiteren Verlauf der Erzählung besser zu verstehen, und lenkt die Aufmerksamkeit auf wichtige Aspekte der Erzählung.**
- Unsere Verse stellen heraus, dass Gott auf die Reaktion des Volkes (33,6) antwortet: Die Stiftshütte wird errichtet werden, Gott spricht mit Mose und Gott wohnt unter seinem Volk. **Was für eine Ermutigung! Was für eine Gnade! Was für ein Geschenk Gottes!**
- Dabei erlebt Mose mehr als das Volk. In gewisser Weise entspricht das dem Anliegen des Volkes (2Mose 20,18–21). Aber diese „Distanz" war auch Folge der Ereignisse mit dem Goldenen Kalb und die Lage „außerhalb des Lagers" betont diese Distanz. Gott redet mit Mose und durch Mose mit dem Volk, aber nicht mehr so wie am Sinai und nicht so, wie es möglich (gewesen) wäre (29,43–46). Das wirkt wie ein Auto, das viel schneller fahren könnte, aber auf 130 km/h gedrosselt ist. Es fährt immer noch schnell, aber mit der Begrenzung wird man beständig an die Möglichkeiten erinnert. **Es vergegenwärtigt das Versagen des Volkes und die Gnade Gottes, den Sündenfall Israels und den Neuanfang Gottes. Die Geduld Gottes leuchtet ganz hell und Mose darf sie am stärksten erleben,** denn mit ihm spricht Gott von „Angesicht zu Angesicht" (V 11).

Samstag, 13. Juli   2. Mose 33,12–23

● Das Gespräch zwischen Gott und Mose (33,1–3) setzt sich fort. **Es ist faszinierend, weil es ebenso eine Vertrautheit zum Ausdruck bringt wie eine Distanz.** Mose will mehr wissen (V 12), will mehr von Gottes Gegenwart auf dem Weg ins verheißene Land (V 15–16), und er will Gottes Herrlichkeit sehen (V 18). Die Freiheit, mit der Mose bittet, zeigt die Vertrautheit. Gleichzeitig verweisen die wiederholten, sich steigernden Bitten auf eine Distanz, die bleibt, auch wenn Gott die Bitten gewährt. Gott gewährt Mose seine Bitten, aber dies ist immer mit einer Grenze versehen. **Gehören diese beiden Aspekte, Vertrautheit und Distanz, für mich zusammen, wenn es um Gott geht, um ein Gespräch mit Gott und um Bitten, die ich an Gott richte?**

● Es ist spannend, die Gespräche in 2Mose 32–34, insbesondere das Gespräch in unseren Versen, mit 2Mose 3–4 zu vergleichen. Sie sind davon geprägt, dass Mose immer wieder Einwände oder Bitten formuliert. Mancher Einwand klingt vorwurfsvoll (V 12) oder fordernd (V 15). Aber Gott geht darauf ein und nennt mit V 17 einen wesentlichen Grund dafür: „ich habe Dich gnädig angenommen und kenne Dich ganz genau." **Die Beziehung lebt von Gottes Entscheidung für Mose, von Gottes Gnade, davon, dass Gott Mose kennt.** Gott schafft einen vertrauten Rahmen und gewährt Bitten. **Die Beziehung lebt davon, dass Gott mit Mose redet wie mit einem Freund, von Angesicht zu Angesicht** (V 12). Unser Abschnitt ist ein gutes Beispiel für diese Beschreibung. Dennoch heißt es in V 23, dass Mose Gottes Angesicht nicht sehen darf (vgl. V 19–20). Das Reden von Angesicht zu Angesicht ist also nicht dasselbe wie „von Angesicht sehen". Vertrautheit und Distanz sowie Augenhöhe und der Gedanke, dass die Beziehung von Gottes Initiative und Geduld lebt, werden zusammengehalten. Das ist faszinierend, ermutigend und tröstlich!

Sonntag, 14. Juli — Psalm 119,25–32

In diesem längsten Psalm der Bibel beschreibt ein Einzelner seine großartigen Erfahrungen mit dem Wort Gottes. Seine Aussagen sind mehr oder weniger lose aneinandergereiht, aber inhaltlich miteinander verbunden durch das göttliche Wort. Dafür stehen im Psalm unterschiedliche Begriffe, die nahezu synonym gebraucht werden. **V 25:** Die „Seele" liegt im Staube, wörtl: Sie „klebt auf der Erde". Mit Seele ist nicht ein Teil des Menschen gemeint, sondern der Mensch als Ganzheit. Vom Wort Gottes erhofft der Beter, dass es ihn belebt. **V 26:** Der Beter erzählt im Gebet sein Geschick. Er weiß: Gott hört mich und weist mir gute Wege.

> *Zum Nachdenken: Unser Beten gleicht häufig einem Bittkatalog, den wir in der Hoffnung vortragen, Gott möge ihn abarbeiten. Hier jedoch wird uns Beten auch als „Erzählen" vorgestellt. Was kann dieser Aspekt für unsere Gebetspraxis bedeuten?*

V 27: Der Umgang mit dem Wort Gottes macht mündig und willens, das von Gott Gehörte auch anderen mitzuteilen. **V 28:** In düsteren Augenblicken wird der Beter durch das Gotteswort gestärkt und aufgerichtet. **V 29:** Dem göttlichen „Gesetz" (Tora) steht der „Weg der Lüge" entgegen. Der Gläubige steht in der Gefahr, auf diesen Weg abzudriften. Davor möge ihn Gott bewahren. **V 30:** Der Psalmsänger hat eine Grundentscheidung getroffen. Was Gott von ihm will, steht ihm vor Augen, d. h. er hat es nahezu bildlich vor sich, um sich daran zu orientieren (siehe die jüdische Praxis, beim Beten ein kleines Kästchen mit Gottesworten auf der Stirn zu tragen). Welche Möglichkeiten nutzen Sie, um sich das Wort Gottes zu vergegenwärtigen?
V 31: Der Beter klammert sich an die göttlichen Weisungen. Er kann davon ausgehen: Gott wird sich auch weiterhin um mich kümmern. **V 32:** Für „trösten" steht im Urtext „erweitern". Aus der Enge der Angst führt das göttliche Wort heraus und stellt die Füße auf einen „weiten Raum" (Ps 31,9).

Montag, 15. Juli   2. Mose 34,1–10

- Es fällt schwer, die Anweisung in V 1 nicht als Kritik Gottes zu verstehen. Mose hat die ersten Tafeln zerschlagen (32,19). Die Ausführung durch Mose wird in vergleichbarem Wortlaut festgehalten (34,4). Die Mühe, die damit verbunden ist, steht vor Augen; die notwendigen Schläge waren gemeinhin zu hören. Mose akzeptiert die Kritik wortlos und tatenreich. Das ist für die Gespräche Gottes mit Mose nicht unbedingt selbstverständlich (vgl. 2Mose 3–4). Mose war auch mal eher wortreich und …
- Das geschieht vor aller Augen und Ohren. Das gehört offensichtlich auch zu einer freundschaftlichen Beziehung, zu einem Reden von Angesicht zu Angesicht (33,11). Eine solche Beziehung vermeidet keine Kritik, sondern schließt diese ein. **Wenn man sich nicht von einem Freund den Spiegel vorhalten lässt, von wem dann?**
- Der Text beschreibt Gottes Beziehung zu Mose als außergewöhnlich, veranschaulicht dies ausführlich (33,11–23) und direkt im nächsten Vers kommt dieser kritische Nebensatz. Kritik an Mose und die außergewöhnliche Beziehung schließen sich offensichtlich nicht aus. Das überrascht mich mehr, als ich im ersten Moment begreife und bereit bin, mir selbst einzugestehen. Eine besondere Nähe zu Gott oder ein mächtiges Wirken Gottes durch Menschen habe ich lange damit verbunden, dass diese Menschen mit ihrem Leben, Reden und Denken jenseits von aller Kritik stehen. Sie sind eben Vorbilder. Aber Mose ist mit seinem Verhalten gegenüber dem Volk kein solches Vorbild (mehr). **Bin ich bereit, meine Vorstellungen von einem Vorbild loszulassen sowie Wertschätzung und Kritik zusammenzuhalten, wie es der Text hier macht?**
- Wenn man diese kritische Bemerkung ernst nimmt, machen mich V 6–7 vollkommen sprachlos! Wie Gott sich hier zeigt, so geht er mit Mose und dem Volk um. Von seiner Geduld, Barmherzigkeit, seiner Vergebung und Gnade lebe ich! **Was für ein Gott!**

Dienstag, 16. Juli   2. Mose 34,27–35

● In V 10 ist von einem Bundesschluss die Rede, in V 11–26 finden sich Regelungen für diesen Bund und in V 27 wird der Bund geschlossen. Ein Vergleich mit 2Mose 24 hilft, manche Unterschiede zu entdecken: Mose ist nun alleine auf dem Berg (V 2–3; vgl. 24,9–11), nur Mose begegnet Gott (V 28), isst nichts und der Bund wird mit Mose und dem Volk geschlossen (V 27; vgl. 24,8). Da gewinnt man den Eindruck, dass Gott Mose näher steht als dem Volk und eine größere Distanz zwischen Gott und Volk liegt als in Kap. 19–24. Die Ereignisse um das Goldene Kalb haben ihre Spuren hinterlassen. **Auch wenn Gott Vergebung und einen Neuanfang schenkt, bleiben manchmal Spuren in unserem Leben** – Wunden sind verheilt, aber Narben sind zu sehen.

● Mose sprach erst in V 9 von einem „wir", von „unserer" Mitte und „unserer" Sünde. Damit steht Mose näher beim Volk als bei Gott. Als Gottes Herrlichkeit vorübergeht (V 6ff), zögert er keinen Moment mehr, seine Nähe zum Volk zu bekennen (V 8). Nach diesen Ereignissen und Gesprächen ist Mose also einerseits näher bei Gott und andererseits näher beim Volk; er durchlebt die größere Distanz zwischen Gott und dem Volk und *an ihm* wird diese Distanz für das Volk immer wieder sichtbar (V 29–35), was ihm (zunächst) nicht klar ist (V 29b). Mose ist also im besten Sinne ein Mittler, der das Verhältnis Gottes zu seinem Volk erlebt *und* verkörpert. **Das ist ein Privileg, aber auch herausfordernd, eine Gabe, aber geht einher mit einem Preis, der zu zahlen ist.** Beide Seiten werden zusammengehalten, wie so oft in der Bibel. Gehören sie auch in meinem Leben, Denken und Reden zusammen?

● Der Abschnitt macht auch mit der Wortwahl deutlich, wie außergewöhnlich das alles ist. Die hebräischen Schlüsselworte für das, was mit Moses Gesicht geschieht (V 29.30.35) und für die Decke (V 33–35), finden sich im gesamten AT nur in diesem Abschnitt.

Mittwoch, 17. Juli   2. Mose 35,4–29

• Kap. 35–40 beschreiben den Bau der Stiftshütte und setzen da ein (35,1-3), wo die Anweisungen zum Bau aufhören: mit der Wiederholung des Sabbatgebotes (31,12–17). Wenn Kap. 25–31 an die Schöpfung erinnern, dann kann man Kap. 32–34 als Sündenfall des Bundesvolkes verstehen. Dennoch will Gott unter seinem Volk wohnen. **„Ich danke Dir, dass Du mich kennst, und trotzdem liebst ..."**

• Die Bedeutung vom Ruhen am Sabbat kann wohl kaum überschätzt werden, wenn es betont im Zusammenhang mit der Arbeit an der Stiftshütte wiederholt wird. Das eine gibt es nicht ohne das andere, das eine braucht das andere. Das ist Menschsein auf dieser Erde, auch wenn es um wichtige Dinge geht, selbst wenn die Stiftshütte gebaut wird. **Ist das in meinem Leben auch so?**

• Die Freiwilligkeit des Volkes steht in V 4–29 im Mittelpunkt. Beim Bau der heiligsten Stätte des Volkes Israel „setzt" Gott auf Freiwilligkeit, auch nach dem Sündenfall mit dem Goldenen Kalb. Er will den Beitrag des Volkes, den freiwilligen Beitrag. Alles, was zur Stiftshütte gebracht wird, soll im wahrsten Sinne des Wortes „durch" die Hände des Volkes gehen. Es war ihnen gegeben, vor allem von den Ägyptern (vgl. 2Mose 12,35–36), nun können sie es für den Bau der Stiftshütte geben. Sie haben es empfangen und nun geben sie davon. **Ist das nicht bei allem so, was ich für Gott und sein Reich „gebe"?**

• Mit der Betonung der Freiwilligkeit und dem Geben des Volkes geschieht etwas Bemerkenswertes. Das Volk trägt zum Bau der Stiftshütte bei (V 29). Sie haben gerade noch mit ihren Kostbarkeiten das Goldene Kalb errichtet, jetzt dürfen sie mit ihren Gaben den Bau des Heiligtums erleben. Sie geben und werden Teil von etwas Größerem. Sie haben empfangen und im Geben dürfen sie an Gottes Heiligtum mitbauen. **Wenn ich das auf mich wirken lasse, verschlägt es mir den Atem!**

Donnerstag, 18. Juli   **2. Mose 35,30–36,7**

- Mose muss die Großzügigkeit des Volkes stoppen (36,5–7). Es ist genug, zu viel. Schlechtes Gewissen wegen des Goldenen Kalbes mag hier eine Rolle spielen, aber es zeigt vor allem die Bereitschaft des Volkes, an diesem Projekt teilzuhaben. Sie wollen Gott etwas geben (vgl. 35,29) und einen Beitrag leisten, sodass Gott unter ihnen wohnen kann, obwohl sie ungehorsam waren. Gleichzeitig verändert Großzügigkeit alle, die sie leben. Man schaut anders auf die „eigenen" Sachen. Es ist weniger Besitz als Gabe, ist eine Gelegenheit, einen Beitrag zu etwas Wertvollem und Wichtigem zu leisten. **Das ist ein faszinierender und motivierender Blick auf das, was mir „gehört".**
- Das Thema Weisheit klang immer wieder schon einmal an (28,3; 31,3.6; 35,10.25.26), nun ist sehr betont davon die Rede (35,35; 36,1–2.4.8). Der Bau der Stiftshütte ist nicht „einfach" die Ausführung präziser Vorgaben. Vielmehr sollten sie Pläne entwerfen (V 32) und künstlerisch tätig sein (V 31–33). In der Tat sind die Beschreibungen in Kap. 25–31 zwar recht ausführlich, aber keineswegs so präzise, dass man sie als Bauplan benutzen kann. Die Arbeiter an der Stiftshütte haben Vorgaben für den Bau, aber auch Spielraum, um zu gestalten. **Das ist ein faszinierender Gedanke: Gott gibt Menschen künstlerischen Spielraum beim Bau seiner Wohnstätte unter seinem Volk! Was für eine Wertschätzung, was für ein Privileg!** Vorgaben Gottes und Kreativität des Menschen schließen sich also nicht aus, sondern stützen sich gegenseitig.
- Die ausführlichen Beschreibungen (Kap. 25–31 und 35–40) sind aber nicht nur für die Bauleute, sondern für alle im Volk geschrieben. Das Volk hat so nicht nur Anteil an der Errichtung des Heiligtums, sondern Gott gewährt ihnen einen Einblick ins (Aller-)Heiligste, was im Alten Orient sonst nicht der Fall war – einen Einblick, wo sie selbst nicht hinkommen sollen.

Freitag, 19. Juli   **2. Mose 40,1–17**

- Gott gibt Mose Anweisung, wie er mit dem, was das Volk bringt und anfertigt, umgehen soll. Es geht gewissermaßen durch die Hände des Mose. Mose vollendet das Bauprojekt (V 33). Dabei bringt V 16 vieles auf den Punkt. Mose folgt den Anweisungen Gottes. Das wird im Aufbau des Kapitels sichtbar, wenn man V 1–15 mit V 17–33 vergleicht. Außerdem finden sich immer wieder Formulierungen wie „wie ihm der HERR geboten hatte". Damit wird der Gehorsam gegenüber den Vorgaben betont. Es geht ja schließlich um nicht weniger als das Heiligtum Gottes unter seinem Volk, um seine Wohnstätte. Menschen können sich nicht aussuchen, wie sie Gott verehren, können nicht festlegen, wo Gott zu sein und zu wirken hat. **Gott macht die Vorgaben, wo und wie er zu finden ist.** Das ist ein wichtiger Aspekt seiner Heiligkeit! **Habe ich diese Heiligkeit Gottes vor Augen, wenn ich mit ihm lebe, über ihn nachdenke und von ihm rede?**
- Dieser Gedanke schließt menschliche Gaben und Kreativität nicht aus, sondern schließt sie ein, wie wir in den vergangenen Tagen gesehen haben. Menschliche Gaben und Kreativität können nicht gegen ein angemessenes Leben vor und mit Gottes Heiligkeit und eine angemessene Verehrung des heiligen Gottes ausgespielt werden. **Gottes Heiligkeit, sein Gottsein, wird durch die Beteiligung des Volkes am Bau nicht geringer, sondern kommt auch darin zum Ausdruck!**
- Wenn man die beiden Abschnitte V 1–15 und V 17–33 vergleicht, fällt auch die Datumsangabe auf. Die Zeitrechnung in Israel beginnt mit dem Auszug(smonat) (vgl. 12,1). Die Errichtung der Stiftshütte vollzieht sich nun ein Jahr nach dem Auszug (V 17). Die Verbindung zwischen Auszug und Gegenwart Gottes in der Stiftshütte wird hier erneut herausgestellt (vgl. 29,43–46). Hier kommt eine Geschichte zu ihrem Höhepunkt. Gott kommt an (s)ein „Ziel" mit dem Auszug. **Was für eine Treue und Geduld!!**

Samstag, 20. Juli   2. Mose 40,34–38

● Formulierungen wie „wie der HERR ihm geboten hatte" prägen 40,17ff und fassen in gewisser Weise das Verhältnis von Kap. 35–40 zu Kap. 25–31 zusammen. Das mündet in unsere fünf Verse, mit denen das Buch schließt. Gott nimmt Wohnung unter seinem Volk. Das ist ein Ziel und Höhepunkt des Auszugs: **Gott geht mit seinem Volk! Das ist Gottes Herzschlag!**

● Die Begegnung mit Gott am Sinai bekommt eine bleibende „Form": die Realität der überwältigenden Herrlichkeit Gottes, Bereiche der Heiligkeit, strukturierte und abgegrenzte Gebiete, die Zutritt regeln, um Menschen zu schützen, die Ehrfurcht und Respekt verkörpern. Die Wolke (vgl. 19,6.19 sowie 24,15–18) nimmt den Sinai mit auf die Wanderschaft. Gott ist Begleiter und Wegweiser. Das Volk ist vom Sinai her und mit der Sinaierfahrung auf neuen Wegen, auf Wegen, die es noch nie gegangen ist, auf dem Weg ins verheißene Land. Die Israeliten leben von dem, was in der Vergangenheit war und in der Gegenwart ist. **So können sie gelassen Neues und Unbekanntes angehen und Gott auf dem Weg zu seinem Ziel hin vertrauen.**

● Die Bewegung und der Stillstand der Wolke (V 36–38) geben den Takt vor. Die Wolke ist Licht und Wegweisung für den nächsten Schritt. Sie leuchtet jedoch nicht die gesamte Strecke aus, bis das Volk im verheißenen Land ankommt. Das Volk lebt in Abhängigkeit von Gott, mit Klarheit für den nächsten Schritt, Wegweisung und Unverfügbarkeit werden zusammengehalten. **Ich hätte oft so gern mehr Informationen für das, was in ein bis zwei Jahren oder was in zehn Jahren wichtig ist. Warum genügt mir so selten Klarheit für den nächsten Schritt?**

● Was schließt sich an 2Mose an? „Der HERR rief Mose zum Zelt der Begegnung und sprach von dort aus mit ihm" (3Mose 1,1, NGÜ). Die Gegenwart Gottes ist kein Selbstzweck, sondern ist eine besondere Möglichkeit zum Gespräch. **Was für ein Privileg!**

Sonntag, 21. Juli — Psalm 119,33–40

In der Lutherbibel ist unser Psalm zutreffend überschrieben: „Die Herrlichkeit des Wortes Gottes – das güldene ABC". Wie Perlen auf einer Kette reihen sich die guten Erfahrungen des Beters auf. Der folgende Abschnitt ist von Bitten bestimmt, die an Gott gerichtet werden. **V 33:** Was Gott gebietet, liegt nicht immer klar auf der Hand. Oft muss es uns gezeigt werden. Der zweite Teil des Verses müsste übersetzt werden: „mir zum Lohn". Im Sinne: Wenn ich mich an Gott orientiere, kommt am Ende Gutes für mich heraus. **V 34:** Das göttliche Gesetz will „bewahrt" werden. Der angemessene Umgang mit ihm versteht sich nicht von selbst.

> *Zum Nachdenken: In welcher Form „bewahren" Sie das Wort Gottes auf? In früheren Zeiten wurden viele Bibelworte auswendig gelernt. Welche Schätze haben Sie in Ihrem Innern gespeichert?*

V 35: Die göttlichen Weisungen sind für den Beter eine Quelle der Freude. Er hat „Gefallen daran", denn er hat erfahren: Auf Gott zu hören, bekommt mir gut. Das macht mich froh. **V 36:** Der Beter weiß, dass er gefährdet lebt. Deshalb wird ihm das Achten der göttlichen Gebote zur Aufgabe. Er bittet, das Herz hin zum göttlichen Wort „zu neigen", um der Gefahr der „Habsucht" zu entgehen.
V 37: Unter „unnützer Lehre" ist wörtlich „das Nichtige" gemeint. Dagegen steht das Erquicktwerden durch das göttliche Wort. **V 38:** Gemeint ist: Gott möge dem Frommen das Wort „aufrecht halten", d. h. es ihm immer wieder vor Augen führen, damit er sich daran orientieren kann. **V 39:** Der Beter fürchtet wohl schmachvolle Verleumdung, die hier jedoch nicht näher beschrieben wird. **V 40:** Der Fromme fühlt sich durch Gottes Worte keineswegs fremdbestimmt, sondern er hat erlebt, dass sie ihm zum Guten dienen. Deshalb „begehrt" er sie auch weiterhin.

Montag, 22. Juli — Markus 3,7–12

- **V 7–9: Jesus erfährt** trotz der vorangegangenen Mordpläne der Gegner **einen bisher nicht gekannten Zulauf.** Überall strömen aus den Gebieten Galiläas und darüber hinaus die Menschen zu ihm. Mund-zu-Mundpropaganda veranlasst Menschen, mit ihren Nöten zu ihm zu kommen. Krankheiten plagen sie, und sie hoffen auf Heilung. Sie sehnen sich nach einer heilsamen Berührung durch Jesus.
- **V 10:** Alles in allem **ein zusammenfassender Bericht**, der vom Zulauf der Menschen zu berichten weiß, aber auch von der Vollmacht des Sohnes Gottes erzählt.
- **Als Kirche leiden wir in diesen Tagen an dem zunehmenden Relevanzverlust des Glaubens in unserer Gesellschaft.** Der Glaube scheint kaum noch zu den Menschen durchzudringen. Jesu Leute werden heute zu wenig als glaubwürdige Boten wahrgenommen. Damals ging von Jesus eine überströmende Kraft aus. Sein Wirken überzeugt und zieht Menschen an. Müsste Kirche diesen Kern ihrer Botschaft nicht verstärkt freilegen und gleichzeitig Menschen befragen, worin für sie ein überzeugender Glaube besteht? Ein ganzheitlich gelebter Glaube ist gefragt, der an den Fragen und Nöten der Menschen nicht vorbeigeht.
- **V 11: Die Dämonen sprechen hier eine Wahrheit aus, die eigentlich nur offenbart werden kann.** „Du bist Gottes Sohn!" Es ist das Christusbekenntnis, das zur Nachfolge einlädt (vgl. Mk 8,29). Doch die Dämonen sprechen die Wahrheit so aus, als ob sie geschont werden wollten und keine Konsequenzen aus dieser Erkenntnis ziehen. „Wasch mich, aber mach mich nicht nass!"

> *Welche lebenspraktischen Folgerungen haben Sie gezogen, um Jesus nachzufolgen – im Wissen darum, dass Jesus der Messias und der Sohn Gottes ist?*

- **V 12:** Das **Schweigegebot** hat Jesus nach seiner Auferstehung aufgehoben (Mt 28, 19–20). Wir dürfen zeigen, was wir lieben und für kostbar halten.

Dienstag, 23. Juli   **Markus 3,13–19**

● V 13–15: **Berufen, beauftragt und bevollmächtigt wird ein besonderer Kreis um Jesus herum.** Wie konzentrische Kreise – Zudrang der großen Menge, Jünger, **die Zwölf** – schält sich diese besondere Gruppe heraus. **Sie sollen die zwölf neuen „Stammväter" des endzeitlichen Gottesvolks sein.** Jesus vollzieht damit **eine prophetische Gleichnishandlung.** Juden erwarteten die Wiederherstellung dieser zwölf ehemaligen Stämme Israels als kommendes Heilsgeschehen. So spielt der gewählte Ort des Geschehens hier eine besondere Rolle. Der Berg steht für den Sinai als Berg der Offenbarung (V 3).

● **Bemerkenswert ist, wer zu diesem besonderen Kreis dazugehören soll.** Es sind keine theologisch gebildeten Priester und Schriftgelehrten, sondern **einfache Menschen** wie Fischer, wenig Geachtete wie Zöllner und vermutlich Zeloten, d. h. glühende Eiferer für die jüdische Befreiung vom Joch der Römer.

● V 16–19: Darin **hervorgehoben sind besonders die drei Erstgenannten: Simon – Jakobus – Johannes**. Nur diese drei bekommen Beinamen. Eine ähnliche Konstellation von zwölf und drei herausgehobenen Anhängern finden wir bei der jüdischen Sekte der Essener in Qumran. – Jesus erwählt und beruft die Zwölf. Es ist keine individuelle Lebenswahl der Einzelnen. Gott hat hier seine Hand im Spiel und die Erwählung gleicht einer Neuschöpfung (vgl. 1,17). **Gott formt und gestaltet Menschen, indem er sie beruft.**

● V 14.15: Der Zwölferkreis bekommt **eine doppelte Aufgabe** zugetraut. Sie sollen **zum einen eine Lern- und Lebensgemeinschaft um Jesus bilden und zum anderen werden sie zu Boten ausgesandt, um das Evangelium zu predigen, zu heilen und Dämonen auszutreiben.**

> 🖉 *Das erste Ziel der Berufung der Jünger: „Sie sollten bei ihm sein". Was heißt das für die Jünger damals – und für uns heute?*

Mittwoch, 24. Juli   Markus 3,20–30

● V 20.21 stellen **eine kurze Episode** dar, die aber keine Stellungnahme Jesu beinhaltet (im Unterschied zu V 31–34). Die Verwandten, vermutlich Mutter und Geschwister, verstehen seine Mission nicht und wollen ihn in die Familie zurückholen. Ihr Urteil ist hart. „Er ist von Sinnen!" Nicht nur seine Gegner, auch seine Familie bringen Jesus und seinem Wirken ein gehöriges Maß an Unverständnis entgegen.

● V 22: Dieses Unverständnis setzt sich bei den heraufziehenden Jerusalemer Schriftgelehrten fort. Sie sagen, er sei **von einem Dämon besessen.** Sie führen damit den Vorwurf der Familie fort und überbieten ihn. **Sie unterstellen ihm eine Zusammenarbeit mit dem Teufel** (hier „Beelzebub" genannt).

● V 23–27: **Jesus antwortet auf diesen Vorwurf mit zwei Gleichnissen.** Im ersten Fall geht es um die Brüchigkeit gespaltener Reiche, die so nicht bestehen können. Im zweiten geht es darum, dass ein starker Hausherr erst dann ausgeraubt werden kann, wenn er zuvor unschädlich gemacht wurde. Das mit Jesus anbrechende Reich Gottes (vgl. 1,15) zeigt sich hier in der Befreiung der vormals vom Teufel in Beute genommenen Menschen. Jesus ist der Stärkere, daher werden Menschen von ihren Krankheiten und den Dämonen erlöst.

● V 28.29: Jetzt geht Jesus in den Angriff über und **warnt vor der unvergebbaren Sünde wider den Heiligen Geist.** Sowohl im Judentum als auch im Christentum wurde diskutiert, inwieweit es eine unvergebbare Sünde geben kann (vgl. Hebr 6,4–6; 10,26–29). Schränkt diese Behauptung nicht die Allmacht Gottes ein, gnädig und barmherzig sein zu können (Ps 103,8)? Dennoch kann man auf der Erfahrungsebene durchaus erleben, dass Menschen sich nicht vergeben lassen wollen.

Was würden Sie einem Christen antworten, den die Angst umtreibt, er könnte die Sünde wider den Heiligen Geist begangen haben?

Donnerstag, 25. Juli   Markus 3,31–35

Der heutige Text scheint eine Antwort auf die Fragen zu geben, wie Jesus sich zu seiner Ursprungsfamilie verhält und **welchen Stellenwert für ihn die neue Gemeinschaft um ihn herum hat**, die sich als Jüngerschaft bildet und sich vom Umfeld dadurch abhebt, dass sie Gottes Willen tut.

- V 31: Die Handlung spielt sich vermutlich um das Haus des Petrus ab (vgl. 1,29; 2,1). Hierhin kommt seine Familie **und es entsteht ein Kontrast zwischen den Jüngern und seiner Familie.**
- Auffällig ist, dass Jesu Vater wie auch in 6,1ff nicht genannt wird. Die einfachste Erklärung wäre, dass Josef zwischenzeitlich verstorben ist. Damit würde das Anliegen der Familie deutlich, dass Jesus als erstgeborener Sohn nun die Position des Versorgers der Familie einnehmen soll. Aber diese Vermutung bleibt spekulativ.
- V 32–35: **Jesus weist den Anspruch der Familie ab.** Er erklärt dies damit, wer seine neue Familie ist, für die er jetzt vornehmlich da sein will. **Nicht die biologische Abstammung ist fortan entscheidend, sondern die Nachfolge Jesu im Tun des Willens Gottes.**
- Interessant ist die Tatsache, dass später in der Urgemeinde Mitglieder der leiblichen Familie Jesu eine Rolle spielen (Apg 1,14; 15,13; 21,18). Die Mutter und der Herrenbruder Jakobus finden als zum Glauben an Jesus Gekommene hier ihren Platz. **Zur „familia dei" gehören fortan die, die sich in die Nachfolge Jesu einladen lassen.**

Ein Gegenwartsbezug könnte darin liegen, dass Loyalität zur Falle werden kann. Ich fühle mich dem einen und dem anderen in gleicher Weise verpflichtet. Jesus löst die Zwickmühle zwischen der Verpflichtung gegenüber dem anbrechenden Reich Gottes und der leiblichen Familie dadurch auf, indem er eine mutige Gewichtung vornimmt. In welchen Loyalitätsverpflichtungen stecken Sie womöglich und wie könnten Sie sie lösen?

Freitag, 26. Juli   **Markus 4,1–9**

- Jesus nutzt das Interesse seiner Zuhörer, um **durch einprägsame Geschichten (Gleichnisse) auf Gott hinzuweisen.**
- Wie kommt man auf solche Geschichten, die nach 2000 Jahren immer noch berühren? Jesus nimmt sich Zeit, um Details der Natur zu beobachten. Weil Gott Schöpfer ist, trägt die Natur seine Handschrift.
- Die Natur „spricht" oft nicht eindeutig, ebenso wenig die Gleichnisse. Daher ist es wichtig, dicht am Text zu bleiben, und nicht eigene Gedanken und fremde Ideen hineinzulesen. So wollen sie in den meisten Fällen nicht allegorisch, d. h. Zug um Zug, sondern im Blick auf eine zentrale Aussage hin ausgelegt werden.
- Im Gleichnis geht es weniger um den „vierfachen Acker" als um die **hundertfache Frucht: Das ist die überraschende Pointe.** Selbst unsere heutigen hoch gezüchteten Weizenpflanzen mit je zwei bis drei Halmen bilden pro Ähre nur etwa 25–40 Körner aus. Als Isaak das Hundertfache erntet, ist dies ein eindeutiger Hinweis auf Gottes Segen (1Mose 26,12). **Ziel ist, Appetit auf Gottes überwältigendes Wirken zu machen.**
- Die ersten drei Böden **behindern das Wachstum** stark (Weg), mittelmäßig (Fels) und schwach (Dornen). Das Ergebnis ist jedoch immer dasselbe: **Es wächst keine Frucht.** Der Boden muss die Saat ganz aufnehmen, oder es wird nichts daraus.

→ Der **Weg** ist wohl ein Trampelpfad über dem Acker. Das Problem mit den Vögeln wird auch im frühjüdischen Buch der Jubiläen aus dem 2. Jh. v.Chr. berichtet.

→ Beim **felsigen Boden** denkt Jesus wahrscheinlich an Steine im Acker, die durch eine dünne Erdschicht bedeckt nicht auffallen und deshalb nicht aufgelesen wurden. Es sieht alles normal aus und man wundert sich: Warum wächst hier keine Frucht?

→ Ein damaliger Landwirt hätte das **dornige Gestrüpp** auf dem Acker wohl nicht geduldet. Die Zuhörer müssen gedacht haben: Das hat dort doch nichts zu suchen, weg damit! Die Leser fragen sich: Was ist damit gemeint? Das klären die folgenden Verse ...

Samstag, 27. Juli — Markus 4,10–20

● **Gleichnisse** verdeutlichen und verschleiern zugleich. Gleichnisse sind ein Alarmsignal: Wenn der Prophet anfängt, unverständlich zu reden, ist das ultimative Warnung vor Gericht.

> ✏️ *In welchem Zusammenhang steht der in Mk 4,12 zitierte Vers Jes 6,10? Gibt es dort noch Hoffnung?*

● 13-mal betont Mk 4 das **Hören**, welches auch das Gleichnis rahmt (V 3.9). **Aber sehen/hören bedeutet nicht automatisch auch erkennen/verstehen** (V 12).
→ Wer ständig mit „ich weiß" reagiert, hört nicht richtig hin. Wer Jesus aus vermeintlich besserem Wissen ablehnt, scheitert an dem von Jesus verkündeten **Geheimnis des Reiches Gottes**.
→ Wer dagegen hört und danach verwirrt ist, dem rät und verheißt Jak 1,5: „Bitte Gott um Weisheit. Er wird sie dir geben."
● Dieses Gleichnis ist Grundlage für alle Gleichnisse (Mk 4,13), denn es erklärt, was sie bewirken und warum sie manchmal wirkungslos bleiben.
● **Weg, Fels und Dornen verdeutlichen, was von außen unerklärlich bleibt:**
→ Wo Gottes Wort wie Wasser auf Öl scheinbar gleichgültig vom Herzen abperlt, tobt hinter den Kulissen ein geistlicher Kampf zwischen Gut und Böse.
→ Begeisterung für Jesus allein reichen nicht. Der Schlüssel ist Ausdauer gegen Bedrohung von außen (V 17) und innen (V 18).
→ Bemerkenswert präzise sind die drei Arten von **Dornen** unterschieden: (a) die Ausrichtung des Herzens auf Sorgen und Probleme, (b) auf Reichtum (c) oder andere „Ersatzgötter" wie Begierden. Wie Schlingpflanzen wollen sie das Wort erwürgen.
● Gerade auf einem fruchtbaren Boden muss man Unkraut jäten. *Nur das Samenkorn bringt Frucht, der Boden allein niemals* – mag er noch so gut sein. **Nur was Jesus durch uns wirkt, ist Frucht**: gläubiges Handeln und Denken, das Gott ehrt.

Sonntag, 28. Juli   **Psalm 119,41–48**

- Aus Mk 4 ergibt sich die Frage: Was heißt das praktisch, das Wort Gottes aufnehmen? Wie wirkt das Wort **Hilfe** (Rettung), auch im Alltag (Ps 119,41)?
- Ein großer Bereich sind Konflikte: Wie soll ich reagieren, **antworten** (V 42)? Das Wort verändert meine Ziele in Konflikten: Es geht nicht mehr in erster Linie darum, zu gewinnen. Es geht vor allem darum, vor Gott in der Auseinandersetzung aufrecht zu bleiben und ihm zu gefallen. Gottes Wort bewirkt, dass Menschen das **Wort der Wahrheit** (Treue) reden – Worte, die vor Gott bestehen können.
- Bitten Sie um das eine wahre Wort von Jesus für die Situation: Vielleicht ist es wirklich nur ein einzelnes Wort, ein Bild oder ein Gedanke aus einem Bibelvers.
- Vor **Königen** Gottes Wort zu reden war damals tödlich, selbst in Israel. Elia, Jeremia, Johannes der Täufer und viele andere Propheten fürchteten um ihr Leben. Oft denke ich: Warum bin ich nicht mutiger? Heute ist es doch viel ungefährlicher. Aber es kommt nicht darauf an, dass ich *meinen* Mut sammele – die Kraft liegt im *Wort*. Das Wort hat die Propheten befähigt, über ihren eigenen Schatten zu springen.
- V 44f macht nur bei Gottes „**Gesetz**" Sinn. Jedes menschliche Gesetz engt ein. Gottes Wort bewirkt das Gegenteil: „**Und ich wandle in weitem Raum**" (V 45). Ich bekomme Luft zum Atmen auf meinem Lebensweg. Wodurch? Eisern am Wort festhalten, gegen alle Versuchung zum Nachgeben (V 44); nachbohrendes Suchen nach Gottes Reden (V 45).
- In jedem Vers findet sich mindestens ein Begriff für „Wort Gottes" – nicht als kaltes, formales Gesetz, sondern als liebevolle, persönliche Wegweisung.

> 🖉 *Suchen Sie in jedem der acht Verse nach der Beziehung zwischen dem Wort Gottes und der Situation des Beters. Welchen Unterschied macht das Wort für ihn?*

Montag, 29. Juli — Markus 4,21–25

- Bei dem **Vergleich mit der Lampe und dem Maß aus der Bergpredigt**: „So lasst euer Licht leuchten" (Mt 5,16) bzw. „Richtet nicht, damit ihr nicht gerichtet werdet" (Mt 7,1) geht es um das Reden der Jünger. **In Mk 4 hingegen wendet Jesus dieselben Bilder auf seine *eigene* Rede an:** Sollte sein Wort eigentlich nicht von vornherein klar scheinen wie eine Lampe?
- Eine verborgene **Lampe** bleibt doch eine Lampe. Auch ein jetzt noch verborgenes Gleichnis wird sich letztlich gegen die Finsternis durchsetzen. Doch geht es hier um mehr als ein Gleichnis. **Es geht um Jesus selbst: Statt in göttlichem Glanz erscheint er verborgen, quasi in Lumpengestalt** (Phil 2,6f).
- Das begründet eine echte Wahl! Wer Jesus ablehnen möchte, dem wird es durch sein äußeres Erscheinungsbild leicht gemacht.
- Jesus ruft in einem Wortspiel (Augen/Ohren, vgl. V 12): „Seht, was ihr hört" (V 24), gemeint ist: *wie* **ihr hört** – mit offenem Herzen oder abwehrend, ausweichend? Hier kommen die verschiedenen Arten von Boden aus V 1–20 noch einmal in den Blick.
- Das Sprichwort mit dem **Maß** stammt aus dem Getreidehandel. Wenn beide Partner mit demselben Maß messen, würde ein Betrüger sich nur selbst betrügen.
- V 25: Schließlich greift Jesus eine (bittere) Beobachtung aus dem Alltag auf. Heute würde man sagen: Die Reichen werden immer reicher, die Armen immer ärmer. Das Reich Gottes schafft neue Bedingungen und gibt Hoffnung. Das Wort hören **und** es auf- bzw. annehmen (V 20), darauf kommt es jetzt an.
- Das Ende des Gleichnisses vom Sämann verdeutlicht dieses Prinzip: Der Boden nimmt nur ein Korn auf. **Die ungeahnt reiche, hundertfache Frucht wird hinzugefügt.** Auf der anderen Seite wächst die Pflanze unter den Dornen – man könnte meinen: Wenigstens ist etwas gewachsen, wenn auch ohne Frucht. Aber selbst das bisschen Pflanze wird am Ende auch noch erstickt. **Alles steht und fällt mit der Frage: Höre ich auf Jesus mit offenem Herzen?**

Dienstag, 30. Juli   **Markus 4,26–29**

- Das **Reich Gottes** ist Gottes Herrschaft. **Wie breitet sie sich aus?** Nicht durch Schwert und Gewalt, sondern **durch sein Wort im Herzen des einzelnen Menschen.**
- Der Sämann in Mk 4,14 ist Jesus. Hier ist es der Bauer, der nach der Aussaat zum Wachsen und Reifen der Saat nichts beitragen kann (V 27). Er gibt das Wort weiter, doch was daraus wird, ist seinem Wirken entzogen. Denn Gott wirkt direkt durch sein Wort! Das ist die Botschaft, die alle drei Saat-Gleichnisse in Mk 4 verbindet. **Gott wirkt durch sein Wort im Herzen Wachstum und führt es zu einem guten Ende, d. h. zu einer reichen Ernte.**
- **Von selbst** (griechisch: „automatisch") entsteht die Frucht. Im Unterschied zu V 1–20 betont Jesus hier **das schrittweise, organische Wachstum:** Spross, Ähre, Weizenkorn.
- Der unscheinbare, zerbrechliche Spross; die länglichen spitzen Blätter, die sich schützend um die entstehende Frucht drehen – viel lässt sich daraus lernen, dass Jesus hier so genau hinschaut. **Das Wort wächst unscheinbar, auf unerklärliche Weise.** Und doch sind auch die frühen Wachstumsphasen wie eine Verheißung: **Ganz gewiss wird es zur Frucht kommen.**
- Paul Gerhardt dichtet 1653 jubelnd: „Der Weizen wächset mit Gewalt". Habe ich noch einen Blick für die berauschende Schönheit und mitreißende Pracht des Reiches Gottes? Nörgeln, Jammern und Klagen können diesen Blick verstellen.
- Die **Sichel** verwendet Joel 4,13 für die Weinlese als Bild für das Jüngste Gericht. Auch im Gleichnis vom Unkraut steht die Ernte für das Weltende (Mt 13,30). In Mk 4,29 bleibt der, der erntet, ungenannt und damit im Hintergrund. Er erntet das Getreide **alsbald** (sogleich) – ein Hinweis darauf, dass die „Frucht" schon in dieser Welt sichtbar wird. Wenn es um das Reich Gottes geht (V 26), so besteht die Frucht darin, dass Gott als Herr anerkannt wird. **Das heißt, die Ernte ist Jüngerschaft: ein Mensch unter Gottes Herrschaft – in der Nachfolge Jesu.**

Mittwoch, 31. Juli — Markus 4,30–34

- Noch einmal versucht Jesus, **die Prinzipien des Reiches Gottes zu veranschaulichen.** Die Gleichnisse sollen eine Ahnung davon vermitteln, wie Gott in dieser Welt wirkt.
- Das Gleichnis in V 26–29 verdeutlicht das schrittweise Wachstum „wie von selbst" und die Gewissheit reicher Ernte. **Das Senfkorn verdeutlicht den unscheinbaren Anfang und das überraschend großartige Ziel.**

→ Warum ein **unscheinbarer Beginn**? Judäa war Teil des Römischen Reichs. Erhofft wurde die gewaltsame Befreiung von den Unterdrückern. Der Widerstandskampf der Makkabäer gegen frühere hellenistische Unterdrücker (Seleukiden) war sehr erfolgreich und diente den jüdischen Zeloten („Eiferern") z.Z. Jesu als Vorbild. Wer Gottes Reich aufrichtet, musste erst das Römische Reich überwinden. **Erwartet wurde also kein kleines Korn, sondern ein Mähdrescher.**

→ Warum ein überraschendes **großartiges Ziel**? Welcher Kaiser hätte sich je ernsthaft bedroht gefühlt durch die (für viele unverständliche, V 12) Lehre eines mittellosen Wanderpredigers aus einer abgelegenen römischen Provinz? Und doch ging dieses Reich Jahrhunderte später vor dem Reich Gottes in die Knie.

- Das schwarze **Senfkorn** *Brassica nigra* mit 1 bis 1,5 mm Durchmesser bringt 1 bis 3 Meter hohe Sträucher hervor. Dieser Gegensatz sticht ins Auge, von daher ist es im Sprichwort der damaligen Zeit das anschaulichste Beispiel für das kleinste Korn.
- Der Baum, der den **Vögeln des Himmels** Schutz bietet, ist ein häufiges Motiv in der Bibel (z.B. in Dan 4,9.18f). **Anders als das Römische Reich bedeutet Gottes Reich nicht Ausbeutung, sondern Schutz und Geborgenheit für die Völker.**

> *Sehen Sie in Ihrem Umfeld unscheinbare Anfänge Gottes, die eher etwas Ernüchterndes, Deprimierendes an sich haben? Wie kann aus der Einschätzung „Ein Korn bleibt ein Korn" die Erwartung von etwas geistlich Großem werden?*

Donnerstag, 1. August   **Markus 4,35–41**

- Am **Abend** nach einem Tag anstrengenden Lehrens ist Jesus müde. Vielleicht möchte er der Menge entkommen (Joh 6,15), woanders weiterpredigen (Mk 1,38) oder einfach nur seine Jünger in eine **Glaubensprüfung** führen.
- Einige für den Verlauf der Geschichte unwesentliche Details deuten auf einen **Augenzeugenbericht** hin, etwa der Blick auf die mitfahrenden Boote (V 36) oder das Kissen (V 38).
- **Der See Genezareth** ist mit 212 m unter dem Meeresspiegel der zweittiefst gelegene See der Erde (Totes Meer: 420 m). Dadurch sind das Wasser und die Luft darüber kühl. **Der Unterschied zur umliegenden heißen Luft führt zu gefährlichen Stürmen.**
- Kennen Sie den **versteckten Vorwurf der Jünger an Jesus:** Hier läuft gerade alles schief – und du kümmerst dich nicht? Je nach Situation sind beide Perspektiven, für die Jesus sich rechtfertigen soll (V 38), fragwürdig.
- Jesus redet zu Wind und Wellen wie zu Personen (was sie nicht sind). **Es geht hier nicht darum, dass seine Jünger so werden sollen wie er, sondern dass er so ist wie Gott.** Ps 107,25–30 und viele Stellen der Bibel beschreiben **die Macht des Schöpfers über Sturm und Wellen.** Das ist mit Mk 5,7 die Antwort auf die rhetorische Frage der Jünger: „Wer ist der?"

> *Jesus kritisiert die Jünger. Was genau ist ihr Fehler? Was hätten sie stattdessen tun sollen?*

- Die große Furcht in V 41 unterscheidet sich grundlegend von der Furchtsamkeit in V 40 (im Griechischen verschiedene Wortstämme): **Verzweifelte Angst in bedrohlichen Lebensumständen verwandelt sich in ergriffene Ehrfurcht vor dem Herrn des Lebens.**
- Zweimal reden die Jünger. Das Erste kenne ich allzu gut: glaubensarme, **verzweifelte Hilferufe aus** *Angst*. Das Zweite kann ich hier lernen: **von** *Ehrfurcht* **ergriffener, staunender Bericht von dem, was Jesus getan hat.**

Freitag, 2. August — Markus 5,1–20

Begeisterung – so oder so?! Wes Geistes Kind sind wir?

● Ein Begriff aus der Jesusgeschichte ist sprichwörtlich geworden: **„Legion"**. Er weist darauf hin, dass etwas unermesslich groß und deshalb nicht in den Griff zu kriegen ist. So auch bei dem Menschen mit dem „unreinen Geist", der in den Grabhöhlen hauste. Entfesselt war er, nicht zu bändigen, „schrie und schlug sich mit Steinen". So gefangen war er, dass er sich nicht einmal von Jesus helfen lassen wollte. Was für eine schreckliche „Begeisterung"!

● Aus der Welt schaffen lassen wollten sich die Legion-Geister nicht. **Und doch spüren sie die Vollmacht Jesu. Jesus ist und bleibt der Herr des Geschehens** – auch gegen die scheinbare Macht einer scheinbar nicht zu greifenden „Legion". **Das wirklich begeisternde Leben siegt!** Jesus verändert das Leben des böse begeisterten Menschen radikal. Der Geheilte kommt zur Vernunft und vernimmt erstmals, wie das wahre Leben ist.

● Doch die Menschen, die das alles sehen und hören, sind – wohl wegen des Verlusts der Schweineherde – alles andere als von Jesu Tat begeistert: Sie bitten ihn, die Gegend zu verlassen. Und Jesus zieht weiter. Doch er lässt den Geheilten als Zeichen seiner Vollmacht in der Gegend zurück. Zu Hause soll er Zeuge dafür sein, wer Jesus ist: der Herr, dem keine Macht widerstehen kann. In ganz anderer Begeisterung als zuvor wird der Geheilte zum Hinweis darauf, wes Geistes Kind er war und nun eben ist.

● **Wo Gottes Geist zu Hause ist, da ist Freiheit** (2Kor 3,17). Echte Freiheit gibt es nur durch Jesus, der „zur Freiheit hin befreit" (Gal 5,1). Eine solche Begeisterung bindet nicht. Sie ist vom Leben aus und in der Fülle Gottes gezeichnet – auch über Tod und Grab hinaus.

● **Die Wundergeschichte des Geheilten ist deshalb eine Auferstehungsgeschichte**, die uns nachdenklich und hoffentlich glücklich macht, weil wir wissen, wes Geistes Kind wir sind und in welchem Geist wir leben.

Samstag, 3. August — Markus 5,21–34

Die Kraft der Berührung – eine anrührende Begegnung

- „Bitte nicht anfassen" – ein Verbot, das wohl die meisten seit Kindertagen kennen, das nicht nur bei Gegenständen, sondern umso mehr bei Menschen gilt, zu denen wir keine besondere Beziehung haben, die Berührung erlaubt sein lässt. Alles andere wäre übergriffig! **Dennoch berührt die Frau Jesu Gewand. Warum? Weil sie sich von Jesus Heilung verspricht, allein schon, indem sie Jesu Gewand berührt.** Und es geschieht, was sie erwartet und erhofft hat. Deshalb und nur deshalb wagt sie die aberwitzige Grenzüberschreitung der Berührung.

- Jesus bleibt der Vorgang nicht unbemerkt. Und er fragt nach, obwohl seine Jünger ihn beschwichtigen, als ob die Berührung nur zufällig und der großen Menschenmenge geschuldet sei.

- Die Frau erschrickt, als Jesus sie ertappt – wegen ihres waghalsigen Tabubruchs oder doch wegen der heilsamen Wirkung der Berührung. Und – ganz wichtig: Sie stellt sich Jesus und steht zu ihrer (Un-)Tat. **Jesus würdigt das Motiv, aus dem die Frau gehandelt hat: ihr Zutrauen, dass Jesus – ja sogar schon die Berührung seines Gewandes – gesund machen kann,** auch dort, wo medizinische Heilkunst an ihre Grenzen gekommen ist. **Ein berührend-anrührendes Vertrauen!**

- Anrührend vertraut, die Anrede der Frau durch Jesus als „Tochter". Er verstärkt damit ihr Vertrauen, das sich getraut hat, Grenzen zu überschreiten. **Eine waghalsige Grenzüberschreitung, die hier aber keinesfalls unschicklich war und ist.** Denn wer hat nicht gerne etwas Konkretes in der Hand?!

- Deshalb auch das Wasser der Taufe und Brot und Wein beim Mahl des Herrn. **Konkrete Momente der Fühlungnahme der Liebe Gottes, die heilsam verändern kann.** Und deshalb das Zeichen des Segens – die konkrete und symbolische Handauflegung als handfeste Zusage der Geistesgegenwart Gottes. Ob wir uns davon noch „berühren" bzw. „anrühren" lassen?

Sonntag, 4. August   **Psalm 122**

Dreimal im Jahr sollten alle Männer Israels zu den Festgottesdiensten nach Jerusalem pilgern (2Mose 23,17 u.ö.). Ob das später immer so eingehalten wurde, ist natürlich fraglich. Aber es waren geistliche und menschliche Höhepunkte im Jahr.

V 1–2: Man reiste wohl als **Dorfgemeinschaften**, sehr anschaulich geschildert in der Geschichte vom 12-jährigen Jesus im Tempel (Lk 2,41ff).

V 3–4: Der Psalmsänger ist überwältigt vom **Anblick der Stadt Jerusalem** – ein Dorfbewohner in der Großstadt, vielleicht zum ersten Mal! Schon damals tat es gut, mit vielen Glaubenden zusammenzukommen, war doch das (geistliche) Leben in den kleinen Gemeinschaften auf dem Land sehr bescheiden. Das Wir-Gefühl überkommt den Sänger und tut ihm gut.

V 5: Salomo ließ eine Thron- und Gerichtshalle bauen (1Kön 7,7), für den Pilger heißt das: Die manchmal chaotisch anmutende Welt ist doch geordnet, hier wird **in letzter Instanz Recht gesprochen** – und im Tempel wird vor eindrucksvoller Kulisse Gott angebetet. Gott ist gegenwärtig! Sein Eindruck: eine absolut heile Welt, besser kann es gar nicht sein.

V 6–9: Bei den Glück- und Segenwünschen für Jerusalem fällt auf, dass der Beter seine eigenen Wünsche und Befindlichkeiten überhaupt nicht erwähnt. Das Heiligtum und die Heilige Stadt sind wichtiger als der eigene Alltag. Hier hat er Kraft und Mut getankt, ihn zu bewältigen, und er hat sicher im Tempel die vorgeschriebenen Opfer gebracht. Entlastet wird er heimkehren.

Auch wenn jeden Sonntag Gottesdienst stattfindet und damit nicht so stark das Besondere im Vordergrund steht – welchen Einfluss strahlen die Gottesdienste auf den Alltag aus? Können wir noch staunen, loben und danken? Was bedeutet uns die Gemeinschaft mit anderen Christen und das Wir-Gefühl großer Festgottesdienste?

Montag, 5. August — Markus 5,35–43

„Ich will alles, und zwar sofort!" – doch Jesu Zeit läuft anders

● Geduld fällt nicht immer leicht, vor allem, wenn die Sache drängt wie bei der Bitte des Synagogenvorstehers, bei der es um Tod und Leben seiner Tochter geht. Und doch geht nicht alles immer so leicht und flott, wie es ein bekannter Schlagertext meint: „Ich will alles, und zwar sofort!" (Gitte Haenning).

● Dabei gibt es einen wichtigen Unterschied: Während der Songtext alles von sich selbst erwartet, **erwartet der Synagogenvorsteher alles von Jesus – und dies, obwohl dieser Jesus in seinen Kreisen alles andere als unumstritten war**. Und doch fasst der Vater Mut in seiner Not und vertraut sie Jesus an. Zuerst scheint alles gut zu laufen, Jesus geht sogleich mit ihm. Doch dann wird Jesus aufgehalten, und es scheint alles zu spät. Noch auf dem Weg wird ihnen die Nachricht vom Tod der Tochter überbracht. Was für ein Drama! Enttäuschte Hoffnung? Was mag der Vater wohl gefühlt haben auf dem endlos lang erscheinenden Weg mit Jesus?

● „Fürchte dich nicht, glaube nur!" Was für ein Satz Jesu! **„Nur" glauben, wie soll das gehen, wenn alle Möglichkeiten ausgereizt scheinen?** Kein Wunder, dass Jesus ausgelacht wird, als er zuversichtlich das Haus betritt und den Tod des Mädchens als Schlaf bezeichnet, wo doch alle voll Trauer „weinten und heulten", weil das Kind gestorben war. Und ebenso wenig verwunderlich ist, dass Jesus nur die vertrauensvollen Eltern mit sich nimmt, als er deren Tochter anspricht: „Steh auf!"

● **Was für ein Signal, diese Auferweckung** – auch im Blick auf Jesu Auferstehung selbst, dem Hoffnungszeichen der unendlichen Liebe Gottes, der keine Macht der Welt gewachsen ist, nicht einmal der Tod (Röm 8,31ff). Noch steht die endgültige Erlösung dieser Welt aus. Noch braucht es Geduld. **Das Vertrauen des Vaters ermutigt, trotz aller Hiobsbotschaften darauf zu vertrauen, dass Gott nichts unmöglich ist – auch heute nicht.**

Dienstag, 6. August Markus 6,1–6

Schubladendenken hilft nicht weiter – Jesus geht seinen Weg

● Bilder beeinflussen, was wir denken und tun. Wir machen uns ein Bild von etwas oder einer Person, das uns dann nicht selten den freien Blick verstellt, weil wir nur noch sehen, was wir sehen können oder wollen. **Und so kann oft nicht sein, was nicht sein darf.**

● Auch Jesus erleidet dieses Schicksal. Kann ein Zimmermann können, was Jesus kann? „Woher hat er dies?" **Aus Verwunderung wird Ärger.** Ist dieser Jesus ganz aus der Art gefallen im Vergleich zu seinen Brüdern und Schwestern? Immerhin lehrt Jesus in der Synagoge – und dies voller „Weisheit". Ein Genie vielleicht? Doch dazu kommen noch seine Wunder – eine ganz andere Art von „Handwerk", als es einem Zimmermann gebührt.

„Ein Prophet gilt nichts im eigenen Land" – so beschreibt ein Sprichwort dieses Phänomen. Wehe festgelegte Erwartungen werden durchbrochen! **Wehe die Schubladen und Schablonen passen nicht mehr, die wir uns zurechtgelegt haben.**

Welche falschen Festlegungen bzw. Vorurteile über Jesus erleben Sie heute?

● Der Eigensinn seiner Heimatstadt führt dazu, dass Jesus sprichwörtlich „die Hände gebunden sind" und er weiterzieht, – verwundert über den **„Unglauben"** dort, **der nur dem vertraut, was in den Horizont eigener Vorstellungen passt.** Und was nicht passt, wird oft passend gemacht, damit ja nichts aus dem gewohnten Rahmen fällt.

● **Das Gegenbild zu einem festen Rahmen ist das Kreuz. Es ist nach allen Seiten offen und doch auf ein klares Zentrum fokussiert.** Ein wichtiges Sinnbild dafür, dass Jesu Handeln feste Vorstellungen und Erwartungen sprengt. Vielleicht gerade deshalb ein skandalöses Ärgernis bis heute (1Kor 1,18). Erst recht dann, wenn damit deutlich wird, dass Gottes Liebe nicht festlegt, außer sich selbst zum Wohl der Menschen.

Mittwoch, 7. August — Markus 6,7–13

Von nichts kommt nichts – oder vielleicht doch?

● Was für eine Szene: Jesus schickt seine Jünger los: ohne Proviant, ohne Wegzehrung, ohne jegliche finanzielle Vorsorge. Noch nicht einmal Ersatzwäsche ist vorgesehen, geschweige denn eine feste Bleibe oder gesicherte Routenplanung. **Ein Leben von der Hand in den Mund – ohne jede Absicherung, außer Vertrauen: Es wird, es ist für uns gesorgt!** Nur ein Wanderstab und Schuhe bieten festen Tritt und Schutz. Doch keiner der Jünger muss allein gehen. **Als Zweierteam werden sie losgeschickt,** ausgestattet mit dem Wichtigsten: dem Vertrauen in die Vollmacht Jesu, die ihnen dafür übertragen ist.

● Und noch eines ist wichtig: **Der Auftrag ist klar**. Und jeder Verzicht, irgendetwas zu erzwingen. Entweder findet das jeweilige Team freundliche Aufnahme und Gehör oder auch nicht. Hauptsache, die Chance zu hören war gegeben. **Auch eine Zeichenhandlung ist geboten:** Wo keine Aufnahme und kein Gehör gefunden wird, von dort soll nicht einmal ein Körnlein Staub auf dem weiteren Weg mitgehen. Vertane Chance also, alles bleibt, wie es ist! Die Verantwortung der möglichen Gastgeber ist damit klar.

● Die Jünger gehen los. Nicht gerade mit angenehmer Predigtkost: **Wer lässt sich schon gerne zur Umkehr mahnen, zu einer Lebenswende, die alles Bisherige in Gottes Namen infrage stellt**. Und doch zeigt die Sendung Wirkung: Der gute Geist Gottes kehrt bei vielen ein und Kranke werden durch die Salbung als Signal der Zuwendung Gottes gestärkt und gesund – **alles Zeichen dafür, dass mit Jesus der erwartete Retter gekommen ist und selbst mit und durch seine Jünger wirkt**. Die Mission der Jünger ist erfüllt. Sie sind im Auftrag des Herrn unterwegs – gesandt und bevollmächtigt von ihrem Herrn. Allein das wirkt – bis heute! Ob uns dies ermutigt, aufzubrechen – im Wissen, dass von ihm alles kommt und mit ihm bestens auch für uns (vor)gesorgt ist?!

Donnerstag, 8. August — Markus 6,14–29

Schreiendes Unrecht – nicht einfach aus der Welt zu schaffen

● Wie muss der scheinbar mächtige und doch ohnmächtige König Herodes erschrocken sein: Ist dieser Jesus nicht vielleicht doch der auferweckte Täufer, den er gnadenlos und ohne jeden Skrupel aus der Welt geschafft hatte? Schon damals muss ihn ein ungutes Gefühl beschlichen haben, hielt er ihn doch für einen „gerechten", ja: „heiligen" Mann, obwohl dieser ihn des Unrechts bezichtigt hatte. Auch wenn er nicht auf ihn hörte, galt doch: „Er hörte ihn gern" (V 20)!

● Und doch passiert ihm der entscheidende Fehler: Beeindruckt von der Anmut seiner Stieftochter, gewährt er ihr bei einem rauschenden Geburtstagsfest die Erfüllung eines freien Wunsches. Ihre Mutter lässt sich das nicht zweimal sagen: Sie fordert den Kopf Johannes des Täufers, präsentiert auf einer Schale. Was für ein schlimmes, würdeloses, entwürdigendes Schauspiel! Trotz schlechten Gefühls wagt er es nicht, sein leichtfertiges Versprechen zu brechen. **Wie ohnmächtig der mächtige Herodes angesichts der Grausamkeit wirkt!**

● Seine Reaktion auf das Wirken Jesu zeigt sein schlechtes Gewissen. Johannes war zwar auf grausame Weise aus der Welt geschafft, doch seine Wirkung blieb. **Unrecht lässt sich nicht durch neues Unrecht beseitigen.**

● Immerhin gesteht Herodes ein, dass er die Schuld an der Enthauptung des Täufers trägt. Immerhin lässt ihn sein Unrecht nicht einfach kalt, auch wenn es nicht wiedergutzumachen ist. **Doch der entscheidende Schritt bleibt aus: die Kehrtwende, das Einlassen auf diesen Jesus und seine Botschaft der Gnade.** Er ergreift die Chance nicht, die Jesus trotz allem bietet. Weshalb? Weil sie zeigt, wie ohmmächtig wir oft sind, auch wenn wir mächtig scheinen – vor uns und anderen? Aus Angst, das Gesicht zu verlieren, wenn wir zugeben, dass kein Mensch ohne Fehler ist und Schuld? Das wäre falscher Stolz und jammerschade, die vertane Chance!

Freitag, 9. August — Markus 6,30–44

Ganz schön wenig – und doch ganz schön viel: Gott macht's!

● Was für ein **Kontrast:** Zuvor der Bericht der berauschend üppigen und grausamen Geburtstagsparty von König Herodes und nun der Bericht vom Hunger der vielen Tausend Menschen und dem wundersam gnädigen Festmahl beim wahren König der Welt. Erfüllt waren die Jünger von ihrer Wanderung durch die Dörfer zurückgekehrt – eigentlich Zeit zum Rasten, wie Jesus es ihnen empfiehlt. Noch nicht einmal genug Zeit zum Essen war ihnen geblieben, so viele Menschen waren um sie herum.

● Doch die Menge lässt nicht locker. Sie kommt Jesus und den Jüngern zuvor. Und nun wird der einsame Ort vermeintlich zum **Problem:** Es gibt dort nichts zu essen. Erstaunlich: Die Jünger denken dabei nicht zunächst an sich und suchen nach der Lösung, die scheinbar auf der Hand liegt. Weshalb nicht die Leute einfach zum Essenbesorgen in die umliegenden Dörfer schicken? Doch Jesus irritiert bewusst, indem er die Jünger beauftragt, den vielen Menschen etwas zu Essen zu geben. Und wieder fällt den Jüngern die scheinbar naheliegendste Lösung ein, die jedoch zugleich völlig unrealistisch ist, weil das vorhandene Geld nicht ausreicht.

● **Doch nun geschieht das Wundersame:** Die vorhandenen Brote und Fische werden gesammelt – ganze fünf Brote und zwei Fische. Wie soll das wenige Tausende Hungrige sättigen? **Doch aus dem wenigen Geteilten und Gesammelten wird beim Verteilen plötzlich mehr. Alle werden satt**, und was übrigbleibt, ist mehr, als zu Beginn der Verteilaktion vorhanden war.

Ob uns diese Geschichte ermutigt, das (wenige oder viele) zu teilen, das wir haben, damit alle genug haben können? Ob wir darauf vertrauen, dass weniger manchmal mehr sein kann, wenn wir uns ganz auf Gott verlassen, ohne dabei verlassen zu sein und zu werden?

Samstag, 10. August   Markus 6,45–56

Gelernt ist gelernt – oder auch nicht!

● „Nichts gelernt!" **Was für ein Armutszeugnis für die Jünger.** Eben noch himmelhoch glücklich über die wundersame Speisung Tausender und wenig später tief bestürzt über die „gespenstige" Begegnung auf dem tosenden See. Kaum sind die Jünger sich selbst überlassen, sind Wind und Wetter ausgesetzt, müssen sich plagen, um bei Gegenwind auch nur ein bisschen voranzukommen, da verkennen sie, wer sich zu ihnen setzt in das eine Boot. Kennen Sie das?

● **Vor Angst „erstarrte" Herzen verwehren den freien Blick, verbauen den wachen Verstand**, der mehr sieht, als vermeintlich vor Augen oder mit der Vernunft zu erfassen ist. Die Jünger trauen ihren Augen nicht, dass ihnen Jesus auf dem See entgegenkommt. Und das, obwohl sie doch oft schon erfahren hatten, dass ihm nichts unmöglich ist. Selbst die Ermutigung: „Fürchtet euch nicht!" bewirkt blankes Entsetzen. **Was für ein Signal: Jesus geht an den Jüngern in ihrer beklemmenden Lage nicht vorüber. Er setzt sich zu ihnen ins Boot.** Und dadurch kehrt Ruhe, Beruhigung ein – aber erst nur, was den Wind betrifft, während die Jünger immer noch unverständig sind.

● Und als sie schließlich wieder sicheren Boden unter den Füßen haben und an Land gehen, setzt sich der Andrang auf Jesus fort. **Was für ein erneuter Gegensatz: Die Jünger, die in enger Gemeinschaft mit Jesus lebten, erkannten ihn nicht beim Gegenwind auf dem See, aber die Menschen an Land erkennen ihn sofort.** Sie hatten gelernt: Allein schon die Berührung des Gewandes Jesu hilft. Er will und darf darum gebeten sein.

● Die beiden Geschichten zeigen **zwei Bewegungen**: Auf dem See kommt Jesus seinen Jüngern entgegen, als sie nicht mehr weiterwissen und obwohl sie ihn nicht gleich erkennen. An Land lässt Jesus zu, dass die Menschen zu ihm kommen, und sie werden gesund. So ist Gott: Er weiß, was wir brauchen. Er hilft jedem auf seine Art.

Sonntag, 11. August — Psalm 145

- In höchsten Tönen preist David seinen Gott – einen konkreten Anlass nennt er uns aber nicht. Gleichzeitig ist dieser Psalm ein alphabetisches Lied: Jeder Vers beginnt mit dem jeweils nächsten Buchstaben des Alphabets, nur das N fehlt.
- Trotz dieses sprachlichen Korsetts gelingt es, diesem Psalm eine Dynamik zu verleihen. Es beginnt mit dem **persönlichen Lob** (V 1), geht weiter zum **Lob der Nachkommen** (V 4) und mündet in das **Lob „aller seiner Werke"** (V 10), also der ganzen Schöpfung. Und am Ende steht wieder das **persönliche Gotteslob** (V 21).
- V 4–9: Dabei kommen fast alle wichtigen Begriffe der alttestamentlichen Theologie vor, deren Tiefe und Dimension jede Übersetzung nur unvollkommen wiedergeben kann:
- **Machttaten** – der Glaube des AT speist sich aus dem Zeugnis der großen Wunder in der Schöpfung und in der Geschichte Israels. Er bezieht sich auf konkrete Gotteserfahrungen.
- **Gerechtigkeit** – ein Begriff, mit dem M. Luther bei der Auslegung von Ps 31,2 zunächst große Probleme hatte. Erst als er verstand, dass hier weniger ein juristischer Sinn gemeint ist, entdeckte er das Evangelium: „Gerechtigkeit Gottes" bedeutete ihm dann, dass Gott uns zurechtrückt, dass er am Ende alles recht machen wird, sie ist ein Geschenk.
- **Gnade** verstehen wir in unserem kulturellen Umfeld meist im Sinne einer Begnadigung. Das AT meint aber vor allem **Gottes Bundestreue**, dass er zu seinem Wort steht. Vgl. 2Kor 12,9: „Lass dir an meiner Gnade genügen" heißt dann: Es reicht, dass ich dir treu bin und zu meinem Wort stehe.
- **Herrlichkeit / Pracht** ist im AT die heilsame und geradezu übermächtige Atmosphäre in Gottes Gegenwart, der sich niemand entziehen kann, z. B. 2Mose 33,18f.
- Ab V 13 gehen die gegenwärtige Erfahrung und der prophetische Ausblick auf das künftige Gottesreich ineinander über: So sieht es aus, wenn Gott einmal die Herrschaft übernimmt.

Montag, 12. August — Markus 7,1–23

- V 1–5: Spätestens seit Corona wissen wir: Händewaschen ist wichtig. Hygiene mag auch in der heutigen Begebenheit eine Rolle spielen. Aber bei den **Reinheitsvorschriften der Pharisäer** geht es um Reinheit vor Gott. Die meint man durch das Einhalten von Menschen erfundener Riten gewährleisten zu können.

- V 6–8: Dieses Verhalten ist nicht neu, sondern durchzieht die gesamte Geschichte des Volkes. Schon die Propheten haben es öffentlich kritisiert.

- V 9–13: An einem **krassen Beispiel** zeigt Jesus auf, **wozu äußerliche, gesetzliche Frömmigkeit führt**. Das **Korban-Gelübde** bedeutete, dass man seinen Besitz dem Tempel als Erbe versprach. Man konnte den Besitz persönlich zwar weiter nutzen, durfte aber Dritten nichts davon abgeben. Nicht einmal den bedürftigen eigenen Eltern. Das sah sehr fromm und großzügig aus. **Jesus hingegen entlarvt es als Heuchelei und Sünde, mit der man sich vor der Versorgung seiner eigenen Eltern drückte.**

- V 14–16: Nach dem entlarvenden Beispiel nennt Jesus das **Prinzip**, um das es geht: **Es kommt niemals auf Äußerlichkeiten an, sondern auf die Haltung des Herzens Gott gegenüber.**

- V 17–23: Wie ungewöhnlich und herausfordernd dieser Ansatz ist, macht das Unverständnis der Jünger deutlich. Der Evangelist spitzt die Konsequenz zu (V 19b) und stellt fest, **dass Jesus – entgegen den Aussagen im AT** (3Mose 11,1ff) **alle Speisen für rein erklärt.**

> *Selbst Jahre später erfordert es noch den intensiven Spezialeinsatz eines Engels, um Petrus zu überzeugen, dass alle Speisen rein sind und er mit dem Heiden Kornelius Tischgemeinschaft haben darf (Apg 10,15.28). – Wie lange dauert es oft, bis Gott unser falsches Denken überwinden kann? Fällt Ihnen ein Beispiel aus dem eigenen Leben dazu ein?*

Dienstag, 13. August — Markus 7,24–30

Was für eine beeindruckende Frau! Es gehört schon etwas dazu, sich derart hartnäckig an Jesus zu wenden und **in ihrem Anliegen nicht locker zu lassen.** Im parallelen Text bei Mt wird berichtet, dass die Jünger ziemlich genervt sind und möchten, dass Jesus sie wegschickt. Der aber lässt sich auf sie ein – wenn auch zunächst in überraschend beleidigender Weise (V 27). Einen Heiden als Hund zu bezeichnen, war damals zwar üblich. Aber zu Jesus passt das überhaupt nicht. Eine Erklärung könnte sein, **dass Jesus bewusst den Glauben der Frau** (Mt 15,28) **auf die Probe stellen will.**

- V 24.25: Vielleicht spielen auch die äußeren Umstände eine Rolle. Nach den permanenten, unerfreulichen Auseinandersetzungen mit den führenden Juden und der frustrierenden Begriffsstutzigkeit der Jünger zieht Jesus sich in eine Gegend ohne jüdische Religionsvertreter zurück. Er geht ins heidnische Tyrus und will einfach irgendwo inkognito seine Ruhe haben. Aber gleich geht es wieder los. „Sogleich" bekommt eine Griechin aus der Region des heutigen Libanon Wind davon, dass er da ist, und wird aktiv.
- V 28: **Die Frau reagiert trotz der harten Abweisung beeindruckend ehrerbietig:** „Ja Herr". **Demütig und zugleich schlagfertig bleibt sie an Jesus dran.** Zu sehr liegt ihr ihre Tochter am Herzen. Und zu groß ist die Chance, die darin liegt, Jesus zu begegnen.
- V 26: Sie kommt mit einer klaren und, wie sich zeigt, richtigen Diagnose. Und mit einer eindeutigen Erwartung: Jesus soll als Exorzist tätig werden und ihre Tochter von einem Dämon befreien. Offenbar hat sie diesbezüglich einiges über ihn gehört und traut ihm alles zu.

> *Neben der individuellen Geschichte begegnet uns hier die Frage, inwieweit Jesus sich über Israel hinaus auch für die übrige Welt zuständig sieht. Was entnehmen Sie dem Text? Vgl. auch Jes 49,6.*

Mittwoch, 14. August — Markus 7,31–37

- V 31.32: Wieder befinden wir uns in einer nichtjüdischen Region, und **wieder geht es um eine Krankenheilung.** Aber diesmal ist alles ganz anders. Nach der umtriebigen, redegewandten Phönizierin begegnet uns diesmal ein total passiver und hilfloser Mann. **Ein Taubstummer,** der kaum mitbekommt, was um ihn herum passiert, und von anderen zu Jesus gebracht wird.

- V 33: Es geht **merkwürdig magisch** zu bei dieser Krankenheilung. Für uns heute ist es kaum verständlich, ja geradezu peinlich, dass Jesus mit Spucke arbeitet und die betroffenen Organe des Taubstummen gezielt berührt. Schließlich wissen wir doch aus anderen Berichten, dass ein Wort von Jesus genügt, und das Wunder geschieht. Oder eine Handauflegung, wie es die Helfer erbitten, hätte doch auch gereicht und wäre für uns theologisch viel sympathischer.

> *Nachdenkenswert: Wieso sind die Helfer am Ende so erschrocken? Was haben sie denn erwartet, als sie Jesus um Hilfe gebeten haben?*

- Aber es geht hier nicht um Theologie, sondern um Seelsorge. **So hart Jesus die Frau im letzten Abschnitt angegangen ist, so behutsam geht er nun mit dem Taubstummen um.** Er nimmt ihn zunächst beiseite, wendet sich ihm ohne die umstehende Menge persönlich zu und schafft damit einen Schutzraum der Seelsorge. **Dann benutzt er eine Methode, mit der dieser Mann etwas anfangen kann**. Reden bringt in seinem Fall ja nichts, und antworten kann er auch nicht. **Aber eine Berührung spüren – das kann er.** Das dürfte ihm vertraut sein. Es ist in den Kulturen der Antike durchaus üblich, auf solche Weise vorzugehen. Der heidnische Kontext hindert Jesus nicht daran, auf die für unser Empfinden ungewöhnliche Weise vorzugehen. Weil es um diesen Mann mit seiner besonderen Situation geht. Was für eine Liebe wird darin sichtbar!

Donnerstag, 15. August — Markus 8,1–9

Der Textabschnitt ist ein echtes Déjà-vu. Hatten wir nicht erst vor Kurzem (Mk 6,30–42) von der Speisung der 5000 gelesen? Handelt es sich um **eine Dublette**, wie manche Theologen meinen? **Oder tatsächlich um zwei sehr ähnliche Ereignisse kurz hintereinander?** Aber wie wäre dann das Verhalten der Jünger zu erklären? Haben sie denn alles schon völlig vergessen, dass sie derart hilflos und glaubenslos reagieren?

● Ganz sicher hat Markus nicht aus Versehen beide Berichte in sein Evangelium aufgenommen. **In den Versen 19–20 unseres Kapitels zitiert er Jesus, der beide Speisungen ausdrücklich in einen Zusammenhang stellt.** (Um was es dabei geht, wird Thema der Auslegung am 17. August sein.)

● Folgen wir dem Aufbau des Markus-Evangeliums, ist Jesus noch immer im heidnischen Zehn-Städte-Gebiet, und zwar in einer unbewohnten Gegend („Einöde"). Es handelt sich also um ein anderes Publikum als bei der ersten Speisung.

● V 2: Wieder ist eine große Menge zusammengekommen. Die Leute sind sogar noch **wissbegieriger als seinerzeit. Drei Tage hören sie nun bereits Jesus zu.** Das tut niemand, der nur mal einen Star live erleben will. Offensichtlich erwarten sie mehr von Jesus und sind offen für seine Botschaft. Inzwischen ist ihr Proviant längst verbraucht, und der Rückweg teilweise noch sehr lang. Beim ersten Mal waren die Zuhörer nur einen Tag lang bei Jesus. Die Situation ist also deutlich brisanter.

● V 3ff: Wie beim ersten Mal **engagiert sich Jesus nicht nur für das Seelenheil, sondern auch für das leibliche Wohl der Menschen.** Und wieder sind die Jünger einbezogen und aufgefordert, das, was sie haben, zur Verfügung zu stellen.

Das Einsammeln der Reste sollten wir nicht einfach überlesen. Vergleichen Sie dazu die Begründung in Joh 6,12.

Freitag, 16. August   Markus 8,10–13

Wo Dalmanuta liegt, kann man nur vermuten. Irgendwo in der Nähe des Sees Genezareth. Jedenfalls in der Provinz, weit weg von Jerusalem. Aber auch hier gibt es eifrige und streitlustige Pharisäer. Vermutlich haben sie schon einiges über Jesus gehört, konnten sich bisher aber kein eigenes Bild machen. Deshalb stellen sie ihn auf die Probe. Das heißt zunächst einmal, sie wollen herausfinden, was es mit Jesus auf sich hat.

● V 11: Die Forderung eines Zeichens ist nicht so abwegig, wie wir heutigen Bibelleser denken. Auch Mose bekam von Gott ein Zeichen versprochen (2Mose 3,12). Ähnlich war es bei Gideon, der sogar mehrmals Zeichen von Gott erbat (Ri 6,17.36–40). **Es war durchaus Gottes Aussage, dass man das Kommen des Messias an Zeichen erkennen sollte** (Jes 35,4–6). Mehr noch, gegenüber Johannes dem Täufer verweist Jesus selbst ausdrücklich auf die Zeichen, die er getan hat. „Und er antwortete und sprach zu ihnen: Geht und verkündet Johannes, was ihr gesehen und gehört habt: Blinde sehen, Lahme gehen, Aussätzige werden rein und Taube hören, Tote stehen auf, Armen wird das Evangelium gepredigt" (Lk 7,22).

● Andererseits sollten die Israeliten solche **Zeichen überprüfen** und Scharlatane, die ohne Gottes Auftrag agierten, sogar töten (5Mose 13,2–6). **Nach ihrem Verständnis kommen die Pharisäer also lediglich ihrer Pflicht nach, wenn sie Jesus „auf die Probe stellen".**

> *Was denken Sie, warum Jesus den Pharisäern dennoch kein Zeichen gewährt und sie einfach stehen lässt (V 12.13)?*

● **Zeichen sind immer nur** *Hinweise,* **niemals** *Beweise.* Ein Verkehrsschild mit der Richtungsangabe „Hamburg" hat keinen Wert in sich. Es zeigt lediglich den Weg, den ich fahren muss, um dorthin zu kommen. Ohne mein Vertrauen, dass ich diesem Schild folgen kann, ist es nur ein Stück überflüssiges Blech in der Landschaft.

Samstag, 17. August — Markus 8,14–21

Der Aufbruch von Dalmanuta war wohl etwas hopplahopp. Jesus ist in Gedanken noch bei der Auseinandersetzung mit den Pharisäern und ihrer Art, das Wort Gottes auszulegen. **Er redet darüber mal wieder in Bildern. Diesmal in dem vom Sauerteig.**

● V 16: Vielleicht ist dies das Stichwort, das bei den Jüngern ganz andere Assoziationen auslöst. Du liebe Zeit! In all dem Durcheinander sind sie ja gar nicht mehr dazu gekommen, Proviant zu besorgen. Was soll jetzt nur werden, wo sie doch bereits ein gutes Stück weit vom Ufer weg sind?

● V 17.18: **Jesus wirkt ziemlich frustriert. Zumindest ist er enttäuscht, dass die Jünger so wenig und so langsam begreifen.** Sie haben Augen und Ohren, die Unglaubliches gesehen und gehört haben. Aber es scheint nicht bis in ihr Bewusstsein und ihr Herz vorzudringen. Dabei liegen die beiden Speisungswunder noch nicht lange zurück. Wie viel Überfluss hat es da gegeben! **Jesus knüpft bewusst beim eigenen Tun und Erleben seiner Jünger an.**

● V 18–20: Gezielt fragt er nach den Körben mit Essensresten, die sie seinerzeit persönlich geschleppt hatten. Auch das andere hatten sie selbst in den Händen: Fünf bzw. sieben Brote, die sie verteilt hatten. Und ein Vielfaches davon hatten sie am Ende eingesammelt. Und nun diskutieren sie über das Abendbrot? Als hätten sie nichts davon jemals erlebt!

> ✎ Welche Lektion müssen Sie selbst immer wieder neu lernen? Warum lernen wir so langsam und vergessen so schnell das Gute, das uns widerfahren ist? – Bedenken Sie dazu Psalm 103,1–5.

● V 15: **Viel bedrohlicher** als ein ausgefallenes Abendessen findet Jesus **den „Sauerteig der Pharisäer"**. Der Glaubensmangel der Jünger zeigt, dass auch sie gegen deren Denkweise nicht immun sind. Spätestens bei ihrer Reaktion auf Jesu Leidensankündigung wird das deutlich. (Siehe die Auslegung am 20. August.)

Sonntag, 18. August   **Psalm 147**

• In immer neuen Bildern preist der Sänger die **Allmacht Gottes,** ganz ähnlich wie in Ps 33 und 104. Wie in kurzen Filmszenen richtet er unseren Blick auf den **Wiederaufbau Jerusalems** (V 2; V12–14), auf die **Natur und die Himmelswelt** (V 4; V 8; V 16–18), auf sein **Eingreifen in menschliche Schicksale**, auf die **Gesellschaft** (V 3; V 6; V 13–14) und **sein mächtiges Wort** (V 16; V 18). Manche Ausleger bringen Ps 147 mit Nehemia 12,27ff zusammen, als ein großer Dankgottesdienst nach dem Wiederaufbau der Stadtmauer Jerusalems stattfand.

• In großer Selbstverständlichkeit lobt der Sänger **Gottes Macht in der Natur** – damals ein deutliches Bekenntnis. Denn alle Welt sah in den Sternen und den Naturgewalten mächtige Götter am Werk: Sonne, Mond und Sterne, Regen, Sturm und Wolken waren Chaosmächte, die den Menschen bedrohen. Aber schon 1Mose 1 „entmythologisiert" diese Götterwelt, nennt Sonne und Mond nicht mit (Götter-)Namen, sondern großes und kleines Licht. Gott allein formt Wetter und Klima und er allein kümmert sich um sein Volk und den Einzelnen.

• V 4 unterstreicht diese Beobachtung: **Jemandem einen Namen zu geben bedeutete damals, Herrschaft über ihn zu haben**, vgl. 1Mose 2,19–20. Gestirne haben keine eigene Macht, Gott allein beherrscht den Kosmos. Ein klares Wort gegen jede Form der Astrologie.

• V 6: Die **Umkehrung der Machtverhältnisse** ist ein häufiges Thema in der Bibel: Hanna redet davon (1Sam 2,4f), Maria ebenso (Lk 1,52f). Will heißen: Wo Gott herrscht, verändert das auch alle menschlichen Ordnungen.

> ✎ *Der alte Glaube an die Mächte der Natur feiert fröhliche Wiederkehr in unserer Gesellschaft, z. B. die antike Muttergöttin Demeter; auch manche Redensarten sind verräterisch. „Die Natur hat es so eingerichtet" – wer ist eigentlich diese Dame?*

Montag, 19. August   Markus 8,22–26

Die Heilung des Blinden hat viele Gemeinsamkeiten mit der des Taubstummen (7,32–37). Wieder ist der Kranke sehr passiv und wird von Dritten gebracht. Er selbst äußert keine Bitte. Erst recht wird kein persönlicher Glaube von ihm erwähnt. Jesus heilt ihn trotzdem. Für ihn gibt es – entgegen mancher Vorstellung heute – kein Schema, keine Regeln und keine unerlässlichen Voraussetzungen, um zu wirken. **Er handelt völlig souverän.**

● V 23.26: **Und er tut es aus Liebe zu dem Blinden.** Er geht mit ihm besonders behutsam um. Er nimmt ihn an die Hand und wird so **sein persönlicher Blindenführer**. Er führt ihn aus dem Dorf heraus und schafft so einen ruhigen Schutzraum der Seelsorge. Das ist das Gegenteil zu manchen christlichen Heilungsveranstaltungen unserer Zeit. **Jesus will keine Sensation und vermeidet bewusst die große Bühne.** Dem entspricht auch, dass der Geheilte anschließend ausdrücklich die Anweisung bekommt, nach Hause und nicht ins Dorf zu gehen, wo er sicher auf neugierige Zuhörer gestoßen wäre.

● V 23b-25: Auch beim Heilungsvorgang wird deutlich, dass Jesus **nicht nach einem festliegenden Schema vorgeht**. Zwar benutzt er wie beim Taubstummen auch diesmal Spucke. Der Blinde soll so die Zuwendung Jesu spüren. Aber dass dann noch **ein zweiter Heilungsschritt** nötig erscheint, fällt völlig aus dem Rahmen. Der Speichel spielt dabei keine Rolle mehr. Er ist also keine übernatürliche Substanz, die zur Heilung notwendig wäre, sondern war wohl nur – wie erwähnt – ein seelsorgliches Entgegenkommen für den Blinden.

Darüber hinaus setzt Jesus mit der Heilung des Blinden auch ein allgemeines Zeichen. Gerade die geistliche Blindheit für sein Wirken als Sohn Gottes ist immer wieder ein Thema für ihn. Insbesondere in der Auseinandersetzung mit seinen Gegnern. Lesen Sie dazu Joh 9,39–41.

Dienstag, 20. August   **Markus 8,27–33**

Gegensätzlicher und extremer könnten die zwei Szenen des heutigen Bibelabschnitts kaum sein:

- V 29: Petrus als der „Klassenprimus" unter den Jüngern gibt die richtige Antwort: „Du bist der Christus!" Im parallelen Text bei Matthäus (16,13–20) bezeichnet Jesus **Petrus deswegen als selig und ernennt ihn zum Fels,** auf den er seine Gemeinde bauen will.
- V 33: Nach der Reaktion auf seine Leidensankündigung hingegen nennt Jesus seinen Jünger **Satan.** Er rügt ihn öffentlich und ungewöhnlich heftig. **Wie lässt sich das verstehen und zusammenbringen?**
- Die letzten Textabschnitte hatten bereits deutlich gemacht, dass die Menschen so wenig von Jesus begreifen und ihm zutrauen. Denken wir zurück an die Zeichenforderung der Pharisäer, auf die Jesus mit seufzendem Kopfschütteln reagiert (V 12).
- Auch bei den Jüngern sieht es nicht anders aus, wie ihre Fixierung auf das fehlende Brot gezeigt hat: „Versteht ihr noch nicht, und begreift ihr noch nicht? Habt ihr ein erstarrtes Herz in euch? (V 17.18)?
- Jesu Sterben am Kreuz rückt näher, und immer deutlicher tritt der damit verbundene **Skandal** hervor: **das Leiden des Christus.** Jesus ist tatsächlich Gottes Sohn und der verheißene Messias. Aber es widerspricht jedem menschlichen Empfinden, dass er für die Erfüllung seines Auftrags leiden und sterben muss.

Die Begebenheit macht deutlich: Letztlich ist es nicht die Idee des Petrus, sondern die Denke des Satans, die hier zum Ausdruck kommt. Bis heute ist es seine Strategie, Jesus nur aus menschlicher Sicht einzuschätzen. Ob die Aussage Jesu deshalb nicht auch für uns und unsere Theologie bedenkenswert ist? Stehen wir nicht auch in der Versuchung, uns ein Bild von Jesus zurechtzulegen, das unsern Vorstellungen und Erwartungen entspricht?

Mittwoch, 21. August — Markus 8,34–9,1

Unser heutiger Text ergibt sich folgerichtig aus den beiden letzten Episoden: dem Bekenntnis des Petrus und der harschen Kritik an ihm, weil er Jesu Sterben verhindern will. **Nicht nur den Jüngern, sondern dem ganzen Volk erklärt Jesus hier das verstörende Geheimnis des Kreuzes und der Nachfolge.** So viele falsche Vorstellungen über den Messias sind im Umlauf, und so viele Menschen finden Jesus klasse, ohne zu verstehen, um was es bei ihm eigentlich geht.

• **Jesus bietet nicht die Optimierung des eigenen Lebensentwurfs und verhilft auch nicht zur Vervollkommnung der eigenen Persönlichkeit.** Er ist nicht dafür zuständig, uns Krankheit, Leid und Probleme vom Leib zu halten, – obwohl er das immer wieder einmal auch getan hat und weiterhin tut. Er ist vielmehr gekommen, um **eine ganz neue Form von Leben zu ermöglichen. Leben in der Gemeinschaft mit Gott und nach Gottes Vorstellungen.** Leben das auch noch Bestand hat, wenn diese Welt vergeht (V 38). **Aber zu diesem Leben gehören ein paar sperrige Voraussetzungen:**

→ Es lässt sich nicht parallel zu einem herkömmlichen, bürgerlichen Leben führen. Wer das versucht, wird das Leben, wie Jesus es meint, verpassen (V 35a).

→ Umgekehrt wird derjenige, der auf die Selbstverwirklichung ohne Gott verzichtet, wirkliches Leben finden (V 35b).

→ Beide Entwürfe muss man gut gegeneinander abwägen. „Denn was hilft es dem Menschen, die ganze Welt zu gewinnen und Schaden zu nehmen an seiner Seele" (V 36)?

• Das fällt unsereinem nicht leicht. Es bedeutet, **„sein Kreuz auf sich zu nehmen".** Vielleicht unter gesellschaftlichen Aspekten Nachteile in Kauf zu nehmen. Ja, auch Leiden um Jesu und des Evangeliums willen ist möglich. Aber ist es das nicht wert?

• Die Aussage 9,1 ist schwer zu deuten. Vielleicht ist von der Ausgießung des Heiligen Geistes die Rede, durch die das Kommen des Reiches Gottes ja in besonders eindrücklicher Weise erfahrbar geworden ist.

Donnerstag, 22. August **Markus 9,2–13**

- **Auf dem Weg ins Leiden, ja in den Tod, erscheint Jesus seinen engsten Vertrauten** (V 2) **in der Herrlichkeit** (V 3), die er nach seiner Auferstehung (vgl. V 9) und Erhöhung beim Vater (wieder) besitzen wird. In Anwesenheit der beiden wichtigsten Gotteszeugen des alten Bundes: Mose und Elia (V 4), bekennt sich der Vater, wie schon in der Taufe (vgl. 1,11) zu seinem Sohn als dem einzigartig Bevollmächtigten.
- Jesus ordnet im Nachgespräch mit den verstörten (V 6.10) Jüngern deren Verwirrung. **Wie passt das zusammen: die offenbare göttliche Herrlichkeit und die Ansage der Passion?** Und muss nicht erst noch eine vorgegebene zeitliche Reihenfolge eingehalten werden? So soll ja „ein Prophet wie Mose" (5Mose 18,15) aufstehen und Elia wiederkehren (Mal 3,23), bevor der Tag des Herrn kommt. **Seine Wunder weisen Jesus als den „neuen" Mose aus, der den alten überbietet** (vgl. Joh 1,17; Hebr 3,3). **Und auch Elia ist tatsächlich bereits gekommen. Jesus verweist auf das Schicksal Johannes des Täufers** (V 13). Jetzt ist alles bereit für den letzten Höhepunkt. Jesus ist der vom Vater selbst anerkannte Sohn, der von „Elia" angekündigte Messias, der Menschen-Sohn von Dan 7, der das Reich Gottes aufrichtet, und zugleich der sein Leben für andere hingebende leidende Gottesknecht von Jes 53 (vgl. Mk 10,45). **Er ist die Fülle und Erfüllung des verheißenen Heils.**
- Jesus nimmt seine Jünger und uns heute hinein in die noch geheime Welt der Auferstehung und seiner Herrlichkeit. Für eine kurze Zeit, die nicht reicht, um Hütten (V 5) zu bauen, öffnet sich diese andere, unsere irdische Welt umschließende, **göttliche Wirklichkeit**. Wie die Jünger die Umgestaltung (**Metamorphose**, V 2) des Herrn sehen durften, so dürfen auch wir entdecken, wo und wenn wir den Herrn anschauen: „Wir spiegeln mit aufgedecktem Angesicht die Herrlichkeit des Herrn wider, und wir werden verwandelt in sein Bild" (2Kor 3,18).

Freitag, 23. August   **Markus 9,14–29**

- Als Jesus zurückkehrt, befinden sich die Jünger mitten in einer **Auseinandersetzung mit Schriftgelehrten.** Das Thema ist die Vollmacht Jesu und die offensichtliche Ohnmacht der Jünger. Die Jünger haben versagt (V 18) beim Versuch, einen Jungen zu heilen. Dessen Krankheit wird dreimal beschrieben (V 18.20f.26). Jesus treibt einen Dämon aus ihm aus und heilt ihn.
- Die erzählte Begebenheit führt uns heute zu **zwei Fragen: (1) War der Junge ein Epileptiker?** Die beschriebenen Symptome sprechen dafür. *Oder* **war er besessen? (2)** Ist gelingende Krankenheilung eine Frage des starken Glaubens?
- Zu 1: Wer (schwer) krank ist, ist darum nicht gleich besessen. **Aber Krankheit hat aus biblischer Sicht immer auch eine geistliche Dimension.** Krankheit lässt jedoch nicht auf die Schuld des Betroffenen schließen (vgl. Joh 9,3). Der geistliche Aspekt von Krankheiten wird deutlich, indem Jesus das Fieber „bedroht" (Lk 4,39), indem er die Lähmung als Bindung durch Satan auflöst (Lk 13,11.16) oder indem er den Taubstummen befreit (Mt 12,22). **Krankheit ist eine gottfeindliche Macht. Mit Leid und Tod gehört sie zur alten, gefallenen Welt** (vgl. Offb 21,4). Unsere naturwissenschaftliche Medizin hat nur eine verkürzte Wirklichkeitssicht und blendet die geistlich-spirituelle Dimension aus. Sie fragt nur nach Funktionstüchtigkeit des Körpers, kann den eigentlichen Schaden nicht erkennen.
- Zu 2: „Alles vermag, wer glaubt" (V 23). **Geheimer Mittelpunkt der Geschichte ist der Glaube Jesu.** Es ist seine einzigartige, ständige Verbindung zum Vater, die Gott in seinem Auftreten gegenwärtig sein lässt (vgl. Mk 5,19) und vor der *alle* Krankheit, *aller* Schaden weichen muss (vgl. Mt 4,23). **Dieser Glaube ist beides: Vorbild** (vgl. den Tadel V 19) **und für uns nicht erreichbar,** weil unsere Existenz sich dadurch auszeichnet, dass wir Sünder bleiben (1Joh 1,8; Jak 3,2). So bleibt für uns: „Ich glaube. Hilf meinem Unglauben!" (V 24).

Samstag, 24. August — Markus 9,30–37

- Die Jünger „verstehen nicht" (V 32). Die Passion des Sohnes Gottes bleibt auch nach Ostern ein Geheimnis. **Der Menschen-Sohn als der in Menschen-Hände Ausgelieferte** (V 31); der, dessen unaussprechliche Herrlichkeit sie gerade noch gesehen haben, verbirgt sich und spricht erneut von seinem Leidensweg.

- **Jesus ringt mit seinen Jüngern einen theologisch-geistlichen Kampf.** Verstehen wir das denn: Gott, der majestätische Gott, wird Mensch wie wir (vgl. Phil 2,6ff); der, der über die absolute Macht verfügt, das Schöpfungswort, dem sich alles, wir Menschen eingeschlossen, verdankt, wird von seinen Geschöpfen umgebracht; der, der so herrlich ist, lässt sich so erniedrigen. Kann das sein? Steckt da tatsächlich Sinn, steckt da tatsächlich Gott drin (vgl. das sog. göttliche Passiv in V 31, das gebraucht wird, wenn Gott der Handelnde ist)?

- **Jesus führt erstmalig zwei Verheißungslinien zusammen und sieht sie in seiner Person erfüllt.** Er ist der Menschen-Sohn-Weltenrichter von Dan 7, der das Reich Gottes in der Macht Gottes aufrichtet, und er ist der für andere leidende, sein Leben hingebende Gottesknecht von Jes 52,13–53,12. In dieser – bestätigten (vgl. Mk 9,7) – Gewissheit nimmt Jesus seinen Weg auf sich. **Der Weg zur Auferstehung führt über das Kreuz;** der zur Herrlichkeit durch die tiefste Demütigung; der zu unserer Erlösung durch seinen Tod.

- Wer diesem – biblischen – Gott folgen will, muss sich auch in seinem Denken, Reden, Handeln auf ihn einstellen. Der „Erste sein wollen", Macht und Ansehen haben wollen, passt nicht dazu. Wer Jesus nachfolgen will, „soll von allen der Letzte und aller Diener sein" (V 35).

> *Sind Sie bereit, diesem biblischen Gott zu folgen und sich auf seinen Weg der Dienstbereitschaft einzulassen?*

Sonntag, 25. August — Psalm 120

- Die Psalmen 120 bis 134 sind mit **„Wallfahrtslied"** überschrieben. Vielleicht gehörten diese Psalmen zu einer Art Liederbuch, das man auf den Reisen nach Jerusalem benutzte.
- Der Sänger beschreibt eine **notvolle Zeit im Ausland**, die durch Gottes Hilfe jetzt überwunden ist. Ihm wurde das Leben schwer gemacht. Lügen und Verleumdungen musste er ständig erleiden. In Israel hingegen gab es ein ausdrückliches **Fremdlingsrecht**, an das immer wieder deutlich erinnert wird, z. B. in 3Mose 19,34: Der Fremdling „soll bei euch wohnen wie ein Einheimischer unter euch, und du sollst ihn lieben wie dich selbst; denn ihr seid auch Fremdlinge gewesen in Ägyptenland. Ich bin der HERR, euer Gott."
- V 1–2 sprechen von der ständigen Verleumdung, der er im Ausland ausgesetzt war.
- V 3–4: Der Sänger wünscht seinen Peinigern, mit eigenen Waffen geschlagen zu werden: Böse Worte werden auch sonst als scharfe Pfeile bezeichnet, und die Holzkohlen vom Ginsterstrauch (so wörtlich) haben eine besonders lange Brenndauer.
- V 5: Die Ortsbezeichnungen Meschech und Kedar sind etwas umstritten, denn das eine liegt im Norden, das andere im Osten von Israel. Evtl. sind sie sprichwörtlich gemeint für schlimme Gegenden – oder es wird verhüllt an das Exil in Babel erinnert.
- V 6: Frieden heißt in der Bibel nicht nur Waffenstillstand, sondern meint aktive heile Beziehungen in alle Richtungen, also mit mir selbst, zu Gott und zu den Mitmenschen.

> „Es kann der Frömmste nicht in Frieden leben, wenn es dem bösen Nachbarn nicht gefällt" – das hat schon Friedrich Schiller gesagt (in „Wilhelm Tell"). Wie sollen sich Christen in Nachbarschaftskonflikten verhalten? Können wir überhaupt solche Texte wie V 3–4 heute noch mitbeten? Welche Rolle spielt dabei die Bergpredigt, z. B. Mt 5,38ff?

Montag, 26. August — Markus 9,38–41

- **Jesus klärt erneut eine Frage, die mit seinem „Namen" zusammenhängt.** Die Jünger hatten vergeblich versucht, „im Namen Jesu" zu heilen (vgl. 9,14–29). Jesus hatte auf die nötige Vollmacht hingewiesen. Jetzt wird bekannt, dass jemand, der gar nicht zusammen mit ihnen Jesus nachfolgt, im Namen Jesus Dämonen austreibt. Wie kann das sein? Soll man das nicht stoppen? Jesus antwortet aus dem endzeitlichen Kampfszenario heraus, in das seine Sendung ihn, aber letztlich die ganze Welt, führt. In dieser Auseinandersetzung wird sich niemand, der im Namen Jesus Wunder wirkt, so schnell gegen Jesus wenden. Darauf kommt es an. **Es gilt die pragmatische Überlebenslogik: Wer nicht gegen uns ist, der ist für uns** (V 40), schon insofern, als er in dieser alles entscheidenden Auseinandersetzung um den Menschensohn nicht aufseiten des Feindes steht.

- **Das bekannte andere Jesus-Wort „Wer nicht mit mir ist, der ist gegen mich"** (Lk 11,23), **stellt nur scheinbar einen Gegensatz dar. In beiden Worten geht es um die Scheidung, die an Jesus entsteht, und die Entscheidung, vor der jeder steht, der ihm und seinem Anspruch wie seiner Kraft begegnet** (vgl. 2Kor 2,15f). Wer sich in der polarisierten Lage nicht ausdrücklich gegen Jesus und seine Leute stellt, hat sich auch in der Sache schon entschieden.

- Die V 41f nehmen schon die Szenerie der verfolgten Jünger und Gemeinde vorweg. Im Endgericht wird Jesus auch Fremde anerkennen (vgl. Mt 25,37–40), die einen erfrischenden Becher Wasser denen gereicht haben, die zu Christus gehören (V 41).

- Sein Name macht sie aus, schließt sie zusammen und gibt ihnen ihren Namen: Christen (vgl. Apg 11,26).

Über Sympathisanten von Jesus sollten wir uns freuen, statt ihnen fehlende Gotteserkenntnis vorzuwerfen. Oder wie sehen Sie das?

Dienstag, 27. August **Markus 9,42–50**

● **Sind das nicht überholte, heute kaum noch akzeptable Vorstellungen:** die Warnung davor, in die „Hölle" zu kommen; die Aufforderung zur Amputation von Körperteilen um Gottes willen, selbst wenn sie natürlich nicht physisch gemeint ist (V 43–47); die an Hieronymus Bosch erinnernden Folterdarstellungen in der ewigen Scheidung von Gott, in der es nur unablässige Verwesung („Wurm") und nicht erlöschendes Feuer gibt, mit dem die Menschen gepeinigt werden (vgl. Jes 66,24)? **Verdienen solche Aussagen nicht eine Warnung vor negativer Beeinflussung?**

● **Die überlieferten Jesus-Worte warnen** uns, aber nicht vor „Alkohol, Nacktheit, Gewalt"; sie warnen davor, die Wirklichkeit und das Leben falsch einzuschätzen. Sie warnen **vor dem schlimmstmöglichen Fall überhaupt: die Ewigkeit getrennt von Gott verbringen zu müssen.** Kann das überhaupt schlimm genug beschrieben werden, getrennt von der Quelle des Lebens nicht mehr existieren, nur noch vegetieren zu können? **Dass die Vorstellung von der Hölle schrecklich ist, bedeutet nicht, dass es sie nicht gibt.** Dass wir mit der Hölle nicht drohen und zur Umkehr pressen dürfen, bedeutet nicht, dass nicht genau diese real drohende Gefahr der Gottesferne der Rettungsbotschaft erst ihre Relevanz gibt. Vertrauen auf Jesus, Dranbleiben an ihm rettet vor der größten denkbaren Gefahr der ewigen Verlorenheit. Glaube an Jesus ist keine wohlfeile Option, die ich wähle oder eben auch nicht. **Glaube macht nicht zu guten, sondern zu geretteten Menschen. Soll er zum Ziel führen, müssen wir die richtigen Prioritäten setzen und ggf. auch Stränge unseres Lebens „abschneiden".**

● Wie das Salz (V 49ff) beim alttestamentlichen Speisopfer als Zeichen des Bundes nicht fehlen darf (3Mose 2,13), so wird Gott unser gesamtes Leben im Feuer des Gerichts prüfen, inwieweit es ganz ihm hingegeben ist (vgl. Röm 6,12ff; 12,1f; 1Kor 3,13–16).

Mittwoch, 28. August — Markus 10,1–12

- V 2: Die Pharisäer stellen die Frage, um Jesus aufs Glatteis zu führen. Ihre Haltung entspringt nicht einer ehrlichen Suche, sondern ist „verzweckt". Mit einer solchen Haltung kommt man Gottes Willen nicht auf die Spur.
- V 3–4: Jesus fragt zunächst zurück nach Mose. **Im AT gibt es eine Regelung, die der Frau,** wenn sich der Mann von ihr scheidet, **wenigstens eine gewisse Rechtssicherheit geben soll** (5Mose 24,1–4).
- V 5–9: **Jesus erklärt diese Regelung aber für ein unzureichendes Zugeständnis:** Weil die Menschen harte Herzen haben, schaffen sie es oft nicht, Ehen gut zu führen und treu zu bleiben. Wo aber finden wir Gottes ursprünglichen Willen? Dazu zitiert Jesus direkt aus der Schöpfungsgeschichte (1Mose 2,24). **So hat sich Gott Ehe gedacht und so bleibt es verbindlich: Mann und Frau werden zu einem lebenslang gültigen Bund zusammengefügt.**
- Das griechische Wort für **„zusammenfügen"** bedeutet wörtlich: **„zusammen ins Joch/vor einen Wagen spannen".** Damit ist die enge Verbundenheit, aber auch die gemeinsame Aufgabe und Verantwortung angesprochen. Diese von Gott gestiftete Gemeinschaft soll der Mensch nicht trennen.
- **Jesus äußert sich an zwei Stellen zu der gängigen jüdischen Sexualethik seiner Zeit** (außer hier noch Mt 5,27f) **und an beiden Stellen *verschärft* er sie.** Er ist bei diesem Thema nicht tolerant, sondern macht den ursprünglichen Willen Gottes geltend.
- Für eine gesamtbiblische Sicht bedarf der vorliegende Text der Ergänzung: **Das hier absolute Scheidungsverbot wird in der Parellelstelle Mt 19,1–9 mit einer Ausnahme versehen. Eine weitere findet sich bei Paulus: 1Kor 7,15.**

Lesen Sie Joh 8,2–10. Dort sehen Sie, wie Jesus die Klarheit des Gebots erhält und mit Barmherzigkeit und Vergebung gegenüber einem Menschen, der es übertreten hat, zusammenbringt.

Donnerstag, 29. August — Markus 10,13–16

Es ist wohl kein Zufall, dass der Text zu den Kindern direkt nach dem zur Ehe folgt. Beide Themen gehören eng zusammen.

● V 13: Die Jünger wollen Kinder von Jesus weghalten und greifen die Eltern, die sie bringen, in sehr scharfem Ton an. Sie meinen offensichtlich, dass die Kinder Jesu Aufmerksamkeit nicht wert sind und daher von ihm ferngehalten werden müssen. Die Kinder sollen erst einmal erwachsen werden, bevor sie die Botschaft Jesu verstehen können. **Mit diesem Angriff auf die Eltern missbrauchen sie ihre Autorität:** Nachfolger Jesu haben kein Recht, **andere Menschen von Jesus *fern*zuhalten.**

● V 14: Entsprechend deutlich reagiert Jesus, indem er seine Jünger in scharfem Ton angreift. Seine Sicht ist ganz anders als die der Jünger: **Nicht die Kinder sind das Problem, sondern die Jünger.** Die Kinder sollen zu ihm kommen und noch mehr: Nicht die Kinder müssen wie Erwachsene werden, um Jesus zu begegnen, sondern eher umgekehrt:

● V 15: **Die Erwachsenen müssen werden wie Kinder, sonst kommen sie nicht in Gottes Reich hinein.** Damit meint Jesus nicht eine vermeintliche Unschuld oder Reinheit der Kinder. Sie sind nicht einfach unschuldig und lieb. Er meint auch nicht ihre Naivität oder dass Erwachsene sich auf den intellektuellen Entwicklungsstand z. B. eines Fünfjährigen zurückentwickeln sollen. Das wäre kindisch. Der Vergleichspunkt ist ein anderer: **Man kann das Reich Gottes nur empfangen, wie Kinder selbstverständlich Geschenke annehmen und sich darüber freuen:** Sie nehmen sie einfach mit leeren Händen an. Sie können sich die großen Dinge nicht verdienen oder erarbeiten. Und genau diese Haltung ist nötig, **um in das Reich Gottes zu kommen. Man kann sich nur mit leeren Händen, ohne die Illusion eines eignen Verdienstes oder der eigenen Leistung, von Gott beschenken lassen.**

Freitag, 30. August — Markus 10,17–27

- **V 17.18:** Bevor Jesus auf die Frage des Mannes eingeht, macht er ihm klar: Die Bezeichnung „gut" darf nicht einfach Höflichkeitsform sein. **Vollständig gut ist Gott allein.** Nennt man Jesus so, dann erkennt man an, dass er göttliche Autorität hat. Ist dem Mann das bewusst?
- V 19: Er will wissen, wie man ewiges Leben bekommt, und **Jesus weist ihn zunächst auf das hin, was er schon kennt: Gottes Gebote.**
- V 20.21: Er behauptet, sie alle befolgt zu haben, und es gibt keinen Grund, ihm dabei Heuchelei zu unterstellen. **Der Mann meint es wirklich ernst mit Gott, was Jesus auch anerkennt.** Ja, mehr noch: Er gewinnt diesen Mann lieb. Doch trotz seines ernsthaften Ringens fehlt zu seinem Vertrauen noch die letzte Konsequenz. Dazu möchte ihn Jesus anstiften und ruft ihn in die Nachfolge. Allerdings muss er aber **das eine abgeben, das ihm noch mehr bedeutet als Gott: Seinen großen Besitz.**
- V 22: Dazu ist der Mann nicht bereit und geht weg. **Jesus lässt ihm die Freiheit, zu gehen.** Weder zwingt er ihn, noch bietet er ihm einen „billigeren" Weg an, um ihn zu halten.
- V 23–27: In einem Nachgespräch mit den Jüngern wird **der enorme Anspruch Jesu** bedacht und benannt, dass er unerfüllbar (bei Menschen unmöglich) ist. Nur als Gottes Möglichkeit und Folge seiner Gnade können Menschen diesem Anspruch gerecht werden.
- **Dieser Text bleibt auch für uns eine Herausforderung.** Zwar ist das Gebot, alles zu verkaufen, kein allgemeines Gebot, dem alle Nachfolger Jesu zu folgen hätten. Aber als Christen in einem reichen Land können wir diesen Text nie einfach mit der Behauptung der richtigen „Herzenshaltung" und ein paar Spenden als für uns „erledigt" abhaken. Es bleibt die bohrende Frage nach der Wahrhaftigkeit unseres Gottvertrauens. **Ist die Herzenshaltung wirklich richtig, dann wirkt sie sich radikal auf den Umgang mit weltlichen Gütern aus.**

Samstag, 31. August — Markus 10,28–31

- V 28: Anders als der Reiche aus der Episode davor **haben die Jünger alles verlassen, um Jesus nachzufolgen**. Petrus erwähnt das nicht ohne einen Unterton des Selbstlobes.
- V 29.30: **Jesus** antwortet darauf aber sehr positiv und **erkennt die Hingabe der Jünger voll an.** Er gibt ihnen und allen, die so leben, ein großes Versprechen: **Gott lässt sich nichts schenken, das er nicht vielfach zurückgibt.** Jesus ruft nicht in die Nachfolge, damit man es schlechter hat, sondern in seiner Nachfolge bekommt man das Maximum an Leben (wohlgemerkt nicht an Geld), wenn man das Leben in dieser Welt und das in der kommenden zusammen sieht. Er ruft nicht in ein entbehrungsreiches Leben, das man als Glaubender leider hinnehmen muss, sondern in ein besseres, und benennt den Gewinn sogar in Zahlen („hundertfach").
- Aber dabei gibt es eine **notwendige Präzisierung**: In dieser Welt bekommt man auch schon viel zurück (u. a. eine neue Familie, womit ein hoher Anspruch an die Gemeinde formuliert wird). Aber alles in dieser Welt gibt es nur „unter Verfolgungen". **Der Weg der Nachfolge kann in schweres Leiden führen, und dass es trotzdem der beste Weg ist, wird vielen in dieser Welt nicht einleuchten.**
- Glauben bedeutet – biblisch gesehen – dennoch nicht, heldenhaft ein schlechteres Leben zu wählen, wo man ein besseres haben könnte. Es bedeutet, *Gott zu vertrauen*, dass man auf dem Weg, den er weist, **in der Nachfolge Jesu, das Beste bekommt, manchmal auch gegen den Augenschein des Leidens in dieser Welt**. Und damit bedeutet es auch, den konkurrierenden Versprechungen auf ein optimales Leben (z. B. durch Reichtum oder Wohlergehen) nicht zu vertrauen.
- V 31: Dieses Wort findet sich auch in anderen Zusammenhängen (Mt 20,16; Lk 13,30). Hier meint es wohl, dass vieles, was jetzt als Freuden und Leiden erlebt wird, sich auf Dauer oder spätestens in Gottes neuer Welt ins Gegenteil verkehrt.

Sonntag, 1. September — Psalm 146

- Wie auch andere Psalmen beginnt und endet unser Text mit einem **„Halleluja"**. Sehr schön erkennt man auch eine andere kunstvolle Stilform, den Parallelismus: Die beiden Hälften eines Verses sagen mit unterschiedlichen Worten dasselbe, besonders deutlich in V 2.
- Die V 3–4 warnen davor, sich auf angesehene Menschen zu verlassen, was auch unter Glaubenden geschehen kann (vgl. 1Kor 3,5ff). **Auch die einflussreichsten Zeitgenossen haben ein Verfallsdatum ihrer Macht**. In meiner Jugend sangen wir oft das Lied von Renate Wagner: „Seht, man musste sie begraben, die der Welt Gebote gaben, und ihr Wort hat nicht Bestand. Ihre Häuser wurden Trümmer, ihre Münzen gelten nimmer, die man in der Erde fand. Ihre Namen sind verklungen, ihre Lieder ungesungen, ihre Reiche menschenleer. Ihre Siegel sind zerbrochen, ihre Sprachen ungesprochen. Ihr Gesetz gilt längst nicht mehr."
- V 5–9 zählen Gottes heilsames Handeln auf und schlagen einen großen Bogen von der **Schöpfung** bis zum **Schutz der Schwachen**:
- Der „Gott Jakobs" (V 5) ist gleichzeitig der universale Schöpfer der ganzen Welt, während alle Völker damals ihren Regionalgott hatten. Auf diesen Gott ist Verlass.
- Das merken vor allem die Unterprivilegierten, die in einer auffälligen Bandbreite erwähnt werden: **die Unterdrückten, Hungrigen, Gefangenen, Blinden, Depressiven, Fremden, Waisen und Witwen**. Für solche Leute interessierten sich die altorientalischen Götter herzlich wenig, aber ihnen gilt Gottes besondere Zuwendung.
- Die Gerechten sind Leute, die in den Ordnungen Gottes richtig leben und ihre Beziehungen in der Verantwortung vor Gott für alle wohltuend gestalten – im Gegensatz zu den Gottlosen, die rücksichtslos und ohne Maßstäbe leben.

> *„Dein Wille geschehe, im Himmel und auf Erden" – welche Anregungen gibt uns dieser Psalm dazu?*

Der Prophet Jeremia

Jeremia wird ca. 650 v.Chr. in Anatot, nahe bei Jerusalem, geboren und ca. 625 zum Propheten berufen. Er wehrt sich dagegen (1,6), erfährt aber von Gott, dass er schon vor seiner Geburt für diesen schwierigen Dienst erwählt ist (1,5). Man kann vier Phasen in seiner Verkündigung unterscheiden:

1. Phase: 627–622 v.Chr. Davon berichten die Kapitel 1–6. Im Jahr 622 erfolgt unter dem frommen König **Josia** eine Art Reformation, eine breit angelegte Kultreform: Jeremia muss deshalb ca. 13 Jahre nicht als Prophet auftreten. Mit dem Tod Josias (609) ändert sich die Lage völlig. Sein Sohn **Jojakim** geht andere Wege als sein Vater.

2. Phase: 609–598/7 v.Chr. Viele Anklagen und persönliche Nöte finden sich in den Kapiteln 7–20. Eindrücklich ist Jeremias Tempelrede (Kap. 7 und 26), die ihn in Todesgefahr bringt und ein Redeverbot zur Folge hat. Der Prophet diktiert alle bisherigen Worte seinem Freund und Schreiber **Baruch;** dieser liest die Texte am Tempeleingang vor. Es kommt zum Tumult. König Jojakim verbrennt die Schriftrolle. Gott beauftragt Jeremia, seine Worte erneut dem Baruch zu diktieren (Kap. 36). Zentrum der Verkündigung des Jeremia ist: Gott hat den babylonischen König zum Gerichtsvollzieher über Israel bestellt: „**Ich habe alles in die Hand meines Knechtes Nebukadnezar gegeben**" (27,6; 25,9; 43,10). Hoffnung für Jerusalem besteht nur in der Umkehr zu Gott und der Unterwerfung unter Nebukadnezar. Der König und das Volk weigern sich. Deshalb belagert Babylon 598/7 die Stadt und führt Tausende aus der Ober- und Mittelschicht in die Gefangenschaft. Jeremia bleibt in der Stadt zurück.

3. Phase: 597–587 v.Chr. Unter **Zedekia**, dem neuen, aber auch letzten König in Juda, ändert sich nicht viel. Man lebt in der Illusion, dass die Ereignisse von 597 nur ein historischer Betriebsunfall waren. Falsche Propheten verheißen eine baldige Rückkehr der Gefangenen, und die Militärs setzen auf eine **Koalition mit Ägypten gegen Babylon. Jeremia warnt vor solchen Illusionen** und Plänen und wird deshalb gefangen genommen und in eine

Zisterne geworfen (Kap. 37 und 38). Ein farbiger Mitarbeiter am Hof des Königs rettet und versorgt ihn. König Zedekia sucht immer wieder den Kontakt zu Jeremia, hat aber nicht das Format, sich gegen seine Militärs durchzusetzen, für die eine ehrenvolle Kapitulation nicht infrage kommt. So kommt es 587 zur Zerstörung Jerusalems und des Tempels, zum Ende des Königtums und zu einer zweiten Deportationswelle vieler aus Juda und Jerusalem ins Exil nach Babylon. Jeremia wird auf besondere Anordnung Nebukadnezars gerettet und darf in Jerusalem bleiben (39,13.14).

4. Phase: 587 – ca. 580 v.Chr. Als einige Heißsporne den babylonischen Statthalter Gedalja ermorden, fürchten sie die Rache Nebukadnezars und fliehen nach **Ägypten**. Sie zwingen Jeremia und Baruch mitzukommen. Der Prophet macht ihnen aber klar, dass man dem Gericht Gottes durch Nebukadnezar nicht entkommen kann. Die Babylonier werden eines Tages auch Ägypten erobern (Kap. 41–44). Vom Ende Jeremias wissen wir nichts.

Zum Aufbau des Buches Jeremia: Es enthält neben der Sammlung von Gerichtsworten an Israel (Kap. 1–25) und die Völker (Kap. 25 und 46–51) höchst eindrückliche Heilsworte, u. a. die Ankündigung eines Neuen Bundes (Kap. 30–35) und die Leidensgeschichte Jeremias (Kap. 26–29 und 36–45). Diese ist nicht aus biografischem Interesse niedergeschrieben, sondern ist Teil der Verkündigung des Propheten. An Jeremias Leiden soll das Leiden Gottes an und um sein Volk sichtbar werden (ähnlich wie in den Passionsgeschichten Jesu). Was Jeremia hat aushalten müssen, zeigen vor allem seine Klagen, die sog. Bekenntnisse oder „Konfessionen" in Kap. 11–20. Bei keinem anderen Propheten bekommen wir einen so starken Einblick in das Innenleben eines Gottesboten.

Montag, 2. September — Jeremia 1,1–10

● V 1–3 sind die Überschrift über das ganze Buch. Sie stellen die prophetische Verkündigung Jeremias zusammen. Auch sein persönliches Ergehen gehört dazu.

→ **Anatot**, ca. 5 km nordöstlich von Jerusalem, war eine der Levitenstädte im Stamm Benjamin, die den Nachkommen Aarons zugewiesen wurden (Jos 21,17–19). Auch Jeremia stammte aus einer Priesterfamilie. Ob er das Priesteramt ausübte, bleibt offen.

→ Die Formel „Zu ihm geschah das Wort des HERRN" (V 2; vgl. V 4.11.13 u.ö.) hebt die **Abhängigkeit des Propheten** vom Empfang des göttlichen Wortes hervor. Die späteren Konflikte mit falschen Propheten sind damit schon angedeutet.

→ Das 13. Jahr Josias, als Jeremia berufen wurde (V 4ff), fällt in das Jahr 627 v.Chr. (vgl. 25,3). Zum weiteren Wirken Jeremias vgl. die Einführung.

> ✏️ *Vergleichen Sie die Berufung Jeremias mit der von Mose (2Mose 3,1–4,17) und Jesaja (6,1–13) auf Gemeinsamkeiten und Unterschiede!*

● Jeremias Berufung hat drei Schwerpunkte: die beschlagnahmende Bevollmächtigung (V 4–10), zwei Visionen (V 11–12.13–16) und die Beauftragung (V 17–19).

● Seine Berufung stellt einen **Doppelpunkt in Gottes Plan** dar. Jeremia ist eingeordnet in eine Jahrhunderte zurückreichende und ebenso weitergehende Geschichte, die bis heute nachwirkt. Das überwältigt und löst bei ihm Angst aus („zu jung"). Aber er hat keine Wahl. Gott spricht ihm deshalb mit der Bevollmächtigung (V 9f) Mut zu – mit einer unglaublich weitreichenden Dimension (V 10).

> ✏️ *Wo fühle ich mich überfordert von meinen Aufgaben? Wo habe ich schon einmal erlebt, dass ich mit einem Auftrag von Gott auch die Befähigung dazu erhalten habe?*

Dienstag, 3. September   **Jeremia 1,11–19**

● Jeremias Bevollmächtigung wird sogleich in zwei Visionen konkret und mündet mit Anspruch und Zuspruch in den Auftrag, sich auf den Weg zu machen.

→ **Einreißen und Bauen** (V 10) bringen Unheil und Heil. Obwohl die Gerichtsankündigung überwiegt, gehört die Heilsperspektive bei Jeremia von Anfang an mit dazu.

→ **Der „erwachende Zweig"** (V 11) ist ein Mandelzweig, die früheste Blüte im Mittelmeerraum. Gott selbst deutet die Vision im hebräischen Wortspiel als Bild für sein Wachen über der Wirksamkeit dessen, was er durch seinen Propheten ankündigen lässt. Jeremias Verkündigung wird kein leeres Gerede sein.

→ **Der über dem Feuer brodelnde Topf** (V 13) schwappt von Norden her über. Offen ist, ob der Kessel geneigt wird, oder der siedende Inhalt durch den Wind nach Süden geblasen wird.

→ Die Deutung dieser Vision nimmt erneut im Wortspiel das Überschwappen als Losbrechen (V 14) auf und gilt dem Hauptinhalt der Gerichtsbotschaft, die Jeremia auszurichten hat. **Grund ist die Gottlosigkeit des Gottesvolkes, das sein Vertrauen lieber auf fremde Gottheiten und Mächte setzt.**

→ Ausländische Mächte aus dem Norden werden Jerusalem und die Städte Judas einnehmen. Zur Zeit, als Jeremia berufen wurde, herrschten im Norden noch die Assyrer. Die Babylonier waren noch weit weg.

● Schonungslos wird Jeremia darauf eingestellt, dass er in der Ausübung seiner Berufung auf **Ablehnung und Widerstand** stoßen wird. Aber: Wenn auch alle gegen ihn stehen, Gott steht zu ihm!

● Wenn Gott heute berufend und beauftragend in unser Leben eingreift, muss das nicht so dramatisch sein wie bei Jeremia. Sein Schwerpunkt lag in der Gerichtsverkündigung. Auch das muss heute nicht im Vordergrund stehen. Kennzeichnend damals wie heute ist jedoch **die Bindung an Gottes Wort. Daran wird der Prophet gemessen. Und daran werden seine Adressaten gemessen. Ablehnung und Widerstand gehören auch heute dazu!**

Mittwoch, 4. September — Jeremia 2,1–13

- Mit Kap. 2 beginnt eine Sammlung prophetischer Worte (Kap. 2–25), die sich **gegen die Abtrünnigkeit Judas und Jerusalems** von seinem Gott richten. Sie gehören in die frühen Jahre Jeremias, bis zum 4. Regierungsjahr Jojakims (25,1.3), lassen sich jedoch nicht besonderen Ereignissen zuordnen. Auf die Zeit Josias, der nach 2Kön 23,25 ganz Gott ergeben war, wird nur in 3,6 direkt Bezug genommen.

→ Zu „geschah" (V 1) vgl. die Erläuterung zu 1,2 (2. Sept.).

→ „Predige öffentlich" (V 2), wörtlich „rufe in die Ohren Jerusalems": Jeremia verkündet auf den Gassen und Plätzen der Stadt seine Botschaft. Alle Bewohner sollen sie hören können.

→ „So spricht der HERR" leitet auch bei falschen Propheten die göttliche Botschaft ein. Damit wird die **Autorität Gottes als Absender** in Anspruch genommen. Über die Hälfte der rund 300 Vorkommen dieser Formel im AT findet sich im Jeremiabuch.

- Inhaltlich baut der Vorwurf Gottes auf dem Ursprungsverhältnis zwischen ihm und seinem Volk auf. Den guten Anfang hält Gott dem Volk zugute. Aber daran wird es nun auch gemessen. Die Zeit der Wüstenwanderung (vgl. Erläuterungen zu 2Mose, ab 17. Juni) erscheint als eine ideale **Liebesbeziehung zwischen Braut und Bräutigam**, die niemand stören konnte und durfte.

- Gott hielt seinem Volk die Treue. Dieses wandte sich jedoch untreu von ihm ab und gab sich lieber Nichtigem hin. **Oberflächliche Götzenfrömmigkeit konnte die tatsächliche Gottlosigkeit nicht vertuschen**. Wo bleibt da der Aufschrei des Entsetzens?! Selbst die Heiden im Westen (Kittäer, Zypern) und im Osten (Kedar, Araber) wechseln ihre Götter nicht einfach aus. Und die Betroffenen merken nicht, dass sie ihre Lebensgrundlage damit selbst zerstören.

Vergleichen Sie das Bild der Liebesbeziehung Gottes zu seinem Volk mit Hes 16,1–15 und Hos 2,4–25.

Donnerstag, 5. September — Jeremia 3,1–10

• Die Beziehung zwischen Gott und seinem Volk wird im **Bild einer wegen Ehebruchs geschiedenen Ehe** dargestellt. Zugrunde liegt das in 5Mose 24,1–4 beschriebene Eheverständnis: Ein geschiedener Mann darf seine Exfrau nicht erneut zur Ehe nehmen, wenn sie inzwischen mit einem anderen verheiratet war und diese Ehe nun auch nicht mehr besteht. Fremde Beziehungen verunreinigen die Frau und würden auch ihren ehemaligen Mann, ja sogar das „Land", entweihen.

→ Fünf Jahre nach Jeremias Berufung unter Josia wurde das **Gesetzbuch aufgefunden** (2Kön 22–23). Dazu gehörte auch das hier zitierte **Ehegesetz**. Josia erschrak, weil die exklusive Zugehörigkeit zu JHWH mit der laschen Frömmigkeit und selbstverständlich gewordenen Götzenverehrung im Volk eindeutig unvereinbar waren. Er führte deshalb radikale Reformen durch. Sie konnten aber nicht verhindern, dass die Menschen weiterhin innerlich fremden Kulten anhingen.

→ Jesus bestätigt dieses Eheverständnis (Mt 5,31f; 19,3–9). Es kennzeichnet dann auch die Beziehung zwischen Christus und seiner Gemeinde (Eph 5,25–27).

• Obwohl das Ehegesetz eine erneute Verbindung zwischen Gott und seinem Volk nicht zuließ (V 1), **soll der Vorwurf des Propheten zur Umkehr führen** (V 7; vgl. Hos 2,16–19).

• Die Fruchtbarkeitsgottheiten Baal, Astarte, Aschera wurden mit Figuren aus Holz und Stein (V 9) auf kultischen Anhöhen und unter Bäumen (V 6) verehrt. Auch Kultprostitution gehörte dazu. Jeremia stellt das in **drastischen Bildern als exzessive Hurerei dar**.

• Der parallele Vorgang im Nordreich Israel hatte 100 Jahre zuvor zum radikalen Ende geführt. Offensichtlich war das **nicht Warnung genug**. Wenn dann eine Dürrezeit nicht als Warnsignal erkannt wird, ist der Appell an Gott als Vater und Jugendfreund des Volkes (V 4) ein scheinheiliger Vorwurf, der **jede Selbsterkenntnis vermissen lässt** (V 13). Leider ein Vorgang, der auch heute so begegnen kann.

Freitag, 6. September   **Jeremia 3,21–4,4**

- Noch hat Jeremias Auftrag das klare Ziel, **das abtrünnige Volk zur Umkehr zu bewegen**. In vielfältiger Weise, die in der Übersetzung kaum wiederzugeben ist, klingt das hebräische Wort für umkehren – auch in der Abkehr – immer wieder an.
- Jetzt wird die erhoffte Umkehr **bildhaft in der Liturgie eines künftigen Bußgottesdienstes dargestellt**. Ausgerechnet auf den bisherigen Götzen-Höhen ist nun das flehende Weinen der Israeliten angesichts ihrer Gottvergessenheit (V 21) zu hören. Darauf Gottes Antwort, der die Umkehrenden zu heilen verspricht (V 22). Diese reagieren mit dem Bekenntnis, dass sie sich von den Götzen haben täuschen lassen, und allein bei JHWH Rettung finden (V 23). Jetzt geht ihnen auf, was es sie gekostet hat, ihre Hoffnung auf falsche Größen zu setzen (Verlust von Wohlstand, Gesundheit und Nachwuchs; V 24), und das schon seit Generationen.
- **Gott nimmt die Umkehrenden in die Pflicht.** Mit dem Bekenntnis darf es nicht bei bloßen Worten bleiben. Umkehr muss (wörtlich) „in Wahrheit, Recht und Gerechtigkeit" gelebt, die Bekräftigung „So wahr JHWH lebt" nicht nur so dahingesagt werden (V 2).
- **Wo der echte Glaube derart wahrhaft gelebt wird, hat das über Grenzen hinweg positive Auswirkungen**. Darin erfüllt sich Gottes Verheißung an Abraham (1Mose 12,3). Echt ist er dort, wo keine faulen Kompromisse mit dem bisherigen Lebenswandel eingegangen werden (auf neuem Ackerland säen, nicht unter Dornen; V 3). **Der Glaube soll aus dem Herzen kommen.** Die bloß äußerliche Beschneidung garantiert keinen Glauben! Echter Glaube hat auch heute eine Chance!

Wie denken Sie über Kirchenzugehörigkeit, Taufe, Trauung, Beerdigung als formale Bekenntnismerkmale heute? Wie müsste sich Ihrer Meinung nach echter Glaube erweisen?

Samstag, 7. September   Jeremia 6,9–26

● **Das drohende Gericht, das Jeremia ankündigen muss, wird immer unausweichlicher und schärfer.**

→ Gott spricht zum Feind Israels und fordert ihn auf, bei der Eroberung Jerusalems und Judas nichts stehen zu lassen, so wie man bei der Weinlese in weiteren Durchgängen auch noch die letzten Beeren pflückt (V 9). Damit soll der einst von Jesaja (10,21f; 28,5) verheißene „Rest Israels" ebenso dem Zorn Gottes verfallen.

→ Angesichts der starrsinnigen Haltung, mit der die Worte Jeremias zurückgewiesen und lächerlich gemacht werden, gerät der Prophet selbst in Zorn und schüttet ihn über den Unbelehrbaren aus (V 10f). Niemand wird davon ausgenommen sein.

→ Wie bei einem totalen Krieg werden Häuser, Grundstücke und Familien Opfer von Raub und Gewalt (V 12).

● Die beklagte Gottlosigkeit führt zu weiteren Verfehlungen: zu betrügerischem Verhalten um des eigenen Vorteils willen, zur Verkehrung des Rechts in Unrecht (auch der König gehört dazu; 22,17), zu unehrlichem Schönreden durch die Verantwortlichen (falsche Prophetie; V 13f), die den Ernst der Lage bewusst verkennen (vgl. 8,11). Dabei sind sie selbst davon überzeugt, es als aufrichtige Patrioten nur gut zu meinen und den Leuten damit Mut zu machen. Sie sind der festen Überzeugung, damit den Gott Israels auf ihrer Seite zu haben. Die Herzensumkehr, zu der Jeremia auffordert, wirkt auf sie unverständlich und irreführend.

Das Fatale an der Botschaft der falschen Propheten ist, dass sie mit ihrer beschönigenden Friedensideologie über den Ernst der Lage hinweggeht. Somit verhindert sie die Umkehr als einzig rettende Maßnahme.

● Die Ankündigung des unausweichlichen Gerichts, vollstreckt durch ein kriegerisches „Volk aus dem Norden" (V 22), noch ohne Namen, aber Schrecken verbreitend (vgl. 20,3.10; 46,5; 49,29), soll erneut zur Umkehr bewegen. Einmal gibt es ein „Zu spät"!

Sonntag, 8. September — Psalm 127

● Psalm 127 behandelt auf den ersten Blick zwei völlig unterschiedliche Themen aus der israelitischen **Weisheitsliteratur**: V 1–2 beschreiben das **Verhältnis von menschlichem Bemühen und Gottes Wirken**, V 3–5 **preisen den glücklich, der viele Söhne hat**. Manche Ausleger vermuten, dass dieses Psalmlied zu Hochzeiten gesungen wurde und einerseits mahnt, nicht allein auf die eigene Kraft zu bauen, und das gleichzeitig dem Paar einen reichen Kindersegen wünscht.

● **Ein Haus bauen** kann wörtlich gemeint sein, dann wären die Bauleute die Handwerker – es kann in Israel aber auch bedeuten, eine **Familie zu gründen**. In beiden Fällen gilt es, Gott zu vertrauen. Denn nur mit seinem Segen kann das Werk gelingen. Zu viele unvorhergesehene Dinge können geschehen, sowohl beim Hausbau als auch bei der Erziehung der Kinder. Gerade beim zweiten Thema können Eltern noch so gut aufpassen (Wächter, V 1), den absoluten Schutz ihrer Kinder können sie nicht leisten.

● So gesehen gibt es eine gute Brücke zwischen den Themen, wenn ab V 3 der **Wert der Nachkommen** gepriesen wird. Gerade vor dem Hintergrund, dass kinderlosen Ehepaaren damals nicht medizinisch geholfen werden konnte, galten Kinder als besonderes Geschenk Gottes. Und das umso mehr, als das hier verwendete hebräische Wort für „Gabe" damals vor allem das zugewiesene **Erbteil** der Familie meinte. Söhne sicherten in der damaligen Gesellschaft den Bestand der Familie.

● Wer sogar viele Söhne hat, der hat den Köcher gefüllt, der gilt etwas in der Stadt und kann sich im Streitfall besser verteidigen. Töchter, Frauen und Witwen waren dagegen relativ rechtlos, sie wurden oft genug übervorteilt – ein Dauerthema bei den Propheten (vgl. z. B. Jes 10,12; Hes 22,7).

Wie können wir das Anliegen des Psalms in unsere Gesellschaft vor dem Hintergrund der Gleichberechtigung der Geschlechter übersetzen?

Montag, 9. September Jeremia 7,1–15

● Diese **Tempelrede** Jeremias ist Bestandteil der Sammlung seiner frühen Prophetenworte. In Jer 26 berichtet Jeremias Sekretär Baruch über denselben Vorgang und die Auswirkungen und datiert sie in die Anfangszeit Jojakims, ca. 608 v.Chr. Die Aufforderung zur Umkehr steht noch immer an erster Stelle.

→ Jeremia soll gezielt alle Tempelbesucher ansprechen und sich deshalb an das Tempelportal stellen.

→ **„Bessert euer Leben und euer Tun!"** hebt wiederholt (V 5; 18,11; 26,13) die entscheidende Zielsetzung hervor.

● Ziel ist das „wohnen lassen an diesem Ort" (V 3). Die Bedingungen dafür (das Gebot der Gottes- und Nächstenliebe und die Zehn Gebote) stehen im radikalen Konflikt mit der Wirklichkeit:

→ Im geistigen Bereich Offenheit für Lügenworte, die falsche Tatsachen vortäuschen (ein häufiger Vorwurf: 3,10.23; 5,2.31 u.ö.). Sie beziehen sich auf im Tempel tätige Priester und Propheten. In der Umbruchszeit vermittelt die Existenz des Tempels ein **falsches Sicherheitsgefühl**, verstärkt durch die Erfahrung, dass der assyrische König Sanherib um 701 v.Chr. der Stadt nichts anhaben konnte (2Kön 18,13–19,36). Aber die **sich selbst belügende Zionsideologie** verkennt, dass Gottes Zusage (1Kön 8,13; Ps 68,17 u.ö.) an den Glaubensgehorsam gebunden ist.

→ Die sozialen Verhältnisse sind geprägt von erbarmungslosem Umgang untereinander und drangsalierender Ausnutzung der sozial Schwachen bis hin zu Totschlag.

→ Hauptvorwurf ist der offensichtliche Selbstbetrug, sich einerseits scheinheilig auf Gott und seine Gegenwart im Tempel zu berufen, sich andererseits aber nicht an seine Gebote zu halten.

● Gottes Gegenwart ist nicht an die Existenz des Tempels gebunden. Dass das frühere zentrale Heiligtum Silo nicht mehr existiert, ist dafür Beleg genug (Jos 18,1).

● Jesus greift Jeremias Tempelrede, besonders die Rede von der „Räuberhöhle" (V 11), bei seiner Tempelrede wieder auf (Mk 11,15–17)!

Dienstag, 10. September   Jeremia 7,16–28

• **Gott selbst untersagt dem Propheten, fürbittend für sein Volk einzutreten.** Zu abscheulich ist dessen Verhalten und der beharrliche Ungehorsam.

→ Fürbitte ist eine **priesterliche Aufgabe**. Schon Abraham (1Mose 18,22ff) und Mose (2Mose 32,32), später Samuel (1Sam 7,5) u. a. haben für ihr Volk gebetet. Jesu Fürbitte wird ausdrücklich „hohepriesterliches Gebet" genannt (Joh 17).

→ Mehrmals wird Jeremia die Fürbitte verwehrt (11,14; 14,11). So eklatant ist der Unglaube des Volkes. Auch als es zu spät ist, bitten ihn die Verantwortlichen noch um seine Fürbitte (21,2; 37,3; 42,2). Und er lässt sich darauf ein (42,4). Aber selbst dann ist der Unglaube mächtiger.

→ Gott verweigert das Hören auf seinen Propheten, so wie das Volk das Hören auf Gottes Wort verweigert. **Hören und Gehorchen gehören untrennbar zusammen.**

→ Die Praxis der Verehrung der kanaanitisch-mesopotamischen Himmelskönigin Astarte (Ischtar) wird in V 18 detailliert als Familienaufgabe beschrieben. Archäologische Funde belegen, dass der Kult schon seit der salomonischen Zeit (1Kön 11,5) im Volk weit verbreitet war (vgl. 44,17–19). Ihre Verehrung im Morgen- und Abendstern (Venus) galt der sinnlichen Liebe und Fruchtbarkeit.

• 3Mose 1ff regelt die Opferpraxis im Heiligtum. Dass hier Brand- und Schlachtopfer abgelehnt werden (V 21f), hängt am Widerspruch zwischen formaler Frömmigkeit und dem fehlenden Gehorsam gegen Gottes Gebot (2Mose 15,26; 1Sam 15,22f). Auf der einen Seite das irrige Selbstverständnis, durch Teilnahme am Opferkult den Pflichten gegenüber Gott ausreichend nachzukommen. Auf der anderen Seite die völlig selbstbezogene Lebensausrichtung, die Gottes Anspruch erst gar nicht ernst nimmt.

Wer selbst bestimmt, was Wahrheit ist, kann und will Gott nicht hören. Gott sagt dazu: Lüge!

Mittwoch, 11. September — Jeremia 9,22–23

- Zwei Verse nur, die aber für den Kern der Verkündigung Jeremias stehen und ihren Weg bis ins NT gefunden haben (1Kor 1,31; 2Kor 10,17; Jak 1,9f). Es geht um das Ringen um Einsicht und Gehorsam aus der Haltung der Ehrfurcht gegenüber Gott. Das ist Weisheit (Spr 1,7; 9,10). Dazu gehört das vertrauensvoll getroste Ja zur Abhängigkeit von Gott.

- **Weisheit ist die Fähigkeit, die Zusammenhänge des Lebens und der Welt so zu verstehen, wie Gott sie gedacht hat, und sich im Hören, Sehen und Nachdenken darin ganz unter Gott zu beugen.** Jeder Stolz auf eigene Leistungen belegt, dass Weisheit fehlt, auch wenn man sich für klug hält. Genau das hat Jeremia seinen Zuhörern schon in 8,7–9 vorgeworfen. Wer sich selbst mit seinen Bedürfnissen, Vorstellungen und Gewohnheiten zum Maßstab erhebt, an dem er Weisheit misst, beweist damit nur, dass er selbstzerstörerisch dumm ist. Auch erhebt er sich damit über Gott und entlarvt so den eigenen bösen Kern (vgl. Jak 4,16). Jeremias Gegenspieler sind damit typische Nachfolger Adams (1Mose 3).

- Auch wir heute sind typische Nachfolger Adams. **Fehlende Ehrfurcht vor Gott entzieht den leitenden Werten unseres Miteinanders das Fundament. Das hat Konsequenzen für unser Verhalten im persönlichen Bereich wie im gesellschaftlichen Umgang.**

Worin erkennen Sie bei sich und in Ihrem Umfeld solche Konsequenzen?

- Wissen, Können und Geld („Weisheit, Stärke, Reichtum"), alles, worauf der Mensch sich stolz verlässt, erweist sich in Katastrophen als haltlos. Was durchträgt – bis in die Ewigkeit! –, ist Gottes Barmherzigkeit (Gnade). „Denn" (so wörtlich) „ich bin JHWH", niemand und nichts sonst! Nur er übt „Barmherzigkeit, Recht und Gerechtigkeit". Daran hat er Gefallen. Das ist auch der Maßstab für uns! Darauf können wir tatsächlich stolz sein.

Donnerstag, 12. September — Jeremia 12,1–6

● Neben den Prophetensprüchen und Baruchs Bericht über Jeremias Ergehen stehen mehrere Abschnitte, in denen der Prophet tiefen Einblick in sein Inneres gibt, die sog. **Konfessionen Jeremias**. Die erste findet sich ab 11,18 und endet mit 12,6. Was schon bei seiner Berufung angekündigt wurde (1,17–19), schlägt sich mit schmerzhaften Wunden in Jeremias Seele nieder. Seine Botschaft stößt auf Widerstand bis hin zu Mordabsichten (11,18f.21).

→ Ausgerechnet die Bewohner seiner Heimatstadt drohen ihm mit Gewalt (11,21). Wie viele seiner Gegner gehören sie zur Priesterschaft, die er mit seiner Tempelkritik (vgl. die Auslegung vom 9. Sept.) herausfordert. Sogar seine Familienangehörigen gehören dazu (V 6).

→ Jeremia ist durch den Widerstand zutiefst erschüttert und hinterfragt seinen Auftrag, **möchte mit Gott gar einen Rechtsstreit beginnen** (V 1; vgl. Hiob 13,3.18f).

→ Die **Warum-Frage** erinnert an Ps 73 und Hiob (3,12; 21,7). **Jeremia selbst erscheint als der leidende Gerechte.**

→ Jeremias Problem ist, dass er Gottes strafendes Eingreifen ankündigt, gleichzeitig aber Ungerechtigkeit und Unterdrückung immer mehr zunehmen. Deshalb die klagende Frage **„Wie lange?"** (V 4). Seine Gegner scheinen mit ihrer beharrlichen Ablehnung recht zu behalten (V 4c). Und Gott lässt es zu (V 2)!

→ Sein **Wunsch nach Vergeltung** (V 3) widerspricht zwar unserer christlichen Wertvorstellung, ist aber menschlich verständlich (Röm 12,19).

● Wer betet, bleibt an Gott und erfährt Antwort, hier in Form einer korrigierenden Gegenfrage (V 5f). Der Widerstand, auf den Jeremia bisher gestoßen ist, sei noch harmlos gegenüber dem, was erst auf ihn zukommt.

Wo fragen Sie „Warum"? Und wie gehen Sie damit um?

Freitag, 13. September — Jeremia 13,1–11

Ein Text aus Jeremias zweiter Wirkungsphase:

● Eine peinliche Geschichte! Die BasisBibel übersetzt wie LUT 2017 verharmlosend „Gürtel". Fakt ist: Es geht um einen Lendenschurz (NeÜ, GNB), d. h. einen schmalen, längeren Stoffstreifen, der, um die Hüften und zwischen den Beinen verschlungen, unmittelbar auf der Haut getragen wurde. Umso schwieriger, dass er nicht gewaschen werden darf (V 1).

● Eine umstrittene Geschichte! Kann es sein, dass Jeremia zweimal die rund 1000 Kilometer zum Euphrat und zurück gereist ist, „nur" um eine Unterhose dort zu vergraben und damit sicher unbrauchbar zu machen? Oder ist das Flüsschen *Ein Perat* bei seinem Heimatort Anatot gemeint? Oder war das Ganze „nur" eine Vision, ein spirituelles Erlebnis? Ein in eine Handlung gekleideter Gedanke? Der Form nach war es keine Vision wie Hes 40ff, auch keine zeichenhafte Handlung wie Jer 19,1–13, denn alles passiert lediglich **zwischen Gott und Jeremia.** Er ist es, dem Gott etwas eindrücklich klarmachen möchte – aber was?

→ Der unmögliche Gegenstand ist etwas sehr Intimes, das engste Berührung mit Körperteilen hat, die sonst selten ein Thema sind.

→ Hinzu kommt das Urteil „verdorben". Es bildet die Verbindung zwischen Aktionsseite und Wortseite (V 7.9): Leinenstoff, aus Flachs gewebt, wird in feuchter Umgebung (V 4) faulen, also dauerhaft unbrauchbar werden.

Beide Punkte zusammen ergeben, was Jeremia begreifen soll: Gott ließ Israel so nah an sich heran wie kein anderes Volk, doch er stößt damit auf Unverständnis (V 11). **Erst musste dem Boten handgreiflich die Botschaft klargemacht werden, bevor er sie den Adressaten ebenso handgreiflich mitteilen konnte** (Jer 19,1–13). Hier wie dort (Jer 13,10; 19,4f) wird deutlich benannt, was Gott seinem Lieblingsvolk vorwirft. Intensiver Kontakt mit „Feuchtigkeit" bewirkt „Verderbtheit". **Was ist mein „Euphrat"? Was ist die „Feuchtigkeit", die Beziehungen verdirbt?**

Samstag, 14. September   **Jeremia 14,1–16**

Mitten hinein in eine Naturkatastrophe meldet sich Gott zu Wort. Wer kann helfen?

• **Dürrezeit in Israel.** Gott lenkt Jeremias Augen auf die Folgen (V 2–6). Für Mensch und Vieh bedeutete das Hungersnot. Bilder tauchen auf, wie wir sie jetzt auch immer wieder zu sehen bekommen – nicht mehr nur aus Afrika und Asien, sondern auch aus Europa.

> *Machen Sie sich eine Skizze oder markieren Sie in Ihrer Bibel verschiedenfarbig, wer hier wo spricht!*

• Aus der Beschreibung der Fakten entwickelt sich ein Dialog zwischen Gott und Jeremia:

→ V 7–9 sind formal eine „Volksklage", eingeleitet mit dem Klageruf „Ach, HERR!" (wie auch V 13). Zitiert der Prophet ein Gebet aus einem offiziellen Bußgottesdienst im Tempel (vgl. V 12.14)? Schuld wird dort sehr allgemein eingestanden (V 7), Gott daran erinnert, was er für Israel bedeutete (V 8a.9b). Es gibt also eine Beziehung, eine gegenseitige Verpflichtung, auch wenn die eine Seite das mal wieder vergessen hatte. Wir sind da auch nicht besser!

→ V 10 ist Gottes Kommentar dazu: **Israels dauerndes Hin und Her zwischen ihm und den Götzen wird Folgen haben.** In V 10b klingt Hos 8,13 an. Dort wird auch ein „Strafort" erwähnt, der in Israels Geschichte vor Hosea und nach Jeremia eine wichtige Rolle gespielt hat: Ägypten!

• Schlimm für Jeremia: **Er soll aufhören für Israel zu beten** (V 11)! Die Hauptschuld sieht er bei den „offiziellen" Propheten (V 13f), auf deren religiös-verharmlosende, Gott für sich in Anspruch nehmende Expertise das Volk vertraut (V 13.15). **Wem glauben wir? Sind die „Experten" die „Propheten" von heute, von denen wir Hilfe in den Krisen erwarten? Sie kennen scheinbar die Faktenlage. Haben ökologische und politische Krisen hintergründig eine geistliche Dimension? Will Gott uns dadurch etwas sagen?**

Sonntag, 15. September — Psalm 68,20–36

● Ps 68 hat die Ausleger schon immer vor große Rätsel gestellt, denn einerseits ist die Textüberlieferung lückenhaft, andererseits wechseln die Themen ständig. Besonders auffällig ist im hebräischen Text, wie viele uralte Traditionen und Begriffe integriert sind. Altes und neues Gotteslob mischen sich hier wie sonst kaum im AT. V 21–24 nehmen sogar Begriffe und Bilder aus uralten kanaanäischen Hymnen auf und wenden sie auf Gott an, der über allen Göttern steht. Auch erinnert der Psalm an das Deboralied (Ri 5), die Erwähnung von Sebulon und Naphtali (V 28) weisen in diese Richtung (Ri 4,10). Die besondere Erwähnung Benjamins (V 28) deutet in die Zeit Sauls (er stammte aus dem Stamm Benjamin), der Tempel (V 30) in die Zeit Salomos. Das Tier im Schilf (V 31) ist wohl Ägypten, aber auch dort wird man Gott am Ende anbeten. Der ganze Psalm ist ein Triumphlied, ein **Festgesang in einer machtvollen Prozession** (V 26). Uralte und auch spätere Traditionen vereinen sich zu einem gewaltigen Gotteslob. Dabei wechseln sich Rückblick und prophetische Visionen ab.

V 20: Die Lutherübersetzung ist etwas irreführend und hat schon zu der Behauptung geführt, Gott sei sarkastisch, erst lege er uns eine Last auf, um dann gnädig zu helfen. Alle anderen Übersetzungen (vergleichen Sie!) kommen dem Grundtext aber näher.

V 21–24: Die grausamen Bilder sind uralt und damals üblich, um die Macht Gottes zu beschreiben.

V 34–36 erinnert stark an den Christushymnus (Phil 2), an die Offenbarung und den Kolosserbrief: **Der Triumphzug Gottes über alle Mächte und Gewalten kommt in Jesus Christus zum Ziel!**

Ps 68 ist ein Musterbeispiel für die Integration ganz unterschiedlicher Lieder aus verschiedenen Epochen. Kann das für uns ein Vorbild sein, wenn in Gemeinden manchmal heftig um das Liedgut gestritten wird?

Montag, 16. September — Jeremia 15,10–21

Jeremias **zweite „Konfession"** (s. Einführung) gehört wohl in die schwierige zweite Phase seines Wirkens unter König Jojakim. Er befindet sich im sechsten Lebensjahrzehnt.

● Thema in den „Konfessionen" ist Jeremia selbst und sein Auftrag, der ihn zerreißt, und das Gespräch mit Gott (in V 10 redet Jeremia, 11–14 Gott, 15–18 Jeremia, 19–21 Gott). Sie zeigen ihn uns als einfühlsamen, harmoniebedürftigen Menschen, dem aggressive Ablehnung begegnet (V 10.15a). Wie die anderen biblischen Schriftsteller ist er weit mehr als bloß Gottes „Pressesprecher" (V 19): Seine Person ist Teil seines Auftrags.

> ✏️ *Machen Sie sich eine Liste der Persönlichkeitsmerkmale von Jeremia, Elia, Petrus und Johannes! Gott „arbeitet" mit sehr verschiedenen Charakteren! Können wir daraus lernen?*

● Auch diesem von JHWH persönlich berufenen Prediger (Jer 1,4ff) drängt sich die „Warum?"-Frage (V 18) auf, die uns manchmal so zu schaffen macht. Obwohl er
→ weiß, dass Gott seine Lage kennt (V 15),
→ ihn im Namen trägt (V 16b; *Jerimjahu* heißt: „aufrichten möge [ihn] JHWH") und
→ auf Erfahrungen von Gottes Trost und Hilfe zurückblickt (V 16), kann er Gott mit einem Wadi vergleichen, das nur unzuverlässig Wasser führt (V 18). Ist Gott so?

● V 19 zeigt: **Gottes Auftrag, ja die Beziehung zu Gott selbst, ist kein Zwang, kein Verhängnis**; sie besteht in beidseitiger Freiheit (vgl. Mt 10,32f; 2Tim 2,12f). Am Ende des Abschnitts steht Gottes Zusage mit dem Bild einer hohen Mauer aus Eisen, also fester als Stein: Er wird seinen Propheten so ausrüsten, dass man ihm nichts antun kann.

V 20f enthält mehrere hebräische Begriffe, die mit „Rettung" zu tun haben. Kann man im positiven Sinn von 1Tim 2,3f sagen: Gott hat, wenn es um seine Geschöpfe geht, ein „Helfer-Syndrom"?

Dienstag, 17. September — Jeremia 16,1–13

Häufig waren Menschen, die zu Gottes Werkzeugen wurden, in ihrer persönlichen Biografie betroffen. **Sie bildeten mit ihrem Leben Gottes Botschaft ab.** Das ist nicht immer leicht.

> 🖉 Wer fällt Ihnen dazu ein – aus der biblischen und der Kirchengeschichte?

- Heiraten und Nachkommen haben war im alten Israel eine Selbstverständlichkeit, ja eine Notwendigkeit. Jeremia wird beides nicht erleben. Was in der Übersetzung wie eine Anweisung klingt („Du sollst nicht …" V 2.5.8), ist im Hebräischen die Feststellung einer Tatsache: „Du wirst nicht …" (wie im Dekalog). Allerdings lässt sie dem Menschen Spielraum, sich nicht daran zu halten. Jeremia hat es aber offenbar getan. Dadurch blieb ihm erspart, was im Folgenden geschildert wird.
- Schreckliche Bilder tun sich in V 4–9 auf, die uns an die Massengräber der Corona-Toten und den Ukrainekrieg erinnern.

→ Selbstverständliche soziale Konventionen wie die Begleitung Trauernder (V 5–7) oder die Teilnahme an Festen (V 8f) sind für den Propheten nicht mehr drin.

→ Ohne Eheschließungen (V 9), gibt es für das Volk keine Zukunft.

- **Was Jeremia von Gott gehört hat, muss unters Volk** (V 10). Nun stellt auch das Volk in 15,18 die „Warum?"-Frage. Ein Bewusstsein für die Gründe von Gottes hartem Eingreifen gibt es offensichtlich nicht. Dem „Warum?" korrespondiert Gottes „Darum" (V 13).

→ Das „Rundum-glücklich-Paket" ist „vervespert", die Zeit von Frieden, Wohlstand und Gesundheit vorbei.

→ Kern ihrer Schuld ist: Sie haben Gott und den Bund mit ihm verlassen (V 11f) und aufgehört, auf Gott zu hören – im doppelten Sinn des Wortes.

→ Gott reagiert, indem er ihnen alle irdische Sicherheit nimmt. Begnadigung schließt er definitiv aus (V 9.13). **Jeremia zeigt: Mit Gott darf man nicht spaßen!**

Mittwoch, 18. September — Jeremia 18,1–12

Zu gerne wüssten wir, wie das Reden Gottes zu seinen Propheten praktisch passierte: durch Lesen in ihrer Bibel?, durch geistliches gewiss werden?, durch innere Stimmen? oder doch hörbar? Dafür scheint die Formel „JHWHs Flüstern" (Luther: „so spricht der HERR") zu sprechen, die allein im Jeremiabuch fast 170-mal vorkommt. Jeremia jedenfalls konnte gut zwischen Gottes und seinem eigenen Reden unterscheiden (siehe z. B. Jer 14,1–16).

- Manchmal gewinnt auch Alltägliches für ihn geistliche Bedeutung, weil Gott ihn darauf stößt (z. B. Jer 1,11f.13–16). Hier wird er zum Töpfer geschickt. Dessen Arbeitsweise wird zur Botschaft: Ein gerade hergestelltes Gefäß, das nicht den Vorstellungen des Kunsthandwerkers entspricht (hier steht im Hebräischen das Wort, das in 13,7.9 für „verdorben" steht!), wird einfach wie ein Kuchenteig wieder zusammengeknetet. Ein neuer Versuch beginnt. Wichtig ist: Dies ist keine „Zeichenhandlung", denn Adressat ist der Prophet, nicht das Volk; und **Jeremias Beobachtung wird erst durch Gottes erklärende „Einflüsterung" (V 6) zu einer Botschaft an sein Volk**.

> *Lesen Sie zum Vergleich, was Paulus in Röm 9,19–23 daraus gemacht hat! Was ist der Zielpunkt bei Jeremia, was bei Paulus?*

- In V 7–10 verknüpft Gott seine aktuelle Aussage mit Stichworten aus Jeremias Auftrag (vgl. Jer 1,10 mit 18,7–10)! Ausreißen und neu pflanzen, einreißen und neu bauen: Beides will derselbe Gott!
- Deshalb ist für das Volk **Veränderung, Umkehr, „Bekehrung"** angesagt, will es nicht dem Gericht verfallen. Das muss vernünftigerweise zu Veränderungen im Denken und Glauben, im Leben und Verhalten führen. Jüdischer und christlicher Glaube ist nie nur eine Kopfsache!

> **„Die Bibel riecht nach Erde!"**
> **Walter Tlach**

Donnerstag, 19. September Jeremia 19,1–13

Jeremias Besuch beim Töpfer hat ein Nachspiel:

● Aus dem Anschauungsunterricht wird eine **prophetische Zeichenhandlung** (V 10), denn nun ist Jeremia **selbst aktiv**, und zwar **vor Zeugen** (V 1) und **verbunden mit einer Botschaft** (V 11–13): Ist ein Tonkrug erst einmal zerschlagen, dann ist er endgültig und irreparabel kaputt. Genau das droht Israel und Jerusalem. Es gibt kein Zurück mehr.

● Eine grässliche Beschreibung des kommenden Gerichts macht den Ernst der Lage klar (V 3–9): Das Hinnom-Tal begrenzte Jerusalem nach Westen und Süden. „Tofet" („etw. Verächtliches, das man anspuckt"; V 6.11.12.13) war dort eine heidnische Kultstätte, wo im 8./7. Jh. v.Chr. selbst Kinder geopfert wurden (V 5; 2Chr 28,3; 33,6) – das schmerzlichste denkbare Opfer überhaupt. Getoppt wird es nur noch vom Kannibalismus (V 9a). Diese Ansage ist nach Josephus während der Belagerung Jerusalems 70 n.Chr. tatsächlich wahr geworden (Jüd. Krieg VI, 3,4 [201–213]). Das bedeutet: **Wir tun gut daran ernst zu nehmen, was Gott uns sagen lässt!**

● Propheten setzte Gott ein, wenn es schlecht lief in Israel, wenn Volk und Regierung an den Alten Bund erinnert werden mussten. Ihre Message kam meist drohend rüber, weil die Leute sich nur ungern an Gottes Willen für sie und an die Konsequenzen aus ihrem Leben ohne Gott erinnern ließen. In V 4f werden die Anklagepunkte genannt (vgl. 16,11f). Dabei spielte doch Religion für sie nach wie vor eine Rolle, aber nach Gottes Willen leben wollten sie nicht. **Es gab für sie jetzt *keinen* Hoffnungsstreifen am Horizont.**

● Ist das derselbe Gott wie im NT, von dem es heißt (1Joh 1,5): „Gott ist Licht, und in ihm ist keine Finsternis"? **Wir werden darauf keine schlüssige Antwort finden.** Luther fand wenigstens eine „Krücke", dass wir uns an den in Jesus offenbar gewordenen Gott halten; der verborgene Gott „geht uns nichts an". Damit leben zu müssen kann schwer sein.

Freitag, 20. September   **Jeremia 20,7–18**

● Jeremia ist am Tiefpunkt seiner Beziehung zu Gott angekommen. Im letzten Einblick in sein Innerstes beginnt er seine Klage (V 7–10) mit einer Erinnerung an seine Berufung (1,5–10).

● Er wirft Gott vor, ihn getäuscht und seine Übermacht an ihm ausgenützt zu haben. Gott hat ihn als Propheten gewonnen, er aber sieht sich auf der ganzen Linie als Verlierer.

● Verspottet zu werden ist die Quittung für seine Treue zum Gotteswort. Seine Zeitgenossen machen sich über ihn lustig. Sie greifen ein Schlagwort aus seiner Verkündigung auf („V 10, „Grauen ringsum"; vgl. 6,25). Selbst seine Freunde wollen ihm schaden. Er ist total einsam geworden.

● **Auch Christen können einsam werden, wenn sie sich zum Wort Gottes bekennen, anstatt sich anzupassen.**

● Am liebsten möchte der Prophet aufgeben. Aber er kommt von Gottes Wort einfach nicht los. Jeremia ist in der Zwickmühle. Gibt er auf, brennt es in ihm wie Feuer. Macht er weiter, leidet er weiter. Er leidet so oder so.

Prophet sein heißt leiden. Jeremia ist das eindrücklichste Beispiel dafür.

● Auf die Klage folgt eine **neue Vergewisserung** (V 11–13). Auf und ab geht es in Jeremias Seele. Klage und Zuversicht, Erwartung der Vergeltung durch Gott und der Aufruf zum Lob wechseln einander ab. Gott ist auf der Seite der Armen und Unterdrückten, zu denen sich auch Jeremia zählt. Schon jetzt im tiefsten Dunkel ruft er auf, ihn zu rühmen (vgl. Apg 16,25).

● V 14–18: Den Abschluss bildet **die Verwünschung des eigenen Geburtstags**. „Viel Glück und viel Segen" wird hier in das krasse Gegenteil verkehrt.

● Mit der Frage „Warum lebe ich?" ist **die Sinnfrage** gestellt. Jeremia sieht keinen Sinn mehr in seinem Leben.

> ✎ „Mir wird alles zu viel!" An wen denken Sie bei diesen Worten? Beten Sie für diese(n) Menschen!

Samstag, 21. September Jeremia 21,1–14

● Kap. 21 handelt in einer anderen Zeit, ca. zehn Jahre später als Kap. 20. **Jerusalem,** das an keiner Stelle namentlich genannt wird, **wird bereits von Nebukadnezar und seinen Kriegsleuten belagert.**
→ Erstmals werden die Chaldäer genannt, gleichbedeutend mit den Babyloniern.
→ Unter Nebukadnezar hatte das Babylonische Reich seine größte Ausdehnung.
→ V 1f: Zedekia schickt zwei angesehene Leute zu Jeremia, mit der Bitte, Gott zu befragen. Einer davon ist Paschhur, nicht zu verwechseln mit dem obersten Tempelaufseher in Kap. 20.
→ Zedekia hofft auf ein **Wunder**. Dafür gibt es Beispiele in Judas Geschichte (V 2). Denkt er etwa an die wunderbare Befreiung zu Hiskias Zeiten (2Kön 19,35ff)?

> ✏ Wissen, was dran ist, aber es doch nicht tun. Sich lieber in die Hoffnung auf ein Wunder flüchten, statt zu Gott umzukehren. Wie lässt sich das vermeiden?

● V 3–7: Jeremia war es von Gott mehrfach untersagt, für das Volk zu bitten (7,16 u.ö.). Jeremia teilt den Boten sofort seine Antwort mit: **Gott steht auf der Seite des Feindes.**
→ Es ist genau umgekehrt wie in 2Mose 3,19f. Gott streckt seine Hand gegen sein Volk aus. Das Wunder der Befreiung am Schilfmeer (2Mose 14,14.25) wird in sein Gegenteil verkehrt.
→ Menschen und Tiere werden unter der Belagerung leiden. Hunger, Krankheiten, Seuchen wird es geben. Erbarmungslos wird Nebukadnezar durchgreifen.
→ V 8–10: Jeremia nennt den einzigen Ausweg: **aus der Stadt gehen und zu den Feinden überlaufen.**
→ War in 5Mose 30,15.19 der Weg zum Leben angeboten, ist es jetzt der Weg zum Überleben. Wer in der Stadt bleibt, wird unweigerlich umkommen.

- V 11–14: Das judäische Königshaus wird an die grundsätzlichen Verpflichtungen der Rechtsprechung und Leitung erinnert. Priorität hat die Fürsorge. Jerusalem wird nur in Bildern (Berg und Tal) erwähnt.

Sonntag, 22. September — Psalm 138

Psalm 138 ist ein **überschwängliches persönliches Danklied nach einer überstandenen Not** (V 3 und 7), wie man es gern im Vorhof des Tempels anstimmte (V 2a).

V 1: Schwierigkeiten macht die Übersetzung „vor den Göttern". Evtl. ist das aber auch bloß eine stehende Redewendung im alten Orient, wie sie auch in anderen uralten Texten vorkommt. Deshalb übersetzen andere auch schlicht „vor Gott", was gut zum üblichen Parallelismus der Psalmen passt (vgl. die Auslegung zum 1. Sept.). Interessant ist auch die zweimalige **Nennung des „Namens"**: Das ist eine sehr häufige Umschreibung für Gott selbst, weil man sich scheute, ihn direkt zu nennen. **Güte** und **Treue** sind im Hebräischen sehr gefüllte Begriffe mit großer Bandbreite, sie gehören in das Umfeld des Bundes und meinen dort **Gottes Vertragstreue** und sein Festhalten an seinem einmal gegebenen Wort:

Auf unseren Gott ist absolut Verlass! Das ist das Generalthema von Psalm 138.

> **Auf unseren Gott ist absolut Verlass!**

V 4–5: Angesichts der unwiderstehlichen Macht Gottes können auch alle anderen Mächtigen am Ende nur einstimmen in das eschatologische Gotteslob, siehe Phil 2,10–11 und Offb 5,13.

V 6: Gerade das zeichnet den biblischen Gott aus: Er vergisst in seiner Erhabenheit nicht den kleinen Mann und seine Nöte (Jes 57,15). **Die allgemeine Geschichte ist immer eine Geschichte der Reichen und Einflussreichen. Die Geschichte Gottes redet von dem Erbarmen über die kleinen Leute, die Verachteten und Gescheiterten** – ganz besonders bei Jesus: Lk 5,31–32.

V 7–8: Das Gotteslob hat eine Rückwirkung auf den Sänger: Er kann neues Vertrauen fassen.

> ✎ *Wir drücken unseren Dank oft sehr unterkühlt und sachlich aus, Afrikaner hingegen tanzen und jubeln, wenn sie Gott loben. Was haben Psalm 138 und Jakobus 5,13 gemeinsam?*

Montag, 23. September **Jeremia 23,1–8**

● Hirten übernehmen **Verantwortung** für die Herde – Könige haben Verantwortung für das Volk. Hier geht es um
→ das Versagen der Könige und Gottes Eingreifen (V 1–4),
→ die Ankündigung eines gerechten Königs (V 5f),
→ eine neue Schwurformel (V 7f).
● **V 1:** In einem Weheruf wird die Anklage eröffnet und den Königen die Konsequenzen für ihre Verantwortungslosigkeit angekündigt. Die ihnen anvertraute Herde gehört nicht ihnen, sondern Gott. **Sie hätten die Aufsicht über sie übernehmen sollen; jetzt stellt sie Gott unter seine Aufsicht.**

> ✎ Wo sehen Sie Parallelen der schlechten Hirten zu Verantwortungsträgern der aktuellen Weltpolitik? In welchen Bereichen versagen sie am meisten?

● **V 3f:** Gott selbst greift ein und kündigt sein Hirtenhandeln an. Dass einerseits die Könige die Herde verstoßen haben (V 2), andrerseits Gott selbst dies von sich sagt, ist kein Widerspruch. **Der Mensch kann sich nicht aus seiner Verantwortung stehlen, er muss sich ihr stellen.**
● Gott selbst setzt neue Hirten ein, die aufrichtig ihren Auftrag erfüllen, sodass die Herde ohne Angst leben kann.
● **V 5f:** Die Ankündigung des neuen Königs knüpft an die Nathanverheißung 2Sam 7,12 an. **Die Linie Davids wird auch ohne direkte Nachfolge weitergehen.**
● Mit dem Spross (vgl. Jes 11,1–5) wird Neues und Vitales angekündigt, ein Bild voller Hoffnung.
● Der neue Herrscher wird gerecht sein und Recht und Gerechtigkeit üben. Damit ist er das Gegenbild zu König Zedekia, dessen Namen bedeutet: „Meine Gerechtigkeit ist Gott."
● Christen sehen die Verheißung auf ewig in Jesus erfüllt, dem wahren Sohn Davids und Messias.
● V 7f ist die neue Schwurformel (vgl. 16,14). Damit wird nicht nur

die frühere Verheißung bestätigt, sondern Gottes Heilsmacht weiter ausgedehnt. **Der Exodus aus Ägypten wird durch den Exodus aus Babylon übertroffen**.

Dienstag, 24. September — Jeremia 23,16–29

- **Echt oder Fake?** Nicht nur bei Geldscheinen oder Kunstwerken stellt sich diese Frage. Auch bei Informationen und nicht zuletzt bei der Verkündigung des Wortes Gottes kommt es auf kritisches Prüfen an. Dieser Text ist die ausführlichste Auseinandersetzung mit den falschen Propheten im AT.
- Zu Jeremias Zeit sind viele Propheten unterwegs. Mit ihrer Botschaft halten sie die Leute zum Narren. Statt sie zur Umkehr zu rufen (V 22), beschwichtigen sie und wiegen sie in einer falschen Sorglosigkeit (V 17). Der Kontrast zu Jeremia ist groß. Während Jeremia seit seiner Berufung alles reden muss, was Gott ihm sagt (1,7), reden die anderen Propheten ohne diesen Auftrag (V 21).
- Der wahre Prophet hat seine **Legitimation** durch die Teilnahme an der **himmlischen Ratsversammlung**. Nur was er dort hört, kann er weitergeben. Ca. 200 Jahre vor Jeremia hat der Prophet Micha, Sohn des Jimla, darauf hingewiesen (1Kön 22,19–23).
- Die falschen Propheten haben ein **unvollständiges Gottesverständnis**. Sie wollen nur den nahen, den „lieben" Gott kennen. Seine Nähe sehen sie im Tempel garantiert. Doch Gott kann auch fern, verborgen sein (V 24).
- Die selbst berufenen Propheten berufen sich auf ihre **Träume**. Sie können nichts anderes bieten. Der Subjektivismus blüht. Sie belügen sich selbst und andere und drängen Gott in den Hintergrund, wie es schon in der Vergangenheit durch den Baals-Kult geschehen war (V 27).
- Statt auf Träume zu setzen, soll Gottes Wort gelten. Dieses Wort ist echt stark wie ein Hammer. Wie ein Feuer hatte es Jeremia selbst erfahren (20,9). Erst von der Wirkung her und zu seiner Zeit (V 20) wird man die Wahrheit erkennen.

> ✎ Inwiefern ist die Unterscheidung von wahrer und falscher Prophetie für die Beurteilung der Verkündigung heute hilfreich?

Mittwoch, 25. September — Jeremia 26,1–19

- Propheten leben gefährlich. Wer Gottes Wort ohne Abstriche ausrichtet, begibt sich ins Risiko.
- In diesem Kapitel geht es um **die Folgen der Tempelrede** in 7,15 (vgl. 9. Sept.). Jeremia hielt diese Rede am Anfang der Regierungszeit Jojakims, vermutlich im Jahr 608.
- Betont wird die Absicht Gottes, das Unheil abzuwenden, wenn das Volk sich bekehrt (V 3).
- Die Androhung, dass **es dem Tempel wie dem Heiligtum in Silo ergehen wird**, das um 1050 zerstört wurde, und dass Jerusalem zum Fluchwort für alle Völker wird (V 6), kehrt die Segenszusage aus 1Mose 18,18 um. Ein Stich ins Wespennest! Die Priester, Propheten und Leute aus dem Volk nehmen Jeremia fest und sprechen sofort das Todesurteil über ihn aus. Sie haben nur noch „Silo" im Ohr.
- Doch die oberen Beamten greifen ein. Sie fungieren als Richter und gehen zum Tor, wo üblicherweise Recht gesprochen wird. Dort bringen die Propheten und Priester die Anklage vor. Jeremia darf sich verteidigen (V 12–15). **Sein Hauptargument ist sein Auftraggeber.** Er mahnt, auf Gottes Wort zu hören und das Verhalten zu ändern. Es geht ihm nicht nur um den eigenen Kopf. **Selbstlos setzt er sich damit für die Gemeinschaft ein.** Er warnt davor, unschuldiges Blut zu vergießen.
- Die Richter sprechen Jeremia von der Anklage frei. Der Grund dafür ist die Initiative der **Ältesten** (V 17–19). Sie sind angesehene Bürger des Landes und helfen bei der Klärung eines Rechtsfalls. Sie erinnern an den Propheten Micha und König Hiskia, die gut 100 Jahre vorher lebten. Mi 3,12 wird fast wörtlich zitiert. Die Ältesten interpretieren die Geschichte so, dass Gott die Androhung des Gerichts reute (vgl. die Reue Gottes in V 3 und V 13).

> ✎ Wie gefährlich die Lage für Jeremia war, zeigt die Fortsetzung 26,20–23 – die kurze, tragische Geschichte des Propheten Uria.

Donnerstag, 26. September — Jeremia 28,1–17

Unser heutiger Abschnitt schildert die **Auseinandersetzung zwischen dem Propheten Jeremia und dem falschen Propheten Hananja.** Jeremia hatte angekündigt, dass die Herrschaft Babels über Juda andauern würde und veranschaulichte dies in einer symbolischen Zeichenhandlung: einem Joch, das er auf seinen Schultern trägt (siehe Kap. 27). Hananja dagegen kündigt das Ende der babylonischen Vorherrschaft und die Rückkehr der bereits deportierten Judäer an und zerbricht in einer Gegen-Zeichenhandlung das Joch, das Jeremia auf den Schultern trägt.

● **Das große Problem falscher Prophetie ist, dass sie erst als falsch erkannt werden muss.** Die Botschaft Hananjas ist hörerfreundlicher als die von Jeremia. Aber die Frage, welche Botschaft einem lieber oder weniger lieb ist, das ist kein Kriterium für das Prüfen von Prophetien. Nicht immer ist die Wahrheit das, was wir lieber hören. Deshalb ist das Prüfen auch eine wichtige Aufgabe für uns Christen heute. „**Prüfet aber alles, und das Gute behaltet**" (1Thess 5,21).

● Es ist überaus vermessen von Hananja, dass er vorgibt, im Namen JHWHs zu sprechen (V 2), wo er doch seine persönliche Botschaft verkündigt, die er eben nicht von Gott empfangen hatte. Das ist gefährlich. Mit diesem Autoritätsanspruch, der nicht gedeckt ist, vergeht er sich an Gott und an Juda, denn seine öffentliche Rede ist Lüge und hat großes Verführungspotenzial. Daher fällt auch das **Gericht über Hananja** so gravierend aus (V 15–17). **Auch im NT wird öffentliches Auftreten mit dem Anspruch, Gottes Wort zu verkündigen, noch besonders streng beurteilt** (vgl. Jak 3,1), **und vor dem Verführungspotenzial von Irrlehre wird eingehend gewarnt** (2Petr 2).

● Mit dem Eintreffen der Gerichtsansage Jeremias über Hananja wird Jeremia öffentlich als der wahre Prophet erwiesen. Juda hat neu die Chance, auf die wahre Prophetie zu hören. Leider nimmt Juda die Chance nicht wahr.

Freitag, 27. September — Jeremia 29,1–14

In Jer 29 liegt uns ein **Brief vor, den Jeremia den Exulanten in Babylon zukommen lässt**. Jeremia fordert in eindringlichen Worten dazu auf, sich **in Babylon sesshaft zu machen**. Kinder großziehen, Häuser bauen und Gärten anlegen – all das ist auf Langfristigkeit ausgelegt. Jeremia sagt also: **Stellt euch darauf ein, lange Zeit im Exil zu bleiben**. Das ist ernüchternd und nimmt jede Hoffnung auf ein schnelles Ende des Exils. Weil es aber den Ratschluss Gottes widerspiegelt, bringt diese Botschaft auch Ruhe und Gelassenheit in die Situation: Wenn Gott es denn so beschlossen hat, dann lehnt euch nicht dagegen auf, sondern richtet euch in ihr gut ein.

● **V 7** ist ein zentraler Vers, der auch neutestamentlich und für uns heute höchst relevant ist. Die Judäer sollen ihren neuen von Gott bestimmten Wohnort nicht als feindliche Umgebung wahrnehmen und sich von ihm abkapseln. **Es geht um das geistliche und das tatkräftige Engagement für die „Stadt", also den Ort, in dem man von Gott hingestellt ist.**

> 🖉 *Wie kann ich für meinen Ort „das Beste suchen"? Was sind meine konkreten Schritte? Für welche(n) Politiker will ich heute beten (vgl. 1Tim 2,2)? Die Verantwortlichen in Politik und Gesellschaft brauchen dringend unser Gebet!*

● **V 10–14** ist ein Versprechen Gottes, die Gefangenschaft zu wenden. Nicht sofort, sondern zu seiner Zeit. Hier offenbart Gott sein Herz. **Nicht das momentane Gericht ist sein eigentliches Anliegen, sondern „Gedanken des Friedens (…), dass ich euch gebe Zukunft und Hoffnung"** (V 11). Die Juden haben das im Jahr 538 erlebt, als das Babylonische Reich zu Ende ging und der Perserkönig Kyros die Heimkehr und den Wiederaufbau des Tempels ermöglichte. V 13f werden von Jesus in der Bergpredigt aufgenommen (Mt 7,7); das letztgültige Heil liegt in Jesus Christus.

Samstag, 28. September — Jeremia 31,1–14

Jeremia spricht über die **zukünftige Heimkehr der verschleppten Judäer**, über die Sammlung und Zusammenführung und die Wiederherstellung der intensiven Beziehung zwischen Israel und seinem Gott.

- V 1 spricht von „allen Geschlechtern Israels". Das ist eine **weitreichende Wiederherstellung aller zwölf Stämme**. Es geht also nicht nur um Juda und das Südreich, sondern auch um alle anderen Stämme, die bereits über ein Jahrhundert zuvor von den Assyrern verschleppt worden waren und von denen es nur noch wenige Familien gab, die sich damals nach Juda retten konnten.
- **Gott gibt Gnade und baut Trümmer wieder auf** (V 2.4), er tröstet und leitet und er erweist sich als Vater und als Hirte Israels (V 9f). V 3 ist ein wichtiger Schlüsselvers für Gottes unerschütterliche Liebe. Diese Liebe hat auch ihre Gültigkeit in den Zeiten, in denen es ganz anders aussieht: Er liebte und liebt „je und je" – Gottes Liebe ist immer und beständig für uns da.
- Die Rückkehr wird als ein **neuer Exodus** gezeichnet („Wüste"). Gott bringt alles neu zum Erblühen. Die Gärten und Felder werden neu angelegt, die Trauer hat ein Ende und wird von Freude und Feiern abgelöst.

> *Tragen Sie die Wohltaten Gottes und die positiven Folgen dieser Wohltaten im Text zusammen (bes. V 10–14). Was sind Gottes Wohltaten, die Sie persönlich erleben? Danken und loben Sie Gott heute besonders dafür.*

- Die Wiederherstellung Israels wird auch **unter den Völkern wahrgenommen** (V 7 und 10) und ist für sie Zeichen der Größe und Macht Gottes. Das gilt auch heute noch. Viele der Bilder und Aussagen aus diesem Abschnitt werden in der Schilderung der **himmlischen Vollendung in Offb 21f** aufgenommen. Da erleben wir dann die letztgültige Wiederherstellung.

Sonntag, 29. September — Psalm 142

Von Menschen verlassen

● Scheinbar widerspricht sich der Psalm: War David in einer Höhle (V 1) oder in einem Kerker (V 8)? Eine Situation wie in 1Sam 22 (oder 24), wo er sich in einer Höhle versteckt, mag David und seinen Begleitern wie ein Kerker vorgekommen sein. Welche Höhle aber ist gemeint? Die Höhle Adullam (1Sam 22)? Dann steht David allein dem Verfolger Saul gegenüber. Seine Klage und Hilferufe gegenüber Gott werden dann erhört werden und neben Davids Brüdern sammelt sich eine Gruppe auch ebenfalls Verfolgter, verbitterter Männer um ihn. Dies erklärt V 8: David hofft auf Gerechte, die sich um ihn sammeln. Oder ist 1Sam 24 gemeint? David hatte sich mit Mitstreitern in eine Höhle zurückgezogen; die Truppen Sauls waren ihnen dicht auf den Fersen. Dies würde den „Kerker" (V 8) eher wiedergeben, denn David sitzt wie die Maus in der Falle.

● Ob es nun die Höhle Adullam oder die bei En Gedi war, David sitzt in einer doppelten Falle:

→ einer **menschlichen Falle:** Er ist auf der Flucht. Sein Schwiegervater (1Sam 18), der auch sein Gönner gewesen war (1Sam 16,22), bedroht ihn mit Mord. Menschen haben ihn verraten (1Sam 24,2); er steht mit dem Rücken zur Wand. Menschlich gesprochen: chancenlos!

→ einer **geistlichen Falle:** David weiß sich von Gott gerufen, vom Propheten Samuel gesalbt und sieht sich auch als der kommende (und bessere) König. Aber im Augenblick ist Saul (noch) der von Gott eingesetzte König. Zusätzlich wird (zumindest in 1Sam 24,7f) David von Menschen aufgefordert: „Töte ihn! Das ist Gottes Wille!" David aber nimmt die Angelegenheit nicht in die eigene Hand (und tötet Saul nicht; s. besonders 1Sam 24,8).

In dieser Situation betet David unseren Psalm. Zwei Gedanken für Notsituationen:

→ Ich bringe meine Not **vor Gott**. Hier finden wir in der Not Trost und Hilfe!

→ Ich suche Lösungen **mit Gott** und **nicht an Gott vorbei**, ohne Gott!

Montag, 30. September — Jeremia 31,27–34

Jeremia schildert nun, wie der Neubau und die Neupflanzung Israels durch Gott selbst zustande kommt und wie Gott einen **neuen Bund** mit Israel schließen wird.

- Die beiden Abschnitte V 27–30 und V 31–34 beginnen jeweils mit der Aussage: **„Siehe, es kommt die Zeit, spricht der HERR"**. Gott wird diese Zeit aktiv herbeiführen und alle seine Überlegungen, Planungen und Verheißungen wird er zu seiner Zeit zur Erfüllung bringen. Das ist auch für uns heute eine wichtige Feststellung.

- **V 27–30**: Gott gebraucht Bilder aus der Architektur und aus der Botanik: Er baut und pflanzt, so wie er auch einst eingerissen und ausgerissen hatte (vgl. den Auftrag Gottes an Jeremia in Jer 1,10). Daher wird Israel wieder zu Blüte und Entfaltung kommen. Zum Sprichwort in V 29 vgl. auch ausführlich Hes 18. Nur diejenigen, die saure Trauben essen, bekommen stumpfe Zähne – will heißen: **Jeder wird nur für seine eigene Sünde verantwortlich gemacht.**

- **V 31–34** weisen auf einen **neuen Bund** hin, der sich von allen bisherigen Bünden unterscheidet. Im AT schließt Gott eine Reihe von Bünden: im Noahbund mit der Menschheit, im Abrahambund und im Sinaibund mit Israel im Besonderen. Die tiefgreifende Änderung des neuen Bundes ist, dass **Gottes Weisung „ins Herz geschrieben"**, verinnerlicht wird. Die Gotteserkenntnis wird bei Jung und Alt zur Selbstverständlichkeit und die Beziehung zwischen Gott und seinem Volk ist ungetrübt.

- Im NT kommt dieser neue Bund zur Erfüllung (Testament ist das lateinische Wort für „Bund"). Durch Jesus, durch sein Sterben und Auferstehen, wird eine neue Dimension der Beziehung zum himmlischen Vater ermöglicht. Der Heilige Geist lehrt und leitet in der Wahrheit und führt zur Erkenntnis Gottes (vgl. Joh 16,13–15). **Im NT wird dieser von Jeremia angekündigte Bund von Israel wieder ausgeweitet auf die ganze Welt. Jeder, der sich Jesus zuwendet, kann nun zum Volk Gottes gehören.**

Dienstag, 1. Oktober — Jeremia 36,1–19

Heute bekommen wir einen **Einblick in die Entstehung des Jeremiabuchs.** Die Niederschrift geht auf eine direkte Anweisung von Gott zurück. Jeremia schreibt nicht selbst, sondern er diktiert und sein Freund Baruch schreibt alles auf. Diese Niederschrift ist nicht identisch mit dem uns heute vorliegenden Jeremiabuch, denn **Baruchs Schriftrolle wird verbrannt**, deshalb muss alles nochmals neu – und in längerer Fassung (vgl. Jer 36,32) – diktiert werden.

● Wenn etwas verschriftet ist, so ist es **entkoppelt von dem eigentlichen Autor**. Das ist sehr praktisch. Denn Jeremia darf nicht selbst in den Tempel gehen. Aber Baruch kann dorthin gehen und Jeremias Worte verkündigen, indem er sie vorliest. So entfaltet das Wort Gottes seine Wirksamkeit, auch wenn Jeremia selbst die Verkündigung gar nicht übernehmen kann. Das Buch wird gleich mehrfach verlesen. **Schrift ist ein großes Geschenk Gottes.** Durch dieses Geschenk können wir bis heute lesen, was die Propheten vor langer Zeit gesagt haben. Die Bibel ist eine unschätzbar wertvolle Gabe Gottes an uns.

> *Freu dich heute besonders darüber, dass du lesen und schreiben kannst, dass Gott uns sein Wort in einem Buch zur Verfügung stellt und dass wir die Bibel in so guten und zuverlässigen Übersetzungen vorliegen haben.*

● Baruch trägt das Buch in einer öffentlichen Lesung am Tempel vor. Die Zuhörerschaft ist aufgerüttelt und bringt Gottes Wort vor den Ministerrat (V 14–19). Die Reaktion der hohen Beamten auf Gottes Wort: „sie entsetzten sich untereinander". Sie erkennen die Bedeutung dieses Wortes, daher ziehen sie die richtige Schlussfolgerung: „Wir müssen alle diese Worte dem König anzeigen" (V 16; vgl. 5Mose 17,18f). **Gottes Wort bekannt zu machen, das ist bis heute ein wesentlicher Auftrag für uns als Christen.**

Mittwoch, 2. Oktober — Jeremia 36,20–32

Unser heutiger Abschnitt gibt uns Einblick, **wie der judäische König Jojakim auf die Verlesung der Verkündigung Gottes reagiert**: Er verachtet sie, und er lässt Baruch und Jeremia verfolgen. Und er gibt uns Einblick, wie Gott auf Jojakim reagiert: Er lässt das Buch neu schreiben und kündigt Jojakim das Gericht an.

● Anders als die Zuhörerschaft am Tempel und der ministeriale Rat, die bei der Verlesung der Jeremiaschrift den Ernst von Jeremias Verkündigung erkannt hatten, verweigert sich König Jojakim. Er lässt sich zwar die Schriftrolle vorlesen, lässt aber immer die gerade verlesenen letzten Zeilen abschneiden und im Kohlenfeuer verbrennen. Das ist ein deutliches Zeichen seiner Verachtung von Gottes Wort. Deshalb fällt auch die Strafandrohung für ihn so drastisch aus. **Es geht nicht um irgendeine persönliche Rache, sondern es geht um die Souveränität Gottes.**

Welche Einstellung habe ich zu Gottes Wort? Bin ich hörbereit?

● Jeremia und Baruch, die vom König verfolgt werden, werden von Gott selbst geschützt und verborgen gehalten (V 26). **Gott ist „Schutz und Schirm" seiner Leute** (Ps 59,17). Allerdings heißt das nicht, dass der Gläubige in einer leidfreien Zone lebt. Jeremia muss oft genug auch Leiderfahrungen machen. Aber Gott weiß, wann er bewahrt und wann er Leid zulässt.

● Jeremia und Baruch bekommen von Gott den **Auftrag, das Buch noch einmal zu schreiben** (V 28). Wir wissen nicht, ob sich die beiden beklagt haben – es wird einfach erzählt, dass sie es taten (V 32). Auch für uns gibt es manchmal Situationen, wo wir etwas zwei- oder mehrmals tun müssen. Dann einfach frisch ans Werk, denn **was aus Gottes Sicht getan werden muss, lohnt sich auf jeden Fall**.

Donnerstag, 3. Oktober — Jeremia 37,1–21

Mit Kap. 37 kommen wir in eine **neue Zeit**. Zedekia, der Bruder Jojakims, ist nun König in Juda. Beide waren Söhne Josias, der über zwei Jahrzehnte zuvor die große Reform des gottesdienstlichen Lebens in Israel durchgeführt hatte. Jojakim hatte um 601 v.Chr. einen Auflehnungsversuch gegen Babylon gewagt. Schon 597 belagerte Nebukadnezar das aufständische Jerusalem. Jojakim starb offensichtlich noch während der Belagerung. Sein Sohn Jojachin wird König. Er wird aber zusammen mit den sprichwörtlichen „oberen Zehntausend" ins Exil gebracht. Sein Onkel Zedekia übernimmt den Thron. Wir kommen auch in einen **neuen Erzählabschnitt** des Jeremiabuches: Ein Bericht über die Zeit von der Belagerung Jerusalems bis zu Jeremias Verschleppung nach Ägypten (bis Kap. 44).

- **V 1–10: Zedekia wird uns als inkonsequent gezeichnet**: Auf der einen Seite glaubt er der Verkündigung Jeremias nicht, auf der anderen Seite aber erbittet er die Fürbitte Jeremias. Zedekia möchte von Gott erwirken, dass die Babylonier (= Chaldäer) von Juda ablassen. Jeremia muss ihm im Auftrag Gottes verkündigen, dass sie Jerusalem zerstören werden. Die Ägypter werden für Israel keine dauerhafte Hilfe sein.

- **V 11–21:** Weil man vermutet, dass Jeremia zu den Babyloniern überlaufen wolle, wird er inhaftiert. Lange Zeit sitzt er **in einer feuchten Zisterne gefangen**. Doch eines Tages befragt Zedekia ihn heimlich. Zedekia hofft noch immer darauf, dass der Prophet das Ende der babylonischen Herrschaft verkündigen würde. Aber Jeremia redet auch jetzt dem König nicht nach dem Mund. Immerhin kann Jeremia bei Zedekia Hafterleichterung bewirken.

Wie konsequent und stabil ist mein persönlicher Glaube? Was wären meine nächsten Schritte, damit mein Glaube (wieder) authentisch und stimmig wird?

Freitag, 4. Oktober   **Jeremia 38,1–13**

Die letzten Tage vor dem Niedergang Jerusalems rücken heran. Die Lage um die Stadt spitzt sich zu. Und auch für Jeremia wird die Situation immer gefährlicher.

● **V 1–3: Jeremia** wird im Wachthof festgehalten und auch versorgt, solange es noch etwas Brot in der Stadt gibt. Im Wachthof hat Jeremia Gelegenheit zur Verkündigung. „Alles Volk" hört ihn. Er hat also offensichtlich ein breites Publikum. Seine Botschaft: **Wer sich in der Stadt verschanzt, wird umkommen. Wer sich aber den Babyloniern ergibt, wird überleben.**

● **V 4–6: Die Oberen**, die diese Verkündigung hören, bezichtigen Jeremia der Wehrkraftzersetzung. Sie sind Vertreter der Kriegspartei, die auf die Verteidigung Jerusalems setzen. Mit ihrem Urteil in V 4b liegen sie aus Gottes Sicht aber falsch; Jeremias Worte hätten in dieser Situation gerade zum Heil der Menschen gedient. **Der König** ist mittlerweile machtlos und in der Hand der Kriegspartei. Aber er kann immerhin die Ermordung Jeremias abwenden. Jeremia wird erneut in einer Zisterne inhaftiert. Der Schlamm ist tief und Jeremia sinkt ein. Die Situation ist lebensbedrohlich für ihn.

● **V 7–13:** Es ist ein **Mann aus Kusch**, ein Nicht-Israelit, der Jeremia das Leben rettet. Er hat den bezeichnenden Namen Ebed-Melech, „Diener des Königs". Weil alle hebräischen Namen theophor („gotthaltig") sind, auch wenn Gott nicht ausdrücklich genannt ist, meint der Name in Langform: „Diener Gottes, des Königs". Ebed-Melech macht seinem Namen alle Ehre. Glaubensmutig setzt er sich bei Zedekia für Jeremia ein. Jeremia wird aus der Zisterne befreit und erneut im Wachthof interniert.

> 🖉 *Versetzen Sie sich in die Situation Ebed-Melechs. Welche Aufgabe legt Gott Ihnen vor die Füße, die Sie mit Gottes Hilfe angehen sollen? Was sind Ihre nächsten Schritte in dieser Angelegenheit?*

Samstag, 5. Oktober — Jeremia 38,14–28

- Wenige Tage vor den tragischen Ereignissen um die Einnahme Jerusalems kommt es zur **letzten Unterredung König Zedekias mit Jeremia**. Auch diese findet unter strengster Geheimhaltung statt, aus Angst des Königs vor den Kriegsparteigängern. In V 15 legt Jeremia die Zwickmühle offen, in der er sich befindet. Eine prophetische No-win-Situation. Zedekia schwört ihm zwar, dass er ihn nicht töten wird – den Rat Jeremias wird er tragischerweise aber trotzdem nicht befolgen.

- In einem ganz ehrlichen Moment bekennt Zedekia seine Angst (V 19). Da gibt ihm Jeremia eine persönliche Prophetie, eine Rettungszusage mitten in der größten Not: Wenn er Gott gehorsam sein wird, wird er am Leben bleiben und die Stadt wird nicht zerstört werden. Jeremia sagt ihm aber auch ganz deutlich, was passieren wird, wenn er sich anders entscheidet (V 21–23). **Die Entscheidung liegt beim König.** Leider hat sich Zedekia gegen Gottes Anweisung entschieden. Es schien ihm sicherer zu sein, sich nicht zu ergeben. Er wird bei der Flucht aufgegriffen und alles tritt ein, was Jeremia für diesen Fall angekündigt hatte.

> ✏️ Auf welche vermeintlichen Sicherheiten, die aber gar nicht im Sinne Gottes sind, setze ich? Welche Gedanken hat Gott für mein Leben, die mir aber scheinbar unsicher vorkommen? Was hindert mich, den Schritt zu wagen und Gott zu vertrauen?

- Zedekias Entscheidung ändert den Lauf der Geschichte. Hier haben wir einen der vielen biblischen Belege, dass **nicht alles von Gott im Detail – wie ein fester Zugfahrplan – vorherbestimmt ist**. Gehorsam oder Ungehorsam unsererseits – das hat Auswirkungen auf den Lauf der Dinge. In Einklang mit dem Willen Gottes zu entscheiden bedeutet auch: mehr Segen zu erfahren.

Erntedankfest, 6. Oktober — Psalm 65

Gottes Segensspuren entdecken

● Heute feiern wir in vielen Gemeinden Erntedank und danken Gott für seinen Segen in Landwirtschaft und Beruf. Ps 65 könnte auch ein „einfacher" Erntedankpsalm sein, wenn der Psalmist nicht tiefer schauen würde.

● David entdeckt Gottes Segensspuren

→ **... im eigenen Leben** (V 2–6): Weil er erfahren hat, dass Gott Gebete erhört, deshalb können die Menschen mit allem zu Gott kommen – auch mit der Bitte um Vergebung. David erkennt die Segensspuren Gottes auch in der Stille in der Stiftshütte und später im Tempel.

→ **... in den Naturgewalten** (7f): In den mächtigsten Ausformungen der Natur, den Bergen und dem Meer, erkennt David die Schöpfermacht Gottes. Er hat die Berge geschaffen und beruhigt nach einem Sturm auch das Meer mit allen seinen Untiefen.

→ **... in den Völkern** (8bf): Nicht nur Gottes Volk Israel, nein alle Völker (die Goijm, die Heiden) setzen ihre Hoffnung auf Gott. Er bringt das „Toben" der Völker zur Ruhe und stiftet Hoffnung auf Zukunft. Diese Fröhlichkeit der Völker ist mit dem ersten Kommen Jesu Christi (Weihnachten) möglich geworden und wird mit dem zweiten Kommen (Wiederkunft Christi) für alle sichtbar werden.

→ **... in der Fruchtbarkeit der Natur** (10–14): Nicht irgendwelche Naturgottheiten der Kanaanäer, sondern der Gott Israels sorgt für die Fruchtbarkeit der Äcker.

Wo entdecken wir Gottes Segensspuren? Fällt uns auch zuerst die Vergebung (durch Jesus Christus) ein? Ahnen wir etwas von Gottes Macht – trotz aller Krisenherde in dieser Welt? Ist „Erntedank" für uns noch etwas, das wir bewusst feiern wollen?

Nehmen Sie sich etwas Zeit, um über Gottes Segensspuren in Ihrem Alltag nachzudenken und sie aufzuspüren.

Montag, 7. Oktober — Jeremia 39,1–18

Wir schreiben das Jahr 587 v.Christus. Im Sommer dieses Jahres wird Jerusalem durch die Babylonier erobert. Der Tempel wird zerstört und die Stadt wird verbrannt. Die beiden Hauptpersonen aus dem vorhergehenden Kapitel, der König Zedekia und der Prophet Jeremia, ereilt ein jeweils anderes Schicksal.

- **Zedekia (V 1–10)**: Zedekia hatte sich gegen das Wort Gottes entschieden. Daher ereilt ihn das für diesen Fall angesagte Gericht. Die hier geschilderten Ereignisse um die Einnahme Jerusalems entsprechen dem Bericht in 2Kön 25,1–21. Die Stadt fällt nach eineinhalbjähriger Belagerung durch die Babylonier. Zedekia wird auf seiner Flucht aufgegriffen und nach Ribla in Mittelsyrien verbracht. Die Söhne Zedekias und viele Oberste werden hingerichtet und Zedekia wird geblendet. Stadt und Tempel werden zerstört. Aus der Verkündigung Jeremias wissen wir, dass die Sache auch anders hätte ausgehen können. Wie tragisch, wenn Gottes Wort kein Vertrauen entgegengebracht wird.
- **Jeremia (V 11–14)**: Jeremia hatte sich treu und in allen Schwierigkeiten zum lebendigen Gott gehalten und war ihm gehorsam geblieben. Daher steht er in den Irrungen und Wirrungen um das Ende Jerusalems unter Gottes besonderem Schutz. Die Kunde von Jeremia war bis zu Nebukadnezar vorgedrungen. Mit seiner Mahnung, sich den Babyloniern zu ergeben, wurde er anscheinend als Babylon-freundlich eingestuft. Nebukadnezar gibt Nebusaradan, dem Obersten seiner Leibwache, Befehl, Jeremia – wahrscheinlich gemeinsam mit anderen politischen Häftlingen – aus dem Wachthof zu bergen.
- **Ebed-Melech (V 15–18)**: Mit diesen Versen erhalten wir einen kleinen, aber feinen Nachtrag zu Ebed-Melech, der zeigt, wie es mit diesem Diener Gottes weiterging und dass Gott Treue belohnt. Weil er Gott vertraute, rettet Gott sein Leben. Das hatte er von Jeremia als eine persönliche prophetische Zusage Gottes erhalten.

Dienstag, 8. Oktober   **Jeremia 40,1–16**

● **V 1–6**: Es ist nicht ganz leicht, die hier geschilderten Ereignisse mit dem vorhergehenden Kapitel (Jer 39,11–14) zusammenzubringen. Es sieht so aus, als wurde Jeremia zunächst aus dem Wachthof befreit, dann aber doch versehentlich wieder in Fesseln gelegt und im Gefangenenzug mitgeführt, bis er schließlich in Rama erneut befreit wird. Es ist erstaunlich, wie genau Nebusaradan über die Inhalte von Jeremias Verkündigung Bescheid weiß (V 2f). Offen bleibt, ob er die Niederlage Israels als Gottes Gerichtshandeln nur „zitiert" oder auch glaubt. **Jeremia wird vor die Entscheidung gestellt, als Freier mit ins Exil zu ziehen oder im Land zu verbleiben.** Er entscheidet sich für Letzteres.

● **V 7–16**: **Gedalja**, ein Judäer, sammelt die Zerstreuten und ordnet die Verhältnisse des ausgebluteten Landes. Gedalja war ein Enkel Schafans, dessen Familie politisch eine große Rolle spielte, und der Jeremia sehr verbunden war. Ahikam, Gedaljas Vater, hatte Jeremia in einer brenzligen Situation das Leben gerettet (Jer 26,24). Ahikams Bruder Gemarja und dessen Sohn Michaja hatten die Verlesung der Jeremia-Schrift im Tempel ermöglicht und versuchten auch, dieses Buch vor der Verbrennung durch Jojakim zu retten (Jer 36,10–12.25). Gedalja wählte Mizpa in Benjamin, etwa 12 km nordöstlich von Jerusalem, als Verwaltungssitz. Als er gewarnt wird, dass der Ammoniterkönig einen Anschlag auf ihn geplant habe, der durch Jischmael, einem Angehörigen der königlichen Familie, ausgeführt werden sollte, schenkt er der Warnung leider keinen Glauben.

● **Mit der Erfüllung der Gerichtsprophetie zieht sich Jeremia nicht aus dem Dienst Gottes zurück.** In der neuen politischen Situation hält er sich an den Statthalter und engagiert sich für eine Neuordnung in den Wirren des Zeitgeschehens. Diese Anpassungsfähigkeit Jeremias selbst im Alter ist bewunderungswürdig und nachahmenswert.

Mittwoch, 9. Oktober　　　　　Jeremia 41,1–18

- Nachdem **Gedalja** nur wenige Monate als Statthalter geherrscht hatte, besuchte ihn Jischmael zusammen mit zehn Männern in Mizpa, ca. 12 km nördlich vom zerstörten Jerusalem. Das geschah im September–Oktober (siebter Monat), während des Herbstfestes, zu dem viele Pilger kamen.
- **Jischmael** stammte aus königlichem Geschlecht. Wahrscheinlich missfiel ihm Gedaljas Nähe zum babylonischen Herrscher Nebukadnezar, der ihn als Verwalter über den Rest des Volkes Juda eingesetzt hatte. Gerüchten zufolge wollte er Gedalja deshalb durch Mord beseitigen.
- Gedalja wurde von **Jochanan** gewarnt, der ihm angeboten hatte, Jischmael vorher zu beseitigen. Gedalja glaubte den Mordabsichten Jischmaels nicht (40,13–16). Seine Gutgläubigkeit kostete ihm und einigen seiner Anhänger das Leben.
- **Das Morden hörte nicht auf**. Tags darauf ging Jischmael einer Gruppe von **80 opferwilligen Pilgern** entgegen. Er scheute sich nicht, sie zu täuschen und ihnen seine eigene Bußfertigkeit durch Weinen vorzuspielen (V 6). In der Stadt angekommen, ermordete er sie. Ihre Leichname und den von Gedalja warf er in die nahe gelegene Zisterne, die König Asa hat anlegen lassen (V 9).
- Die übrigen Begleiter Gedaljas ließ Jischmael gefangen nehmen. Darunter waren auch die Königstöchter. Mit diesen wollte er zu den Ammonitern (V 10).
- Unterwegs geriet er in einen **Kampf mit Jochanan**, der von seinen bösen Morden gehört hatte. Die Gefangenen Jischmaels nutzten die Gelegenheit, um zu **Jochanan** überzulaufen. **Mit ihm planten sie, nach Ägypten zu fliehen.** Jischmael dagegen und wenige seiner Anhänger konnten entfliehen, um bei den Ammonitern vor möglichen Angriffen der Babylonier sicher zu sein.

> ✏ *War Gedalja gegenüber Jischmael zu gutgläubig, um auf die Warnungen Jochanans zu hören? Kennen Sie ähnliche Fälle?*

Donnerstag, 10. Oktober　　　　Jeremia 42,1–22

- **Der Rest des Volkes** unter der Führung von **Jochanan** hatte bereits beschlossen, mit Soldaten, Offizieren, Frauen und Kindern **aus Israel nach Ägypten zu fliehen**.
- Bevor sie loszogen, war für sie die Gewissheit wichtig, dass dies dem **Willen Gottes** entsprach. Deshalb beauftragten sie Jeremia, nach Gottes Weisung zu fragen. Dem Anschein nach waren sie zum Gottesgehorsam bereit, es sei gut oder böse (V 6).
- Es dauerte zehn Tage, bis Jeremia von Gott eine Antwort bekam. Sie lautete: Der noch verbleibende Rest des Volkes sollte **im verheißenen Land bleiben und nicht nach Ägypten fliehen**.
- Dazu versprach Gott dem Volk Wohlstand und seinen Segen. Er selbst würde sich um den Schutz vor den Feinden seines Volkes kümmern (V 10–12). **Mehr als diese Garantie Gottes konnten sie sich nicht wünschen.**
- Das Volk hat die **Freiheit der Entscheidung**. Wem vertrauen sie mehr, dem **Versprechen Gottes** oder der **eigenen politischen Einschätzung** ihrer Lage? Es ist eine Entscheidung zwischen Gehorsam und Ungehorsam Gott gegenüber.
- Unmissverständlich macht Jeremia dem Volk die **Folgen des Ungehorsams** deutlich. Es wird ihnen ergehen wie den Bewohnern Jerusalems. Zu ihrem großen Entsetzen erfuhren diese die Strafe Gottes durch Hunger, Gefangenschaft und Tod. Das würde dann auch auf sie warten.
- Nochmals warnt Jeremia am Ende seiner Rede vor der Flucht nach Ägypten. **Alle Mahnungen verwarf das Volk aber und entschied sich gegen den Willen Gottes.**
- Die menschliche Angst vor ihren Feinden, den Babyloniern und den Chaldäern, war stärker als das Vertrauen in das Schutz- und Segensversprechen Gottes.

Garantiert der Gehorsam Gott gegenüber ein gutes Leben und schafft der Ungehorsam eine schlechte Zukunft?

Freitag, 11. Oktober   **Jeremia 43,1–13**

- Den **gegen Gott aufsässigen Volksführern** passte die Weisung Gottes nicht, die ihnen durch Jeremia aufgrund ihrer Bitte mitgeteilt wurde. Sie wollten lieber nach Ägypten fliehen. Vermutlich stand ihr **Entschluss zur Flucht nach Ägypten** schon längst fest. Gott sollte ihnen ihre Entscheidung nur bestätigen.
- Weil **Jeremia** im Namen Gottes ihnen ihre Fluchtpläne nicht bestätigte, stellten sie ihn als **Lügner** hin. Nicht Gott habe ihm die Weisung gegeben, sondern Baruch, ein Vertrauter Jeremias, den sie für einen verkappten Handlanger der Feinde hielten (V 2–3).
- Im Land zu bleiben würde für sie gefährlich sein. Die Babylonier könnten sie überfallen, gefangen nehmen oder gar töten. Nur die Flucht nach Ägypten würde sie davor retten. Ihr **Misstrauen gegenüber der Weisung Gottes und ihr überhöhtes Selbstvertrauen führte sie in den Ungehorsam Gott gegenüber.**
- So nahmen Jochanan und seine Offiziere den ganzen Rest Judas, Männer, Frauen, Kinder, die Königstöchter und auch Jeremia und Baruch mit auf die Flucht (4–6).
- Im unterägyptischen Tachpanhes (Nord-Ägypten) angekommen, bekam Jeremia eine neue Weisung Gottes. Nebukadnezar wird Ägypten besiegen und die Strafe Gottes an seinem Volk vollziehen.
- Mit einer letzten **symbolischen Handlung** erregte Jeremia bei dem Volk Aufmerksamkeit (vgl. 13,1–11). In Tachpanhes hatte der Pharao ein Verwaltungsgebäude („Haus") mit einem großen Vorplatz. Unübersehbar grub Jeremia dort Steine an der Stelle ein, an dem Nebukadnezar sein Zelt mit Thron („Thronhimmel" V 10) nach einem totalen Sieg über Ägypten aufbauen würde. Der Feind, vor dem sie geflohen waren, würde das Restvolk Judas dann eingeholt haben.

Was mag denn Jeremia veranlasst haben, doch mit dem Volk nach Ägypten zu ziehen – obwohl Gott und er selber deutlich davor gewarnt hatten?

Samstag, 12. Oktober   **Jeremia 44,1–14**

- **Jeremia hat bis zum Schluss seiner Tätigkeit als Prophet die Aufgabe, das Volk Juda zum Gottesgehorsam zurückzurufen.** Es ist ein aussichtsloser Kampf gegen den ständigen Rückfall in den Götzendienst. Wie eine „eherne Mauer" (1,18) stemmt er sich gegen den Abfall des Volkes, der unweigerlich zum Untergang führt.
- Noch einmal ergeht ein Wort Gottes an Jeremia. Adressaten sind alle Judäer, die in Ägypten an unterschiedlichen Orten wohnen.
- In einem Rückblick erinnert Gott an die Erfüllung seiner Prophezeiungen, die er dem Volk gegeben hat. Er hat sie zum Gehorsam gerufen und ihnen Heil und Segen verheißen. Den ungehorsamen Götzendienern aber hat er Unheil, Gefangenschaft, Zerstörung und Tod angedroht. **Die Ruinen der Stadt Jerusalem und anderer Städte in Juda sind mahnende Zeichen** für die Erfüllung der Verheißungen Gottes.
- **Immer wieder und unermüdlich hat Gott seine Propheten gesandt,** um das Volk zur Umkehr und zum Gehorsam zu rufen. **Einzelne** folgten dem Ruf Gottes. Die Mehrheit des Volkes aber blieb bei der Anbetung fremder Götter.
- Soll nun die Tradition des Unheils fortgesetzt werden? **Hat das Volk aus der eigenen Geschichte nichts gelernt?** Werden die stummen Zeugen der zerstörten Städte, der vielen Toten in den Kriegen und das Leid von Gefangenschaften übersehen und vergessen? Reichen die Strafen Gottes für den Ungehorsam des Volkes nicht aus, um es auf den Weg des Gehorsams zu bringen?
- Die ägyptischen Juden sind in einer bedrohlichen Lage, weil sie auch den ägyptischen Göttern Opfer bringen und sie anbeten. **Aber Gott ist unsichtbar allen nahe** (V 11). Gegenüber den ungehorsamen Judäern wird er seine Strafandrohungen wahrmachen, wie er es in der Vergangenheit auch getan hat (V 11–14).

Was könnten die Gründe dafür sein, dass die Judäer trotz Strafe bzw. Strafandrohung unbelehrbar bleiben?

Sonntag, 13. Oktober **Psalm 106,1–23**

Gottes Geschichte ist eine Geschichte voller Güte

● Ein Psalm, der mit **Halleluja** („Gelobt sei Gott") beginnt, aber dann nach der kurzen Vorrede (V 1–5) nur noch **Schuld und Sünde aneinanderreiht**? Ja, dies ist bewusst so, denn der Psalmist schaut auf die Geschichte seines Volkes und ihm fällt zuallererst Gottes Güte auf. All das Verhalten Israels kann Gott nur durch seine Güte ertragen.

● Vielleicht war der Psalm Teil einer Liturgie an einer Bußfeier, eventuell bei einem der vielen Fastentage. Nach dem Lob Gottes (V 1) folgt die Aufforderung an die Gläubigen, Gott zu danken (V 1b) mit dem Grund, warum Gott gedankt werden muss: Gottes Güte! **Gottes Güte trotz der Fehler Israels** wird zum bestimmenden Ton des Psalms. Dabei geht es nicht darum, das Volk besonders schlecht darzustellen, sondern Gottes Güte soll herausgearbeitet werden. In lockerer Aufzählung – manchmal nicht der biblischen Reihenfolge folgend – wird die Schuld dargestellt.

● Was prägt unser Gottesbild? Sehen wir Gott als den gutmütigen an, der alles durchlässt, weil wir Menschen doch irgendwie o.k. seien? Oder sehen wir die Schuld bei uns und erkennen, dass Gott voller Liebe seinen Sohn Jesus Christus uns gegeben hat? Die Aufzählung des Psalmisten macht nicht halt vor Unangenehmem:

→ Gottes Volk – ohne Vertrauen (V 7b)
→ Gottes Volk – voller Vergesslichkeit (V 13 und 21f; wobei der Begriff „Ham" für Ägypten steht)
→ Gottes Volk – gegen Gottes Diener Mose (V 16)
→ Gottes Volk – auf der Suche nach eigenen Göttern (V 19)

● Vom Schilfmeer (2Mose 14) über die geschenkten Wachteln (2Mose 16) bis hin zum Goldenen Kalb (2Mose 32) werden „alte Geschichten" aufgerollt, um **Gottes „Trotzdem"** deutlich zu machen.

● **Gottes Vergebung ist keine einfache, billige Vergebung, die unsere Schuld nicht ernst nimmt. Sondern es ist Gottes tiefe Liebe zu uns, die uns trotzdem annimmt.**

Montag, 14. Oktober **Jeremia 44,15–30**

- In trotziger Ablehnung vertrauen die Judäer nur noch sich selbst und ihren eigenen Worten. Sie sind glücklich und fürchten kein Unglück (V 17, vgl. Ps 73,12). **Die Götzendiener und Gottlosen leben selbstsicher, gut und gotteslästerlich.**
- **Sie haben sich der Himmelskönigin verschrieben** (V 25). Diese Mutter- und Liebesgöttin wurde schon in der Heimat der Judäer als Fruchtbarkeitsgöttin besonders von den Frauen mit vielen Kulthandlungen verehrt (Astarte, Diana oder Ischtar, die Frau Baals oder Molochs). Dazu gehörte unter anderem auch Opfergebäck (V 19) mit der Abbildung der Göttin oder ihrer Symbole, der Mondsichel, dem Abend- oder Morgenstern (7,18). Sexuelle Handlungen und Prostitution galten als heilig.
- Als die treibenden Kräfte dieses in ihren Familien verankerten Götzendienstes erklären die Frauen, dass sie nicht allein, sondern auch ihre Männer diesen Kult mitverantworten. (V 19).
- Mit einer gewissen Ironie fordert Jeremia das judäische Volk heraus, ihre Gelübde gegenüber der Himmelskönigin zu erfüllen, um sich damit ihr eigenes Gerichtsurteil zu sprechen (V 25).
- **Gott nimmt ihren Ungehorsam ernst.** In einem feierlichen Schwur seines „großen Namens" kappt Gott die Beziehung zu dem ägyptischen Rest seines Volkes. Sein Name soll von keinem ägyptischen Juden mehr genannt werden können. Damit ist ihr Ende besiegelt.
- **Dennoch wird ein kleiner Rest von ägyptischen Juden nicht umkommen, weil sie Gott gehorsam waren.**
- Gott bestätigt seine Weissagung durch ein Zeichen. So wie Zedekia durch Nebukadnezar überwältigt wurde, so wird auch der Pharao unter die Gewalt seiner Feinde geraten und damit Gottes Urteil über die ägyptischen Juden vollzogen.

„Was der Mensch sät, das wird er auch ernten" (Gal 6,7; 2Mose 20,5f). Stimmt das immer?

Dienstag, 15. Oktober   **Jeremia 45,1–5**

- Dieser Text ist eine **Rückblende** in das Jahr **605 v.Chr.** Nebukadnezar war bereits in Babylon auf dem Thron.
- Jeremia bekommt den **Auftrag, Gottes Prophezeiungen und Weisungen auf einer Schriftrolle festzuhalten**. Es sind Gerichtsworte über das Volk Juda für den Fall, dass sie in ihrem Ungehorsam weiterhin verharren und Götzendienst betreiben (vgl. 36,1ff). Das Volk Juda sollte Buße tun und umkehren vom Götzendienst zu dem einen Gott, der sich mit ihnen verbunden hatte.
- Diese Worte sind ausnahmslos an alle Mitglieder des Volkes Juda gerichtet. **Jeremias Schreiber Baruch war darüber müde geworden.** Er verzweifelte über all den negativen Prophezeiungen über das Volk Juda, zu dem er auch gehörte. Was hatte er da persönlich für eine Zukunft? Krieg mit den Babyloniern, Zerstörung Jerusalems, viele Tote und mögliche Gefangenschaft. Das alles nur, weil das Volk Juda fern und ungehorsam von Gott lebt.
- Nachdem Baruch die Worte aufgeschrieben hatte, bekam er den Auftrag, diese vor dem König Jojakim und den Vertretern des Volkes vorzulesen. Ergebnis: **Stück für Stück der Schriftrolle schnitt der König ab und verbrannte diese im Feuer.**
- **Baruch musste erneut alle Worte des HERRN aufschreiben.** Das machte ihn müde. Er fand keine Ruhe über den Gerichtsworten Gottes (V 3).
- **Gott aber sieht nicht nur das Volk, sondern auch den einzelnen Menschen im Volk. So hat Gott ein Trostwort für seinen gehorsamen Schreiber Baruch.**
- Gott bleibt bei seiner Gerichtsandrohung (V 4). Baruchs Sehnsucht nach Erfolg und Ansehen wird dadurch zerstört. Aber sein Leben wird ihm wie eine Beute neu gegeben und damit gerettet. Das Urteil Gottes über das Volk trifft ihn nicht. Dafür verspricht Gott ihm lebenslangen Schutz.

 Kennen Sie Beispiele, wie Gott Gnade im Gericht schenkt?

Die Klagelieder Jeremias

Die „Klagelieder", erst viel später dem Propheten Jeremia zugeschrieben, sind nach der Zerstörung Jerusalems (587 v.Chr.) entstanden. Einige Bürger Jerusalems beklagen und beweinen die Zerstörung der Stadt, die Vernichtung des Tempels, das Ende des Königtums, die Gefangenschaft vieler in Babylon (Exilzeit). Die Klagegebete, die stark an eine Totenklage erinnern, geben Antwort auf die damals bedrängende Frage: „Wie konnte es nur zu diesem Ende kommen?"

Im Alten Orient waren Kämpfe zwischen Nationen immer auch eine Sache der jeweiligen Nationalgötter, die ihr Land zu schützen hatten. War JHWH, der Gott Israels, von den Göttern Babylons besiegt worden? Die Katastrophe musste theologisch interpretiert werden. Die Einsicht der hier Klagenden ist: Wir haben die Warnungen Gottes, die er durch Jeremia u. a. an uns gerichtet hat, nicht ernst genommen, wir wollten sie nicht hören. Wir sehen die Katastrophe nicht als Schwäche Gottes an, sondern als sein Gericht. Wir bekennen unseren Ungehorsam, unser fehlendes Gottvertrauen, unsere Eigensinnigkeit. Und wir hoffen und flehen zu Gott, dass er sich unser noch einmal erbarmt. Wir sind von Gott gestraft worden, **aber nicht auf ewig verstoßen** (3,31). Zuletzt heißt es: „Bringe uns, HERR, zu dir zurück, dass wir wieder heimkommen; erneure unsere Tage wie vor alters" (5,21). In Krisen und tiefer Verzweiflung bleibt nur ein einziger Ausweg: **an Gottes Gnade zu appellieren.**

Mittwoch, 16. Okt. Klagelieder 1,1–11.17–22

- Die **erste Klage** beginnt, wie für eine **hebräische Totenklage** üblich, mit einem Schmerzensaufruf: „Ach, wie verlassen ..." (V 1). Diese Totenklage stellt das schmerzliche Gegenüber von **Einst und Jetzt** eindrücklich dar.
- Die **Tote ist die im Jahr 587 v.Chr. zerstörte Stadt Jerusalem.** Sie war wie eine machtvolle Fürstin. Nun ist sie entehrt, machtlos und ohne Leben.
- Die Trauer über ihr Ende verklärt beschönigend ihre Vergangenheit. Schon vor ihrer Zerstörung hatte sie die beste Zeit in Freiheit hinter sich. Dann stand Juda unter fremder Herrschaft der Assyrer, der Ägypter und zuletzt der Babylonier. Der letzte König Zedekia erhielt seine Königswürde nicht über die übliche Thronfolge, sondern wurde von Nebukadnezar eingesetzt.
- **Dem Schock der Katastrophen folgen die Tränen** (V 2) und mit ihnen die Schlaflosigkeit. Jeremia hatte schon sehr früh das Volk auf eine tränenreiche Klage vorbereitet (Jer 14,17f).
- Eine **tiefe Trostlosigkeit** durchzieht wie eine Art Leitmotiv das ganze Lied (V 2.9.16.17.21).
- Das starke Bild der ehrenhaften Frau, die zur Hure geworden ist, findet sich auch in diesem Lied (vgl. Hos 1,2; 4,12). Neben dem Bund mit Gott treten Götter mit anderen Lebensweisen.

→ Einmal ist es die **politische Hurerei** durch Vertrauens- und Bundesbruch mit Gott. Die Führer des Volkes haben sich weniger auf die Segenszusagen Gottes als auf ihre Diplomatie und die Hilfe anderer Völker verlassen.

→ Zum anderen ist es **religiöse Hurerei**. Ihr Gott war nicht so greifbar wie die heidnischen Götter in Statuen und Bildern. Außerdem gewährten sie mehr Freiheiten in Liebe, Spaß und Lust. **Aus der religiösen folgt die praktizierte Hurerei**.

> 🖉 *Gibt es heute im neuen Volk Gottes vergleichbare weltanschauliche und religiöse „Hurerei" bei Christen?*

Donnerstag, 17. Oktober   **Klagelieder 3,1–33**

- In der **dritten Klage** steht nicht mehr Jerusalem und das Volk Juda im Zentrum, sondern **das Leiden eines Mannes, beispielhaft für alle Leidgeprüften.** Ähnlich finden wir das in den Klagepsalmen. Es ist durchaus möglich, hinter diesem Mann Jeremia zu sehen.
- Das formale Konzept des Liedes richtet sich nach dem hebräischen Alphabet. Für jeden der 22 Buchstaben gibt es drei Verse.
- Dieses dritte Klagelied ist wie ein **Hoffnungslicht der Liebe Gottes.** Das leuchtet in der Finsternis der von Leiden und Verzweiflung geplagten Menschen, von denen hier die Verse 1–18 und die anderen Lieder sprechen.
- Spricht der Kläger in V 4–18 noch von den Strafinstrumenten des göttlichen Zorns und der verschwundenen Hoffnung, wagt er in V 19 den **Umschwung seines Herzens**. Er bittet Gott, ihn nicht zu vergessen, und weiß in V 20 schon, dass Gott an ihn denkt.
- Gott schenkt **Hoffnung im Elend.** Wie ein die Finsternis vertreibender Sonnenaufgang am frühen Morgen, so erscheint die Güte Gottes als Licht in seinem Herzen (V 21–24). Weder über den Sonnenaufgang noch über die Güte Gottes können wir verfügen. Wir können sie nur empfangend erleben!
- V 25–27: Die nächsten drei Verse beginnen alle nicht nur mit dem gleichen Buchstaben, sondern mit dem gleichen Wort „Gut". Ähnlich ist es mit den weiteren vier Dreierreihen (V 28–30/31–33/34–36/37–39). In diesem Abschnitt geht es um **praktische Frömmigkeitslehre.**
- Wir können immer davon ausgehen, **dass Gott gut ist** (V 20). Selbst durch seine Strafgerichte möchte er sein Volk wieder zur Umkehr führen, damit sie seine Barmherzigkeit und Gnade erfahren können. **Es lohnt sich, geduldig nach ihm zu fragen und auf ihn zu hoffen. Gott verstößt nicht ewig** (V 31).

Wie passen unsere Vorstellungen von Gerechtigkeit und Güte zusammen mit dem zornigen Handeln Gottes?

Freitag, 18. Oktober   **Klagelieder 3,34–66**

- **Gott will nichts Böses, kein Unrecht und keine menschenverachtende Gewalt unter den Menschen.** Auch die bürgerlichen Rechte aller Menschen sind zu achten. Gott hat den Menschen die Würde der Gottebenbildlichkeit bei seiner Schöpfung gegeben (1Mose 1,26). Das gilt ausnahmslos für jeden Menschen. Hier haben die Menschenrechte ihre Urquelle.
- **Nichts geschieht auf dieser Erde ohne den Willen Gottes.** Dazu gehört auch sein zulassender Wille. Bei ihm kommen die Wege der Freude und des Leids, des Glücks und des Unglücks, des Rechts und der Ungerechtigkeit, der Macht und der Ohnmacht, des Segens und des Fluchs zusammen. Dabei ist Gott souverän in seinem Handeln und Tun.
- **Diejenigen, die gegen Gottes Willen Böses tun, die straft Gott,** um sie zur Umkehr zu bringen. In ihrem Leid sollen sie nicht Gott, sondern sich selbst anklagen und Buße tun (V 39; vgl. 5Mose 30,1–10).
- Der Mensch soll sich in der Gegenwart Gottes selbst prüfen, wo er von dem Weg der Gebote Gottes abgewichen ist (V 40). Mit dem Wechsel des Subjekts zum **„wir"** und **„uns"** bezieht sich der Beter bei diesem Aufruf mit ein. Selbst der Zorn und die Abwesenheit Gottes und das Gefühl, von ihm verworfen zu sein (V 43–47), sollen der Umkehr dienen.
- Es scheint für den klagenden Beter schwierig zu sein, dankbar bei der Aufzählung der Hilfe Gottes und seines Beistands in großer Not zu bleiben (V 56–59). Kaum hatte er das **„Fürchte dich nicht!"** (V 57) aus dem Mund Gottes gehört, bittet der Beter Gott um die **Bestrafung seiner Feinde**. Für sie kennt er **keine Gnade** und Gott soll ihnen auch nicht gnädig sein (V 60–66).

Bittet der Beter in V 64–66 um eine gerechte Bestrafung der Feinde, um Vergeltung oder geht es ihm um die Erfüllung persönlicher Rache?

Samstag, 19. Oktober — Klagelieder 5,1–22

- Die vorherigen Kapitel 1–3 enden jeweils mit einem Gebet. **Das ganze fünfte Kapitel kann als ein Gebet und weniger als ein Klagelied gesehen werden.**

- Der Beter hat Zweifel, dass Gott das Volk in seinem Leiden und der erlittenen Schmach überhaupt noch wahrnimmt. So steht am Anfang die Bitte des Beters, das Volk selbst in seinen Gedanken nicht zu vergessen. Deshalb die **Aufforderung, seine Augen nicht zu verschließen** (V 1). Vielleicht könnte sich dann auch sein Herz wieder für das Volk öffnen.

- Das Volk ist heimatlos, besitzlos und rechtlos. Die Familien sind auseinandergerissen und größtenteils vaterlos und ohne Männer. Ihren Lebensunterhalt müssen sie sich durch Sklaverei verdienen (V 2–5).

- **Die Schuldfrage lässt sie nicht los** (V 6–7). Wie konnte das so weit kommen? Die Kinder müssen die Schuldenlast der Väter tragen (vgl. 2Mose 20,5; Jer 31,29). Ähnliches ist auch heute in Politik und Gesellschaft zu erfahren.

- **Keine Rettung ist in Sicht.** Ihre Schuld kann nicht abgetragen werden. Neben Zwangsarbeit, Hunger und Durst werden sie von räuberischen Beduinen belagert (V 8–10). Ehrenhafte Männer werden entehrt oder getötet. (V 12–14). Was ihre Frauen früher auf den Höhenheiligtümern freiwillig in sexuell-erotischen Kulthandlungen getrieben haben, wurde jetzt von den Feinden erzwungen. Sie wurden missbraucht und wie ein Stück Vieh behandelt (V 11; vgl. 1,8f).

- **Wo die Freude der Trauer über vergangene Lebensinhalte weicht, öffnet sich der Abgrund der Depression** (V 14–18). **Wenn jeder Lebenssinn verloren gegangen ist, bleibt dennoch der einzige Halt im Leben und im Sterben der barmherzige Gott** (V 19).

Kennen Sie Lebenssituationen, in denen Gott durch menschliches Leiden oder in Trümmern von Schuld neuen Lebenssinn geschenkt hat?

Sonntag, 20. Oktober — Psalm 106,24–48

Gott löst Barmherzigkeit aus!

• Es ist **Gottes Treue, die dem Volk immer wieder aus der selbstverschuldeten Not hilft** (vgl. 13. Oktober). Die Aufzählung der Verfehlungen des Volkes Israel führt dazu, dass Gott sich seines Volkes erbarmt. Er sieht die Not und hört die Klage (V 44). Dabei kommt ein Wort vor, das im Neuen Testament eine ganz tiefe Bedeutung bekommen wird: **Barmherzigkeit.** Dieses Wort wird jedoch hier überraschend anders benutzt.

• Wenn man sich die Verben ansieht, die für das Handeln des Gottesvolkes benutzt werden, wird deutlich, wie sich Israel von Gott entfernt: „gering achten" und „nicht glauben" (V 24), „murren" und „nicht gehorchen" (V 25), „an Baal von Peor (eine lokale Gottheit) hängen" (V 28), „erzürnen" (V 29.32), „erbittern", „mit Heiden vermischen", „Götzen dienen" … und mittendrin (V 37f) der Begriff „Söhne und Töchter opfern" – es sind Menschenopfer gemeint. Gottes Reaktion auf diese Untaten ist Zorn über die Sünde und er übergibt Israel in die Gewalt seiner Feinde. Trotzdem bricht aber Gottes Liebe immer wieder durch:

→ Er errettet Israel, weil er daran denkt, dass er sich mit Israel verbunden hat (V 43).

→ Er sorgt dafür, dass Israel von den Besatzern und Eroberern **Barmherzigkeit** erfahren darf (V 46).

• Gottes Barmherzigkeit zeigt sich hier nicht nur in seiner eigenen Tat, sondern er löst auch bei Israels Feinden Barmherzigkeit gegenüber Israel aus.

• Diese doppelte Barmherzigkeit wird im NT durch Jesus Christus besonders deutlich: **Nicht nur er selbst ist barmherzig, sondern durch ihn sind auch wir Christen zur Barmherzigkeit angehalten.**

> *Welche Menschen hat Jesus Christus mir gegeben, damit ich barmherzig an ihnen sein soll? Wie erkenne ich Gottes Barmherzigkeit an mir? Wie sieht für mich diese Barmherzigkeit an anderen Menschen ganz praktisch aus?*

Der zweite Brief des Paulus an die Korinther

Kampf und Versöhnung – so lässt sich der 2Kor vielleicht am besten charakterisieren. Er zeigt in bewegter Form das Ringen des Paulus um die Gemeinde in Korinth. Worum es dabei genau geht, lässt sich nur zum Teil ermitteln. Die starken Sprünge in der Gedankenführung haben zu der Überlegung geführt, ob evtl. früher selbstständige Briefe zu einem Gesamttext zusammengefügt wurden. Das ist aber nur eine Denkmöglichkeit. Der versöhnliche Ton am Anfang und die harte, von der Beschwörung bis zu bitterer Ironie reichende Sprache in Kap. 10–13 lassen sich allerdings so besser verstehen. Auf jeden Fall lassen sich Teile mit unterschiedlicher Stimmungslage und verschiedener Akzentsetzung gut unterscheiden: Da verteidigt Paulus leidenschaftlich sein **Apostelamt** (2,14–7,4), da ist die scharfe Auseinandersetzung mit judenchristlich beeinflussten **„Überaposteln"** in Kap. 10–13, da ist der Abschnitt über die **Kollektensammlung** für Jerusalem, für die vor allem Titus verantwortlich ist (Kap. 8 u. 9), und da sind zwei **versöhnlichere** Briefteile in 1,1–2,13 u. 7,5–16.

Im Blick auf den 2Kor ist es wichtig, Folgendes zu wissen: Da gab es (a) einen **Zwischenbesuch**, (b) einen **Zwischenfall** und (c) einen **Zwischenbrief**. (a) Die Spannungen in der Gemeinde, die wir aus dem 1Kor kennen, nehmen zu. Paulus entschließt sich zu einem Besuch. (b) Dabei wird er von einem Gemeindeglied tief beleidigt (2,5). Er reist ab, ohne der Lage Herr geworden zu sein. (c) Er schreibt von Ephesus „unter Tränen" einen („Zwischen"-)Brief (2,1–4), den Titus überbringt und der zur Beruhigung der Lage beiträgt. Paulus signalisiert deutlich seine Versöhnungsbereitschaft. In 1,8–11 berichtet Paulus, dass er und seine Mitarbeiter in eine gefährliche Situation geraten sind und mit dem Tod rechnen mussten. Früher war Paulus davon ausgegangen, dass er die Wiederkunft Christi noch erlebt; jetzt denkt er erstmals ernsthaft darüber nach, was ein Sterben vor Jesu Kommen bedeutet (5,1–10).

Montag, 21. Oktober   2. Korinther 1,1–11

Paulus beginnt den 2. Korintherbrief nach Absender- und Empfängerangabe nicht mit einem Dank für die Gemeinde, sondern kommt gleich auf seine eigene Person zu sprechen.

- V 1f: **Paulus versteht sich als Apostel Jesu Christi**, dem er sich also verpflichtet weiß und auf den hin er ausgerichtet ist. Seine apostolische Autorität, die er in dem Brief gegenüber der Gemeinde verteidigt, beruht auf der Berufung durch Gott.
- V 3–7: Paulus beginnt mit einem Lob Gottes für dessen Trost bzw. Ermutigung. **Gott ist Quelle von Erbarmen und Trost.** Dabei geht es um seelsorgerliche Ermutigung und Unterstützung in der Zeit der Not.
- **Paulus erfährt den Trost *in* aller Bedrängnis, aber Gott bewahrt ihn nicht *vor* aller Bedrängnis.** Der Trost durch Gott befähigt ihn, auch andere, die in Not leben, zu trösten. Paulus sieht seine Bedrückungen als heilsam für die Gemeinde an.
- Die Korinther erleben ebenso wie Paulus Leiden aufgrund der Annahme des Evangeliums, und sie ertragen die Leiden mit Geduld, die wiederum aus der Ermutigung resultiert. **Paulus hat die zuversichtliche Hoffnung für die Gemeinde, dass sie in der Teilhabe am Leiden ebenso auch an der Ermutigung teilhaben wird.** Insofern sind Paulus und die Gemeinde miteinander verbunden.
- V 8–11: Paulus benennt seine Drangsale nicht detailliert. Evtl. hatte er die Geschehnisse in Ephesus (vgl. Apg 19,23–40) oder/und die Konflikte mit jüdischen Gegnern (2Kor 11,24; Apg 20,3) im Blick. Paulus hielt sein Todesurteil für beschlossen und verzagte am Leben – trotz seiner geistlichen Reife. **Dennoch setzt er seine Hoffnung und sein Vertrauen auf Gott, der den Tod besiegt hat und wirklich retten kann. Zugleich bittet er die Gemeinde um ihre Fürbitte.**

> ✎ *Wie und wo haben Sie Trost und Ermutigung durch Gott erfahren? Wem können Sie diesen Trost weitergeben?*

Dienstag, 22. Oktober　　　**2. Korinther 1,12–24**

Hier beginnt der Briefteil, in dem es wesentlich um **das Verhältnis von Paulus zur Gemeinde in Korinth** geht.

● V 12–14: Paulus verbindet mit dem Rühmen eine endzeitliche Perspektive auf den Tag des Herrn und wertet es in diesem Zusammenhang positiv. Bestätigt sieht er sich von seinem Gewissen, das sich in aufrichtiger Selbsteinschätzung äußert. Paulus rühmt seinen Dienst, den er dem Wirken Gottes bzw. seiner Gnade verdankt. Diesen von Gott gewirkten Lebenswandel hat Paulus ganz umfassend in der Welt geführt, speziell aber auch bei den Korinthern, d. h. sie kennen ihn.

● Paulus schreibt ihnen nichts grundsätzlich anderes, aber er hofft, dass es bei der Gemeinde zu einem völligen Verstehen kommt, nämlich dass Paulus' Dienst wahrhaftig ist und seine Absichten sowie sein Evangelium vertrauenswürdig sind.

● Paulus ändert die atl. Rede vom Tag des Herrn ab in „**Tag unseres Herrn Jesus**". Damit verbindet er die Wiederkunft Christi, die leibliche Auferstehung der Toten und das Endgericht. **Sein Denken ist hier ganz und gar auf Christus hin ausgerichtet.**

● V 15–17 und 23f: Die Änderung seiner Reisepläne hat Paulus den **Vorwurf der Unzuverlässigkeit** eingebracht. Er stellt klar, dass man sich trotz seiner aufgeschobenen Reisepläne auf ihn verlassen kann und dass es ihm um die Gemeinde geht. Er wollte sie durch sein Nichtkommen „schonen", d. h. schwerwiegende Auseinandersetzungen vermeiden.

● V 18–22: Paulus leitet zu dem Gedanken über, dass Gottes Ja in Christus unverbrüchlich gilt und die Zusagen Gottes bestätigt. Dabei ist unser Amen die Bestätigung seiner Verheißungen.

● Paulus und die Korinther (wie auch wir) werden von Gott in ihrer Beziehung zu Christus festgemacht. **Dass wir an Christus glauben, ist Gottes Geschenk und nicht unser Verdienst.**

● Die **Versiegelung** (V 22) diente in der Antike u. a. dazu, etwas als Eigentum zu dokumentieren. **So macht Gott uns unverbrüchlich zu seinem Eigentum.**

Mittwoch, 23. Oktober — 2. Korinther 2,1–11

- V 1–4: Paulus begründet die Verschiebung seines geplanten Besuchs genauer. Ihm geht es um die Vermeidung erneuter **Traurigkeit. Dies ist ein großes Thema in 2Kor.** Die allermeisten Stellen mit den Worten „Trauer" bzw. „traurig sein" finden sich bei Paulus in diesem Brief. Das Verhältnis zwischen Paulus und den Korinthern war offenbar tiefgreifend getrübt.
- Paulus äußert den **Wunsch nach Freude, d. h. nach einer harmonischen Gemeinschaft mit der Gemeinde.** Die Differenz zwischen der Gemeinde und Paulus würde durch einen Besuch aber eher vertieft werden.
- Paulus hat eine Zeit der Bedrängnis und der Angst durchlebt und aus dieser Situation heraus einen **tränenreichen Brief** geschrieben. Trotz aller bedrängenden Konflikte ist sein Verhältnis zur Gemeinde aber durch herzliche Liebe bestimmt (vgl. 1Kor 16,24; 2Kor 3,2).
- V 5–11: Paulus spricht nun einen **konkreten Vorfall** an, bei dem offenbar ein Mitglied der Gemeinde ihm großes Unrecht zugefügt hat, das aber die ganze Gemeinde betrifft. Es lässt sich nicht mehr herausfinden, was der genaue Grund war; vielleicht waren es abschätzige Worte über Paulus, mit denen seine Autorität als Apostel bestritten wurde.
- Seitens einer Mehrheit der Gemeinde wurde die Bestrafung vollzogen. Diese ist abgeschlossen, und **nun ermutigt Paulus, dem Unrechttäter zu vergeben.** Die Gemeinde soll offiziell beschließen (das mit „beweisen" übersetzte Wort entstammt der juristischen Sprache), dass ihm wieder Liebe erwiesen wird.
- Paulus bekräftigt sein eigenes Vergeben in der Gegenwart und in dem Bewusstsein, dass Unversöhnlichkeit bzw. mangelnde Vergebungsbereitschaft im Sinne des Teufels ist.

> ✎ *Gibt es einen Konflikt, in dem Sie Vergebung praktizieren und Ihrem Gegenüber neu in Liebe begegnen sollten?*

Donnerstag, 24. Oktober 2. Korinther 2,12–17

- V 12–13: Ziel von Paulus' Reise nach Troas war die Verkündigung des Evangeliums von Jesus, für die er **eine günstige Gelegenheit zum missionarischen Wirken** erlebte.

> Wo erleben Sie eine „offene Tür" für Ihr Zeugnis – oder stoßen Sie immer nur auf Ablehnung und Desinteresse? Wo sehen Sie die Gründe dafür?

- Paulus hatte Titus nach Korinth geschickt (vgl. 2Kor 7,5–12) und offenbar mit ihm anschließend ein Treffen in Troas vereinbart. Mit dem Ausbleiben von Titus bleibt ungewiss, welche Auswirkungen das propagandistische Wirken der Gegner von Paulus in Korinth hat. Paulus sieht die Gefährdung für sein gesamtes Werk. Wohl deshalb verzichtet er voller Unruhe auf einen weiteren Verbleib in Troas und nimmt Abschied.
- V 14–17: Paulus richtet seinen Dank an Gott. Die **Rede vom Triumphzug verdeutlicht, dass Gott den Apostel bestätigt durch sein erfolgreiches missionarisches Wirken.** Paulus sieht darin ein Offenbarungshandeln Gottes.
- Ein **„Wohlgeruch Christi"** sind die, die vom Heil in Christus erfüllt sind. Dabei nimmt Paulus zwei Gruppen und deren endgültiges Geschick in den Blick, wobei die Scheidung schon gegenwärtig beginnt, und zwar aufgrund ihrer Reaktion auf die Evangeliumsverkündigung, also den Glauben oder den Unglauben.
- Paulus fragt, **wer tüchtig und geeignet ist für die Verkündigung des Evangeliums** (vgl. 2Kor 3,5f). Seine eigene Eignung wurde seitens seiner Gegner ja bestritten. **Paulus grenzt sich von denen ab, die mit dem Evangelium Geschäfte machen.** Damit greift er eine gängige Charakterisierung von Menschen auf, die aus Eigennutz religiöse Kenntnisse weitergaben und diese durchaus auch verfälschten. **Paulus dagegen beansprucht für sich Lauterkeit** und weist somit jeglichen Vorwurf des Verfälschens zurück. Er verkündigt Gottes Wort in Christus.

Freitag, 25. Oktober   **2. Korinther 3,1–11**

• Paulus ist nicht grundsätzlich ein Gegner der zu seiner Zeit üblichen **Empfehlungsbriefe** (1Kor 16,3; Apg 15,25; 18,27; Röm 16,1), selber hat er einen solchen gegenüber der Gemeinde in Korinth aber nicht nötig. Die Gläubigen in Korinth sind selbst ein derartiger Brief – geschrieben durch den Geist Gottes. Diese Aussage regt uns zu der Frage an: **Was können andere in und aus unserem Leben ablesen?** Stimmen Sie dem Satz zu, wonach wir Christen die erste und oft einzige Bibel sind, die die Menschen heute noch lesen?

• Paulus wagt es, seinen geistlichen „Erfolg" anzusprechen, schreibt diesen aber ganz seinem Herrn zu (vgl. auch Gal 6,14), der ihn zu seinem außergewöhnlichen Dienst als Völkermissionar „tüchtig gemacht hat". **Angeberei – gerade auch in geistlichen Dingen – ist nicht sein Ding.**

> 🖉 Mich regen diese Beobachtungen dazu an, über folgende Fragen nachzudenken: Gibt es auch in meinem Leben geistliche Frucht? Woran erkenne ich die? Schreibe ich das, was mir in meinem Leben gelungen ist, auch wirklich meinem Herrn zu oder klopfe ich mir selbst auf die Schulter und lobe mich insgeheim selbst?

• Dieses Kapitel kennzeichnet sich durch **eine Fülle an Wortwiederholungen,** wobei Paulus sich dabei teils mehrfach zwischen buchstäblicher und metaphorischer (übertragener, bildhafter) Bedeutung hin- und herbewegt.

• **Ab V 7 vergleicht Paulus den alten mit dem neuen Bund Gottes.** Er vermittelt dies seinen Lesern anhand einer Art Auslegung zu 2Mose 34. Dabei kommt die Vergänglichkeit des alten Bundes mehrfach zur Sprache – dessen Herrlichkeit dennoch so blendend war, dass selbst deren Abglanz vom Gesicht des Mose dem Volk zu viel wurde. **Paulus häuft Superlative aneinander, um die Herrlichkeit des neuen Bundes in Worte fassen zu können.**

Samstag, 26. Oktober   2. Korinther 3,12–18

> 🖉 Wenn Sie über mehrere Bibelübersetzungen verfügen, dann legen Sie diese nebeneinander und vergleichen die Unterschiede im Text. Welche unterschiedlichen Bezüge ergeben sich durch die Alternativen? In den folgenden Ausführungen beziehe ich mich auf die Neue Genfer Übersetzung.

- Noch immer bezieht sich Paulus hier auf 2Mose 34. Dort ist zu lesen, dass Moses Gesicht strahlte, immer wenn er mit Gott gesprochen hatte. Jeweils nachdem er die göttliche Botschaft an das Volk weitergegeben hatte, bedeckte er sein Gesicht, bis er wieder in die Stiftshütte ging, um mit Gott zu reden.
- Wir Christinnen und Christen machen das anders und bedecken uns nicht (V 13), sondern bekommen immer mehr Anteil an der Herrlichkeit des Herrn, wenn wir diese unbedeckt bestaunen (V 18).
- V 16 gibt buchstäblich den griechischen Text der Septuaginta von 2Mose 34,34 wieder – mit nur kleinen Veränderungen. Dort nimmt Moses sich selbst die Decke vom Gesicht, in unserem Text wird das als Gottes Handlung dargestellt. Damit deutet Paulus an, dass er nicht nur die einmalige Bekehrung zu Jesus im Blick hat, die Menschen grundsätzlich den Blick auf den Herrn ermöglicht (V 14), sondern wie bei Mose eine wiederholte Handlung. **Jedes Mal, wenn sich jemand zu Jesus bekehrt, dann ermöglicht Jesus damit erneut die unverhüllte Sicht auf sich selbst** (V 16). In diesem Punkt dürfen und sollen wir dem Vorbild von Mose folgen und uns – wie er – immer wieder in die Gegenwart des Herrn begeben.
- **Die Herrlichkeit Gottes – direkt und indirekt – ist eines der Themen, das sich wie ein roter Faden durch das Kapitel zieht.** Es gipfelt in der Aussage, dass wir immer mehr Anteil daran haben dürfen. Können Sie in das Staunen des Paulus mit einstimmen?

Sonntag, 27. Oktober   **Psalm 143**

Bitten oder beten in der Not?

● „Not lehrt beten!" – Stimmt das eigentlich? Ich meine, dass Not sehr wohl **bitten** lehrt, aber **beten**? Was ist der Unterschied? Davids Bußpsalm zeigt ihn auf.

● Bitten bedeutet, dass der Mensch in einer konkreten Lage Gott bittet. Das passiert auch in unserer säkularisierten Welt immer noch. Wie viele Menschen hörte ich in den vergangenen 25 Notfallseelsorgeeinsätzen schreien: „Mein Gott, hilf mir jetzt!", – eine völlig verständliche und richtige Bitte in der Not. David aber **betet**: Er erkennt sich selbst in aller seiner Schuld vor Gott, stellt sich als sündiger Mensch vor Gott und fleht um Verschonung und Wegweisung von Gott.

● Er befindet sich in äußerer Not (Misshandlung, V 3) und ist voller Entsetzen (V 4) über seine Situation und über seine eigene Schuld (V 2). Sein Trost ist **Gottes Eingreifen in der Vergangenheit** (V 5) – dabei bleibt aber offen, ob er an Gottes Eingreifen in der Geschichte des Volkes denkt oder an das, was er, David, persönlich mit Gott erlebt hat. Vermutlich ist beides zutreffend. Nun bittet David aber Gott nicht nur um Hilfe in der äußeren Not, sondern auch um Erlösung: Was ist der (Lebens-)Weg, den ich gehen soll (V 8b)? Wichtig wird ihm der Wunsch, Gott möge ihm helfen, das Rechte zu entscheiden und zu tun (V 10). Er endet mit der Feststellung „Ich bin dein Knecht" (V 12). Er spricht Gott darauf an: Ich gehöre zu Dir. Von Dir erflehe ich deshalb Hilfe.

● Eric ist seit Jahren Alkoholiker. Immer wieder betrinkt er sich bis zur Bewusstlosigkeit. Der Therapeut fragt nach verschiedenen Anläufen: „Eric, willst du **Hilfe in der Not oder Hilfe aus der Not?**" Bitten wir Gott um Hilfe in der Not oder beten wir zu Gott um Hilfe aus der Not? (Eric ist zum Glauben gekommen. Kurz vor seinem Tod sagt er seinem Sohn: Immer wenn der Saufdruck kommt, dann hilft mir Jesus Christus! Eric hat Hilfe aus der Not gefunden.)

Montag, 28. Oktober — 2. Korinther 4,1–6

Nachdem Paulus in Kap. 3 schon über den Dienst im neuen Bund geschrieben hat, spricht er nun konkreter über seinen eigenen Dienst und seine Verkündigung.

- **V 1: Der Dienst von Paulus ist in der Barmherzigkeit Gottes begründet,** die ihm als Geschenk zuteilwurde. Ebenso geht unserem Einsatz für Christus die erfahrene Gnade Gottes voraus. Insofern ist aus Sicht von Paulus **der Dienst nicht als Last, sondern als Vorrecht zu begreifen**, der nicht ermüden oder gar ausbrennen lässt. Mit seiner ganzen Existenz dient er Jesus und setzt er sich für das Evangelium ein.

- **V 2–4: Paulus charakterisiert seinen Dienst:**

→ Er ist transparent, ehrlich und authentisch.
→ Er ist frei von jeglichen Hintergedanken.
→ Er ist dem unverfälschten Wort Gottes verpflichtet.
→ Es ist ein Dienst an Menschen und der Gemeinde.
→ Es geht um die Offenbarung der Wahrheit. Dazu ist immer wieder das Hören auf Gott zu suchen. Und falls das Evangelium Menschen verborgen bleiben sollte, dann geschieht es bei denen, die verloren gehen. Den Grund sieht er in dem „Gott dieser Welt", d. h. im Satan. Sein Werk des Verblendens steht dem hellen Licht des Evangeliums von der Herrlichkeit Christi gegenüber.

- **V 5–6: Ziel des Dienstes ist die Verkündigung von Jesus Christus als dem Herrn** – in der Welt und in der Gemeinde. Dahinter steht die schöpferische Kraft Gottes, der das Licht aufleuchten ließ (1Mose 1,3) und der ebenso in uns Erleuchtung bewirkt, wie er durch uns auch die Erkenntnis Jesu in andern Menschen aufleuchten lässt. **Dass Menschen Jesus als Herrn erkennen, ist Gottes Wirken, nicht unser Verdienst.**

Wo und wie möchte Gott Sie gebrauchen, um sein Evangelium anderen Menschen durch Wort und Tat zu bezeugen? Ob Menschen dann positiv darauf reagieren, dürfen Sie dann getrost Gott überlassen.

Dienstag, 29. Oktober   **2. Korinther 4,7–18**

In diesem Abschnitt denkt Paulus über seine **Leiderfahrungen** nach und stellt sie in einen Zusammenhang mit dem Hoffnung spendenden endzeitlichem Wirken Gottes.

● V 7: „Irdenes Gefäß" ist im Anschluss an das AT und antike Autoren (z. B. Seneca) **ein Bild für die vergängliche irdische Existenz des Menschen.** Paulus ist der Schatz des Evangeliums in einer von Schwachheit gekennzeichneten Existenz anvertraut, doch gerade **dadurch wird das Übermaß der in ihm wirkenden Kraft Gottes deutlich.**

● V 8–12: **Paulus deutet sein Leiden als ein Durchleben der Leiden Jesu und als eine Teilhabe an diesen.** Er weicht wie Jesus dem Leiden nicht aus und hofft, dass so an ihm selbst Jesus sichtbar wird. Die Wirksamkeit des Todes bzw. des Leidens bezieht Paulus auf sich, im Gegensatz dazu die des Lebens auf die Gemeinde.

● V 13–15: Mit „Geist des Glaubens" könnte die Haltung des Vertrauens zu Gott gemeint sein oder aber (wahrscheinlicher) der Heilige Geist. Dieser ist für Paulus die Grundlage seines Dienstes. **Die Auferstehungshoffnung ist ebenso wie das Leiden für Paulus sehr real.** Ihr Inhalt ist die endzeitliche Gemeinschaft von ihm und der Gemeinde.

● V 16–18: Paulus argumentiert hier in Anlehnung an die griechische Philosophie, in der ebenfalls Innen und Außen gegenübergestellt wurden. **Die Erneuerung, die mitten im Leiden stattfindet, ist unaufhörlich.** Aus der Auferstehungsperspektive heraus wertet Paulus seine gegenwärtige Bedrängnis als leicht zu ertragen. Er richtet seinen Blick ganz auf das Unsichtbare, was eigentlich ein Paradoxon ist. Dies steht hier aber in Verbindung mit der Auferstehungshoffnung.

> *Wann haben Sie persönliches Leid erfahren? Was hat Ihnen geholfen, solche Erfahrungen durchzustehen – und welche Rolle spielte dabei die Hoffnung auf die Auferstehung? Vgl. Sie dazu Röm 8,18.*

Mittwoch, 30. Oktober   2. Korinther 5,1–10

„Wir wissen" – Paulus bezieht sich auf eine feste Glaubensüberzeugung, die auch den Korinthern bekannt war. Dieses Wissen und seine tiefe Sehnsucht prägen den Text.

● V 1: **Ein starkes Bild:** die provisorische Zeltwohnung und das ewige Haus Gottes. Das Leben in dieser Welt ist vergänglich und vorübergehend. Nur der Glaubende weiß, dass nach diesem Leben das neue Haus, die neue Existenz nicht mehr provisorisch ist. **Gott selbst schenkt eine neue Leiblichkeit. Ein Haus in ewiger Gemeinschaft mit Gott.** Davon ist Paulus zutiefst überzeugt, wobei er sich auf ein Wort von Jesus bezieht (Joh 14,2ff).
V 2–4: Paulus lässt das gegenwärtige Leiden nicht kalt. **Er sehnt sich danach, diese neue Existenz wie ein neues Kleid anzuziehen.** Aber auch bei ihm und bei uns kommt vorher das Sterben. Und sterben ist schwer. Das ist oft ein schwerer Kampf.

> *Wie ist das bei Ihnen? Können Sie die Gedanken zum eigenen Tod, Sterben und Leben bei Gott zulassen? Was macht das mit Ihnen?*

● V 2: Paulus hofft, das leidvolle Leben wie ein altes Kleid auszuziehen, ohne „nackt" (d. h. ohne Leib) dazustehen. Mit dem Bild: **„überkleidet mit unserer Behausung, die vom Himmel ist"** ist nicht gemeint, die alte Leiblichkeit zu überdecken, sondern **verwandelt zu werden und „Christus anzuziehen".**
● V 5–9: Weil Christen den Geist Gottes empfangen haben, können sie **„getrost"** sein. Auch wenn sie sich nach dem Leben in Gottes Ewigkeit sehnen, bemühen sie sich bis dahin um ein Gott wohlgefälliges Leben.
● V 10: Christus ist das Leben und Tun der Christen nicht gleichgültig. **Denn alle müssen einmal vor seinem Richterstuhl Verantwortung für ihr Leben übernehmen und Rechenschaft darüber ablegen.** Dieses Wissen motiviert Paulus, seinen Dienst in Verantwortung vor Christus zu tun.

Reformationstag, 31. Okt.   2. Korinther 5,11–15

Gott fürchten, ohne sich vor ihm zu fürchten

• V 11: Alle Menschen müssen sich mit ihrem Tun vor Gott als Richter verantworten. Bei Paulus hat das zur Folge, **Menschen für Christus zu gewinnen.** Es gibt Probleme in Korinth. Gegner von Paulus werfen ihm u. a. vor, aus egoistischen Motiven Menschen zu missionieren, um sich selbst in den Mittelpunkt zu stellen (Gal 1,10). Er gibt dem recht: „Ja, ich versuche, Menschen für Christus zu gewinnen. Warum? Nicht aus Selbstsucht, sondern aus Verantwortung gegenüber Gott, dem Richter". So wie Gott die Ehrlichkeit seines Redens und Handelns kennt, sollen auch die Korinther von seiner Ehrlichkeit überzeugt werden. – „**... der Herr, der zu fürchten ist."** Diese Furcht hat nichts mit Angst vor Strafe und Vergeltung zu tun, sondern ist Ausdruck der **Ehrfurcht, des Gehorsams und Vertrauens in den geliebten Vater, den man nicht enttäuschen will**.

• V 12–13: Paulus will den Korinthern eine Argumentation gegen seine Gegner zeigen. Offenbar sieht Paulus bei den „äußeren Vorzügen" der Gegner ekstatische Erlebnisse und Erfahrungen. Er könnte solche Erfahrungen ebenfalls anführen (vgl. 2Kor 12,1ff). **Den Korinthern aber will Paulus nüchtern und besonnen dienen.** V 14–15: **Die Liebe Christi ist das tiefste Motiv und die treibende Kraft seines missionarischen Wirkens.** Paulus macht deutlich, dass, wenn einer für alle gestorben ist, alle mit ihm gestorben sind. **Der den Tod nicht verdient hat, stirbt am Kreuz für die, die ihn verdient hätten** (Röm 6,23). Dadurch bekommen sie den Zugang zu Gott in einem neuen Leben.

> ✎ Was bewegt Sie zum Zeugnis gegenüber Menschen, die (noch) keine Christen sind? Oder bleiben Sie lieber stumm und warten ab, ob man Sie nach Ihrem Glauben fragt?

Freitag 1. November — 2. Korinther 5,16–21

Der selige Tausch und fröhliche Wechsel

● V 16: Die Bekehrung von Paulus (Apg 9) hat sein Leben und seine Sicht auf Christus und die Menschen radikal verändert. Es gibt für ihn **keine Beurteilung nach menschlichen Maßstäben mehr.** Paulus sieht in Jesus Christus durch Kreuz und Auferstehung den Bringer des Heils für die Menschen. **Wer Christus so neu sehen lernt, hat auch eine andere, neue Sicht auf die Menschen.** Wie wichtig für uns heute!

V 17: **Wer in und mit Christus lebt, ist Neuschöpfung Gottes.** Wir sind versöhnte Empfänger seiner Gerechtigkeit. Das „Alte" bezieht sich auf alles, was Teil unseres alten Wesens ist. Es ist Vergangenheit. **„Neues ist geworden."** Das „Alte" wird durch neues Leben in der Gegenwart Gottes ersetzt (Kol 3,9f). Luther nennt es **„den seligen Tausch und fröhlichen Wechsel"**. Er beschreibt die neue Lebenswirklichkeit, in die jeder Christ durch die Verbindung mit Christus eingetreten ist. Er macht jeden, der mit Christus lebt, zum Teil der neuen Schöpfung Gottes.

> ✎ In früheren Übersetzungen der Luther-Bibel hieß es: „Siehe, es ist *alles* neu geworden." Warum ist diese Übersetzung irreführend?

● V 18–19: **Initiator und Akteur der Versöhnung ist allein Gott.** Versöhnung ist Liebe Gottes in Aktion. Für das Wort Versöhnung steht im Griechischen „katalassein" – „von oben her vertauschen". **Gott nimmt die Sünden der Welt auf sich und tauscht sie mit seiner Gerechtigkeit. Schuld wird eingetauscht gegen Gerechtigkeit.**
● V 20: Gott hat die Jünger Jesu mit sich selbst versöhnt. Das macht sie zu Botschaftern an Christi statt. Sie vertreten Christus. Das griechische Wort für **„ermahnen"** ist besser mit **„einladen"** zu verstehen. Boten Jesu laden ein. **Die angemessene Form des missionarischen Zeugnisses ist die freundlich ausgesprochene Einladung – ohne jedes Drängen oder Drohen!**

Samstag, 2. November 2. Korinther 6,1–10

● V 1–2: Paulus ist als Mitarbeiter wie alle anderen in Korinth von Gott berufen. **Seine Sorge ist, ob sein Dienst in der Gemeinde nicht „ins Leere geht". Seine Ermunterung: „Gebt wieder der Gnade Raum in der Gemeinde.** Lasst die Gnade, die Gott euch schenkt, in eurem Leben nicht ohne Auswirkung bleiben. Und verpasst nicht den Kairos, den Augenblick Gottes in eurem Leben. Er ist jetzt" (Jes 49,8).

> „Ich habe kein Evangelium für morgen. Es heißt überall in der Bibel: heute und jetzt."
> C.H. Spurgeon

● V 3–5: Man zweifelt an seiner geistlichen Kompetenz. Dazu der Makel: Sein Lebenslauf ist nicht perfekt für einen Apostel. Sein Auftreten ist nicht ausstrahlend und kraftvoll, wie man es sich von einem „Diener Gottes" vorstellt (vgl. 2Kor 10,10). Er wird infrage gestellt. Seine Reaktion: **Die Gemeinde soll verstehen, dass sein Leben mit allen Höhen und Tiefen genau dem entspricht, was die Botschaft Jesu vom Kreuz zum Ausdruck bringt.** So gibt sein Durchhalten in Verfolgung und Leiden, seine Zuversicht durch alle Schwierigkeiten hindurch Zeugnis von der Gnade und Kraft Gottes. Ausgerechnet seine Schwäche, die ihm die Korinther ankreiden, macht seine Botschaft glaubwürdig und authentisch (vgl. 2Kor 12,9f).

● V 7–8: Oft hat Paulus Leiden erlebt (2Kor 11,23ff). Seine Erkenntnis: Alles in seinem Leben und Dienst hat seine Bestimmung im Plan Gottes. **Er findet Halt in Gottes Gerechtigkeit, die zur Rechten und zur Linken seines Lebenswegs wie Waffen schützt.** Er lebt und dient durch die Kraft Jesu. Seine Schwachheit wird zur Stärke.

● V 9–10: Hinter den gegensätzlichen Erfahrungen sieht er die Hand Gottes. Wo Luther „als die Gezüchtigten" übersetzt, steht im Griechischen „paideuomenoi" – „als die Erzogenen". **Gottes Erziehung ist manchmal hart. Aber sie führt zum Leben.**

Sonntag, 3. November — Psalm 125

Vertrau auf Gottes Schalom

● Feinde haben Israel besetzt. Es sind politische, militärische Feinde, aber sie stehen auch für einen anderen Glauben. Dies legt der Ausdruck „Zepter des Frevels" nahe (V 3): Fremdherrschaft. In dieser Situation hat der Psalmist die Sorge, dass neben der Not (Besetzung) auch die Frommen („Gerechten", V 3b) in Gefahr geraten, zum unrechten Tun verleitet zu werden.

● Was tun? Von Feinden besetzt und die Glaubenden in der Versuchung, – Unrecht zumindest zuzulassen oder sogar zu tun? Der Psalm gibt drei Antworten:

→ **Hoffe auf Gott** (V 1): Vertraue ihm dein Leben, deine Situation an. Gott selbst wird dafür sorgen, dass die, die ihm vertrauen, nicht ihren Glauben aufgeben werden.

→ **Sei geschützt durch Gott** (V 2): So wie die Berge um Jerusalem über die Jahrhunderte hinweg vor feindlichen Angriffen schützten, so stellt sich Gott schützend um sein Volk. Dies gilt ewig (V 2b).

→ **Bleib bei Gott** (V 4): Gott wird denjenigen Gutes tun, die ihm treu bleiben.

● Gott wird Gutes tun? Es geht um den „Frieden über Israel" (5c). **Schalom** ist mehr als Waffenstillstand, als Befreiung von der militärischen, politischen Macht, mehr als Sieg. Schalom meint die Beziehung. Gott möge dir Beziehung zu ihm schenken! Schalom zwischen Gott und Mensch ist „Harmonie" – Gleichklang zwischen Gott und Mensch. Dies ist der Wunsch, die Glaubenshoffnung und die Glaubenszuversicht des Psalmisten.

● Als Christen kennen wir den „Schalom Gottes" in Jesus Christus. Er sendet uns seinen Geist, den Heiligen Geist. In ihm verbindet sich Jesus mit uns. „Er wird Euch in alle Wahrheit leiten" (Joh 16,13). Er vertritt uns im Gebet, wenn wir nicht mehr beten können (Röm 8,26). **Wer diesen Schalom geschenkt bekommen hat, der wird sein Vertrauen auf Gott setzen.**

Montag, 4. November — 2. Korinther 6,11–7,1

● V 11–13: Paulus wirbt mit großer Leidenschaft um die Beziehung zu den Korinthern. Er hat sein Herz geöffnet. Er macht sich damit angreifbar. Aber er vertraut darauf, dass die Beziehung zwischen ihm und der Gemeinde so gut ist, dass seine Offenheit nicht missverstanden wird. **Die Korinther sind seine geistlichen Kinder, er ist ihr geistlicher Vater.** Kein Streit und keine Auseinandersetzung kann daran etwas ändern. Diese Beziehung ist unaufkündbar.

> *Wie gehen Sie mit Konflikten in Ihrer Gemeinde heute um? Was können Sie dabei von Paulus lernen?*

● V 14–18: Im AT ist es verboten, dass zwei artfremde Tiere in einem Joch laufen (5Mose 22,10). Die Gemeinde lebt in einer multireligiösen Stadt, da gilt es, sich vor Vermischung bzw. Verbrüderung in religiösen Fragen zu hüten. Die fünf Fragen in V 14b-16a stellen Gegensätzliches so gegenüber, dass darauf nur Verneinung möglich ist. „Beliar" ist ein im AT und im frühen Judentum gebrauchter Name des Satans und bedeutet im Hebräischen „Bosheit – Schlechtigkeit." Es geht um nichts Geringeres als um die Entscheidung zwischen Christus und Satan. **Paulus fordert Abgrenzung bzw. Trennung – nicht aus Angst vor dem Fremden, dem anderen, sondern im Vertrauen und Ehrfurcht gegenüber dem alleinigen Gott.**

● V 17–18: Paulus argumentiert mit dem AT (Jes 52,11). Der heilige und einzige Gott selbst ist in der Mitte seines Volkes. Nur er allein. Haben andere Religionen viele Götter, so ist der Gott Israels einzig und allumfassend. Für die Gemeinde gilt: „Sie ist nicht von der Welt, aber in der Welt" (Joh 17,15–17).

● Kap. 7, V 1: Die Verheißung der Gottesbeziehung gilt „uns" – Paulus und der Gemeinde. Das aber hat zur Folge, sich zu „reinigen" und „die Heiligung zu vollenden". Das allerdings bleibt im Leben der Christen ein lebenslanger Prozess.

Dienstag, 5. November — 2. Korinther 7,2–16

Einander Raum geben für Gottes Wirken

● V 2: Gebt uns „Raum"– zur persönlichen Begegnung, aber auch: „Raum in ihren Herzen". „Übervorteilen" – griechisch „wirtschaftlich und finanziell übervorteilen": **Paulus weist den Vorwurf der Selbstbereicherung zurück.**

V 3–4: Keine Verteidigung von Paulus, aber auch keine Verurteilung der Gemeinde. **Seine Beziehung zu den Korinthern ist von Liebe geprägt. Sie hält auch Unterstellungen und Konflikte aus.** Er und die Gemeinde sind auf Gedeih und Verderb (V 3) miteinander verbunden. Paulus tritt der Gemeinde mit Offenheit und „überschwänglicher Freude" gegenüber. So lebt er Vergebung vor. Das „Alte" ist vergessen. Er freut sich und lobt die Gemeinde. Fast klingt das schon ein wenig zu euphorisch bei der Vorgeschichte.

● V 5: **Paulus ist von Sorgen und Nöten gequält.** Äußere Not – wörtlich „draußen Kämpfe". Wahrscheinlich gab es eine Verfolgung der Gemeinde in Mazedonien. Und die innere Not – seine Angst um das Verhältnis zu den Korinthern.

● V 6–7: „Gott ist es, der tröstet" (Jes 40,1; 49,13). Der Trost Gottes motiviert und aktiviert. Titus ermutigt Paulus. **Der Tränenbrief** (2Kor 2,4; vermutlich sind 2Kor 10–13 mit diesem Tränenbrief oder Teilen davon identisch; vgl. dazu die Auslegung am 9. November) **bewirkte eine umfassende Umkehr in der Gemeinde.** Sie trat mit neuem Eifer für Paulus und das Evangelium ein.

● V 8–12: Der harte Brief hat Bewegung gebracht. Hätte er netter schreiben sollen? „Nein, ich bereue es nicht, denn es ging um euer Heil. Man sollte keinen löchrigen Mantel der Barmherzigkeit über alles decken. Ich freue mich, denn es hat zur Reue geführt" (griech. „metanoia": „Sinnesänderung"). Und damit zur Kehrtwendung hin zu Gott und Paulus.

● V 13–16: Offensichtlich hat **Titus** für die Wiederherstellung der Beziehung des Paulus zur Gemeinde eine herausragende Rolle gespielt, was von Paulus lobend hervorgehoben wird.

Mittwoch, 6. November   2. Korinther 8,1–15

Dass der Apostel gleich zwei Kapitel in seinem Brief dem **Kollektenprojekt für die Gemeinde in Jerusalem** (die ist mit den „Heiligen" in V 4 gemeint) widmet, zeigt, wie sehr ihm diese Sammlung **ein Herzensanliegen** ist. Um die Korinther für eine angemessene Beteiligung an dieser Sammlung zu gewinnen, will er sie **auf mehrfache Weise dazu motivieren**:

→ V 1–5: Zunächst stellt er **die Freigebigkeit der Gemeinden in Mazedonien** heraus, die von sich aus trotz eigener Armut auf ihre Mitwirkung bestanden.

→ V 7.8: Weil die Korinther selber in vieler Hinsicht reich beschenkt sind, sollen sie nun auch **aus Dankbarkeit anderen an diesem Reichtum Anteil geben.**

→ V 9: Und schließlich verweist Paulus auf **das Beispiel Christi**. H.-D. Wendland schreibt dazu in seinem Kommentar, Das Neue Testament (NTD): „Mit dem Armwerden Christi meint der Apostel seine Menschwerdung, durch die er seinen göttlichen Reichtum preisgab, um die Korinther mit den göttlichen Gaben des Heils zu erfüllen."

● V 10–12: Schon im Jahr zuvor hatte Paulus bereits in seinem ersten Brief an die Korinther (1Kor 16,1ff) praktische Anregungen im Blick auf die Beteiligung der Korinther an der Sammlung gegeben. **Nun fordert er sie auf, auf die Bereitschaft auch Taten folgen zu lassen.**

> 🖉 *Wie oft bleibt es in userm Leben bei guten Vorsätzen, ohne dass wir sie dann auch tatsächlich umsetzen. Fällt Ihnen dazu ein eigenes Beispiel ein?*

● V 13–15: **Christliche Gemeinden** sollten sich als **Solidargemeinschaften** verstehen, indem sie angesichts von unterschiedlichen materiellen wie geistlichen Gaben **untereinander für einen fairen Austausch sorgen.** Wer heute materiell arm und auf Unterstützung angewiesen ist, wird morgen vielleicht schon andere mit seinen geistlichen Gaben bereichern können.

Donnerstag, 7. November — 2. Korinther 8,16–24

Paulus legt in diesem Abschnitt der Gemeinde mit warmen Worten die Abgesandten ans Herz, die er im Blick auf die Geldsammlung nach Korinth geschickt hat. Er möchte ihnen so einen guten Boden für ihre Tätigkeit bereiten.

● V 16–19.22: Neben Titus, der sich nicht erst auf die Aufmunterung des Paulus, sondern aus eigenem Antrieb auf den Weg nach Korinth gemacht hat, erwähnt Paulus **zwei weitere Begleiter**, die sich im Dienst bewährt haben und das Vertrauen der Gemeinden besitzen. **Auffällig und für Paulus völlig untypisch ist, dass er ihre Namen nicht erwähnt.** Warum dies nicht geschieht, ist unerfindlich. Denn dass er die Namen dieser beiden Mitarbeiter nicht gekannt oder sie vergessen hat, scheint unwahrscheinlich. Immerhin bescheinigt er ja dem ersten, dass er als Verkündiger des Evangeliums in allen Gemeinden geschätzt ist (V 19). Und auch dem zweiten Begleiter attestiert der Apostel, dass er sich durch Eifer ausgezeichnet hat (V 22).

● V 20.21: Warum sich gleich drei Mitarbeiter in den Gemeinden für das Kollektenprojekt einsetzen, begründet Paulus damit, auf diese Weise jedem Verdacht oder Vorwurf des unsachgemäßen Umgangs mit den Spenden der Gemeinden oder der Unterschlagung von Geldern vorzubeugen. Es wurde also schon in den urchristlichen Gemeinden **beim Umgang mit Finanzen das „Vier-Augen-Prinzip"** (hier sind es sogar sechs Augen) **praktiziert,** was sich bis heute auch im Geschäftsbetrieb bewährt hat. Es geht dabei nicht um ein grundsätzliches Misstrauen gegenüber einem Mitarbeiter, dem das Geld anderer anvertraut ist, sondern um jeglicher Versuchung zum Betrug einen Riegel vorzuschieben und die Verantwortlichen vor Verdächtigung oder gar Verleumdung zu schützen.

● V 23.24: Noch einmal stellt Paulus seine **Wertschätzung von Titus und seinen Begleitern** heraus. Er nennt sie sogar **„eine Ehre Christi"** und bittet die Korinther, sie dementsprechend liebevoll aufzunehmen.

Freitag, 8. November   **2. Korinther 9,1–15**

Dass Paulus das **Thema „Kollektensammlung" erneut aufgreift**, muss einen **besonderen Grund** haben.

● In Kap. 8,17.18.22 hatte er bereits von der Sendung des Titus und zwei weiterer Mitarbeiter nach Korinth geschrieben. Nun kommt er noch einmal darauf zurück, um sicherzustellen, dass sie die Sammlung erfolgreich abschließen können, wenn kurze Zeit später Paulus mit einigen Christen aus Mazedonien in Korinth zu Besuch kommt.

● V 2–5: Denn so wie Paulus im Blick auf die Sammlung für die Gemeinde in Jerusalem zunächst den vorbildhaften Einsatz der Gemeinden in Mazedonien gelobt hat (Kap. 8,2–5), so hatte er zuvor auch die frühzeitige Bereitschaft der Korinther, sich an der Sammlung zu beteiligen, gegenüber den mazedonischen Christen lobend hervorgehoben. Da wäre es **peinlich und beschämend** für die Gemeinde in Korinth, wenn die Besucher aus Mazedonien feststellen müssten, **dass sich ihre Geschwister in Korinth als Geizkragen entpuppen.**

● V 6–10: In diesen Versen begründet Paulus die **Mahnung, reichlich zu geben**, mit verschiedenen Zitaten aus dem AT. In diesen Aussagen wird deutlich, dass wir **mit unsern Gaben Maß nehmen sollen an Gottes Großzügigkeit**, damit wir mit den uns anvertrauten geistlichen und materiellen Gaben (hier: „Samen", V 9.10) zum Wohle anderer wuchern – und dies **nicht aus einem moralischen Pflichtbewusstsein heraus, sondern gerne und fröhlich**. Denn wer als reich Beschenkter andern gegenüber knausert, ist am Ende selber ein armer Tropf.

● V 11–15: **Wer großzügig und gerne gibt, bewirkt damit ein Dreifaches:**

→ Er lindert spürbar die Not der Empfänger (V 12);
→ er veranlasst die Empfänger zu tiefer Dankbarkeit gegenüber Gott (V 12b.13) und
→ er sorgt für ein vertieftes Bewusstsein der Zusammengehörigkeit im Glauben, was in der Fürbitte und in der Sehnsucht nach persönlicher Begegnung seinen Niederschlag findet (V 13.14).

Samstag, 9. November — 2. Korinther 10,1–11

Der 2Kor ist geprägt von manchen Brüchen und Stimmungsschwankungen des Verfassers. Das hat zu der Auffassung vieler Ausleger geführt, dass uns hier **kein einheitlicher, in sich abgeschlossener Brief vorliegt** (vgl. die Einleitung zum 2Kor), **sondern mehrere Briefe bzw. Brieffragmente zusammengefasst wurden.** So fällt auf, dass im Unterschied zu den vorhergehenden Kapiteln **in den Kap. 10–13 ein** überaus **scharfer Ton angeschlagen** wird, mit dem Paulus sich mit seinen Gegnern in Korinth auseinandersetzt. Dabei geht es vor allem darum, dass **diese Gegner die Legitimität seines Apostelamts bestreiten**. Viele Ausleger sehen in den Kap. 10–13 den in 2Kor 2,4 erwähnten **„Tränenbrief"**, den Paulus nach seinem erfolglosen, völlig missglückten Besuch in Korinth geschrieben habe.

● Paulus setzt sich in unserm Abschnitt zunächst mit **drei Vorwürfen seiner Gegner** auseinander:

→ dem Vorwurf, nach „fleischlicher Weise" zu leben, d. h. sich von eigensüchtigen Motiven leiten zu lassen (V 3.4);

→ der Behauptung, er gehöre nicht in gleicher Weise wie sie zu Christus, es mangele ihm an Christusnähe (V 7);

→ dem Vorwurf, in seinen Briefen den „starken Mann zu markieren", während sein persönliches Auftreten schwach sei (V 10).

● **Paulus entgegnet darauf:**

→ Ja, er lebt im Fleisch, aber sein Leben steht nicht mehr unter der Herrschaft des sündigen Fleisches (V 3.4).

→ In fast schon ironischem Ton weist er darauf hin, dass auch er zu Christus gehört (V 7).

→ Mag es ihm auch an Beredsamkeit mangeln, so wird er doch in der persönlichen Begegnung ebenso konsequent handeln wie in seinen Briefen (V 11).

Leiden Sie auch unter der Gegnerschaft von Mitgliedern in Ihrer Gemeinde – oder auch darüber hinaus? Wie werden Sie damit fertig?

Sonntag, 10. November — Psalm 90

Leben, um zu sterben?

● Nur ein Psalm nennt Mose als Autor. Schon das erste Wort verwundert: **„Herr"**. Anders als sonst ist es nicht die Bezeichnung für JHWH (von Luther immer mit „Herr" wiedergegeben), sondern im Hebräischen steht wirklich „Herr". Warum benutzt Mose nicht den ihm selbst genannten Gottesnamen? Wir wissen es nicht.

● Mose schaut auf das Leben zurück und erkennt die erlebte Bedrückung, die Entbehrung und die Vergänglichkeit eines jeden Menschen. Im Gegensatz zu Gottes ewiger Herrlichkeit (V 2) sieht der Beter die überschaubare Lebenszeit des Menschen (V 10).

So sterben wir, um zu leben!

Zudem ist dieses Leben mühselig und voller Arbeitsplage. Hatte Luther noch übersetzt „und wenn's köstlich gewesen ist, so ist's Mühe und Arbeit gewesen", wird es heute – wegen eines geänderten Begriffs von Arbeit (damals eher Plage) – mit „und was daran köstlich scheint, ist doch nur vergebliche Mühe" wiedergegeben.

● Mose erkennt aber in all der Vergänglichkeit des Menschen nicht eine fehlerhafte Schöpfung, sondern begreift, dass das „Sterbenmüssen" Gottes Antwort auf die Sünde des Menschen ist. Dies ergibt sich auch aus 1Mose 3 und Röm 6,23. Die Schlussfolgerung des Psalmisten ist es noch nicht, Gott um ewiges Leben zu bitten, sondern Gott möge ihm Einsicht schenken, zu erkennen, dass dieses Leben endlich ist.

● Wo wir Christen durch den Tod und die Auferstehung Jesu mit der **Ewigkeit** rechnen dürfen, sieht Mose in diesem Psalm diese Hoffnung noch nicht. „Komm wieder" (V 3) bezieht sich auf den Menschen, der wieder zu Staub werden wird; zu dem Staub, von dem er genommen worden ist (vgl. 1Mose 2,7 mit 3,19).

● Wir aber setzen unsere Hoffnung auf Jesus Christus, der spricht: **Ich lebe und ihr sollt auch leben!** (Joh 14,19).

● Deshalb wissen wir, dass das Sterben des Menschen durch die Sünde kommt, aber für uns Christen der Durchgang zum Leben sein wird.

Montag, 11. November   2. Korinther 10,12–18

Schon beim ersten Lesen fällt auf, dass unser Abschnitt **von einem einzigen Begriff bestimmt wird, dem Substantiv „Maß" und dem Verb „(zu)messen"**: Insgesamt achtmal taucht er in diesen Versen auf. Es geht dabei um den Maßstab, an dem Christen sich für ihr Leben und ihren Dienst orientieren sollen – und den Gott ihnen „zugemessen" hat.

● V 11.18: Kritisch nimmt Paulus dabei zunächst die in den Blick, die sich selbst für den Nabel der Welt bzw. für die Größten halten („bewährt" V 18) und sich selbst „empfehlen", aber in Wirklichkeit nichts von dem Auftrag und den Grenzen, die Gott ihnen zugemessen hat, verstanden haben.

● V 13.14: Demgegenüber betont er, **dass er sich an dem ihm gesetzten Maßstab Gottes für sein Leben und Handeln hält** und sich darüber hinaus nicht mit eigenen Plänen und Vorhaben rühmen wolle. Zu dem von Gott vorgegebenen Maßstab bzw. Radius seines missionarischen Wirkens gehört nun auch, dass er mit dem Evangelium bis nach Korinth gekommen sei.

● V 15.16: **Neidlos kann Paulus die Arbeit anderer anerkennen** und will sich daher nicht mit fremden Federn schmücken. Wächst der Glaube der Korinther aufgrund der seelsorgerlichen Bemühungen von Paulus und seinen Mitstreitern, dann ist dies für ihn **der größte Lohn und zugleich ein Ansporn, das Evangelium auch über Korinth hinaus zu verkünden.**

> *Bis zuletzt ist Paulus von dem Wunsch durchdrungen, das Evangelium in bis dahin noch unerreichte Gebiete zu verkündigen (vgl. Röm 15,23.24.28). Leidet unser Glaube nicht oft darunter, dass wir uns für die missionarische Verkündigung zu kleine Ziele setzen? Zu selbstgenügsam und zu bescheiden sind?*

● V 17: Statt uns für die eigenen Leistungen selbst anerkennend auf die Schulter zu klopfen, sollten wir **bei allem Tun und Lassen den Herrn rühmen** und so ihm die Ehre geben.

Dienstag, 12. November　　　2. Korinther 11,1–15

● V 1–3: Offensichtlich sieht sich Paulus durch den Selbstruhm seiner Gegner herausgefordert zu der „Torheit", nun seinerseits **seinen Eifer um die Gemeinde** herauszustellen. Dabei greift er **das Bild von Christus als „Bräutigam" und der Gemeinde als seiner „Braut"** auf (vgl. Mk 2,18ff; Offb 19,7f). Paulus „eifert um die Reinheit der Gemeinde, deren sie bedarf, um mit Christus vereinigt zu werden" (H.-D. Wendland).

● V 4–6: **Doch die Gemeinde** – so sein Vorwurf – ist nur **allzu gerne bereit**, **sich** durch die ironisch als „Superapostel" bezeichneten Gegner zu einem anderen Jesus, einem anderen Geist, einem anderen Evangelium **verführen zu lassen**. Nun wüssten wir gerne, worin inhaltlich das von Paulus so heftig kritisierte „andere Evangelium" bestand. Doch wird dies **weder** an dieser noch an anderen Stellen im 2. Korintherbrief von Paulus näher ausgeführt.

● V 7–12: Paulus betont, dass er bei seinem Aufenthalt in Korinth **der Gemeinde nicht auf der Tasche gelegen** habe, während er andererseits **das finanzielle Opfer von Geschwistern aus Mazedonien in Anspruch nahm**. Allerdings verschweigt er an dieser Stelle, dass er in dieser Zeit auch durch seiner eigenen Hände Arbeit als Zeltmacher im Haus seiner Gastgeber Priszilla und Aquila seinen Lebensunterhalt verdient hat (Apg 18,1–3). Sollte die Gemeinde in Korinth in seinem Verhalten einen Mangel an Liebe zu ihr sehen, so stimmt ihn das traurig. Gott weiß, dass es nicht so ist.

● V 13–15: Jetzt fährt Paulus **schweres Geschütz gegen seine Gegner** in Korinth auf, indem er ihnen die Maske vom Gesicht reißt und sie in schonungsloser Schärfe **„falsche Apostel und betrügerische Arbeiter"** nennt. Ja, er unterstellt ihnen, dass sie Teufelsdiener sind, die sich wie der Teufel als Engel verstellen. Zum Schluss **droht er ihnen mit dem göttlichen Gericht:** Mit dem Ende, das ihren Taten entspricht, ist das Verderben gemeint.

Mittwoch, 13. November   2. Korinther 11,16–33

● V 16–21: Nun nimmt die Auseinandersetzung des Apostels mit seinen Kritikern in Korinth so richtig Fahrt auf: **Ihre Selbstbeweihräucherung veranlasst ihn dazu, nun auch sich selbst zu rühmen.** Er bezeichnet sein Verhalten dabei als „Torheit", weil es ja seinem eigenen Selbstverständnis völlig widerspricht. Dabei kriegen die Gemeindeglieder in Korinth auch ihr Fett ab, weil sie es nur allzu gerne ertragen, von andern ausgenutzt und erniedrigt zu werden. Ironisch fügt Paulus an, dass er selbst zu einem solchen Verhalten „zu schwach" sei.

● V 22.23: **Was seine Abstammung anbetrifft, so kann Paulus** sich durchaus auf dieselben äußeren Vorzüge wie sie berufen. Mit dem Wort „Hebräer" spielt er auf seine Zugehörigkeit zu den palästinensischen, aber in der Diaspora lebenden Juden an. Als Mitglied des Gottesvolkes („Israel") ist er zugleich Träger der an Abraham gerichteten Verheißungen.

● V 23–29: Man könnte erwarten, dass Paulus nun über seine zahlreichen Erfolge als Völkermissionar schreibt, deren er sich rühmen könnte. **Aber statt seine persönlichen Leistungen hervorzuheben, schreibt er von seinen Leiden im Dienst des Evangeliums.** Die Fülle der hier geschilderten Nöte, Bedrängnisse und Bedrohungen, von der nur einige in der Apg überliefert sind (z. B. Apg 14,19; 16,22; 21,30–33; 23,12; 27,13ff), lässt einem fast den Atem stocken: Was hat dieser Mann um des Evangeliums willen alles auf sich genommen, ohne sich deswegen im Geringsten zu bemitleiden!

> *Müssten wir Christen es nicht mit mehr Gelassenheit und Zuversicht hinnehmen, wenn uns heute der Wind einer zunehmenden Christentums-Feindlichkeit ins Gesicht bläst?*

● V 30–32: Wenn Paulus sich abschließend seiner Schwachheit rühmt, dann darf diese **Schwachheit nicht mit Ohnmacht oder Wirkungslosigkeit verwechselt werden,** wie er in 12,9 betont.

Donnerstag, 14. Nov.   2. Korinther 12,1–10

● V 1–4: Paulus setzt seinen Selbstruhm fort, auch wenn er ihn als töricht und nutzlos ansieht. Dabei kommt er jetzt auf **eine besondere Gottesoffenbarung** zu sprechen. Dass er hier feierlich von sich in der dritten Person schreibt, wird aus der Aussage in V 7 deutlich. Mit der Formulierung „ist er im Leib gewesen oder ist er außerhalb des Leibes gewesen" will er wohl sagen: **„Er weiß nicht, ob es sich um Ekstase im strengen Sinne, d. h. das Heraustreten der Seele aus dem Leibe, oder um eine Entrückung seiner ganzen Person in die himmlische Welt gehandelt hat"** (H.-D. Wendland). Paulus denkt dabei ganz in dem Weltbild seiner Zeit, das von der Vorstellung von übereinanderliegenden Himmeln ausging. Offenbar hatte er eine besondere, einmalige ekstatische Gottesoffenbarung bzw. ein Entrückungserlebnis, wenn er sich 14 Jahre später noch daran erinnert. Allerdings handelte es sich dabei **nicht um sein Bekehrungserlebnis** (Apg 9), denn das lag länger zurück und hatte auch nicht den Charakter einer Ekstase oder Entrückung.

● V 7–10: Es wird viel darüber gerätselt, was sich hinter dem **„Pfahl im Fleisch"** verbirgt, um dessen Beseitigung Paulus dreimal den Herrn angefleht hat. **Am wahrscheinlichsten erscheint mir, dass Paulus unter epileptischen Anfällen gelitten hat.** In solchen Anfällen sah man in seiner Zeit das Wirken von Dämonen, weshalb man vor einem, der einen solchen Anfall erlitt, als Zeichen der Abwehr ausspuckte (vgl. Gal 4,14 und die Formulierung, dass ihn „ein Engel des Satans mit Fäusten schlage"). Gott hat Paulus auf seine Bitten hin zwar nicht vom Pfahl im Fleisch befreit, aber ihm deutlich gemacht, dass er gerade **in seiner körperlichen Schwachheit vollmächtig wirken** werde.

Gott erhört Gebete manchmal anders, als wir erbeten haben. Haben Sie solche Erfahrungen auch gemacht?

Freitag, 15. November   **2. Korinther 12,11–21**

● V 11.12: Paulus beendet seinen Selbstruhm, den er schon zuvor als töricht und unnütz bezeichnet und sich deswegen wie ein „Narr" vorkommt. Eigentlich hätten die Korinther ihn wegen seiner bei ihnen vollbrachten Wundertaten, mit denen er sich als echter Apostel erwiesen hat, loben bzw. „empfehlen" müssen. Weil sie es unterlassen haben, **sieht Paulus sich genötigt, seine eigenen Verdienste angesichts der Herabwürdigung durch die „Superapostel" herauszustellen.**

● V 13.16–18: Wie sehr Paulus **der Vorwurf der Gemeinde wegen seines Unterhaltsverzichts zu schaffen macht**, zeigt sich daran, dass er nun abermals (vgl. 11,7ff) darauf zu sprechen kommt. Dem üblen Verdacht, er habe sich stattdessen durch einen seiner Mitarbeiter an den Korinthern schadlos gehalten, begegnet er mit dem Hinweis, dass auch Titus bei seinem Besuch in Korinth auf eine Versorgung durch die Gemeinde verzichtet habe.

> *In urchristlicher Zeit entwickelten sich manche Wanderprediger zu einer wahren Landplage, indem sie ihren Aufenthalt in den Gemeinden in die Länge zogen und ihnen auf der Tasche lagen. Wie anders das Verhalten von Paulus!*

● V 14.15: Paulus stellt seinen dritten Besuch in der Gemeinde in Aussicht. Auch bei diesem Besuch will er der Gemeinde nicht zur Last fallen. Ja, er will dabei nicht nur auf ihre materielle Unterstützung verzichten, sondern **sich völlig selbstlos der Gemeinde in seinem Dienst „hingeben"**. So wie Eltern für die Kinder, so will er als Apostel für die Gemeinde sorgen.

● V 19–21: **Paulus sieht dem angekündigten Besuch in Korinth mit einiger Sorge entgegen.** Er befürchtet, dass es wie bei seinem vorhergehenden Aufenthalt – vgl. Kap. 2,1 – wieder zu unschönen Auseinandersetzungen kommt und manche Gemeindeglieder für ihre sittlichen Verfehlungen immer noch keine Buße getan haben.

Samstag, 16. November — 2. Korinther 13,1–13

Man spürt in dem abschließenden Kapitel seines Briefes **die innere Spannung,** die den Apostel im Blick auf seinen bevorstehenden Besuch in Korinth erfasst hat. Erkennbar wird dies durch **eine unterschiedliche Tonlage** in seinen Aussagen:

→ So kündigt er den Korinthern an, sie bei seinem Besuch **„nicht schonen"** zu wollen (V 2), **kraftvoll** bei ihnen aufzutreten (V 3.4) und womöglich **„Strenge gebrauchen zu müssen"** (V 10).

→ Er ermahnt sie, **sich selbst zu prüfen,** wie es um ihren Glauben bzw. ihre Beziehung zu Jesus Christus steht (V 5).

→ Doch schließlich **hofft und betet er darum,** dass die Korinther **„nichts Böses tun"** (V 7), ja, dass sie **vollkommen** sein mögen. Darüber würde er sich **„freuen"** (V 9).

> 🖉 An seinem Verhältnis zur Gemeinde in Korinth (übrigens auch zur Gemeinde in Galatien) zeigt sich, dass Paulus keine integrierende Persönlichkeit war; seinem Wesen fehlte eine gewisse Ausgeglichenheit und Harmonie. Offensichtlich war ihm dies bewusst, und er hat dankbar die Vermittlungsbemühungen seiner engsten Mitarbeiter in Anspruch genommen. So gelang es Titus bei seinem Besuch in Korinth offensichtlich, das Zerwürfnis zwischen Teilen der Gemeinde und Paulus zu beenden und durch sein herzliches, einfühlsames Auftreten (vgl. 2Kor 7,15) die entstandenen Gräben zuzuschütten und damit einen weiteren Besuch des Apostels in Korinth zu ermöglichen.

● V 11–13: Mit einem **versöhnlichen Aufruf zur Freude** und dem Wunsch, dass die Gemeinde sich zurechtbringen lassen und in Frieden und Harmonie zusammenleben möge, schließt der Apostel seinen Brief ab. Ganz am Ende steht **ein trinitarischer Segenswunsch,** der Gottesdienstbesuchern als Kanzelgruß vor der Predigt vertraut ist. Eine solche trinitarische Formel findet sich im ganzen NT nur noch im „Missionsbefehl" am Ende des Mt (28,19).

Sonntag, 17. November — Psalm 51

- David bekennt in Ps 51, **wie radikal wir Menschen in Schuld verstrickt sind**. Dabei zeigt sich: Sünde ist keine Einzeltat, sondern ein Zustand (V 7). Wer an Menschen schuldig wird, versündigt sich immer auch an Gott (V 6a). Zugleich weist Ps 51 auf den einzigen Ausweg: Vertrauen auf Gottes Vergebung *allein aus Gnade*.
- Neben der Überschrift (V 1–2) und den Schlussbitten (V 20–21) ist der Psalm in zwei Teile gegliedert: Sie enthalten Bitten um

→ **Befreiung von der Sünde**, welche die Vergangenheit und Gegenwart (!) bestimmt (V 3–11).

→ **Neuschöpfung durch Gottes Geist**, sodass ein neues Leben mit Gott möglich ist (V 12–19).

- David appelliert an die „Grundeigenschaften" Gottes aus 2Mose 34,6f: seine **Gnade, Güte und Barmherzigkeit** (V 3). Er vertraut auf Gottes gerechtes Urteil, das ihn nicht vernichtet, sondern gerecht spricht, indem Gott ihn von der Macht der Sünde befreit.
- **David bittet um ein „reines Herz"**, durch das er die Lebensordnungen und sogar Gott erkennen kann, und um einen „neuen Geist", damit er das, was er erkannt hat, auch konsequent (V 12b), mit Hingabe (V 14b) und in Lebensgemeinschaft mit dem heiligen Gott (V 13b) verwirklichen kann. Ob David an den Heiligen Geist denkt, bleibt offen. Allen Menschen verspricht Gott den Heiligen Geist erst durch Hesekiel (36,25–27) und Joel (3,1f). In jedem, der an Jesus glaubt, wirkt der Geist Gottes (Röm 8,9.14–16).
- V 15–19 beschreiben David, wie er Gott dankt: Er wird Gott preisen, loben und andere zum „Glauben" einladen. Sein ganzes Leben soll ein Dankopfer sein (V 19; vgl. Röm 12,1).

> *Lesen Sie bitte Ps 139, u.a. V 23f. Welche ergänzende Bedeutung hat dieser Ps?*

- Ps 51 erinnert daran, **den Tag mit der Bitte um Gottes Geist zu beginnen** (Eph 5,18) **und mit der Bitte um Vergebung zu schließen** (1Joh 1,9).

Der zweite Brief des Petrus

Dieser Brief ist an keine konkrete Gemeinde, sondern an alle Christen gerichtet. Er ist als eine Art „Vermächtnis" oder „Testament" des Petrus gestaltet. Er ermahnt, **das neu geschenkte Leben mutig zu gestalten (1,3-6); er ermutigt, an Gottes Wort festzuhalten,** – gerade auch gegen die Irrlehrer aus den eigenen Reihen (1,16-2,22), und er stärkt die Hoffnung und Gewissheit auf die Wiederkunft Christi. Dabei erklärt er die Verzögerung seines Kommens als Gottes Angebot zur Umkehr für jeden Menschen (3,8-10). Er ist sich darin ganz mit Paulus einig, dessen theologische Gedanken aber von vielen missverstanden werden (3,14-16).

Montag, 18. November — 2. Petrus 1,1–11

Berufen zum Wachstum im Glauben

- Gleich am Anfang formuliert Petrus einen Kerngedanken: **Wichtig für das Alltagsleben eines Christen sind Ermutigung im Glauben, Wachstum in der Christusbeziehung und Durchhalten in Anfechtungen.**

Wer bin ich als Christ?

- Bevor Petrus ins Detail geht, stellt er zunächst klar, wer wir als Christen sind. **Er lenkt den Blick auf den großen Schatz**, den wir in unseren irdenen Gefäßen tragen (2Kor 4,7). Wir sind Menschen, die „denselben kostbaren Glauben empfangen haben" (V 1). Wir sind Kinder Gottes (Gal 3,26), wir sind mit Christus verbunden durch die Taufe (Röm 6,4). Das bedeutet (Rö 6,2.3): Gott selbst hat sich durch den Heiligen Geist mit uns verbunden. Als Getaufte und Glaubende haben wir eine neue Existenz, die Paulus prägnant in Gal (2,20) beschreibt: „Nun lebe nicht mehr ich, Christus lebt in mir."

Heiligung des Lebens – Wachsen zu Gott hin

- Die Erkenntnis Christi, mit der die Glaubenden beschenkt sind, ist etwas ganz anderes als Philosophie oder Weltanschauung! Zwar können auch diese zu großen Taten motivieren und das Leben prägen – eines aber können sie nicht: den Menschen selbst verändern. Das aber geschieht durch die Kraft des Evangeliums! **Der Heilige Geist entfacht in uns einen dynamischen Lebensprozess, in dem Christus mehr und mehr das Denken, Wollen und Fühlen durchdringt.** Petrus beschreibt es **wie eine Kettenreaktion,** die vom Glauben ausgeht und sich schließlich in praktischer Frömmigkeit bzw. in geschwisterlicher Liebe wie der Liebe zu allen Menschen bewährt. **Der Glaube ist also ein auf Wachstum angelegter Prozess.** Wem das zu anstrengend ist und wer sich auf die „faule Haut legt", verliert womöglich seine Berufung bzw. Erwählung.

> *Schauen Sie ganz bewusst auf Ihr eigenes Glaubensleben: Wodurch nähren Sie Ihr persönliches geistliches Wachstum?*

Dienstag, 19. November   2. Petrus 1,12–21

Christsein braucht geistliche Vertiefung

● Petrus spricht diejenigen an, die bereits Christen sind, die gefestigt und gewiss in ihrem Glauben stehen (V 12). Sie zu stärken ist ihm Vermächtnis und Lebensauftrag. Die Autorität dazu nimmt Petrus aus seinem persönlichen Erleben der Christusnähe, wie sie ihm besonders auf dem Berg Tabor geschenkt wurde (Mt 17,1–13).

Einüben und Erinnern als Voraussetzung zu geistlichem Wachstum und Standhaftigkeit

● „Erinnern" bedeutet im Verständnis biblischer Sprache „vergegenwärtigen". Das heißt: **sich immer wieder mit allen Sinnen (Herz, Verstand, Fühlen) auf Christus hin ausrichten.** Darin steht Petrus in der Tradition der Pastoralbriefe des Paulus (vgl. dazu 2Tim 2,14; Tit 3,1; Phil 3,1). **Das Erinnern zielt demnach auf eine Vertiefung des geistlichen Lebens durch ein lebendiges Wachhalten („zu wecken"; V 13) dessen, was Christus an uns gewirkt hat.** Zuerst hatte Petrus (V 5–7) vom Wachsen zu einer von der Liebe bestimmten Frömmigkeit geschrieben. Jetzt schreibt er angesichts seines nahen Todes (V 13–15) davon, dass wir uns beständig an das erinnern sollen, was Gott an uns getan hat, und dass wir **zur Vergewisserung das „prophetische Wort" haben,** an dem wir uns wie an einem Licht in dunkler Nacht orientieren können. Mit dem „prophetischen Wort" will Petrus festhalten, dass sich die alttestamentlichen Prophezeiungen bzw. Verheißungen mit der Offenbarung der Herrlichkeit Christi jetzt erfüllt haben.

> ✎ *Petrus erinnert an die besondere Gotteserfahrung auf dem Berg der Verklärung. Kennen Sie aus Ihrem Leben besondere Erfahrungen der Gottesnähe? Was bedeuten sie Ihnen für Ihren Glaubensalltag?*

Buß- u. Bettag, 20. November — 2. Petrus 2,1–11

Falsche Lehrer und Propheten leugnen die gnadenhafte Errettung durch Christus und verführen Menschen dazu, ihren geistlichen Lebensweg zu verlassen. Petrus nennt zu diesem Thema wesentliche Gedanken:

Gott selbst wird die Irrlehrer richten

- „Wer Verderben sät, wird auch Verderben ernten", ist hier die Grundhaltung des Petrus. Es ist Aufgabe der Gemeinde, sich um das Wachsen des Glaubens hin zu einer lebendigen Frömmigkeit zu mühen. In Gottes Macht steht es, die Irrlehrer zur Rechenschaft zu ziehen und zu richten. Hier wird **ein wesentlicher Grundgedanke des Petrus** deutlich: **Die gesamte Heilsgeschichte geht auf ihre Erfüllung zu, auf eine umfassende Neuschöpfung, aber damit auch auf das Gericht, das ein Aufrichten der göttlichen Gerechtigkeit bedeutet**. Davor wird es eine Zeit der Verwirrung und Verführung geben (vgl. Mt 24,11.24; Mk 13,5f.22f; Offb 16,13), in der Gott „die Frommen aus der Versuchung zu erretten" weiß (V 9). Darin liegt beides: ein großer Trost für die Glaubenden, aber auch die Herausforderung, einander in der Zeit der Verwirrung beizustehen.

Gericht und Bewahrung

- An verschiedenen Beispielen erinnert Petrus an **Geschichten aus dem AT vom Gericht Gottes und seiner Bewahrung von Menschen**. Sie sollen eine Warnung für die sein, die in der Gegenwart „nach dem Fleisch leben … und die Macht des Herrn" (V 10) verachten.

Der Glaubensweg ist ein konkreter Lebensweg

- Petrus spricht vom „**Weg der Wahrheit**" (V 2), den die Christen gehen. In V 21 wird er auch vom „Weg der Gerechtigkeit" sprechen. Damit nimmt er eine alte Tradition auf, die der jüdischen Weisheit entspringt (Weish 5,6; Ps 119,30). Glaube ist keine innere Einstellung, sondern konkreter Lebensvollzug.

Heute am Buß- und Bettag können wir auf unser Leben schauen und Gott um Vergebung und Neubeginn bitten.

Donnerstag, 21. November   2. Petrus 2,12–22

Mit überaus drastischen Worten beschreibt Petrus das Treiben der Irrlehrer. Dabei fallen einige Merkmale besonders auf:

Maßlosigkeit

● Offensichtlich sind diesen Menschen nicht christliche Tugenden (vgl. 1,5–7), sondern **Maßlosigkeit und Ausschweifung in jeder Hinsicht zur Lebensgrundhaltung geworden.** Leicht lassen sich auch Christen von dieser Lebenshaltung mitreißen – vor allem dann, wenn sie selbst nicht darauf achten, im christlichen Leben gefestigt zu bleiben. Das hat konkrete Auswirkungen. Wieder führt Petrus **ein Beispiel aus dem AT** an: Während der Prophet Bileam in den Augen Gottes töricht handelt, beginnt das „stumme Lasttier" zu reden. Der Esel nimmt wahr, was um ihn herum geschieht, während Bileam blind für die Wirklichkeit ist (4Mose 22,7–35). So sind auch die Irrlehrer.

Knechtschaft, die sich betrügerisch als Freiheit tarnt

● Petrus beschreibt die Irrlehrer als **„Brunnen ohne Wasser"** (V 17; vgl Judas 12) und bezieht sich damit auf ein Bild aus der jüdischen Weisheit, das wir auch bei Jesus wiederfinden. Im AT (Spr 18,4; Jer 2,13; Joh 4,13f; 7,37f) wird Gott selbst mit einer sprudelnden Quelle gleichgesetzt. Er ist sinnbildlich das Wasser, das auf der Erde Wachstum und dem Menschen Leben ermöglicht. **Im Wasser des Lebens liegt die Kraft, die die Erde zum Fruchtbringen bringt – und die Sehnsucht des Menschen nach erfülltem Leben stillt.** Die Irrlehrer hingegen bringen statt Freiheit, Entfaltung und Leben Not und den ewigen Tod.

Der Verrat an Gottes Güte

● **Der Abfall vom Glauben** ist ein großes Thema in den ersten christlichen Jahrhunderten. Kann ein Abgefallener wieder in die Gemeinde zurückkehren und am Ende doch gerettet werden? Wie schwierig dieses Problem ist, zeigt sich in der Spannung, die etwa zur Aussage in 1Kor 5,1–5 besteht, wo Paulus die Hoffnung hat, dass Gott am Ende dem Sünder gnädig sein wird (vgl. aber auch Hebr 6,4–6; 10,26–29).

Freitag, 22. November   **2. Petrus 3,1–10**

• Petrus nimmt nochmals das Anliegen seines Briefes auf: Er möchte bei den Adressaten den „lauteren Sinn erwecken" und die Erinnerung an die Botschaft der Propheten und die von den Aposteln überlieferten Worte Christi wachrufen. **Sie sollen sich klarmachen, dass „in den letzten Tagen Spötter kommen werden"** (V 3). Für Petrus ist der Glaubensweg gekennzeichnet durch das immer tiefere Hineinwachsen in die Christusbeziehung und ein Unterwegssein zur Vollendung der Heilsgeschichte Gottes mit dieser Welt. **Hier nimmt er das Argument der „Spötter" auf, die Zweifel an der Wiederkunft Christi säen, mit der die ersten Christen doch bald nach der Himmelfahrt Christi gerechnet hatten.**

Die Schöpfung geht der Erlösung entgegen

• Petrus entlarvt das Argument, dass sich nichts auf dieser Welt verändern werde (V 4b), indem er an **die biblische Schöpfungs- und Sintflut-Geschichte** erinnert. Es ist eben nicht alles so geblieben, wie es von Anfang der Schöpfung gewesen ist. **So wie die Sünde der Menschen das Verderben der Sintflut heraufbeschwor, so wird die jetzige Welt auch durch das Feuer des Gerichts vernichtet werden.** Dies nimmt Petrus als Grundlage auf, um so die künftige Veränderung der Welt zu ihrer Vollendung hin verstehbar zu machen. Gott wird **nach dem Maßstab seiner Zeitrechnung** (V 8) die alte Erde vernichten, um sie durch sein heiliges Wort neu und vollkommen zu schaffen. Was als **Verzögerung der Wiederkunft Christi erscheint, ist Ausdruck der Geduld Gottes** mit denen, die bisher noch nicht Buße getan haben (V 9).

Petrus beschreibt unsere Lebenszeit als Gnadenzeit. Übermorgen feiern wir den Ewigkeitssonntag und das Ende des Kirchenjahres. Nehmen Sie sich eine Zeit der Stille und des Gebets. Sprechen Sie mit Gott über Ihr Leben und die Ewigkeit, die er Ihnen verheißen hat.

Samstag, 23. November   2. Petrus 3,11–18

Bereit für die Ankunft des Herrn

- Diese Bereitschaft ist für Petrus nichts Bedrohliches, sondern eine von lebendiger Hoffnung erfüllte Lebenshaltung des Christen. Das ist verständlich, wenn man daran denkt, was er zu Beginn des Briefes (1,1–5) geschrieben hat: Alles, was wir zu unserem Leben und zu unserer Frömmigkeit brauchen, hat uns Gott geschenkt. Unsere Lebensantwort darauf ist: **Diese Gaben in uns zur Entfaltung zu bringen, und Christus in uns mehr und mehr Raum zu geben.** So bekommen wir „Anteil an der göttlichen Natur" (1,4).
- Diese Dynamik führt dann zu einer Christusliebe, die Paulus sagen lässt, er möchte „lieber daheim beim Herrn" (2Kor 5,8) sein als hier auf dieser Erde. Das ist keine Weltverachtung und auch kein Alibi für mangelnde Nächstenliebe oder soziales Engagement. Es ist eine Haltung der Liebe zu Christus. **Petrus sieht die Christen als „Wartende".** Sie warten aber nicht untätig „aufs Blaue" hinein, sondern vertrauen darauf, **dass Gott seine Verheißung wahr macht.** Er steht darin ganz in der Tradition der ersten Christen, die beteten: „Maranatha" („Herr, komm bald"; Offb 22,20).
- So singen wir in einem **Lied von Paul Gerhardt:**
„Erwähle mich zum Paradeis und lass mich bis zur letzten Reis an Leib und Seele grünen, so will ich dir und deiner Ehr allein und sonst keinem mehr hier und dort ewig dienen" (EG 503,15).
- **Feuer, Rauch, das Zerschmelzen der Gestirne** (V 12) sind ein dramatisches Szenario, das die unüberbietbare Macht und Heiligkeit Gottes ausdrückt. Zugleich wird daran auch deutlich, dass die Neuschöpfung eine Zäsur ist, ein Vergehenmüssen des Alten, damit das Neue und Geläuterte entstehen kann.

Petrus stellt uns unsere Zukunft vor Augen. Worauf hoffen Sie als Christ? Versuchen Sie, für sich persönlich eine konkrete Antwort zu formulieren!

Ewigkeitssonntag, 24. Nov.   Jesaja 26,7–19

- Den Text **durchzieht wie ein roter Faden das uneingeschränkte Vertrauen zu Gott,** der für sein Volk in jeder Situation alles bedeutet (V 8.11.12).
- V 7–10 sind geprägt durch das Wortfeld „Gericht". **Gott wirkt in der Geschichte durch „Gericht"** (V 7.9) **und „Gnade"** (V 10). Die Weltgeschichte ist kein Ergebnis von Zufällen oder allein menschlichem Handeln, sondern in ihr handelt (verborgen) der Schöpfer. Nur durch diese Gerichte – der Text denkt an welterschütternde Ereignisse; davon ist das Jüngste Gericht (2Kor 5,10) zu unterscheiden – „lernen" die „Gottlosen" die Gerechtigkeit Gottes und kehren von ihren gottlosen Wegen um (V 9f). Gottes Volk darf dabei gewiss sein, dass Gott es nicht vergisst und seinen Weg ebnet – auch in Gerichtszeiten (V 7f).
- Durch Gericht und Gnade wird Gott seinem Volk Frieden schenken (V 12a). Dieser Friede, der alles umfassende Schalom, ist *allein* Gottes Gabe – auch da, wo Menschen handeln (V 12b); Paulus formuliert in Phil 2,12f ganz ähnlich.
- Noch ist dieser Friede nicht da; er liegt in Geburtswehen (V 17ff). **Mit Jesus begann sich diese Friedensverheißung zu erfüllen: Es gibt schon heute (!) Frieden mit Gott** (Röm 5,1), **Vergebung** (1Joh 1,9), **Bewahrung im Glauben (und) in der Not** (Phil 4,7), **Hoffnung auf die Auferstehung** (1Petr 1,3) **und Versöhnung im Miteinander** (Röm 14,19). Umfassend ist der *Schalom* jedoch erst in Gottes neuer Welt (Offb 21).
- In V 19 blitzt plötzlich die **Perspektive auf die Auferstehung** auf: **„Aber deine Toten werden leben, deine Leichname werden auferstehen. Wachet und rühmt, die ihr liegt unter der Erde!"** Die schönste Zukunftsaussicht würde uns nichts nützen, wenn wir nicht daran teilhätten. Der Tod ist nicht das Ende – er ist nur ein Doppelpunkt, hinter dem die Geschichte, die hier begonnen hat, weitergeschrieben wird.

Der Prophet Jesaja (Kap. 56–66)

Das Babylonische Exil geht ca. 538 v.Chr. zu Ende. Die Perser haben Babylon besiegt. **Die Exilanten können nach Jerusalem zurückkehren, den Tempel wieder aufbauen,** was auch 520–515 geschieht, und ihr Leben neu ordnen. Sie müssen sich politisch der Herrschaft der Perser fügen, können aber ihr religiöses Leben frei gestalten.

Die Kap. 56–66 enthalten Prophetenworte, die in diese nachexilische Zeit hineinsprechen. Dass das neue Leben in der alten Heimat eine große Herausforderung darstellt, zeigt schon der erste Satz: „Wahrt das Recht und tut Gerechtigkeit" (56,1). Es wird Klage geführt über die Hirten des Volkes, über ein Fasten, das die sozial Schwachen überhaupt nicht im Blick hat (58,6ff), und über Missstände verschiedenster Art (57,1ff).

Man erinnert sich der großartigen Verheißungen am Ende der Exilszeit (Jes 40–55), **hatte nach der Rückkehr einen geistlichen und sozialen Durchbruch und Umbruch erhofft,** aber die Gegenwart sieht anders aus. Selbst die kleinen Veränderungen fallen kaum ins Gewicht. Enttäuschung und Resignation machen sich breit. **Neue Hoffnung muss entfacht werden. Diese leuchtet in den zentralen Kapiteln 60–62 auf.** Über Jerusalem wird „die Herrlichkeit des Herrn aufgehen" (60,1), die Völker werden mit ihren Schätzen zum Berg des Herrn ziehen (60,3ff), der Tempel wird ein „Bethaus für alle Völker heißen" (56,7). **Gott wird Jerusalem zu einem Ort der Gerechtigkeit und des Heils machen, die Heiden werden das sehen und nicht mehr negativ über Zion reden (62,1–4).**

Das alles ändert aber die gegenwärtige unbefriedigende Lage nicht. Die vielfältigen Probleme und Spannungen treiben ins Gebet, wie das lange Klagegebet in 63,7–64,11 zeigt. Leidenschaftliche Hilfeschreie steigen auf: „So schau vom Himmel …! Wo ist dein Eifer und deine Macht? … Bist du doch unser Vater, unser Erlöser, das ist von alters her dein Name …" (63,15.16). „Ach dass du den Himmel zerrissest und führest herab" (V 19). „HERR, willst du bei alledem noch zögern und schweigen?" (64,11).

Trotz allem hofft man auf ein Wirken Gottes, das alles Bisherige übertrifft. Der Prophet verheißt im Namen Gottes: „Siehe, ich will einen neuen Himmel und eine neue Erde schaffen" (65,17); Elend und Leid werden vergessen sein. Aber diese letzten Kapitel zeigen auch, dass das zukünftige Heil nicht automatisch allen gilt, sondern denen, die Gottes Weisungen folgen, die Kritik an den sozialen Zuständen und die Warnung vor fremden Göttern und ihren Kulten nicht überhören, sondern ernst nehmen.

Montag, 25. November — Jesaja 56,1–8

- Gott bringt **Heil** (51,5), er wird sein Volk von der quälenden Macht der Sünde befreien. Gleichzeitig ist Gott in seinem Bund **gerecht** (im Sinn von treu) und rettet sein Volk. Darum soll sein Volk ...

→ **Recht wahren**, orientiert an der Gerechtigkeit des *Gesetzes*, und
→ **Gerechtigkeit üben**, orientiert an dem *Charakter Gottes*.

- Es geht um alle **Menschen(-kinder)**. Bereits der Segen Abrahams in 1Mose 12,3 gilt „allen Geschlechtern der Erde". Konkret wird das nun durch das Werk des verheißenen Knechts, dem „Licht der Völker" (Jes 49,6). Durch ihn sammelt Gott nicht nur die **Versprengten** Israels (56,8; entfremdet auch von JHWH, nicht nur aus dem *Land*), sondern **Menschen weit darüber hinaus** (Joh 10,16).

- V 2 und 4: Warum ist der **Sabbat** hier als Testfall für wahren Glauben hervorgehoben? Die Menschen der anderen Völker arbeiteten damals körperlich hart und ununterbrochen, einfach nur, um zu überleben. Der Sieben-Tage-Rhythmus ist ein radikaler, sichtbarer Schritt in die **Unterordnung** (unter die Ordnung des Schöpfers), **Freiheit** (Ruhe von der Knechtschaft) und **Vertrauen** (Versorgung trotz fehlendem Arbeitstag).

- **Ausländer** wie Rut und Rahab verlieren durch die Hinwendung zu JHWH ihre Heimat und Freunde. Warum tun sie das? Es geht nicht um ein religiöses System oder Liebe zu Israel. Es geht um persönliche Hingabe an den lebendigen Gott, **Liebe** zu ihm (V 6). *Er* ist jeden Preis wert.

- Der **Verschnittene** wurde nicht in Gottes Volk akzeptiert (5Mose 23,2), wohl um religiöse Verstümmelung zu ächten. Der Weg zu Gott ist nun offen für ihn. Jes 56,4 verwendet wie Apg 8,27 das Wort „Eunuch".

- Jesus zitiert V 7 bei der Tempelreinigung (Mt 21,13). **Bethaus für alle Völker** bedeutet: Statt Geschäftemacherei sollen sie nicht nur beten, sondern die Nationen in die Gemeinschaft mit Gott einladen. Das **Opfer** ist Grundlage für eine geheiligte Beziehung zu Gott, im Neuen Bund ist es das Opfer von Jesus.

Dienstag, 26. November   **Jesaja 56,9–12**

- **Kommt her** zum Fressen (V 9) und zum Saufen (V 12): Das bildet den Rahmen dieser grimmigen, ironischen Anklage der Leiter Israels.
- Wenn die Verteidigung der Stadt zerfällt, dringen wilde **Tiere** ein (Ps 80,14; Zeph 2,14), fallen über Vorräte und Wehrlose her. Zurück bleiben Fäkalien, Krankheiten und der Tod.
- Die Leiter feiern, als ob es kein Ende gäbe. Doch die wilden Tiere sind längst unterwegs.
- **Wächter** und **Hirten** stehen für zwei Bereiche der Leiterschaft: nach außen vor Gefahr schützen und nach innen um Bedürfnisse kümmern.
- **Blinde Wächter** und **stumme Hunde** sind ungeeignet für ihre Aufgabe. Es ist zu bitter, um zu lachen. Denn in ihren Händen liegt das Schicksal des Volkes.
- Sie haben **keinen Verstand**, gemeint ist Einsicht, Unterscheidungsvermögen. Ähnlich beurteilt Jesus die Sadduzäer („Ihr irrt, weil ihr weder die Schrift kennt noch die Kraft Gottes", Mt 22,29) und die Schriftgelehrten und Pharisäer (Mt 23).
- Statt ihr Leben selbstlos für das Volk hinzugeben, saugen sie es aus wie ein Blutegel. Bei all dem geht es nicht um „die da oben". Der Leser soll sich selbst prüfen.
- Ohne Kontext klingt V 11 „ein jeder sieht auf seinen Weg, alle sind auf ihren **Gewinn** aus" wie ein modernes wirtschaftliches Erfolgsprinzip. Diese Anklage hinterfragt das individualistische Streben nach Glück, auch in christlichen Gemeinden.
- Auch V 12 „der morgige Tag soll wie dieser sein, **herrlich**" klingt ohne Kontext wie eine moderne Glücksformel. Doch das ist zu simpel. Solides Glück hat Leid mit einkalkuliert. Es ist weniger abhängig von Erlebnissen als von der Beziehung mit Jesus.

Es geht nicht darum, sich den grauen Alltag (ein Tag wie der andere) schönzufeiern. Wie kann Gott im Leben so real werden, dass jeder Tag neu, überraschend und anders ist?

Mittwoch, 27. November — Jesaja 57,1–13

- Für Rettung ist hier mehr nötig als Vergebung von Sünden. Israel hat sich verkauft an die Macht von Baal, Moloch (V 5) und politische Allianzen mit Babel (V 9). Gott selbst muss einschreiten, richten, befreien und retten.
- In solchen Zeiten sind **fromme Leute** verhasst, wörtlich „Männer der Gnade", aus deren Herzen Gottes Gnade fließt. Sie vergehen wie Dreck. Nein! V 2 wendet die Perspektive um 180°: Sie dürfen in Frieden **ruhen** auf ihren **Lagern** – ein Gegensatz zu den Lagern der Schande (V 7) und des Versagens (56,11).
- Die **Zauberin** hat sich der Kontrolle durch Geister geöffnet. **Ehebruch** steht symbolisch für Verrat am Bund mit Gott, **Hurerei** für die Verbindung mit fremden Göttern.
- V 4 beschreibt willentliche Rebellion gegen Gott emotional, V 11 argumentativ: Die Rebellion ist grundlos (nicht aus **Furcht**), sie ist Sünde (**treulos**), unentschuldbar (**dachte** nicht an die großen Taten ihres herrlichen Gottes) und verletzend (nahm die Liebe Gottes nicht zu **Herzen**).
- V 5 beschreibt die ganze Spannbreite des Abfalls: von Lebenskult bis Todeskult. Unter den **Terebinthen** (Terpentin-Pistazie) vermutet man kanaanitische Fruchtbarkeitsriten, um den Gott Baal zu „beleben". Das **Kinderopfer** spielt auf den Moloch-Kult an, als Zauber gegen den Tod gedacht.
- V 8: Die verdeckten **Denkzeichen** sind wahrscheinlich nicht heidnische Symbole, sondern Gottes Worte an den Türpfosten (5Mose 6,9). Ein Doppelspiel: als „Glücksbringer" ein bisschen Bibel, aber versteckt, sonst könnte sie anklagen.
- V 6: Die **glatten Steine** (hebr. *Chalaq*) sind wohl durch Wasser in ihre Form gebrachte Steingötzen. V 13 wünscht viel Erfolg mit diesen **vielen Götzen**, wörtlich der „Sammlung". Gott sammelt sein Volk (56,8), sein Volk sammelt Götzen. Worauf richtet sich Ihre geistliche „Sammelleidenschaft"?

Donnerstag, 28. November   Jesaja 57,14–21

- Nicht nur Gott zu den Menschen (40,3), sondern auch den Menschen zu Gott soll der **Weg gebahnt** werden. Wie kann das geschehen?
- Gott ist der **Hohe und Erhabene**, absolut **heilig**. Er möchte Menschen in seine Gemeinschaft nehmen, bei ihnen **wohnen**. Das bedeutet nie, dass er sich anpasst und geistliche oder moralische Kompromisse macht. Es ist nur möglich, indem der Mensch auf Gottes Ebene erhöht („geheiligt") wird.
→ Wer dazu nicht bereit ist, wird ihn nie finden.
→ Wer dazu bereit ist, wird schnell feststellen, dass er es aus eigener Kraft nicht schafft.
- **Zerschlagen** sind die Gerechten durch die Angriffe des Bösen, ebenso wie der Gottesknecht (53,5.10). Sie sind **demütig**. Nur dann wird Gott sie erhöhen. Dem Hochmütigen hingegen widersteht er (1Petr 5,5).
- Unerklärlich ist Gottes Beschluss in V 16, seinen Zorn zu beenden, obwohl er im Recht ist. Der Grund liegt in Gottes Wesen.
- Denn nach V 17 führt Sünde zu **Zorn**, aktivem Widerstand (**schlug sie**) und Rückzug aus Gemeinschaft (**verbarg mich**). Der Sünder bleibt unverändert.
- Die Lösung muss von Gott kommen. So liegt es nicht am Menschen, sondern in Gottes unerklärlichem Wesen, dass sich gerechte Strafe in gnädige **Heilung** wandelt.
- Gott sieht das Herz, gefangen in Selbstsucht (V 17). Seine Heilung in V 18 beinhaltet: Er zeigt den richtigen Weg (**leiten**), gibt inneren Frieden (**Trost geben**). Sogar die Worte der Reue sind sein Geschenk (**Frucht der Lippen** derjenigen, die sich ihr Elend zu Herzen nehmen).
- „**Friede, Friede**" bedeutet totaler Friede, weltweit – nicht durch Menschen, sondern durch Gottes Heilung. Jes 57 ist gerahmt von den beiden Wegen: dem Weg des Gerechten zu diesem Frieden (V 1f), des Gottlosen (V 3–12) aber in die Unruhe, sprichwörtlich: „No peace for the wicked" (V 21). Jesus bestätigt, dass Gottes Liebe niemanden in den Himmel zwingen wird (Mt 7,13f).

Freitag, 29. November   **Jesaja 58,1–9a**

- Nach 57,19 ist **Umkehr ein Geschenk Gottes** und er wirkt sie durch sein Wort – Kap. 58 hat dieses Ziel.
- V 2 beschreibt äußerlich vorbildhafte Frömmigkeit: Ausdauer (täglich), Engagement (begehren zu wissen) und Hingabe (begehren, dass Gott sich nahe). Echter Glaube und Leistungs-Religiosität sind hier nicht zu unterscheiden. Hier redet Gott; er allein sieht ins Herz. **Ich kann diesen Text nicht auf *andere*, sondern nur auf *mich selbst* anwenden, um mein eigenes Herz zu prüfen.**
- Ein Gebot zu regelmäßigem **Fasten** gibt es nicht, nur am großen Versöhnungstag. V 3 macht deutlich: Sie handeln kalkulierend, das ist heidnisch. Gott spielt dieses Spiel nicht mit. Trotz aller Anstrengung reagiert er nicht.
- Ironischerweise macht gerade das Fasten deutlich, was wirklich im Herzen steckt: Hunger macht ungeduldig und gereizt; der beabsichtigte fromme Schein kehrt sich ins Gegenteil.
- Fasten an sich ist nicht verkehrt (Mt 6,16). Fasten bedeutet: Ich verzichte auf etwas, das meine Aufmerksamkeit verlangt (Essen, Fernsehen etc.), um den gewonnenen Freiraum (Zeit, Gedanken) besser auf Gott ausrichten zu können. Jesaja fügt hinzu: ... und auf den Nächsten!
- **Jedes Joch** muss zerbrochen werden, sei es Ungerechtigkeit, Unmenschlichkeit oder Unterdrückung (V 6).

> *V 6 nennt allgemeine Werte, V 7 konkrete Anwendung. Man mag an den barmherzigen Samariter denken. **Fleisch und Blut** deuten darüber hinaus auf die eigene Familie – Eltern, Partner, Kinder: Tut ihnen meine „Frömmigkeit" gut?*

- V 8f nennt vier Verheißungen: **ein neues Leben** (Licht hervorbrechen), **Heilung** (an Leib und Seele), **Sicherheit** (beschützt von vorne und hinten), **Gottes Bereitschaft zur Gemeinschaft** („Hier bin ich" ist eigentlich die Antwort des dienstwilligen Knechts, 1Mose 22,1; 1Sam 3,4).

Samstag, 30. November **Jesaja 58,9b-14**

- In V 6 steht **Joch** für soziale Ungerechtigkeit. In V 9 geht es konkreter darum, anderen das Leben schwer zu machen: sie zu hintergehen (mit Fingern heimlich zeigen, dass man es anders meint, Spr 6,13) und „hintenherum" zu reden. Bis heute hat diese verborgene Art der Grausamkeit in religiösen Kreisen ein leichtes Spiel. Doch nicht bei Gott: Er entzieht sämtlichen Segen.
- Zweimal verwendet V 10 das Wort „Seele" für Bedürftigkeit. Die Übersetzung „dein Herz finden lässt" versucht das zu umschreiben. Es geht darum, nach den Bedürfnissen des Nächsten zu fragen wie nach den eigenen (Mt 7,12). Diese mitfühlende Liebe geht wesentlich weiter als religiöse Pflichterfüllung.
- Nach V 8f bringt V 10–12 eine zweite **Reihe von Verheißungen**:
→ Orientierung in einer verwirrenden Welt (Finsternis),
→ Versorgung in notvollen Zeiten (Dürre): Es geht weniger um Verhinderung von Entbehrung als um innere **Stärkung**, um Entbehrung zu ertragen!
→ Segen durch Versorgung von außen (bewässerter Garten) und innen (Quelle). Jesus greift diese Verheißung auf: Er gibt nicht nur Wasser des Lebens, sondern macht seine Jünger zur Quelle für andere (Joh 4,14; 7,38f).
→ V 12 verheißt Heilung von Zerbrochenem und weite Perspektive. Eine Gemeinde, die sich durch faule Kompromisse zugrunde gerichtet hat, bekommt eine zweite Chance.
- Wieder ist der **Sabbat** entscheidend: **seine Lebensplanung dem Terminplan Gottes unterzuordnen, nicht zähneknirschend als „Fasten", sondern als Fest.**
- Kommt ein König zu Besuch, handelt und redet man nicht gedankenlos (V 13). Dennoch wäre es eine große Freude. Wie viel schöner sind die Momente völliger Ruhe mit Jesus: würdevoll, und doch erfüllt von großer Freude.
- V 14 nennt die Quelle, den Härten des Lebens mit Gelassenheit begegnen zu können. **Diese Vogelperspektive ist etwas anderes als Traumtänzerei. Denn Gemeinschaft mit Gott und sein Segen sind real; er trägt durch alle Tiefen.**

1. Advent, 1. Dezember   Psalm 24

- Ps 24 zeigt die **Bedeutung des Tempels für Israel**: Der Schöpfer der ganzen Welt (V 1–2) wohnt als „HERR der Heerscharen" (V 10) auf dem Berg Zion in Jerusalem. Dass er immer wieder von Neuem einzieht bzw. einziehen muss (V 7.9), zeigt, **dass seine Gegenwart keine Selbstverständlichkeit** ist, sondern reine Gnade. So wird der Tempel zum Ort, zu dem Gott und Menschen kommen und sich begegnen. Seit Jesus ist dieser Begegnungsort „überholt"; Gott begegnen wir nicht an besonderen (heiligen) Orten. Nach Eph 2,21 ist die Gemeinde (bzw. die in ihr versammelten Christen; 1Kor 3,16f) der Tempel, in dem Menschen Gott durch Verkündigung, Gebet und Nächstenliebe begegnen.
- V 1–2: David preist Gott, weil Gott weiterhin schöpferisch tätig ist. Jeden Tag neu erhält er das am Leben, was er erschaffen hat; hört er damit auf, stirbt es.
- V 3–5 regeln, wer den Tempel betreten und Gott begegnen darf: Ausschlaggebend ist seine innere Haltung („reines Herz") und sein Verhalten (V 4). Ihm werden der Segen Gottes und seine Gerechtigkeit (= Heil) zugesprochen; dabei geht es aber um mehr als verdienten Lohn (s.o. zu V 7). Jesus und die Apostel unterstreichen einerseits die bedingungslose Gnade, die es jedem Menschen erlaubt, sich Gott zu nahen (vgl. Lk 15,21ff), andererseits machen sie deutlich: **Wer Gott begegnet, bleibt nicht, wie er ist** (z. B. Gal 5,16–26). Auch Christen sündigen, doch sie lassen sich vergeben und wollen den Heiligen Geist an sich wirken lassen (vgl. V 6 und Ps 27,8ff).
- V 7–10: Gottes Majestät und Macht („Ehre"; V 8.10) machen es notwendig, dass sich die Torbalken (V 7.9) erheben. Hier klingt an, dass ein von Menschen gebautes Haus Gott „nicht fassen" kann (1Kön 8,27). Zugleich zeigen die Verse: **Gott will willkommen geheißen werden** (V 7.9) **– jeden Tag neu**.

Montag, 2. Dezember   Jesaja 59,1–15a

- Es lassen sich drei größere Abschnitte in diesem Kapitel erkennen (1–8; 9–15a und 15b-21). Es geht, wie schon so oft bei Jesaja, wieder um das Thema Schuld und Vergebung.
- Im ersten Vers schimmert eine Klage durch. Die Menschen machen Gott mit dafür verantwortlich, dass sie in Not geraten sind und die Strafe erleiden. **Gott sei nicht mächtig genug, ihre Lage zu verändern, sein Arm sei zu schwach.** Gott hält dagegen: Das Gegenteil ist der Fall. Die Sünde trennt von Gott, das Festhalten an der Sünde hat zur Folge, dass er sein Angesicht verbirgt.
- In V 3–8 wird die Sünde nun konkret genannt. An den Händen der Menschen klebt Blut, ihr Verhalten widerspricht dem, was Gott von seinem Volk erwartet. In bildhafter Sprache (V 5–6) wird deutlich, dass das Gerede der Menschen nicht nur gefährlich (wie eine Giftschlange), sondern noch nutzlos wie das Gespinst einer Spinne ist. Zudem laufen sie in die falsche Richtung. So wird deutlich: Vom Kopf bis zu den Füßen ist die Sünde der Menschen offenbar.
- In dem **zweiten Abschnitt** (V 9–15a) **ändert sich die Blickrichtung.** Der Prophet klagt das Volk nicht mehr wegen seines Fehlverhaltens an. Jetzt sprechen die Menschen im „Wir-Stil". Die Aussagen zeigen, dass es zu einer Erkenntnis ihres falschen Verhaltens gekommen ist. Ja, es stimmt: **Wir sind blind und tappen im Dunklen. Wir hoffen vergebens auf das Heil, denn wir sind von unserem Gott und seinen Geboten abgewichen.** Auch wenn diese Worte bitter klingen, so wird doch die Hoffnung deutlich. **Die Vergebung setzt die Einsicht in die eigene Schuld voraus. Wo haben wir unsere Schuld zu bekennen?**
- In den letzten Worten (V 15a) ist ein klagender Unterton zu hören. Ist es so, dass diejenigen, die sich an die Satzungen Gottes halten, den anderen zu einer leichten Beute werden? Lohnt es sich, das Böse zu meiden?

Dienstag, 3. Dezember   **Jesaja 59,15b-21**

- Nun wird **die dritte und letzte Strophe des Liedes über die Sünde der Menschen** und ihre Einsicht darüber angestimmt. Jetzt rücken Gott und sein Reden wieder in den Mittelpunkt. Mit den ersten Worten wird auf die Klage vorher Bezug genommen. Wie kann es sein, dass das Recht keinen Platz mehr hat, und was muss und wird sich ändern?

- Dreimal heißt die bittere Einsicht: „Es ist nicht da, es ist nicht vorhanden" (V 15b.16):

→ Das Recht ist nicht vorhanden.

→ Es ist niemand da, der etwas unternimmt.

→ Keiner schreitet ein.

- Die deutlich erkennbare Rechtlosigkeit im Volk lässt Gott nicht ruhen, er greift ein. Er wird wie ein Kämpfer vorgestellt. Er legt sich einen Panzer um und setzt sich einen Helm auf. So stellt er sich schützend vor sein Volk, geht aber auch gegen die Feinde vor.

> *Lesen Sie Eph 6,10–17. Wo werden Parallelen zu den Aussagen bei Jesaja deutlich, und wo erweitert Paulus dieses Bild von der sog. Waffenrüstung?*

- Nun richtet sich der Blick nach vorn. Der HERR wird sich wieder für die Seinen einsetzen, sein Wille soll sich durchsetzen. Dabei wird hier zum ersten Mal im letzten Teil des Jesajabuchs der **Zion** erwähnt. Damit ist in dieser Zeit der Ort gemeint, wo das Heiligtum, der Tempel, steht, Zion kann aber auch für die ganze Stadt Jerusalem verwendet werden.

Gott hat die Rettung versprochen, der Erlöser wird kommen!

- Wie bereits in den vorigen Kapiteln (besonders ab Jes 40) wird im letzten Vers das große Thema „Bund" genannt. Die Worte, die Gott spricht, sollen und werden Bestand haben. Auch die nachfolgenden Generationen sollen wissen, dass man sich auf diesen HERRN und seine Worte verlassen kann – auf immer und ewig.

Mittwoch, 4. Dezember — Jesaja 60,1–14

- Die **Kapitel 60–62 bilden eine Einheit**. Es fällt auf, dass alle Aussagen vom Heil geprägt sind. Bis auf Jes 60,12 gibt es kein Droh- oder Gerichtswort; die frohe Botschaft von Gott und seinem Handeln überstrahlt alles. Dabei sprechen diese Worte zwar in eine konkrete Situation, weisen aber zugleich weit darüber hinaus. Sie deuten an, dass es **zukünftiges Heil geben wird, das Auswirkungen auf die gesamte Völkerwelt haben wird**.
- Zwar erleben die Menschen momentan noch die Dunkelheit und die Sorgen sind erdrückend, aber wie eine aufgehende Sonne wird Gottes Handeln über ihnen aufstrahlen. Die Herrlichkeit Gottes, seine Gegenwart, wird alles verwandeln, die Menschen werden wieder fröhlich sein.

> **Es ist die Gnade Gottes, die alles ändert!**

- Kamen früher die Völker nach Jerusalem, um die Stadt zu erobern, so haben sie nun ein anderes Ziel. Sie sind beeindruckt vom Heil, das dieser Stadt, diesem Volk widerfahren ist. Sie kommen, um sich an den Opfern am Tempel zu beteiligen (V 8). Neben Reichtümern führen sie auch die Töchter und Söhne mit sich – offensichtlich die, die bei früheren Beutezügen entführt wurden. Die fremden Völker kommen von überall, über Land und von der Seeseite (V 8f).

Wenn Sie die Geschichte von den sog. Weisen aus dem Morgenland lesen (Mt 2,1–12), wo erkennen Sie Parallelen? Wo und wie haben sich die Verheißungen erfüllt?

- **Am Ende der Zeiten wird alles anders werden.** Die fremden Könige werden selbst Hand anlegen müssen, um den Wiederaufbau der Stadt voranzubringen. Dann werden die Tore offen sein, um diejenigen zu empfangen, die etwas zur Herrlichkeit dieser Stadt und des Heiligtums beitragen wollen.
- **Der HERR selbst soll im Zentrum stehen.** Er, der das Volk mit einer Strafe belegt hatte, wird dann für seine Gnade und sein Erbarmen gerühmt werden (V 10.14).

Donnerstag, 5. Dezember   Jesaja 60,15–22

● Die Verse führen die Gedanken des vorigen Abschnitts weiter, sie konzentrieren sich aber jetzt auf die Wandlung, die Jerusalem dann durchgemacht haben wird. Dabei wird zunächst der Status beschrieben, der von außen wahrgenommen wird (V 15f). Danach geht es um die innere Neugestaltung (V 17f), bevor abschließend auf das Ende der Zeit geblickt wird (V 19–22).

● **Jerusalem wird sich sichtbar verändern.** Lange Zeit war sie als die Verlassene und Unbeliebte bekannt. Vor allem die Babylonier haben sie erobert und ein Werk der Zerstörung angerichtet. Schutz konnte sie den wenigen, die zurückgeblieben waren, kaum mehr bieten. Jetzt sorgen die, die für die Verwüstung verantwortlich waren, dafür, dass die Stadt wieder aufgebaut werden und zu neuem Glanz kommen wird.

● Doch es wird nicht bei dem neuen äußeren Glanz bleiben, der in Gold und Edelsteinen deutlich sichtbar wird. Es wird auch zu einer **inneren Neugestaltung** kommen. Hatte der Prophet immer wieder das ungerechte Handeln angeprangert, so zeigt sich nun der Wandel. Die Menschen verändern grundlegend ihr Handeln. Frieden und Gerechtigkeit werden nun das Leben der Stadt prägen. Es wird keine Gewalt, keinen Frevel mehr geben (V 18). Damit wird deutlich, dass **die Weisungen Gottes endlich befolgt werden**.

● Am Ende wird das **Bild vom Licht wieder aufgegriffen und zugleich geradezu ins Unermessliche gesteigert**. Die Verheißungen weisen über eine konkrete Zeit und einen bestimmten Ort hinaus. Sonne und Mond werden ihre Bedeutung verlieren. Dadurch, dass mit V 22 auf den Bund mit Abraham angespielt wird (z. B. 1Mose 12,1ff; 18,18), wird deutlich, dass es nicht um eine Utopie geht. Vielmehr soll in den Blick gerückt werden, dass auf jeden Fall auf Gott und seine Verheißungen Verlass ist.

Das ermutigt uns, auch in schwierigen Zeiten, seinem Wort Vertrauen zu schenken.

Freitag, 6. Dezember   **Jesaja 61,1–11**

- Die Verse erinnern sehr stark an die sog. Gottesknechtslieder (z. B. 42,1–4; 49,1–6). Es geht um eine Person, die in besonderer Weise mit dem Geist Gottes begabt ist. Ihr kommen besondere Aufgaben zu. Dabei fällt auf, dass diese **prophetischer, königlicher**, aber auch **priesterlicher** Natur sind. **Damit ragt diese Person deutlich über alle anderen hinaus.**
- In den ersten Versen sind die vielfältigen Aufgaben beschrieben.

→ Er soll den Armen frohe Botschaft bringen; die Armen dürfen sich immer wieder über die Zuwendung Gottes freuen.

→ Er soll zu den Menschen sprechen, die an der jetzigen Situation zu verzweifeln drohen.

→ Die Menschen, die in der Schuldsklaverei gefangen sind, sollen wieder frei werden.

→ Es wird ein besonderes Jahr der Gnade geben; Gott wird sich den Menschen wieder zuwenden.

→ Während die Bedrängten Freiheit erlangen, werden die Bedränger die Strafe Gottes erleben.

> *Was bedeutet es, wenn Jesus in seiner sog. Antrittspredigt genau auf diesen Text Bezug nimmt (Lk 4,14–21) und die Verheißung mit seinem Wirken als erfüllt ansieht?*

- Das Volk Gottes darf erleben, dass die Zeit der Trümmer vorbei sein wird. Die Zerstörungen werden beseitigt werden, stattdessen werden die Menschen eine ewige Freude erleben. Erneut wird deutlich, dass **die, die früher für das Leid verantwortlich waren, nun für den Wiederaufbau arbeiten müssen** (V 5). Die Israeliten hingegen werden sich als Befreite den priesterlichen Aufgaben hingeben können. Vor allem aber wird das Leid in Freude verwandelt werden. Es ist die Freude darüber, dass sich Gott seinem Volk zuwendet und dem Leid ein Ende macht! Dabei gebührt Gott allein die Ehre, alle Völker sollen ihn preisen.

Samstag, 7. Dezember — Jesaja 62,1–12

- Noch einmal geht es um das **Heil für Jerusalem** und damit für das Volk Gottes. In fünf kleinen Abschnitten (1–3; 4–5; 6–7; 8–9; 10–12) wird beschrieben, welche Wirkung dieses Handeln Gottes nach außen und nach innen hat. Dabei steht im Mittelpunkt, dass der HERR Wächter über seine Stadt bestellt hat, die nicht nur schützen, sondern immer wieder das Handeln Gottes in Erinnerung rufen (V 6f).
- **Um der Stadt und um der Menschen willen wird der HERR nicht schweigen.** Seine Worte sollen gehört werden, nicht nur von Zion selbst, sondern auch von denen, die von außen auf die Stadt schauen und mitbekommen, dass der HERR lebendig ist und sich für die Menschen einsetzt, die an ihn glauben.
- Mit dem **Bild der Ehe** wird das Verhältnis des Volkes zu seinem Gott beschrieben, es ist innig und von Vertrautheit geprägt. Die Zeit des Gerichts, in der die Stadt als die Verlassene bzw. Einsame galt, ist nun endgültig vorbei. Es ist eine neue Zeit angebrochen.
- Die vornehmliche Aufgabe der **Wächter für die Stadt** (V 6f) besteht darin, **an die Taten Gottes zu erinnern**. Hier schwingt eine Verbindung zu 2Sam 8,16 und 20,24 mit. In der Lutherübersetzung wird dort von einem Kanzler gesprochen, wörtlich ist aber von einem „Erinnerer" die Rede. Es ist seine Aufgabe, Gottes große Taten vor Augen zu stellen.
- Eine Folge des Handelns Gottes besteht darin, dass das Land wieder Erträge bringt. Es soll **kein Tribut mehr** an ausländische Mächte gezahlt werden.
- Das Heil für sein Volk ist nicht mehr aufzuhalten (V 10–12). In einer dringlichen Aufforderung sollen alle Hindernisse beseitigt werden. Jerusalem soll zum Mittelpunkt des Interesses werden.

> *Lesen Sie Mt 21,1–9. Wie sehr wird hier die Verbundenheit Jesu mit dieser Stadt deutlich? Jesus zitiert nicht nur Sach 9,9, sondern spielt auch auf Jes 62,11 an.*

2. Advent, 8. Dezember   Psalm 144

• David lobt (V 1) Gott, weil Gott ihn und sein Volk erwählt hat – sie sein Volk sein dürfen (V 2), obwohl sie ihm nichts vorweisen können (V 3–4). Für David ist das Gnade und Vorrecht (V 3). **Gottes Volk zu sein bedeutet, unter seinem Segen zu leben.** Dieser Segen zeigt sich unterschiedlich:

→ Gott offenbart sich seinem Volk (V 5–6); d. h. er spricht zu ihm (vgl. 2Mose 19,16ff).

→ Segen bedeutet im AT immer auch Wohlstand. Er zeigt sich im stattlichen Nachwuchs (V 12), reichhaltiger Ernte und fruchtbaren Herden (V 13–14a) sowie sozialem Frieden (V 14b).

→ Gott schützt und bewahrt sein Volk durch den König vor den „Fremden" (V 1–2.7–8.11), vorausgesetzt, der König vertraut ihm (vgl. V 2.9–10). Die „Feinde" kommen von außen (evtl. spielt V 10 auf die Goliath-Geschichte 1Sam 17 an) und von innen (Verleumdung, wie in V 11 genannt, erfährt David z. B. bei Absaloms Aufstand; 2Sam 15).

• Gott rettet sein Volk in Vergangenheit, Gegenwart und Zukunft (V 10); darum lobt David ihn stellvertretend für sein Volk (V 9).

• Israel darf sich doppelt glücklich schätzen (V 15):

→ Gott ist ihr Gott und wendet sich dem Volk „gnädig" (V 2) zu (V 15a). Für das Schicksal des Volkes ist die Gemeinschaft mit Gott grundlegend.

→ Zum Herrn zu gehören ist mehr „wert" als materieller Reichtum.

• Zwar nimmt David als König eine Sonderrolle ein, doch **der Segen und das Glück gilt dem Volk als Ganzem und nicht dem Einzelnen.** Gesegnet ist, wer zum Volk (neutestamentlich: zur Gemeinde) Gottes gehört. So steht Ps 144 christlichen Individualisierungstendenzen entgegen.

> *Welche Bedeutung hat für Sie (Ihre) Gemeinde? Können Sie für sich sagen: Ich bin glücklich mit meiner Gemeinde? Danke, dass ich durch sie unter deinem Segen, Jesus, stehe?*

Montag, 9. Dezember   Jesaja 63,7–14

● Die Verse sind der Beginn einer **eindrücklichen Volksklage Israels** (63,7–64,11): Gottes Volk wird sich darin seiner Möglichkeiten, aber auch seiner selbst gesetzten Grenzen bewusst.

● Im heutigen ersten Teil der Klage geht es um den elementaren Widerspruch zwischen den **Gnadenerweisen Gottes** (V 7) und der **unangemessenen Reaktion seines Volkes**: Es hat sich widerspenstig gegen Gott verhalten und dabei seinen heiligen Geist betrübt (V 10). Die Folge war, dass Gott, der seinem Volk zutiefst vertraut hat (V 8), zu seinem Feind geworden ist (V 10). Ein unbegreiflicher Widerspruch, der sich im Auf und Ab der Geschichte Israels widerspiegelt.

● Die Geschichte Israels ist eine **Geschichte der Gnade Gottes** (V 7), der unbedingten Zuwendung Gottes zu seinem Volk. Er ist „ihr **Heiland in aller ihrer Not**" (V 8f), der sich immer wieder für sein Volk eingesetzt hat (V 9). Gottes „Angesicht" ist der elementare Ausdruck für die Erfahrung, dass Gott sein Volk liebevoll ansieht und ganz auf seiner Seite steht. Von Gottes Seite aus steht nichts zwischen ihm und seinem Volk.

● Die Grunderfahrung der Gnade Gottes verbindet sich für Israel mit Mose (V 11). Sinnbild ist die **grandiose Rettungserfahrung** Israels beim Durchzug durch das Schilfmeer (V 11–13). Das Meer – für Israel das Symbol des Chaos und der (Lebens-)Gefahr – wird von Gott geteilt, sodass für sein Volk ein Weg ins Leben entsteht. Das Urbild der Gotteserfahrungen Israels: Wo Israel nur das Ende seines Weges sieht, da schafft Gott neue Wege, eine lebenswerte Zukunft. Er bringt sein Volk „zur Ruhe" (V 14). Damals, bei Mose, war es das Gelobte Land. Jetzt ist es die **neue, lebenswerte Zukunft des Volkes** – wenn dieses Volk seinem Gott vertraut.

> ✎ *Welche Lebenserfahrungen sind für Sie Schlüsselerfahrungen des Glaubens?*

Dienstag, 10. Dezember   Jesaja 63,15–64,6

- Die Klage ist im Alten Testament nicht ein Sichbeklagen über die Schlechtigkeit der Welt, sondern das Einklagen der noch nicht erfüllten Verheißungen Gottes. Gott scheint sich in seinen fernen Himmel zurückgezogen zu haben (V 15a). Die dem Volk versprochene Barmherzigkeit, mit der sich Gott in die Not seines Volkes einzufühlen versprach, scheint sich in das Gegenteil verkehrt zu haben: Gott ist hart geworden gegenüber seinem Volk (V 15b). Gott, der Vater (V 16a), den das Volk von Anfang an „unser Erlöser" genannt hat (V 16b), ist so weit weg, dass er sein Volk in die Irre gehen lässt, ohne es zurückzuhalten (V 17).

- Nachdem sich Israel im ersten Teil der Volksklage (63,7–14) seiner eigenen Widersprüchlichkeit bewusst geworden ist, **klagt es im zweiten Teil** (63,15–64,6) **die verheißene Nähe Gottes ein.** Nicht fordernd, sondern so, dass es Gott seine aussichtslose Lage schildert und ihn daran erinnert, dass Israel doch sein „Erbe" (V 17b) und sein „heiliges Volk" ist (V 18). Und dass Gott doch um seines „Namens" willen handeln muss, damit die Völker vor ihm Respekt haben (V 1).

> *Mit welchen Argumenten würden wir heute an Gott appellieren? Oder sollten wir erst gar nicht in irgendeiner Weise Forderungen aufstellen?*

- Gottes Volk fühlt sich beschmutzt, wie mit einem „befleckten Kleid" (V 5a). Es hat seine Lebenskraft verloren und empfindet sich „verwelkt wie die Blätter" (V 5). Und um Gott selbst ist es still geworden: „Niemand ruft deinen Namen an" (V 6). Und doch hat sich etwas verändert, was dem Volk Hoffnung geben wird: Es hat erkannt, dass es sich selbst in diese Lage gebracht hat: „Unsere Sünden tragen uns davon wie der Wind." (V 5). **Gott ist nicht der Verursacher ihrer Not – aber er ist der Retter aus der Not. Das ist seine Barmherzigkeit.**

Mittwoch, 11. Dezember　　　　　　　Jesaja 64,7–11

● **Das Volk liefert sich seinem Gott aus** – in der Gewissheit, dass JHWH Israels Vater ist und damit auch Verantwortung für das Leben seiner Kinder übernimmt (V 7a). Der Vater hat die Pflicht, die Familie zu schützen und ihre Lebensgrundlage zu sichern. Trotz allem, was sich Israel im Verlauf seiner Geschichte gegenüber seinem Gott herausgenommen hat, bleibt doch diese „familiäre Beziehung" erhalten.

● Ein zweites Bild für die Beziehung zwischen Israel und JHWH ist unpersönlicher: „Wir sind Ton, du bist unser Töpfer, und wir alle sind deiner Hände Werk." (V 7b). Der Unterschied zwischen Gott und dem Volk ist deutlicher. Was Israel ist, ist von Gott gewollt und gemacht. **Das Volk hat sich seine Existenz nicht selbst aufgebaut, sondern ist in allem, was sein Leben ausmacht, vollständig von Gott abhängig.**

> ✎ *Gottesbilder sind riskant, aber auch unumgänglich. Sie helfen uns, Gott zu verstehen. Welches Gottesbild ist für Sie hilfreich? In welchen Lebenssituationen? Wo sind die Grenzen dieses Bildes?*

● **Doch die Gegenwart erscheint dem Volk Gottes ganz anders:** Die heiligen Städte sind verwüstet, Jerusalem ist zerstört (V 9). Der Tempel, „das Haus unserer Heiligkeit und Herrlichkeit" (V 10), ist niedergebrannt. Der Tempel, der doch heilig ist, weil Gottes Herrlichkeit, seine Göttlichkeit, darin wohnt, ist verloren.

● Was Israel bleibt, ist, sich ganz Gott zuzuwenden und vorbehaltlos den **eigenen Beitrag** zu dieser scheinbar hoffnungslosen Gegenwart zu bekennen. „HERR, zürne nicht so sehr und gedenke nicht ewig der Sünde!" (V 8). **Nur diese rücksichtslose Ehrlichkeit führt weiter.** Die Sünde des Volkes hat es in diese aussichtslose Lage gebracht. Doch Gott allein führt sein Volk in eine lebenswerte Zukunft.

Donnerstag, 12. Dezember — Jesaja 65,1–10

- Die **Klage des Volkes** (63,7–64,11) endete mit der verzweifelten Frage, ob Gott weiter schweigen wolle (64,11). **Gott antwortet** – aber nicht so einfach und eindeutig, wie das Volk es gerne hätte: „**Ich ließ mich suchen von denen, die nicht nach mir fragten, ich ließ mich finden von denen, die mich nicht suchten**" (V 1). Umstritten ist, wer damit gemeint ist. Sind es die Völker, die (noch) nicht nach Gott fragen? Oder ist es das Volk Gottes selbst, das Gott fremd geworden ist und das Gott doch nicht aufgibt, sondern bewegt, ihn zu suchen?

> *Im Römerbrief bezieht Paulus diesen Vers auf die Heiden (Röm 10,20), während er V 2 „Den ganzen Tag habe ich meine Hände ausgestreckt nach einem Volk, das sich nichts sagen lässt und widerspricht" auf Israel bezieht (10,21).*

- **Gott sehnt sich nach seinem Volk.** Mit ausgestreckten Händen – wie Eltern, die sich ihren Kindern zuwenden – kommt Gott seinem Volk „den ganzen Tag" entgegen (V 2a), seinem „ungehorsamen Volk, das nach seinen eigenen Gedanken wandelt auf einem Wege, der nicht gut ist" (V 2b). Die anschließende ausführliche Aufzählung beschreibt diesen Irrweg des Volkes (V 3–5). Aber **Gott gibt sein Volk nicht auf**, sondern erweckt in ihrer Mitte Menschen, die – wie die anderen auch – bisher nicht wirklich nach Gott gefragt haben, sondern ihre eigenen Wege gegangen sind. Menschen, die noch nicht einmal daran dachten, Gott zu suchen, werden ihn finden.

Nein, **Gott straft sein Volk nicht mit Schweigen – aber er lässt auch nicht alles so laufen, wie es ist**. Nur verläuft die Grenze nicht mehr, wie bisher, zwischen dem Volk Gottes und den Völkern, sondern innerhalb des Gottesvolkes. Es kommt darauf an, Gottes Willen zu tun und seinen Weisungen zu folgen. Das ist Gottes Antwort.

Freitag, 13. Dezember   **Jesaja 65,17–25**

- Fast schon **ein neutestamentliches Bild, gemalt mit den Formen und Farben des Alten Testaments: der neue Himmel und die neue Erde.** Ein einzigartiger Text, der eine Hoffnung ausmalt, die über die anderen Hoffnungsbilder im Alten Testament hinausreicht.
- „Himmel und Erde" bezeichnet im Alten Testament die **Gesamtheit der Schöpfung**, ihren unzugänglichen und zugänglichen Teil. Beides wird Gott erneuern, sodass man „der vorigen nicht mehr gedenken und sie nicht mehr zu Herzen nehmen wird" (V 17). Die Erinnerung an die gegenwärtige Schöpfung belastet in der neuen Schöpfung nicht mehr die Herzen – vielmehr wird die Atmosphäre im Neuen Jerusalem von Freude bestimmt sein (V 18).
- Den Menschen wird ein **langes Leben** geschenkt. Kein plötzlicher Kindstod stürzt Familien in Trauer (V 20a). Und ein Tod mit 100 Jahren wäre wie der Tod eines Kindes heute (V 20b). Die völlige Überwindung des Todes ist im Alten Testament noch nicht denkbar. Aber die Last eines zu frühen Todes wird von den Menschen genommen. Hier bleibt die Verheißung im Rahmen alttestamentlicher Vorstellungen.
- Menschen werden **nicht mehr durch Kriege oder Konflikte vor den Trümmern ihrer Existenz stehen**. Sie werden die Häuser, die sie gebaut haben, auch selbst bewohnen, und die Weinberge, die sie kultiviert haben, auch selbst lesen (V 21f). Sie dürfen genießen, was sie sich erarbeitet haben (V 22).

> *Mit welchen Bildern würden Sie eine Welt beschreiben, die für alle lebenswert ist?*

- **Es ist (noch) kein Bild eines ewigen Himmels,** aber die Verheißung eines Lebens ohne die Schwere, die durch das ungelebte Leben entsteht. Ein Leben ohne Gewalt, Unglück und frühen Tod. Das Leben nicht mehr als Fragment, sondern als ein Ganzes.

Samstag, 14. Dezember   **Jesaja 66,1–4**

● **Gott sitzt im Himmel auf seinem Thron – und unsere Erde ist sein Fußschemel** (V 1). Ein Bild, das für uns demütigend wirkt, aber für die ersten Hörer Sicherheit vermittelte. Der für Menschen unzugängliche Himmel ist durch Gott selbst mit unserer vergänglichen Erde verbunden. Zwar nur als Fußschemel – aber es sind immerhin die Füße des Königs. Das Bild drückt die Verbundenheit zwischen Himmel und Erde aus, aber auch die völlige Überlegenheit des Himmels. **Gott, der auf dem Thron sitzt, hat alle Übersicht und alle Macht.**

● Und doch wollen die Menschen Gott (wieder) eine irdische Wohnung errichten, indem sie den zerstörten Tempel in Jerusalem aufbauen (V 1b). Es ist gut, dass Gott im Himmel alles im Blick hat – aber besser wäre es, wenn er etwas näher bei ihnen wohnen würde. Doch Gott reagiert sehr zurückhaltend: Er, der alles geschaffen hat (V 2), soll in einem Haus „ruhen" –, d. h. es zu seinem stetigen Wohnsitz erklären – das Menschen erschaffen haben?

● **Die Menschen müssen nicht befürchten, dass Gott kein Interesse an ihnen hätte. Seine himmlische Adresse ist kein Ausdruck von Distanz.** Vielmehr verspricht er: „Ich sehe aber auf den Elenden und auf den, der zerbrochenen Geistes ist und der erzittert vor meinem Wort" (V 2). Gott sieht auf die, die durch Armut gedemütigt werden. Er blickt auf die, deren Geist niedergeschlagen ist und die ihren Lebensmut verloren haben. Und schließlich schaut er auf die, deren Lippen beben, wenn sie sein Wort lesen. Gott sieht die Menschen, die an die Grenzen ihres Lebens stoßen, und auch die, die sich ganz auf ihn ausrichten.

> *Wie ein Kommentar zu diesem Text ist Ps 113. Es ist die Antwort des Beters auf die Erkenntnis, dass Gott sowohl im Himmel ist und von dort regiert, aber zugleich auch diese Erde sieht und auf das Leid reagiert.*

3. Advent, 15. Dezember — Psalm 130

• **Kennen Sie Momente, in denen Sie zutiefst über Ihre Sünde verzweifeln und Ihnen klar wird, wie weit Sie sich von Gott entfernt haben?** Der Beter von Ps 130 ist in einer solchen Situation. Er weiß, dass er in seiner Sünde gefangen ist und sich nicht selbst befreien kann. Dass Gott ihn im Gericht verurteilt, ist die Konsequenz seiner Verstrickung in die Sünde. Dessen ist sich der Beter bewusst (V 3). Seine einzige Hoffnung besteht darin, dass der HERR in seiner „Gnade" (V 7b) seinen Hilferuf aus der „Tiefe" (= Ferne) hört und ihm vergibt. Dabei leitet ihn das Vertrauen, dass Gott nicht anders kann, als zu vergeben (V 3–4; vgl. Lk 15). „Denn bei dir" (V 4a) bedeutet so viel wie *„nur* bei dir" bzw. *„ja, gewiss* bei dir ..."

• Gott vergibt, „sodass" bzw. „damit" wir Menschen ihn verehren (V 4b), d. h. um uns eine neue Chance zu geben, ihn „zu fürchten, ihm ... zu dienen, ihm ... anzuhangen" (5Mose 10,20).

• Die Vergebung Gottes erfährt der Beter durch ein „Wort" Gottes (V 5b). Ob damit ein feierliches Vergebungswort der Priester im Tempelgottesdienst gemeint ist, wird nicht deutlich. Die christliche Tradition kennt das Vergebungswort im Zusammenhang von Seelsorge, Beichte und Abendmahl. **Gottes Vergebung persönlich zugesprochen zu bekommen, entlastet und befreit!** Der Beter von Ps 130 sehnt sich geradezu danach; die Verben „harren" und „hoffen" in V 5–6 bringen das steigernd zum Ausdruck.

• So wie jeder persönlich Gottes Vergebung braucht, lebt auch die Gemeinde insgesamt – damals wie heute – von der Vergebung (V 7–8). Als Sünder steht keiner allein; das Sprichwort „Wer mit dem Finger auf andere zeigt, zeigt mit drei Fingern auf sich selbst" bewahrheitet sich auch in geistlicher Hinsicht. Keiner muss sich schämen, wenn er **sich als Sünder outet und um Vergebung bittet. Das gehört (leider) zu unserem Alltag** und ist eine geistliche Übung.

Montag, 16. Dezember — Jesaja 66,5–14

• Gott ist für sein Volk **nicht nur wie ein Vater, sondern auch wie eine Mutter.** Diese Bildergalerie für Gott steht im Schatten des Vaterbildes, das – gut zu den Umständen passend – vor allem Schutz, Stärke, Macht ausdrückt. Doch manchmal braucht man einfach nur Nähe und Trost: **„Ich will euch trösten, wie einen seine Mutter tröstet"** (V 13). Der Trost der Mutter ist noch einmal etwas ganz anderes als der Schutz des Vaters. Gott, der wie eine Mutter ist, löst noch einmal ganz andere Gefühle aus als das Bild von Gott als Vater. Und darum sind die Bilder, die dieses Mutterbild Gottes ausmalen, auch intimer:

→ Das Wiederauferstehen des jüdischen Volkes nach der Zerstörung von Stadt und Tempel 586 und dem Babylonischen Exil wird **wie eine Geburt** sein, bei der die Gebärende nicht lange in den **Wehen** liegt (V 7–9). Die Erneuerung des Volkes wird sich nicht hinziehen, sondern sehr bald geschehen. Die Wehen sind kurz, die Bedrängnis des Volkes Gottes geht bald vorüber. Gott ist wie eine gebärende Mutter, die neues Leben hervorbringt.

→ Das (neugeborene) Volk Gottes wird **wie ein Säugling sein, der an der Mutterbrust liegt** (V 11f). Er trinkt sich dort satt. Und dann setzt die Mutter ihr Kind auf ihre Knie und spielt mit ihm. Dem Säugling geht es gut. Er hat alles, was er zum Leben braucht. Ein Bild des Friedens und der Hoffnung. Israel, das sich jetzt schwach und hilflos fühlt, wird durch Gott gekräftigt und gestärkt. **Gott ist wie eine stillende Mutter, so nahe und so nährend.**

• Intime Bilder von Gott und seinem Volk. Bilder, die in der Tiefe etwas auslösen: Was auch immer geschieht, Gott ist nahe. Was auch immer das Volk ängstigt: Die Nähe Gottes tröstet.

Wie erleben Sie die Nähe Gottes? Versuchen Sie mit eigenen Worten und eigenen Bildern, dieses Gefühl auszudrücken.

Dienstag, 17. Dezember   Jesaja 66,15–24

● Der Text löst gemischte Gefühle aus. Und am liebsten möchte ich mich auf die positiven, optimistischen Verse konzentrieren: **Menschen aus dem Volk Gottes werden zu den fernen Völkern gesandt, um dort die Herrlichkeit Gottes zu verkündigen** (V 18f). Aber da sind auch die Verse, in denen Gott mit Feuer erscheint und seinen Zorn kommen lässt über die, „die Schweinefleisch essen, gräuliches Getier und Mäuse" (V 17). Unbequeme Verse, die man lieber überblättert.

● Aber vielleicht ist gerade die Ambivalenz, diese gegensätzlichen Gefühle, die der Text auslöst, ein Schlüssel. Hier erscheint nicht der liebe Gott, der alles gut sein lässt, und der eher träge auf das reagiert, was in der Welt geschieht. **Der zornige Gott ist ein zutiefst von der Not der Menschen erschütterter und intensiv handelnder Gott.** Gottes Zorn bricht immer da aus, wo Gottes Volk bedroht ist. Anfangs vor allem von den Feinden, die von außen auf das Volk Gottes eindringen, es besetzen oder gar zerstören. Später entbrennt Gottes Zorn aber auch innerhalb des Volkes Gottes, wenn es anderen Göttern nachläuft, oder sich nicht mehr um die Armen und Ausgebeuteten schert. **Gottes Zorn ist im Alten Testament auch ein Werkzeug für Gottes Gerechtigkeit.**

● Aber zugleich öffnet Gott die Tür für die, die zuvor ausgeschlossen sind: **die Völker, jenseits des Volkes Gottes. Gottes Gerechtigkeit besteht dann darin, sie hineinzuholen in das Heil, das Gott seinem Volk verheißen hat** (V 20). Gottes Gnade begrenzt Gottes Zorn, ohne ihn einfach auszulöschen. Das wird gerade an Texten wie diesen deutlich, mit dem das großartige Buch Jesaja endet. **Der Rest ist Vertrauen, dass Gottes Wege zu seinen guten Zielen führen.**

Mittwoch, 18. Dezember — Lukas 1,1–17

Wir folgen vor dem Christfest der Vorgeschichte des Evangelisten Lukas bis zu seinem Bericht von der Geburt von Jesus. Hier geht es um die Geburt von Johannes dem Täufer, dem Vorläufer von Jesus, und um die Ankündigung der Geburt von Jesus.

● Der Heidenchrist und Arzt Lukas weist zunächst (V 3f) darauf hin, dass sein Bericht sorgfältig recherchiert und folgerichtig dargestellt ist. **Auf diese Weise bestätigt er die Zuverlässigkeit der christlichen Lehre.**

● Nach einer kurzen zeitlichen Einordnung des Geschehens (Herodes der Große regierte von 37 bis 4 v.Chr.) führt Lukas die Eltern von Johannes ein. Beide stammen aus dem priesterlichen Geschlecht Aarons. **Die Geschichte des Täufers wie des Sohnes Gottes wurzelt zutiefst in der Geschichte Israels.**

● Nach den Angaben des Talmud durfte ein Priester während seiner gesamten Lebenszeit nur ein einziges Mal das Räucheropfer darbringen. Durch das Los macht Gott es möglich, dass der Engel Gabriel dem Zacharias im Tempel begegnet und ihm dort die Geburt eines nicht mehr erwarteten Sohnes ankündigt. Die Frömmigkeit und der geistliche Stand des Zacharias schützen ihn nicht vor Kleinglauben, Furcht und Zweifel (V 12.18). **Doch die Ankündigung des Engels ist zugleich Verheißung Gottes: Johannes („Gott ist gnädig") wird** für seine Eltern und viele andere zu einer Quelle der Freude. Doch vor allem wird er **ein vom Heiligen Geist erfüllter Bote Gottes sein**, der Israel zur Umkehr rufen und den Weg für Jesus bereiten wird.

Elisabeth und Zacharias waren „gerecht und fromm". Doch Elisabeth war unfruchtbar und beide waren schon alt. Kinderlosigkeit war in der damaligen Gesellschaft eine Schmach, die nicht zu dem Leben und Glauben der beiden passte. Doch das ist ein bekanntes Motiv in der Bibel. Fallen Ihnen dazu noch andere Beispiele ein?

Donnerstag, 19. Dezember — Lukas 1,18–25

- Der „gerechte und fromme" Zacharias (V 6) zweifelt! Er fragt deshalb nach einem bestätigenden Zeichen, ebenso wie es schon Abraham tat (1Mose 15,8). Die Antwort Gottes ergeht durch den Engel Gabriel („Held Gottes", Dan 8,16; 9,21; Lk 1,26). Sowohl der Ausdruck „der vor Gott steht" als auch die Formulierung „ich bin gesandt" (V 19) deuten darauf hin, dass hier **Gott selbst in Gericht und Gnade zugleich an Zacharias handelt.**
- Das Verstummen des Zacharias ist Strafe Gottes (V 20). Aber die gute Nachricht des Engels und die zeitliche Begrenzung bis zu der von Gott gesetzten Zeit der Erfüllung (griech. „kairos") **lassen Zacharias zugleich die gewiss machende Gnade Gottes erkennen.**
- Immer noch war der Tempel der Ort der Gegenwart Gottes und so rechnete das Volk mit der Möglichkeit einer Gottesoffenbarung während des Opferdienstes. Was Zacharias dann ausstrahlt, als er nach seinem Tempeldienst den erwarteten priesterlichen Segen nicht aussprechen kann (V 21f), wird darum vom Volk entsprechend verstanden. **Manchmal muss uns Gott etwas nehmen, um uns und andere beschenken zu können.**
- Elisabeth („Gott ist Glück", „Segensfülle") wird nach diesen Ereignissen schwanger, stellt sich aber öffentlich erst „nach fünf Monaten" (V 24), also nach dem Besuch der Maria (V 36.39), zu ihrer Schwangerschaft. Dies bestätigt sie durch einen bekennenden Lobpreis (V 25), ein Auftakt für die in diesem Kapitel noch folgenden Psalmen (Marias Lobgesang V 46–56 und der Lobgesang des Zacharias V 67–79). **Der Besuch Marias hat sie offenbar ermutigt und darin bestätigt, dass Gott auch an ihr und durch sie handelt.**

Erst die Not der Kinderlosigkeit, und dann kam nach dem Zweifel über Gottes Handeln mit dem Verstummen eine schwere körperliche Einschränkung als Strafe: – Geht Gott auch noch heute so mit Menschen um?

Freitag, 20. Dezember   **Lukas 1,26–38**

Hier wird uns die Erfüllung der Verheißung aus Jes 7,14 berichtet. **Eine jungfräuliche Empfängnis war damals genauso unvorstellbar wie heute.** Maria war vermutlich erst 14 Jahre alt. Der Ehevertrag mit dem Davididen Josef war geschlossen, sie war also rechtlich eine Nachfahrin des Königs David. Die „Heimholung" und damit die geschlechtliche Vereinigung mit Josef war aber noch nicht vollzogen.

● Einerseits ist Glaube nicht durch beweisbare Tatsachen begründbar. **Andererseits lebt der Glaube davon, dass Gott in Raum und Zeit gehandelt hat und Mensch wurde.**

● Maria („Mirjam") staunt über die Anrede „Begnadete". Die heilige Welt Gottes bricht in das Leben einer jungen Frau ein. Weder von Geburt noch von ihrer Herkunft her kann sie besondere Vorzüge aufweisen. **Ihr Sohn Jesus ist einer von uns, unter uns, mit uns und für uns Menschen.**

● Es ist nicht die Jungfräulichkeit der Maria und damit ihre angebliche Sündlosigkeit, die Jesus „heilig" macht. Es ist vielmehr der Heilige Geist, also Gott selbst, der dies vollbringt (V 35). **Bei Gott ist kein Ding unmöglich** (V 37).

● Über der vierfachen Verheißung des Engels Gabriel („groß sein", „Sohn des Höchsten", „auf dem Thron Davids", „Reich ohne Ende"; V 32f) steht sein Name: **Jesus, „Jehoshua", das bedeutet „Retter"**. „Denn er wird sein Volk retten von ihren Sünden" (Mt 1,21).

● Zugleich ist **Jesus der König Israels**. König David wollte Gott ein Haus bauen. Doch Gott dreht die Sache um. Er verheißt David ein ewiges Haus (2Sam 7,5–16), dessen Bau durch Jesus vollendet wird.

Luther sagt es 1521 so: „Es muss alles natürliche Licht auslöschen und müssen alle sagen (wie Maria): Mir geschehe nicht nach meiner Vernunft, sondern nach deinem Wort. So werden wir auch schwanger vom Heiligen Geist und empfangen Christus geistlich."

Samstag, 21. Dezember — Lukas 1,39–56

- Maria wird aktiv. Sie hat es eilig (V 39). Sie handelt entschlossen und unabhängig. Keine Rede ist von ihren Eltern oder Josef. Auch in dieser Selbstständigkeit ist sie ein **Vorbild des Glaubens**.
- **Marias Leben bewegt sich zwischen Gottesbegegnung und Menschenverachtung.** Ohne Gottes Eingreifen bleiben ihr drei Möglichkeiten: 1. Da sie offensichtlich nicht als Jungfrau in die Ehe ging, hätte sie auch gemäß 5Mose 22,20f gesteinigt werden können (Joh 8,3ff). 2. Da Josef etwas Schändliches an ihr finden konnte, hätte er sie gemäß 5Mose 24,1ff mit einem Scheidebrief verstoßen können. 3. Auf jeden Fall hätte Josef sie ohne Angabe von Gründen „heimlich" verlassen können (Mt 1,19).
- In dieser Lage sucht und findet Maria in Elisabeth eine Verbündete. **Die beiden Frauen stärken sich gegenseitig, erfüllt vom Heiligen Geist, im Glauben** (V 42ff).
- Maria verinnerlicht die **Umwertung aller Werte bei Gott**. Ihr Lobgesang („Magnifikat") atmet die Verheißungsluft des AT mit Anklängen an den Lobgesang der Hanna (1Sam 2,1–10) oder Psalm 103. Erstaunlich, wie diese junge Frau offen und mutig den Hoffärtigen, den Machthabern und Reichen das Gericht Gottes ankündigt und seine Hilfe für die Gottesfürchtigen, die Niedrigen und Hungrigen preist (V 51–53).
- Maria bleibt die drei wohl kritischsten Monate in einer Schwangerschaft bei Elisabeth. **Das Zurückstellen der eigenen Bedürfnisse hinter den Auftrag Gottes** („des Herrn Magd", V 38) hat nichts mit Duckmäusertum oder Selbstaufgabe zu tun, im Gegenteil. Das gilt auch für ihre Rückkehr nach Nazareth um die Zeit der Geburt des Johannes, selbst allmählich sichtbar schwanger.

> *Haben Sie eine „Elisabeth", die Zeit für ein Glaubensgespräch hat? Finden Sie den Mut, sich eine geistliche Auszeit zu nehmen, wenn das „dran" ist?*

4. Advent, 22. Dezember   Psalm 102

• Der Beter kämpft mit der Verborgenheit Gottes; er hat Angst, Gott würde ihn nicht hören (V 2–3). Seine Not schildert er in Bildern des körperlichen Zerfalls (V 4–6). Er ist sozial isoliert (V 7–8), seine Feinde verspotten ihn (V 9). Er versteht aber auch Gott und sein Gerichtshandeln nicht (V 10–11). Auch für uns heute ist es manchmal schwer zu verstehen, warum wir Leid erleben. **Der Beter aus Ps 102 lehrt uns, alles mit ins Gebet hineinzunehmen und es vor Gott auszusprechen.**

• Trotz seiner persönlichen Not vergisst der Beter die Not Zions nicht. Er fühlt sich mit Gottes Volk verbunden und bittet den HERRN, sich Jerusalem wieder gnädig zuzuwenden. So wird er auch persönlich getröstet (V 13–14). Wenn Gott Jerusalem wieder aufbaut, wird seine Herrlichkeit und Macht für die Völker sichtbar (V 15–18).

• Niederschriften (V 19) sichern im AT die mündlichen Zukunftsansagen (Jer 36,2f); sie zeigen zukünftigen Generationen: **Gottes Wort trifft ein und Gott ist vertrauenswürdig.** Weder übersieht (V 20) noch überhört (V 21) Gott das Gebet der Gefangenen und Todgeweihten, die ihr Herz vor ihm ausschütten (V 21). Er wird sie befreien und ihre Klage (V 1) zum Lob (V 22) wenden. Der Beter von Ps 102 muss Gottes Hilfe nicht selbst erlebt haben, um Gott zu vertrauen. Ihm ist bewusst: **Gottes Verborgenheit wird erst am Ende der Zeit aufgelöst** (die Völkerwallfahrt, die V 23 beschreibt, findet am Tag des HERRN = Tag der Wiederkunft Jesu statt).

• Mit V 24 kehrt der Beter nochmals zu seiner persönlichen Not zurück. Ein vorzeitiger Tod in der Lebensmitte (ca. drittes Lebensjahrzehnt; V 25) gilt im AT als harte Strafe Gottes (Ps 55,24). **Immer wieder kann sich der Beter in seiner Klage zum Perspektivwechsel auf den unveränderlichen, allmächtigen Gott und Schöpfer durchringen.** Aus Gottes ewigem Sein („Du aber bleibst ... bist derselbe"; V 27.28) gewinnt er Hoffnung (V 26–28).

Montag, 23. Dezember — Lukas 1,57–66

- Der gesamte Abschnitt läuft auf die abschließende Bemerkung zu: **„Die Hand des Herrn war mit ihm"** (V 66, vgl. Apg 11,21).
- Was führt zu diesem Schluss? 1. Die Geburt eines gesunden Kindes trotz der Unfruchtbarkeit der Mutter und des Alters beider Elternteile (V 7.57). Aber wer erkannte dabei, dass dieses Wunder **die Erfüllung des Heilsplans Gottes** war, demgemäß der Messias einen Vorläufer hat (Jes 40,3; Mal 3,23)? 2. Die Freude über die Geburt bei der Nachbarschaft und Verwandtschaft. Sie erkennen darin **ein Zeichen der Barmherzigkeit Gottes** (V 58). 3. **Das Lösen der Zunge des Zacharias** nach seiner Bestätigung der Namensgebung durch Elisabeth (V 64). 4. **Die Reaktion der Furcht** bei den Nachbarn (nicht bei der Familie!) und in der Umgebung.
- Alle nehmen das Geschehen zu Herzen und erwarten von Johannes Besonderes (V 66). Ob sie alle ihre Erwartungen aber auch auf Gott und sein Handeln beziehen?
- **Die Namensgebung** (V 59; Rut 4,17) nutzt und durchbricht zugleich die Tradition anlässlich der Beschneidung (3Mose 12,3). Da Zacharias nicht reden kann, wird Elisabeth Misstrauen entgegengebracht. Nutzt sie die Situation aus, um einen eigenen Namenswunsch durchzusetzen? Die kritische Haltung der Umgebung stimmt nachdenklich. Denn Elisabeth ist nur der Aufforderung Gottes durch den Engel Gabriel gehorsam (V 13), wovon Zacharias ihr offenbar schriftlich berichtet hat. Aber wie viel gilt damals wie heute der Ruf eines Priesters und seiner Frau, ihrer Rechtschaffenheit und Frömmigkeit?

> *Längst gehören Priester und Pfarrer nicht mehr zu den geachteten Berufen in unserer Gesellschaft. Sehen Sie darin allein eine Folge der beschämenden Missbrauchsfälle in der Kirche? Oder gibt es dafür auch andere Gründe?*

Heiligabend, 24. Dezember — Lukas 1,67–80

- Nach dem Lobpreis der Elisabeth (V 25) und dem „Magnifikat" der Maria (V 46–55) ist das „Benedictus" (lateinisch für „gelobt", das erste Wort in V 68) des Zacharias der dritte „Psalm" in Lk 1. **Auch die weitere Geburtsgeschichte von Jesus ist bei Lukas vom Lob Gottes durchzogen** (Lk 2,14.20.29–32). Die Wiedergabe des vom Heiligen Geist erfüllten Lobes Gottes (V 67) widerspricht dabei nicht dem Anspruch des Evangelisten auf sorgfältige Darstellung des Geschehenen (V 3f).

- **Der Psalm des Zacharias preist prophetisch** (V 67) **die anbrechende messianische Heilszeit** (V 68). Der „Besuch" Gottes meint seine gnädige Zuwendung gegenüber Israel, die Zacharias in prophetischer Gewissheit als bereits geschehen darstellt.

- Diese Zuwendung erfährt Israel durch die „Erlösung", auf die es seit Jahrhunderten in der Person des Messias wartete. **Jesus ist „das Horn des Heils"** (V 69). Das **„Horn"** ist ein im AT geläufiges **Bildwort für Kraft und Macht** (Widderhorn). Hörner aus Akazienholz hatte sowohl der Räucheraltar im Jerusalemer Tempel (2Mose 30,2f; 37,25f) als auch der Brandopferaltar vor dem Tempel (2Mose 27,2; 38,2). Zacharias hatte dies als Priester natürlich direkt vor Augen.

- Im Folgenden bezieht er sich auf die **prophetische Messiasverheißung** (V 70; zum Beispiel in 2Sam 7,12f; Am 9,11ff; Jes 11,1ff; Jer 23,5ff; Hes 34,23ff). Sein Psalm atmet nicht nur die Sprache und Vorstellungswelt des AT, sondern gründet sich auch auf die Wirksamkeit des Wortes Gottes (2Tim 3,16).

- V 78 nimmt wie eine Klammer die Stichworte „Barmherzigkeit" (V 58.72) und „Besuch" (V 68) wieder auf und verbindet sie mit dem „aufgehenden Licht aus der Höhe", auf das sein Sohn Johannes hinweisen wird.

- Dies ist ein Hinweis auf **das weihnachtliche Licht,** das uns durch Jesus Christus (Joh 8,12) in diesen Tagen Trost, Wärme, Frieden, Liebe und Kraft verheißt – gegen alle Dunkelheit um uns und in uns.

1. Weihnachtstag, 25. Dezember Lukas 2,1–14

● V 1–3: Die Angaben (Augustus, Quirinius) stellen den Text in den weltgeschichtlichen Kontext. So bestätigt Lk seine Recherche aus 1,1–4. Eine Volkszählung war schon bei David (vgl. 2Sam 24; 1Chr 21) umstritten. **Der „gottgleiche" Kaiser und der Sohn Gottes werden gegenübergestellt.**

● V 4.5: Der Weg in die Geburtsstadt ist eigentlich überraschend – gezählt wurde üblicherweise, wo man wohnte und arbeitete. Lk lässt so **die Prophezeiung aus Micha 5,1–3 in Erfüllung gehen.** Maria ist Josefs Verlobte. Ihre Jungfräulichkeit wird – anders als in 1,35 – nicht mehr erwähnt. Auch fehlt Josefs Reaktion auf die Schwangerschaft (vgl. Mt 1,19).

● V 6.7: Weil eine Übernachtungsmöglichkeit („Herberge") fehlt, wird **das Baby in eine Futterkrippe (Steintrog) gelegt**; offensichtlich in einem als Stall genutzten Nebenraum.

● V 8–14: **Die Hirten- und Engelgeschichte** stellt das ganze Geschehen in einen universalen Kontext:

→ Hirten werden in der Bibel fast durchgehend positiv gewertet (vgl. Hes 34).

→ Schon zum dritten Mal im Lk erscheint **ein Engel als Zeichen für die Dringlichkeit der Zuwendung Gottes.**

→ Die Herrlichkeit Gottes im Licht verdrängt die Nacht.

→ **„Fürchtet euch nicht" ist eine der häufigsten Zusagen Gottes in der ganzen Bibel.** Danach kommt als Begründung das „Evangelium", die Freudenbotschaft.

→ „Für euch" und „heute": Lk lässt die Engelsrede die Hirten hören, will aber gleichzeitig zeigen, wie sie alle Lesenden seines Evangeliums in ihrem „Heute" hören sollen.

→ **Die vier jüdischen (Retter; Stadt Davids) wie griechischen Begriffe (Christus, Herr = kyrios) beschreiben Jesus in seiner Universalität.**

→ Das Loblied des plötzlich dazukommenden himmlischen Hofstaats unterstreicht steigernd die vorhergehenden Worte des Engels: **In der eigentlich unscheinbaren Geburt Jesu verbinden sich Himmel und Erde, Gott und Mensch auf eine besondere Weise.**

2. Weihnachtstag, 26. Dezember   Lukas 2,15–20

- V 15: Durch das Verlassen der Engel wird deutlich, dass es **ein wirkliches Ereignis und nicht eine Vision der Hirten** war. Sie wollen nun überprüfen, ob das Gesagte auch Realität ist.
- V 16: Noch getrieben von den Ereignissen machen sie sich auf den Weg. Wie lang dieser tatsächlich ist, wird nicht berichtet. **Ungewöhnlich kurz ist der Besuch selbst.** In nur einem Halbsatz finden sie die zuvor gehörten Worte als wahr vor. Da braucht es jetzt für sie kein weiteres Zeichen.
- V 17.18 deuten schon an, dass die Hirten Maria, Josef und das Kind wieder verlassen haben, **um das Ereignis anderen zu berichten.** Hier wird alles für die Zuhörenden und Lesenden zu einem Wunderbericht („sie wunderten sich"). Ein vorauslaufender Hinweis auf das dann folgende Evangelium rund um den erwachsenen Jesus und ein Hinweis, wie seine Zeuginnen und Zeugen von ihm berichten.
- Die V 19.20 dagegen stellen Maria und die Hirten ins Zentrum. Es ist ein vorläufiger Abschluss der gesamten Geschichte seit der Erscheinung des Engels bei Maria gemeint. **„Im Herzen bewegen" meint ein umfassendes Verstehen, das weit über das rationale Denken hinausgeht und den ganzen Menschen erfasst.** Den Abschluss der Geburtsgeschichte bildet dann die wirkliche Rückkehr der Hirten mit dem Lob Gottes.

> *Das Gehörte will gesehen werden, das Gesehene weitererzählt werden. So wird Evangelium verbreitet. Wie und wo werden Sie noch von diesen altbekannten Worten ergriffen, können Sie „sehen", dass „heute" der Retter geboren ist, und erzählen dies anderen weiter?*

- Immer wieder faszinierend ist es, was alles **nicht** in diesem Text Lk 2,1–20 steht, aber doch so sehr durch Kunst und Kultur überliefert wird: Es gibt keinen Wirt, keinen Ochsen, keinen Esel, keine schwebenden Engel mit Flügeln, keine ausgegrenzten Hirten …

Freitag, 27. Dezember — Lukas 2,21–24

In diesen wenigen Versen wird die jüdische Herkunft Jesu durch genaue Einhaltung jüdischer Vorschriften nach der Tora bezeugt. Lk ist es wichtig, auch seinen heidenchristlichen Leserinnen und Lesern diese jüdische Tradition zu vermitteln.

● V 21: Nach jüdischer Ordnung wird das Kind am achten Tag nach der Geburt beschnitten und bekommt seinen Namen (vgl. 1Mose 17,12). **Jesus oder hebräisch „Jehoschua"** meint, wie schon in Lk 1,31 angekündigt: **„Gott rettet" oder „Gott ist Hilfe"**. Im Namen Jesu steckt also der Name Gottes selbst: JHWH bzw. Jahwe – „Ich bin da" (vgl. 2 Mose 3,14).

● V 22–24: Auch hier wird getreu jüdischer Vorschriften gehandelt. Das Berichtete findet im Jerusalemer Tempel statt. Über den Weg dorthin wird ebenso nichts berichtet wie über die Volkszählung, die ja die Reise nach Bethlehem erforderte.

● V 22.23: **Die Reise zum Tempel** kann erst 33 Tage nach der Beschneidung am achten Tag begonnen werden (vgl. 3Mose 12,2–4). Die Darstellung des erstgeborenen Sohnes, d.h. seine Übereignung an Gott (vgl. 2Mose 13,2) muss nicht zwingend im Tempel erfolgen. Von einer „Auslösung" Jesu (vgl. 2Mose 13,13b) mittels eines Ersatzopfers wird wohl bewusst geschwiegen – aus dem Wissen, dass **dieses Kind sowieso unauslösbar Gott gehört (und mit seinem Tod uns alle auslösen bzw. erlösen sollte)**. So rückt die Darstellung Jesu in die Nähe der Geschichte Samuels (vgl. 1Sam 1,11.21–28).

● V 24: Die **Opfergabe von den Tauben** gilt eigentlich mehr der Mutter als dem Kind als Erweis ihrer Reinigung (vgl. 3Mose 12,6–8). Die Tauben machen deutlich, dass die Familie Jesu arm war und nicht das erforderliche Lamm als Opfergabe aufbringen kann.

● Die Hinwendung Jesu zu den Armen im gesamten Evangelium wird so noch einmal besonders vorbereitet. **Gottes Sohn selbst kommt aus ärmlichen Verhältnissen (Familie, Situation der Geburt) und zeigt sich so im hohen Maß solidarisch mit Menschen aus ähnlichen Verhältnissen.**

Samstag, 28. Dezember — Lukas 2,25–35

Noch beim Tempel in Jerusalem kommt es zu zwei Begegnungen mit Menschen, die Jesus bereits als den Heiland bzw. Erlöser erkennen. Die erste Person ist **Simeon**.

- V 25.26: Der Name Simeons bedeutet **„Gott hat gehört"**. Er wird als gerecht und gottesfürchtig beschrieben. Zwei Worte, die einen Menschen vorstellen, der sowohl anderen als auch Gott gegenüber das Doppelgebot der Liebe (vgl. z. B. Lk 10,27) beherzigt hat. Auch wenn sein Alter nicht angegeben wird, dürfte er hochbetagt sein, da er nicht vor dem Sehen des Messias sterben soll.
- V 27.28: Der Heilige Geist sorgt selbst dafür, dass die Prophezeiung (V 26) Wirklichkeit wird. Darum bedarf es auch keiner Erklärung, wie oder woran Simeon Jesus erkannt hat.
- V 29–32: Der **Lobgesang des Simeon ist ein Gebet**. „Nunc dimittis" wird es auch nach der lateinischen Übersetzung des Anfangs genannt. Im täglichen Stundengebet der liturgischen Tradition in der Kirche gehört es zur Komplet, dem Nachtgebet. So verbinden sich Ursprung und Tradition auf wunderbare Weise: Im jüdischen Tempel wird der Messias Israels gelobt, der gleichzeitig Messias für alle Völker ist, die in ihren Kirchen nun in Simeons Lobgesang einstimmen. Jeder Glaubende darf sich mit Simeon identifizieren, denn im (Er-)Kennen Jesu haben wir im Vorletzten Blick auf das Letzte und selbst im Tod Frieden. Die Prophezeiung an Simeon ist erfüllt und nun kann er getrost sterben. Es geschieht in der Gelassenheit, die wir alttestamentlich aus der Formulierung „alt und lebenssatt" (z. B. 1Mose 25,8) kennen.
- V 33–35: Simeon sieht bereits voraus, dass **Jesus als Israels Heiland auf Widerstand stoßen und es in der Haltung zu ihm zu einer Scheidung kommen wird.** Damit klingt bereits sein künftiges Leiden an. Und auch seine Mutter Maria wird an dem künftigen Schicksal Jesu schwer zu tragen haben.

Sonntag, 29. Dezember   Psalm 2

• Ps 2 enthält ein **altes Krönungsritual der Könige Israels**:

→ Auf dem Hintergrund der Revolte der Völker gegen Gott und seinen Gesalbten (König) stellt Gott die Weltordnung wieder her (V 1–3).

→ Der neue König wird auf der Erde und im Himmel durch den HERRN proklamiert (V 4–6).

→ Anschließend wird ihm – unter Aufnahme eines Gotteswortes – sein Herrschaftsauftrag verliehen (V 7–9).

→ Eigentlich müsste jetzt die Huldigung folgen; stattdessen fordert der König dazu auf, Gottes Herrschaft, d. h. Gottes Welt- und Lebensordnung, anzuerkennen (V 10–12).

• Ps 2 gehört zu den alttestamentlichen Texten, die im NT am häufigsten zitiert werden. Die Verheißung von Ps 2 erfüllte sich in keinem der Könige von Jerusalem. Für die Apostel ist hier der Lebensweg Jesu vorgezeichnet: u. a. sein Gottsein (Hebr 1,5 zitiert V 7), seine Ablehnung und sein Tod (Apg 4,25f zitiert V 1f) und seine Auferstehung (Apg 13,33 zitiert V 7).

• Überraschend ist, dass Gott hier seinem Gesalbten erlaubt, Gewalt einzusetzen (v.a. V 9). Jedoch wird der Einsatz von Gewalt in den V 10–12 nicht mehr erwähnt. Vielmehr warnt der neue König und fordert dazu auf, Gott zu dienen und zu gehorchen. Der Gesalbte Gottes herrscht durch sein Wort. Liest man Ps 2 auf dem Hintergrund des AT, handelt es sich dabei um den Gehorsam gegenüber der Tora (vgl. Ps 1). Die Apostel deuten den König auf Jesus (s.o.). **Christen laden zum Glauben ein; sie bitten, sich mit Gott versöhnen zu lassen** (2Kor 5,20), **ohne zu bedrängen**. Die Motivation dazu ist einerseits das Wissen, dass Gott einmal Gericht halten wird, das auch eine ewige Verlorenheit nach sich ziehen kann (Ps 2 bezeugt das, indem er von Gottes „Zorn" spricht; V 5.12) und andererseits, dass **es nichts Besseres gibt, als sich bei Gott geborgen zu wissen** (V 12).

Montag, 30. Dezember — Lukas 2,36–40

Die zweite Begegnung am Tempel mit Hanna ist synonym zu der mit Simeon. **Mann und Frau sind Zeugen der Messianität Jesu.** Gleichzeitig wird durch beide Menschen das Zeugnis erst glaubwürdig (vgl. 5Mose 19,15).

• V 36.37: **Hanna (hebr. „die Begnadete") wird als Prophetin vorgestellt.** Dies ist für das NT **eher ungewöhnlich.** Auch im AT kommen Prophetinnen nicht häufig vor. Bekannt sind Miriam (2Mose 15,20), Debora (Ri 4,4), Hulda (2Kön 22,14) und Noadja (Neh 6,14). Zusammen mit Johannes dem Täufer und Simeon steht Hanna als Brücke zwischen den Zeiten bzw. Testamenten: Sie sind Propheten, nicht nur Zeugen.

• **Hanna führt wie Simeon ein jüdisch vorbildliches Leben.** Nach kurzer Ehe lebte sie nun schon als 84-Jährige viele Jahrzehnte als Witwe.

• V 38: Erstaunlicherweise sind **ihre Worte**, nachdem sie Jesus erkannt hat, **nicht überliefert**. Reichten Lukas drei Lobgesänge am Beginn seines Evangeliums? Fand er es in diesem Fall nicht mehr erwähnenswert? Oder will er Spannung aufbauen, um im nachfolgenden Verlauf seines Evangeliums die angesprochene Erlösung nicht vorwegzunehmen?

> ✎ *Was bedeutet für Sie „Erlösung". Inwiefern erleben Sie Jesus als Erlöser in Ihrem Leben?*

• V 39: Nachdem zu Beginn des Kapitels die Reise nach Bethlehem begann und nach Jerusalem führte, **kehren Maria und Josef nun mit Jesus nach Nazareth zurück.** Lukas betont noch einmal, wie genau sich Maria und Josef an das Gesetz des Mose, die Tora, gehalten haben.

• V 40: In einem einzigen Vers werden die ersten zwölf Lebensjahre Jesu zusammengefasst. Der Vers ist ähnlich wie Lk 1,80 formuliert, nur dass **hier die Weisheit an die Stelle des Geistes tritt**, der bei Jesus erst durch die Taufe besonders zutage tritt.

Silvester, 31. Dezember — Lukas 2,41–52

Die Kindheitsgeschichten von Jesus im Lk enden mit einem unvorhergesehenen Ereignis und einem ersten bezeichnenden Wort des jungen Jesus.

• V 41.42: Anlass zu beidem ist **das Passafest in Jerusalem**, zu dem Jesus von seinen Eltern mitgenommen wird (erst vom 13. Lebensjahr an ist ein junger Israelit zur Teilnahme verpflichtet).

• V 43.45: Der Weg von Nazareth nach Jerusalem beträgt etwa 120 km und ließ sich in drei Tagen bewältigen. Die einzelne Familie unternahm die Reise zusammen mit Verwandten und Bekannten des eigenen Ortes und der Umgebung. Dabei konnte man sich auch zeitweilig aus den Augen verlieren.

• V 46.47: Jerusalem war zur damaligen Zeit schon eine große und verwinkelte Stadt. Die drei Tage, die es aber brauchte, um Jesus im Tempel zu finden, sind bereits ein versteckter Hinweis auf seinen Tod und Auferstehung nach drei Tagen. **Ungewöhnlich, dass Jesus als mitten unter den Lehrern sitzend geschildert wird,** ihnen Fragen stellt, aber auch Antworten gibt. Hier zeigt sich, was V 40 mit der Weisheit andeutet.

• V 48–50: Jesu Verhalten und sein Wort lassen erschreckend und schmerzlich den Abstand erkennen, der zwischen ihm und den ihm eigentlich Nächststehenden besteht. **Das „muss" (V 49) unterstreicht seine Sendung, die dann Jahre später zu seiner Kreuzigung führen wird.**

> Während damals seine Mutter ihn mit Schmerzen suchte, sucht Jesus als Auferstandener heute seine Menschen mit Schmerzen.

• V 51.52: **Im Gehorsam seinen Eltern gegenüber** zeigt sich im Kontext, was es heißt, das Gott in Jesus wahrer Gott und wahrer Mensch geworden ist.

> ✏️ Heute endet dieses Jahr: Wie kann diese Geschichte, die auch eine Heimat und eine Zugehörigkeit anzeigt, Sie in das neue Jahr begleiten?

Mitarbeiterinnen und Mitarbeiter 2024

Alle Autorinnen und Autoren, deren Wohnort mit einem * versehen ist, sind unter bibelfuerheute@brunnen-verlag.de erreichbar.

1., 7., 21., 28.1.	Dr. Beat Weber-Lehnherr, Basel, SCHWEIZ, weber-lehnherr@sunrise.ch
2.–6.1.	Ulrich Mack, Filderstadt, umack@gmx.net
8.–13.1.	Doris Oehlenschläger, Bad Salzuflen, dorisoehl@online.de
14.1.	Dr. Peter von Knorre, Gummersbach*
15.–19.1.	Dr. Matthias Clausen, matthias.clausen@eh-tabor.de
20.–27.1.	Dr. Friedhelm Jung, Bornheim, fjung@bsb-online.de
29.1.–7.2.	Dr. Joachim Drechsel, Marburg*
4.2.	Dr. Beat Weber-Lehnherr, Basel, SCHWEIZ, weber-lehnherr@sunrise.ch
8.–15.2.	Dr. Rolf Sons, Flein, Rolf.Sons@elkw.de
11., 18., 25.2.	Dr. Peter von Knorre, Gummersbach*
16.–27.2.	Dr. Manfred Dreytza, Walsrode*
28.–29.2.	Dorothea Bender, Linden, dorothea@dbender.net
1.–6.3.	Dr. Helene Wuhrer, Voorschoten, NIEDERLANDE, helene.wuhrer@gmail.com
3., 10., 17., 24.3.	Dr. Peter von Knorre, Gummersbach*
7.–13.3.	Werner Trick, Meßstetten, werner.trick@gmx.de
14.–21.3.	Martin Weber, Kirchberg*
22.3.–1.4.	Dirk Scheuermann, Velbert, dirk.scheuermann@evkg-nierenhof.de
2.–9.4.	Ralf Bödeker, Gevelsberg*, burboedeker@web.de

7., 14., 21.4.	Dr. Uwe Rechberger, Walddorfhäslach, uwe.rechberger@elkw.de
10.–18.4.	Hartmut Frische, Minden, hartmutfrische@t-online.de
19.4.	Raphael Fauth, Schorndorf, raphael.fauth@elkw.de
20.4.–1.5.	Klaus Jürgen Diehl, Wetter, klaus.j.diehl@gmx.de
28.4.; 5., 9., 12., 19., 20., 26.5.	Hartmut Bärend, Berlin*
2.–8.5.	Dr. Eberhard Hahn, Ofterdingen, e.fritz.hahn@gmail.com
10.–15.5.	Franziska Klein, Frankfurt/Main, kontakt@franziskaklein.com
16.–23.5.	Marlene Trick, Meßstetten, marlene.trick@gmx.de
24.–30.5.	Maike Sachs, St. Johann, maike.sachs@elkw.de
31.5.–6.6.	Rainer Härer, Schorndorf, i.r.haerer@gmx.de
2.6.	Hartmut Bärend, Berlin*
7.–15.6.	Frauke Bielefeldt, Langenhagen, frauke.bielefeldt@web.de
9., 16., 23., 30.6.	Dr. Christoph Morgner, Garbsen*
17.–25.6.	Dorothea Bender, Linden, dorothea@dbender.net
26.6.–5.7.	Ulrich Seng, Kassel, sengwk@gmx.de
6.–20.7.	Dr. Heiko Wenzel, Pohlheim*
22.–25.7.	Ernst-Eduard Lambeck, Bielefeld*
7., 14., 21.7.	Dr. Christoph Morgner, Garbsen*
26.7.–1.8.	Dr. Siegbert Riecker, Kirchberg, s.riecker@bsk.org

2.–10.8.	Stefan Hermann, Filderstadt*
4., 11., 18., 25.8.	Wolfgang Buck, Daaden, buck-daaden@t-online.de
12.–21.8.	Wolfgang Kraska, Rheinstetten-Forchheim, wolfgang.kraska@feg.de
22.–27.8.	Dr. Heinzpeter Hempelmann, Schömberg*
28.–31.8.	Volker Roggenkamp, Münster*
1., 8., 15., 22.9.	Wolfgang Buck, Daaden, buck-daaden@t-online.de
2.–12.9.	Claus-Dieter Stoll, Mötzingen, cd@stollteam.de
13.–19.9.	Heinz-Werner Neudorfer, Reutlingen, heinz-werner.neudorfer@t-online.de
20.–25.9.	Rainer Kiess, Filderstadt, rainer.kiess@t-online.de
26.9.–8.10.	Dr. Andreas Käser, Schwieberdingen, andreas.kaeser@mailbox.org
29.9.; 6., 13., 20., 27.10.	Gottfried Holland, Schwieberdingen, gottfried.holland@gbm-meuc.org
9.–19.10.	Burghard Affeld, Osnabrück, broaffeld@osnanet.de
21.–24.10.	Dr. Detlef Häußer, Marburg, detlef.haeusser@eh-tabor.de
25.–26.10.	Dr. Helene Wuhrer, Voorschoten, NIEDERLANDE, helene.wuhrer@gmail.com
28.–29.10.	Dr. Detlef Häußer, Marburg, detlef.haeusser@eh-tabor.de
30.10.–5.11.	Frank Schröder, Erfurt*
3., 10.11.	Gottfried Holland, Schwieberdingen, gottfried.holland@gbm-meuc.org
6.–16.11.	Klaus Jürgen Diehl, Wetter, klaus.j.diehl@gmx.de

17., 24.11.	Dr. Markus Steinhilber, Gunzenhausen, mgsteinhilber@gmx.de
18.–23.11.	Gudrun Theurer, Stadtbergen, gudruntheurer@web.de
25.–30.11.	Dr. Siegbert Riecker, Kirchberg, s.riecker@bsk.org
1., 8., 15., 22., 29.12.	Dr. Markus Steinhilber, Gunzenhausen, mgsteinhilber@gmx.de
2.–7.12.	Michael Schröder, Dietzhölztal, michael.schroeder@feg.de
9.–17.12.	Holger Noack, Wuppertal*
18.–24.12.	Jens Brakensiek, Burbach*
25.–31.12.	Stephan Zeipelt, Olpe, stephan.zeipelt@igm-westfalen.de

Bibelstellen-Verzeichnis 2016–2024

1. Mose
1–4	2.-10.1.19
	2.-12.1.23
6–9	11.-18.1.19
	13.-21.1.23
11,1-9	19.1.19
	23.1.23
11,27–19	24.1.-8.2.23
21,1-21	9.2.23
22,1-19	10.2.23
23,1-20	11.2.23
24–25	30.5.-2.6.23
27,1–	
29,30	3.-9.6.23
31–33	10.-15.6.23
37,1-11	16.6.23
37,12-36	17.6.23
39–50	19.6.-8.7.23

2. Mose
1–6,1	13.-20.6.16
	16.-23.2.24
7	21.6.16
	24./26.2.24
11	27.2.24
12,1–	
33.51	22.-23.6.16
	28./29.2.24
13,17–	
20,21	24.6.-6.7.16
	17.6.-2.7.24
23	3.-5.7.24
24,1–	
25,22	7./8.7.16
	6./8.7.24
31,18–	
32.14	9.7.24
32–35	9.-14.7.16
	10.-18.7.24
40	15./16.7.16
	19./20.7.24

3. Mose
1	6.3.17
8–10	7.-9.3.17
16	10.3.17
19	11./13.3.17
25	14./15.3.17

4. Mose
6,22-27	28.8.17
9–14	29.8.-7.9.17
17	8.9.17
20–24	9.-19.9.17
27,12-23	20.9.17

5. Mose
1–12	10.1.-5.2.18
15–19	6.-13.2.18
21	14.2.18
24	15.2.18
25	16.2.18
26	17.2.18
27	19./20.2.18
30–31	21./22.2.18
33–34	23./24.2.18

Josua
1–3	14.-17.1.22
4–5	18./19.1.22
6	20./21.1.22
7,1–	
10,15	22.-27.1.22
11	28.1.22
20,1-9	29.1.22
21,1-3.	
41-45	31.1.22
22–24	1.-7.2.22

Richter
1,1-3.	
17-21	13.6.22
1,27–	
2,23	14./15.6.22
4–5	16./17.6.22
6,1–8,3	18.-24.6.22
8,22–	
9,21	25.-28.6.22
9,50-57	29.6.22
13–16	30.6.-5.7.22

Rut
1–4	6.-9.7.22

1. Samuel
1–10	25.2.-13.3.19
2,1-10	10.12.17
	5.12.21
11–12	14./15.3.19
13	16.3.19
14	18.3.19
15–18	19.-25.3.19
20-25	26.3.-1.4.19
27–28	2./3.4.19
30–31	4./5.4.19

2. Samuel
1	6.4.19
2	8.5.19
5–7	9-14.5.19
11–12	15./16.5.19
15–17	17.-22.5.19
18–19	23.-25.5.19
21	27.5.19
23–24	28./29.5.19

1. Könige
1–3	11.-16.6.20
5,1–6,14	17.-19.6.20
8–9,9	20.-25.6.20
10–14,20	26.6.-6.7.20
16,29–19	7.-14.7.20
21–22,40	15.-18.7.20

2. Könige
2,1-18	5.8.21
4–5,19a	6./7.8.21
6,8-23	9.8.21
16,1-16	10.8.21
17,1-23	11.8.21
17,24–19	12.-17.8.21
22–25	18.-25.8.21

1. Chronik
10,1–11,9	15./16.8.22
13,1–	
14,17	17./18.8.22
15,1-16.	
25-29	19.8.22
16,1–	
22,19	20.-31.8.22
28,1-13	1.9.22
29,1-22	2.9.22

2. Chronik
1–3	3.-6.9.22
5–7	7.-12.9.22

Bibelstellen-Verzeichnis 2016–2024

29-31	13.9.22	**Psalmen**		18,21-51	19.2.17
10,1-19	14.9.22	1	16.7.17		7.2.21
12	15.9.22		9.12.18	19	7.5.17
18,1–19,3	16./17.9.22		9.5.21		3.11.19
20,1-26	19.9.22		16.10.22		24.10.21
26	20.9.22	2	10.1.16		29.10.23
28	21./22.9.22		25.12.17	20	24.9.17
34–36	23.9.-1.10.22		27.12.20		31.10.21
			25.12.21	21	30.7.17
Esra			29.12.24		7.11.21
1	26.8.21	3	22.1.17	22,1-22	2.4.17
3–7	27.8.-1.9.21		6.6.21		27.10.19
		4	15.1.17		21.3.21
Nehemia			11.8.19		5.11.23
1–2	6./7.9.21		21.11.21	22,23-32	9.4.17
4–6	8.-10.9.21		18.6.23		10.11.19
8	11.9.21	5	15.10.17		28.3.21
10,1.			27.6.21		12.11.23
29-40	13.9.21	6	5.3.17	23	30.4.17
12,27-43	14.9.21		14.11.21		5.5.19
13,15-22	15.9.21	7	9.7.17		18.4.21
			4.7.21		23.4.23
Ester		8	1.1.19	24	27.11.16
1–10	3.-15.10.22		1.1.21		3.12.17
			1.1.23		2.12.18
Hiob		9	29.1.17		29.11.20
1–2	21.-23.10.19		18.7.21		28.11.21
1–4	30.10.-2.11.23	10	12.3.17		27.11.22
4–6	24.-26.10.19		17.3.19		1.12.24
	3.-6.11.23		21.2.21	25	8.10.17
7,7-21	7.11.23		12.3.23		13.10.19
8–9	28./29.10.19	11	6.8.17		28.2.21
	8./9.11.23		25.7.21		5.3.23
11–12	30./31.10.19	12	2.7.17	26	23.7.17
	10./11.11.23		22.8.21		11.7.21
14	1.11.19	13	18.6.17	27	28.5.17
19	2.11.19		13.6.21		2.6.19
	13.11.23	14	13.8.17		16.5.21
31–32	4./5.11.19	15	26.2.17		21.5.23
	14.11.23		14.2.21	28	25.6.17
38	6.11.19	16	5.2.17		29.8.21
	6./7.11.19		20.10.19	29	11.6.17
	15./16.11.23		19.4.20		30.5.21
42	7.-9.11.19		24.1.21	30	21.5.17
	17./18.11.23		10.9.23		8.8.21
		17	27.8.17	31	7.2.16
			15.8.21		11.2.18
		18,1-20	12.2.17		23.2.20
			31.1.21		27.2.22

Bibelstellen-Verzeichnis 2016–2024

	11.2.24	51	13.11.16		26.5.24
32	22.10.17		8.7.18	68,20-36	11.12.16
	10.10.21		26.7.20		13.5.18
33	16.12.18		13.2.22		13.12.20
	11.12.22		17.11.24		29.5.22
34	19.3.17	52	11.11.18		15.9.24
	24.3.19		3.7.22	69,1-16	29.10.17
	7.3.21	53	15.7.18		7.4.19
	11.6.23		14.8.22		26.3.23
35,1-16	25.2.18		16.6.24	69,17-37	5.11.17
	13.3.22	54	21.1.18		14.4.19
35,17-28	4.3.18		6.2.22		2.4.23
	20.3.22	55	14.1.18	70	18.8.19
36	5.6.16		10.4.22		19.11.23
	10.6.18	56	30.9.18	71	13.1.19
	21.6.20		1.5.22		8.1.23
	26.6.22	57	11.3.18	72	8.1.17
	9.6.24		2.1.22		6.1.19
37,1-20	16.9.18	58	24.6.18		10.1.21
37,21-40	23.9.18		18.12.22		6.1.23
38	21.10.18	59	5.8.18	73	26.6.16
	23.10.22		21.8.22		1.7.18
39	4.11.18	60	17.2.19		12.7.20
	11.9.22		19.2.23		17.7.22
40	29.9.19	61	24.2.19		30.6.24
	17.1.21		12.2.23	74	22.12.19
	29.1.23	62	20.8.17	75	14.10.18
41	19.8.18		3.3.19		6.11.22
	23.1.22		17.10.21	76	3.6.18
42	16.10.16		5.2.23		19.6.22
	29.7.18	63	19.11.17	77	26.5.19
	1.11.20		10.2.19		2.7.23
	10.7.22		1.8.21	78,1-31	8.9.19
	23.6.24		6.8.23		13.8.23
43	18.3.18	64	10.3.19	78,32-55	15.9.19
	3.4.22		26.2.23		20.8.23
44	4.12.22	65	2.10.16	78,56-72	22.9.19
45	14.5.17		7.10.18		27.8.23
	2.5.21		4.10.20	79	17.9.23
46	26.11.17		2.10.22	80	8.12.19
	31.12.21		6.10.24		10.12.23
47	25.5.17	66	22.4.18	81	21.5.18
	13.5.21		8.5.22		24.4.22
48	22.7.18	67	1.10.17	82	3.2.19
	7.8.22		25.4.21		16.7.23
49	9.9.18	68,1-19	4.12.16	84	26.3.17
	4.9.22		10.5.18		8.4.18
50	18.11.18		6.12.20		31.3.19
	13.11.22		26.5.22		14.3.21

Bibelstellen-Verzeichnis 2016–2024

	27.3.22	101	25.8.19		11.4.21
	19.3.23		9.7.23		16.4.23
85	15.12.19	102	13.3.16	117	1.12.19
	17.12.23		29.3.20		3.12.23
86	8.5.16		22.12.24	118,1-14	4.6.17
	26.1.20	103	31.12.17		9.6.19
	21.1.24		12.5.19		28.5.23
87	15.4.18		20.6.21	118,	
	31.7.22		25.6.23	15-29	5.6.17
88	20.3.16	104	1.1.17		10.6.19
	5.4.20		6.10.19		29.5.23
	24.3.24		3.10.21	119,1-8	8.10.23
89,1-19	17.1.16		1.10.23	119,9-16	15.10.23
	12.1.20	105,1-23	23.6.19	119,	
	1.1.24	105,1-15	15.1.23	17-24	22.10.23
89,20-53	24.1.16	105,		119,	
	19.7.20	24-45	30.6.19	25-32	24.7.16
	7.1.24	105,			14.7.24
90	6.11.16	16-45	22.1.23	119,	
	25.11.18	106,1-23	12.6.16	33-40	31.7.16
	8.11.20		28.6.20		21.7.24
	20.11.22		23.7.23	119,	
	10.11.24		13.10.24	41-48	7.8.16
91	14.2.16	106,			28.7.24
	18.2.18	24-48	19.6.16	119,	
	1.3.20		5.7.20	49-56	3.9.17
	6.3.22		30.7.23	119,	
	18.2.24		20.10.24	57-64	10.9.17
92	25.3.18	107,1-22	20.1.19	119,	
	17.5.20	107,		65-72	17.9.17
	1.1.22	23-43	27.1.19	119,	
93	1.5.16	108	19.5.19	73-80	28.1.18
	26.8.18		7.5.23	119,	
	12.6.22	109	9.10.16	81-88	4.2.18
95	6.5.18	110	12.11.17	119,	
	22.5.22		30.5.19	89-96	21.7.19
96	17.4.16		26.9.21	119,	
	7.1.18		18.5.23	97-104	28.7.19
	9.1.22	111	16.6.19	119,	
	21.4.24		14.5.23	105-112	4.8.19
97	1.1.18	112	7.7.19	119,	
	30.1.22		3.9.23	113-120	11.10.20
98	29.4.18	113	1.9.19	119,	
	15.5.22		4.6.23	121-128	18.10.20
99	20.5.18	114	24.9.23	119,	
	20.2.22	115	17.11.19	129-136	25.10.20
100	14.7.19		24.12.23	119,	
	3.1.21	116	23.4.17	137-144	5.9.21
	30.4.23		28.4.19	119,	

Bibelstellen-Verzeichnis 2016–2024

145-152 119,	12.9.21		2.2.20 28.1.24	150	16.5.16 1.6.20
153-160 119,	19.9.21	136	10.4.16 26.4.20		20.5.24
161-176	30.10.22		14.4.24	**Sprüche**	
120	21.8.16	137	15.11.20	1–3	26.4.-3.5.23
	6.9.20	138	3.1.16	4,10–	
	25.8.24		5.1.20	5,23	4.-6.5.23
121	31.12.16		9.10.22	6,6-19	8./9.5.23
	1.1.20		22.9.24	7–9	10.-13.5.23
	31.12.22	139	10.7.16	10–11	14.-17.6.19
122	3.4.16		17.6.18	14–24	18.-29.6.19
	22.3.20		2.8.20	25,11-28	7.5.21
	4.8.24		24.7.22	26,1-17	8.5.21
123	21.2.16		7.7.24	27,1-7	10.5.21
	8.3.20	140	11.9.16	28,12-28	11.5.21
	25.2.24		23.8.20	29,1-18	12.5.21
124	17.7.16	141	28.2.16	30,1-19	14.5.21
	9.2.20		9.8.20	31,1-9	15.5.21
125	30.10.16		3.3.24		
	27.9.20	142	25.9.16	**Prediger**	
	3.11.24		16.8.20	1–7	12.-20.9.18
126	24.11.19		29.9.24	11–12	21./22.9.18
	26.11.23	143	23.10.16		
127	4.9.16		28.10.18	**Hohelied**	
	20.9.20		16.1.22	1–2,7	6.6.22
	8.9.24		27.10.24	2,8–8	7.-11.6.22
128	31.1.16	144	8.12.24		
	16.2.20	145	22.5.16	**Jesaja**	
	4.2.24		27.5.18	1–9	19.11.-6.12.18
129	18.9.16		7.6.20		21.11.-7.12.22
	15.3.20		28.8.22	11,1-10	7.12.18
	5.5.24		11.8.24		8.12.22
130	18.12.16	146	28.8.16	12,1-6	8.12.18
	23.12.18		2.9.18		9.12.22
	20.12.20		13.9.20	14,1-23	10.12.18
	25.9.22		18.9.22		10.12.22
	17.3.24		1.9.24	19	11.12.18
	15.12.24	147	14.8.16	24,1–	
131	24.5.20		30.8.20	25,9	12./13.12.22
	12.5.24		18.8.24	25–26	12.-14.12.18
132	6.3.16	148	1.1.16	26,1-19	14./15.12.22
	14.6.20		12.8.18	26,7-19	20.11.16
	10.3.24		3.5.20		22.11.20
133	29.5.16		5.6.22		24.11.24
	19.1.20		14.1.24	28–29	15.-19.12.18
	2.6.24	149	24.4.16	28,14-22	16.12.22
134	7.4.24		10.5.20	29,17-24	17.12.22
135	3.7.16		28.4.24	30,1-17	19.12.22

Bibelstellen-Verzeichnis 2016–2024

32	20.12.18	**Jeremia**			30./31.10.20
	20.12.22	1	29./30.8.16		26./27.9.24
33,17-24	21.12.18	2,1-13	31.8.16	30,1-3;	
	21.12.22	3,1-10	1.9.16	31,1-14	24.9.16
35,1-10	22.12.18	3,19–4,4	2.9.16		2.11.20
	22.12.22	1–7	5.-10.10.20		28.9.24
40	25.-27.11.19		2.-10.9.24	31,18-	
	1./2.12.23	6,9-23	3.9.16	20.31-37	26.9.16
41	28.-30.11.19	7,1-28	5./6.9.16		3.11.20
	4.12.23	9,1-23	12.10.20	31,27-34	30.9.24
42,1-9	2.12.19	9,22-23	7.9.16	36–45	27.9.-11.10.16
	5.12.23		11.9.24		1.-15.10.24
43–45	3.-12.12.19	12,1-6	8.9.16	36,1–	
	6.-15.12.23		13.10.20	41,18	4.-11.11.20
46,1-13	13.12.19		12.9.24	42–43	12./13.11.20
	16.12.23	13,1-11	9.9.16	45,1-5	14.11.20
48	14.12.19		14.10.20		
49	16.-18.12.19		13.9.24	**Klagelieder**	
	18./19.12.23	14,1-16	10.9.16	1,1-11.	
50,4-11	19.12.19		15.10.20	17-22	12.10.16
	20.12.23		14.9.24		16.10.24
51,1-8	20.12.19	15,10–		1–5,22	16.-19.11.20
	21.12.23	16,13	12./13.9.16	3	13./14.10.16
51,9-16	21.12.19		16./17.10.20		17./18.10.24
	22.12.23		16./17.9.24	5	15.10.16
51,17–		17,5-13	19.10.20		19.10.24
52,6	23.12.19	18,1-12	14.9.16		
52,1-12	23.12.23		20.10.20	**Hesekiel**	
52,7-12	24.12.19		18.9.24	1–4	19.-25.10.17
52,13–		19,1-13	15.9.16	7–8	26.-28.10.17
53,12	27./28.12.19		21.10.20	10–11	30./31.10.17
	27./28.12.23		19.9.24	12,1-16	1.11.17
54,1-10	29.12.19	20,7–		16,1-22	2.11.17
	29.12.23	21,14	16./17.9.16	17–18	3./4.11.17
55,1-13	30./31.12.19		22./23.10.20	20	6./7.11.17
	30./31.12.23		20./21.9.24	33–34	8.-11.11.17
56–58,14	27.11.-1.12.20	23,1-8	19.9.16	36–37	13.-15.11.17
	25.-30.11.24		24.10.20	40	16.11.17
59–64,11	28.11.-		23.9.24	42,15–	
	10.12.16	23,16-32	26.10.20	43,12	17.11.17
	2.-11.12.20		24.9.24	47,1-12	18.11.17
	2.-11.12.24	25,1-14	20.9.16		
65–66,24	12.-17.12.16		27.10.20	**Daniel**	
	12.-17.12.20	26,1-19	21.9.16	1	22.4.21
	12.-17.12.24		28.10.20	2	23./24.4.21
			25.9.24	3,1-30	26.4.21
		27,1-22	29.10.20	5–7	27.-30.4.21
		28,1–		8	1.5.21
		29,14	22./23.9.16	9	3./4.5.21

Bibelstellen-Verzeichnis 2016–2024

10	5.5.21
12	6.5.21

Hosea

1–6	21.-29.6.18
8–14	30.6.-7.7.18

Joel

1–4	8.-13.5.17

Amos

1	7.6.18
3	7./8.6.18
4–9	9.-20.6.18

Obadja

	14.11.19

Jona

1–4	16.-19.5.22

Micha

1–7	20.-29.7.20

Nahum

1–2	11./12.11.19
3	13.11.19

Habakuk

1–3	7.-11.9.18

Zefanja

1–3	4.-6.9.18

Haggai

1–2	2.-4.9.21

Sacharja

1–7	4.-14.12.17
	29.11.-9.12.21
8	15.12.17
	10.-13.12.21
9,9-12	16.12.17
	14.12.21
10	15.12.21
11	18.12.17
	16.12.21
12,9–13,1	19.12.17
	17.12.21

14	20.12.17
	18.12.21

Maleachi

1–3	20.-24.12.21
1,6-14	21.12.17
2,17–3	22./23.12.17

Matthäus

1,1–4,17	24.-31.12.18
	23.-30.12.22
4–23	15.7.-19.10.19
	10.7.-14.10.23
24–25	15.-23.11.19
	22.-30.11.23
26–28	8.-22.4.19
	27.3.-10.4.23

Markus

1–3,6	2.-14.1.16
	2.-14.1.20
	2.-13.1.24
3,7-35	15.-18.1.20
	22.-25.7.24
3,7–10,52	18.7.-27.8.16
4–10,31	30.7.-5.9.20
	26.7.-31.8.24
10	9.3.-13.4.20
	1./2.3.24
11–12	15.-24.2.16
	4.-13.3.24
13	25.-27.2.16
	14.-16.3.24
14,1-26	29.2.-2.3.16
	18.-20.3.24
14,26–16,20	17.-28.3.16
	21.3.-1.4.24

Lukas

1,1-80	19.-24.12.16
	18.-24.12.20
	18.-24.12.24
1,46-55	17.12.17
	25.12.19
	19.12.21
	25.12.23
1,68-79	24.12.17
	12.12.21

2,1-52	25.-30.12.16
	25.-31.12.20
	25.-31.12.24
2,29-32	26.12.17
	26.12.19
	26.12.21
	26.12.23
3–11	2.1.-28.2.17
	2.1.-3.3.21
12,1-48	1.-4.3.17
12,49– 18,30	21.9.– 18.10.17
12–18,30	14.10.-13.11.21
18,31–24	16.3.-19.4.17
	4.3.-7.4.21

Johannes

1,1-18	27.-30.12.17
	27.-30.12.21
1,19–3,36	2.-9.1.18
	3.-10.1.22
4	11.-13.1.22
4–10	9.7.-15.8.18
5–10	11.7.-13.8.22
11–21	26.2.-7.4.18
	2.3.-23.4.22
14–17	3.-16.3.16

Apostelgeschichte

1–16	15.5.-13.7.17
	17.5.-7.7.21
17–28	28.7.-26.8.17
	8.7.-4.8.21

Römer

1–11	21.1.-23.2.19
	13.2.-25.3.23
12–16	23.4.-7.5.19
	11.-25.4.23

Bibelstellen-Verzeichnis 2016–2024

1. Korinther
1–6	15.4.-4.5.16
	20.1.-6.2.20
	19.4.-8.5.24
7–9	6.-14.5.16
	7.-18.2.20
	10.5.-18.5.24
10–16	17.5.-11.6.16
	21.5.-15.6.24
10–12,31	19.-29.2.20
12,31– 14,40	2.-7.3.20
15–16,24	14.-22.4.20

2. Korinther
1–13	17.10.-12.11.16
	7.9.-3.10.20
	21.10.-16.11.24

Galater
1–6	24.9.-10.10.18
	20.5.-4.6.22

Epheser
1,3-14	15.5.16
	31.5.20
	19.5.24
1–6	9.-28.4.18
	8.2.-1.3.22

Philipper
1–4	14.-27.7.17
	31.5.-13.6.19
	15.-27.5.23
2,5-11	5.5.16
2,6-11	21.5.20

Kolosser
1–4	20.4.-6.5.17
	8.-21.4.21

1. Thessalonicher
1–5	20.-28.11.17
	15.-23.11.21

2. Thessalonicher
1–3	29.11.-2.12.17
	24.-27.11.21

1. Timotheus
1–6	15.-28.1.16
	11.-26.5.20
	15.-27.1.24

2. Timotheus
1–4	29.1.-6.2.16
	27.5.-5.6.20
	29.1.-7.2.24

Titus
1–3	8.-12.2.16
	6.-9.6.20
	8.-14.2.24

Philemon
	13.2.16
	10.6.20
	15.2.24

1. Petrus
1–5	29.3.-14.4.16
	23.4.-9.5.20
	2.-18.4.24

2. Petrus
1–3	14.-19.11.16
	20.-26.11.20
	18.-23.11.24

Jakobus
1–5	1.-13.7.19
	16.-28.10.23

Judas
1-25	20./21.11.23

1. Johannes
1–5	16.-31.8.18
	25.4.-11.5.22

2. Johannes
	1.9.18
	12./13.5.22

3. Johannes
	3.9.18
	14.5.22

Hebräer
1–13	30.4.-6.6.18
	16.9.-13.10.21

Offenbarung
1	17./18.10.22
1–11	11.10.-7.11.18
12–22	19.10.-19.11.22
20–22	8.-17.11.18